毕节地区志

统 计 志

贵州省毕节市地方志编纂委员会 编

方志出版社

图书在版编目（GIP）数据
毕节地区志·统计志 / 毕节市地方志编纂委员会编，--北京：方志出版社，2018.1
ISBN 987-7-5144-2961-9
Ⅰ.①毕… Ⅱ. ①毕… Ⅲ.①毕节市—地方志 ②统计-工作概况-毕节地区 Ⅳ.①K297.32
中国版本图书馆GIP数据核字（2018）第027795号

毕节市地方志·统计志

编　　者：毕节市地方志编纂委员会
责任编辑：冯　松
出 版 人：冀祥德
出 版 者：方志出版社
地址　北京市朝阳区潘家园东里9号（国家方志馆4层）
邮编　100021
网址　http：//www.fzph.org
发　　行：方志出版社图书经销中心
电话（010）67110500
经　　销：各地新华书店
印　　刷：毕节市飞腾印务有限责任公司
开　　本：889×1194　1/16
印　　张：21
字　　数：361千
版　　次：2018年 1 月第1版　2018年 1 月第1次印刷
印　　数：001-500册
ISBN　978-7-5144-2961-9　　定价：120.00元

毕节市地方志编纂委员会

《毕节地区志·统计志》编委会

主　任： 王允铎

副主任： 孙朝红　　廖昌昕

委　员： （按姓氏笔画为序）

史开慧　刘永新　宋　毅　李　青

胡晓敏　唐玉萍　高守军

主　编： 刘永新

编　辑： 杨　云

凡 例

1.本志以马克思列宁主义、毛泽东思想、邓小平理论、“三个代表”重要思想、科学发展观和习近平新时代中国特色社会主义思想为指导，坚持辩证唯物主义和历史唯物主义的立场、观点、方法，客观地记载毕节地区统计工作发展的历史与现状。

2.本志结构按“横排门类，纵叙史实”的体例，设章、节、目三个层次。

3.本志采用述、论、图、表、录并用体裁。大事记以编年体为主。

4.本志记述区域，按现行(1999年)行政区划。1949年新中国成立后几次划出部分，其有关史实，按当时的行政区划记述。

5.本志上限因事而异，适当追溯。下限止于1996年。根据“详今略古”原则，着重记述中华人民共和国成立以来的统计工作。

6.本志纪年，中华人民共和国建立前使用朝代纪年，注明相应的公元纪年；中华人民共和国建立后，一律使用公元纪年。

7.本志计量单位，采用国务院1984年2月27日颁布的“中华人民共和国法定计量单位”，在此之前，使用的计量单位，照实记载，必要时用括号注明其换算值。

8.本志所列统计数据，均为当时执行的统计口径，如有换算另作说明。

序

《毕节地区通志·统计志》的出版，是毕节统计事业发展进程上的一件大事。

新中国成立以来，毕节地区经济社会发展成绩卓著。新中国成立伊始，毕节便设立了具有统计职能的机构，参与并见证和记录了毕节地区经济发展历程。随着经济社会的不断发展以及各级各部门和社会各界对经济社会的统计数据的不同需求，统计职能职责不断拓展和革新，充分发挥了参谋和助手的作用，为地方党委、政府宏观经济决策和经济社会发展提供了强有力的统计保障。

回顾毕节统计发展印记，在历代统计人的呕心付出下，毕节统计先行先试，大胆探索，在全国统计系统创造了值得骄傲的成绩。20世纪80年代中期，毕节地区统计局王允铎同志为统计事业作出了巨大的贡献：一是其编制的统计超级汇总程序，在全国统计系统首创了农村基层一套表和统计数据超级汇总，可以说促进了全国统计系统的“统计一套表”概念的形成；二是其编写的《BDT》统计报表软件，解决了当时困惑统计系统的数据超级计算价值量指标的问题，得到了时任国家统计局局长张塞同志的肯定和赞许；三是其在国家统计局的组织下担任主编的《SDP》统计报表处理软件包被国家统计局农村司指定为全国农村统计标准软件，《SARP》统计报表数据处理软件被国家统计局指定为全国统计系统通用软件。王允铎同志获得了国家统计局统计科学研究成果一等奖1次、二等奖3次、三等奖1次，曾作为全国统计工作者先进代表，受到了时任国务院总理李鹏同志的亲切接见。毕节地区统计系统数名业务骨干作为基层工作统计专家参加国家统计局大型调查和调查方案的设计、论证和国际交流，并在全国统计系统讲课和介绍经验。这些统计革新和成就，吸引全国很多省市（地）县统计系统纷纷前来学习，有力地推动了统计发展和建设，扩大了贵州毕节在全国统计系统的影响力，提高了毕节的统计地位。

《毕节地区通志·统计志》以毕节统计历史发展时间节点为线索，用翔实的历史资料，记述了毕节地区统计事业发展历史轨迹，记述了20世纪50年代以来统计工作情况和取得的丰硕成果，充分体现了地方特色、时代特色、专业特色。编志史料搜集完整，历史脉络清晰，语言表述流畅，基本反映了全区统计事业全貌。这部志既总结提炼了毕节地区统计事业发展历史和发展现状，又对今后推进统计管理体制改革，提升统计数据质量提供了有益启示，很好地践行了“中国道路、中国精神、中国力量”实现中国梦的固本之策。

历史是一面镜子，既能正衣冠，又能视不足。纵观毕节统计事业发展史，有成功经验，也有失败教训。这些经验和教训对推动统计管理体制改革、转变统计发展观念、提高统计数据质量，具有十分重要的意义。身为统计人，要充分借鉴过去统计工作中的成功经验和吸取失败的教训，强化与时俱进观念，锐意进取，开拓创新，使统计工作更好地适应新形势下社会发展需要，为打造毕节试验区改革升级版提供更加优质的服务。

毕节市统计局党组书记、局长　王世雄

2017年10月

（20世纪80年代初）地区统计局领导班子和各县统计局局长合影。后排右一为时任统计局局长李启升，前排中副局长张为爽

举办统计培训班。一排左五为时任地区统计局副局长吴朝蘋

丰富的业余生活。1987年春天的周末，单位同事到天河公园开展活动

省外同行（山西）来取经交流。前排左二为时任地区统计局局长何家兴

省外同行（广东）来取经交流，站立左一为时任地区统计局副局长张正才

省外同行（湖南）来取经交流，左一为时任地区统计局副局长吴朝蘋

全国第五次人口普查办公室领导和数据处理人员合影（1991年），前排右四为时任统计局长何家兴

法制宣传

法制宣传

召开第一次农业普查试点会。图中前排右二为时任统计局长王允铎

农业普查宣传深入到村户。1996年全国第一次农业普查

深入农户家中进行普查宣传和示范性培训

统计系统重视提高自身和各行业统计人员的业务能力，统计上岗资格培训考试中

召开业务会议，前排右三为时任统计局长王允铎

基层调研，左二为时任统计局长王允铎

乡镇调研。右一为时任统计局副局长孙朝红，右二为时任统计局副局长黄景荣

1989年召开地区统计执法工作会议。地区统计局领导班子成员及各县局领导、相关业务人员合影

省局领导同志下基层调研。前排左五为省统计局副局长张贵平

目录

概述

毕节地区的专业统计机构设置较晚。民国以前，仅有一些户籍、丁口和田赋数量的记载。民国期间和新中国成立初期，统计机构比较分散，统计人员既少且弱。1953年，毕节地区统计局成立后，经过多年的努力，一个以毕节地区统计局为核心，由政府统计系统、部门统计系统、基层企业事业单位统计系统组成的统计网络逐步建立起来。在“大跃进”和“文化大革命”期间，这一统计网络被削弱，人员减少，关系疏散，地区统计局也曾一度被撤销。1980年毕节地区统计局恢复建制后，全局不仅人数增加，而且人员素质也有很大提高。十多年来，除了高等院校和中专学校不断向统计部门输送统计、财经、数学、计算机人才外，统计部门也通过系统内的培训，造就大批统计专业人才，他们对全地区统计工作的发展起着骨干作用。

在改革开放之前相当长的时期内，统计内容是不够完整，重生产、轻流通，重速度、轻效益，重物质产品、轻服务劳动，这是产品经济思想在统计工作中的反映。在毕节地区统计系统中，根据统计工作具有准确性、及时性和全面性的特点，一直强调抓好基础建设。20世纪50年代就提出做好基层工作、基础工作、练好基本功的“三基”工作，取得显著成绩。从1984年起，提出搞好统计基础工作规范化，内容比过去更加全面了。除了要求原始记录完整化、统计数据台账化、统计管理制度化、统计资料档案化等直接属于统计基础工作外，还提出统计机构网络化、统计培训正规化、统计手段现代化，统计分析经常化等基本要求，在一定程度上保证了统计数字的质量。

改革开放之前，无论是政府对企业，或企业内部的统计调查，基本上是采取全面调查方法，实行定期统计报表制度。改革开放以来，为适应复杂多变的经济形势，特别是多种经济成分并存发展的格局，各级统计部门根据不同对象和要求，灵活运用全面调查、抽样调查、重点调查、典型调查等方式方法取得统计数据。虽然实行定期统计报表制度进行全面调查还是主要形式，但是应用抽样调查的领域扩大了，如城乡居民住户调查、粮食产量的预测预报、1％人口抽样调查、儿童抽样调查、居民出行调查以及社情民意调查、商品用户调查等。在这一期间，还先后进行了多项较大的普查项目，如人口普查、工业普查、第三产业普查、投入产出调查、房屋普查等。一些企业除建立以全面调查为特征的内部报表外，也采取抽样问卷调查及现场写实的方法取得统计资料。

民国时期，国民政府及贵州省政府曾颁布过统计法规，但执行并不严格。新中国成立初期，统计法制也不健全，滥发统计调查表格和任意篡改统计数字，成为统计活动中两股“浊流”，严重地干扰了正常的统计秩序。1983年国家颁布《中华人民共和国统计法》，是新中国第一部规范统计活动的法律。它内容全面，不仅包括统计报表管理和统计数字管理，还包括统计管理体制、统计机构与人员以及法律责任等。1989年8月，毕节地区行署制发了《毕节地区统计管理规定》，提出贯彻国家《统计法》的具体规定，并根据地方情况作出必要的补充，这对毕节统计工作走上法治轨道有着重大意义。

毕节地区统计局从1986年配备第一台IBM微机，1987年地区农业统计用微机处理统计报表开始，到1990年各科室各专业普遍使用微机，初步在局内形成电算网络，各专业统计报表均由手工汇总转变为电脑的超级汇总，大大扩充了综合计算的信息量，提高统计信息的准确度、及时度和利用率。初步建成了信息容量大、科学检索性强的综合统计数据库，在各县统计系统均配备了计算机的条件下，率先在全省地区一级建立了服务器，实现了县-地区-省电子传输统计数据和报表，在计算技术和数据传输技术现代化方面迈出了重要的一步。但是，计算技术现代化在各县区、各部门、各专业发展并不平衡，在数量繁多的计算工作中有的还是各种计算工具（算盘、计算器、电脑）并用。

在相当长的时间里，统计服务范围是封闭的，服务对象只限于为党政领导服务，为上级统计部门服务（实质是为上级党政领导部门服务）。各种统计调查表格都打上“机密”字样，统计局编印的《年度统计资料汇编》都是内部使用的，一年一度发表的统计公报，也是经过严格选择只发表相对数，极少发表绝对数。教学和科研部门很难得到详细数字作为研究的依据。1984年9月，全国统计工作会议首次提出“统计服务方向，由封闭式转为开放式”，贵州省统计工作会议也提出统计社会化、商品化。在新思想指导下，毕节地区加快了统计服务向开放式方向转变的步伐。不仅在报刊发表统计公报，详细公布了反映国民经济和社会发展情况的统计数据，而且每年编印的《毕节地区统计年鉴》，定期发给参与地委、地区行署决策研究的有关单位。与此相适应，统计服务的方式也逐渐向无偿服务和有偿服务相结合转变，有效地提高统计的社会应用价值和知名度，在一定程度上推动了政府决策科学化、民主化的发展。

在统计工作发展的初期阶段，统计的服务功能比较单一，基本上是编制统计报表，提供统计信息。虽然也编写一些分析报告，但只不过是数字文字化，反映生产进度的居多。为了提高统计工作水平，特别是优质服务水平，毕节地区统计领导机关提倡大兴调查研究之风，号召各级统计人员要深入基层进行调查研究，并发挥占有丰富统计信息的优势，把综合出来的统计数据进行分析，形成概念，做出判断，写成有观点、有数据、有分析、有建议的统计分析报告，帮助领导了解情况，监督检查，指导工作和科学决策，力求发挥统计在指导国民经济和社会发展中的重要作用。因此，改革开放以来，统计分析报告和调查报告，无论在数量上和质量上都大大地改观了，每年都出现质量较好，对领导决策有重要参考价值的统计报告，受到各级领导的好评。统计部门不仅是各单位的情报部门，有些还成为各级领导的参谋部门。与此同时，统计部门还从两方面开展监督工作：一是监督统计活动是否合乎统计法的规范，每年一次或几次进行统计数字质量的检查，并把统计的技术差错减少到最低限度，做到数字准，情况明。二是监督国民经济的运行情况。监督国民经济增长速度是否正常，固定资产投资和消费基金增长是否过猛，物价高企及增幅偏大对居民生活的影响等等。毕节地区还研制了国民经济预警监测系统，对国民经济发展做出“警报”。实践证明，统计功能已逐步实现多样化，并朝信息、咨询、监督整体功能的方向发展。

第一章　统计机构与管理

第一节　统计机构

一、1949年以前的统计机构

毕节地区的专业统计机构设置较晚。民国以前，仅有一些户籍、丁口和田赋数量的记载。1840年鸦片战争后，与贵州毗邻的广西、湖南、四川等省纷纷兴办邮政，开采矿山，开辟通商口岸，征收厘金关税，开始出现关税统计与财政收支统计，并随之设置相应的统计机构，但贵州未正式开展工作。

清光绪三十二年（1906年），清政府在宪政编查馆内设置统计局，为全国最高统计机关。光绪三十三年（1907年），宪政编查馆奉令要求每省设立调查局，调查局内设法制、统计两科，统计科下设三股；各司、道、州、县均设统计处，受省调查局指导。

从光绪三十四年（1908年）起，各省调查局相继成立。宣统元年（1909年）8月，贵州省调查局报经抚院批准，创办了《贵州官报》，但有关当时的大定府（今大方县）、威宁州、黔西州、平远州（今织金县）、水城厅、毕节县统计处的设置资料尚未发现。

民国初期，中央政府各部皆有统计专科的设置。民国15年（1926年），地方各级开始有统计机构的设置。民国23年（1934年），国民政府行政院主计处又明令各省市应于本年7月开始成立统计机构。但贵州由于偏居西南地区，长时期的地方军阀割据和战乱，使中央统治鞭长莫及，中央政令形同虚有。所以，民国23年（1934年）3月28日，贵州省主席王家烈签发训令，遵照国民政府内政部统字五号令，转发各省市统计规章调查表及统计组织调查表，令各县市政府填报省民政厅汇总。5月，民政厅呈报调查结果：全省尚未制发统计规章，亦未成立统计机构。

直至民国24年（1935年），国民党中央军尾随红军入黔，蒋介石借机改组贵州省政府，地方军阀割据局面结束，中央的统一政令在贵州得以实施，毕节地区（当时称贵州省第四行政督察区）的近代统计事业才真正开始。

民国24年（1935年）7月3日，依据贵州省政府公布的《贵州省行政督察专员公署组织条例》和《贵州省行政督察专员公署办事通则》，全区及各县还没有专职统计员配备，更无专门的统计机构设置。全区及各县统计工作分别由民政、财政、建设、教育四科及各局兼办。

民国26年（1937年）3月25日，贵州省政府发布通令，令省会警察及各县县政府在不增加员额的原则下，由省会警察局长及各县县长在原有职员中选择统计知识较优者1—2人，专司统计工作。限文到十日内将指定专办统计人员的姓名、职衔、年龄、出生、经历等项报省政府备查。此后，毕节地区县一级机构才开始有了专办统计人员有及统计业务的开展。

民国30年（1941年）8月13日，全区各县政府统计室均已设置完毕。

民国31年（1942年）6月9日，省政府训令，抄发《贵州省设置各机关专办统计人员暂行办法》，令各厅处局及附属各行政督察专员兼保安司令公署在该机关统计室尚未组成，暂先设置专办统计人员；根据统计业务的繁简程度，可确定1—4人；专办统计人员在二人以上者，得成立统计股；各机关专办统计人员隶属于各机关秘书室或其他适当科室；设置专办统计人员所需经费由各机关经费内支出。第四区行政督察专员兼保安司令公署如何办理，无资料可查。

民国32年（1943年）1月8日，因奉令裁员加薪和紧缩机构，省政府第908次府会通过省市县机构调整办法，决定裁撤各县市政府统计室，专办统计人员，改属秘书室。各县政府统计室相继撤销，专人统计人员隶属秘书室，统计工作由秘书室兼管。1月29日，省政府举行第914次府会通过的《贵州省县政府组织规程》，正式规定由秘书室掌管统计。3月12日，省政府举行第925次府会，通过省政府统计室拟订的《贵州省各县政府设置统计人员办法》。明令在各县政府统计室裁撤后，各县政府至少得设统计主任一人，有条件的还可设科员和办事员各1人或2人。县政府如何办理，无资料可查。

民国34年（1945年）3月30日，省政府委员会第1126次常会通过《贵州省各县政府加强统计工作效率办法》，规定各县政府统计主任不得兼任他职，各县政府佐理统计人员至少各设科员1人、办事员1人。同年5月，鉴于全国抗战即将胜利，国民政府行政院令发《中央党政军提高行政效能及行政三联制总检讨会议文书简化办法有关表册部分》及《简化统一统计表册办法》，规定县属政府统计机构应普遍设置以充实基层组织。同时，主计处也令饬全国推选公务统计方案。7月6日，省政府发出训令，依据《贵州省各县政府设置统计人员办法》的规定，各县政府要在不增加经费员额的原则下，将前因奉令紧缩机构而裁撤的各县政府统计室恢复，设置统计主任、科员、办事员各1人，以利工作。全区各县政府如何办理，无资料可查。民国35年（1946年）底，因提高县级人员待遇，省政府令颁县级机构调整方案，规定各县政府改为最低限度应设主办统计人员1人，业务特繁之县授权县长在该县政府总员额内调派科员或办事员1人协助办理，县级统计机构又一次被裁撤。由于感到统计业务繁重，11月16日，第四区行政督察专员兼保安司令公署区行政会议讨论关于县政府组织人员编制，确定秘书室统计人员2人。

民国36年（1947年）1月7日，国民政府行政令扩充各级政府统计机构。民国37年（1948年）初，贵州省第四区行政督察专员兼保安司令公署成立统计室，设置统计人员，陈位均任统计员。

民国38年（1949年），国民政府在全国的统治行将崩溃，国民党统治区的财政状况严重恶化。为压缩机构、裁减人员、减少经费开支，1月7日，国民政府行政院颁布《地方政府暨所属机关主计机关及人员设置条例》，决定调整地方主计机关组织系统，将原来分设的会计、统计两机构予以合并，改组并重新拟定地方主计人员管理制度，以适应政治、经济形势的需要。6月16日奉省政府主计处5月31日四人字第0163号训令，贵州省第四区行政督察专员兼保安司令公署将会计、统计机构合并改组为主计室，仅保留主计员1人，罗泉明代理主计员。各县政府如何，无资料可查。

同年11月26日，国民党贵州省第四区行政督察专员兼保安司令廖兴序下令烧毁档案，统计资料荡然无存。

二、中华人民共和国成立后的各级政府综合统计机构

（一）地区综合统计机构

1949年11月28日，毕节县城解放，在此前后，黔西、大定（1958年更名为大方）、金沙、织金、纳雍、威宁、赫章、水城（1970年划归六盘水地区，现为六盘水市）八个县城相继解放。12月3日，贵州省人民政府毕节区专员公署成立。当时的专署没有统计机构设置。1952年，根据贵州省人民政府《各专区组织编制草案》规定，专

署秘书处统计人员编制4人，同年4月整编之后，专署秘书处改称秘书室，统计人员编制3人，算作财委干部。

1950年2月，专署财政经济委员会成立。1952年7月，根据省第一次计划统计工作会议精神，为推动全区计划统计工作的开展，适应社会主义经济建设发展的需要，专财委对机关干部进行工作分工，除秘书外，设综合、贸易、统计等组。1954年5月10日，专财委对内部工作进行调整，根据工作需要，设秘书、经济、财农、计统四组。计统组（即计划统计科）工作范围包括各财经部门计划的审查，督促和各种定期统计报表的执行，以及物价的掌握等工作。

1953年1月，为适应国家经济建设及制定国民经济计划的需要，中央人民政府政务院颁发《关于充实统计机构加强统计工作的决定》，要求大行政区及省、市成立统计局，专署及县成立统计科，并成为同级人民政府的组成部分。1954年2月，为加强国民经济的计划性和国家对经济活动的领导与管理，使国家经济建设计划工作能够全面系统地进行，中共中央又发出《关于建立与充实各级计划机构的指示》，按照指示精神，同年6月20日，计划统计组由专财委分出，成立专署计划统计科，编制4人，实有7人，马洪革任副科长。

1954年11月，为适应国家建立定期统计报表的需要，计划、统计分设两个科，张丕文任专署统计科副科长。

1957年9月，受全省性精简机构和缩减编制的影响，计划与统计两科合并，恢复计划统计科，张力心任科长，马洪革任副科长。

1958年9月，为适应国民经济“大跃进”的需要，专署从各部门抽调人员，成立专署统计工作跃进办公室，张为梓兼任办公室主任，张力心、马洪革任办公室副主任。

1960年2月，中共贵州省委批准省统计局《关于全省计划统计机构分设的报告》，以恢复在“大跃进”时期实际被削弱的统计机构，专署计划统计科再次分设为计划、统计两科，王如柏任专署统计科副科长。

1961年1月，专署 统计科归专署计划委员会领导，改称专计委统计科。

1962年5月，专计委与专劳动局合并为计统局，张力心任局长，编制19人。

1962年8月，国务院批复同意贵州省人委《关于贯彻执行国家统计系统的组织机构和编制问题的报告》，要求贵州各专区一级设统计局（科），1963年2月，毕节专署统计局成立，王如柏任副局长，1964年9月调李启升任局长。

“文化大革命”开始后，统计工作受到严重冲击。1967年3月，毕节专署统计局被撤销，在毕节专区革命委员会生产领导小组下设计划统计办公室。同年12月，改称专区革委生产指挥部计划组。1970年，又改称地区革委生产指挥部计划组。1973年4月，设立地区计划委员会统计组。

1978年4月，贵州省革委发出《贯彻执行国务院批转国家计委关于整顿和加强统计工作的报告的意见》，提出各地、州、市、县应成立统计局，由同级计委代管。

同年11月，毕节地区革命委员会统计局成立，李启升任局长。1979年1月，改称毕节地区行政公署统计局。

1985年，机构改革后，毕节地区统计局设综合秘书科、业务科、农业科。

1988年，为适应统计工作现代化的需要，结合应用计算处理数据的特点，地区统计局对内部机构设置进行改革，原设的三科予以撤销，重新设立综合、调查、法规三科和办公室、计算中心。

1992年3月，地区计算中心改为事业机构。

1994年12月，对科室进行调整，将综合科与法规科合并为综合法制科，调查科分为业务一科、业务二科、业务三科，将财务从办公室独立出来，设立财务科。1997年6月25日，综合法制科更名为国民经济核算科。

毕节地区级统计机构历任领导人名录

表1

机构名称	职务	姓名	任职时间
计划统计科	副科长	马洪革	1954年8—1955年10月
统　计　科	副科长	张丕文	1955年11月—1957年6月
计划统计科	科长	张力心	1957年9月—1959年12月
计划统计科	副科长	马洪革	1957年9月—1958年8月
统计工作跃进办公室	主任	张为梓	1958年9月—1962年2月
统计工作跃进办公室	副主任	张力心	1958年9月—1962年2月
统计工作跃进办公室	副主任	马洪革	1958年9月—1962年2月

续表

机构名称	职务	姓名	任职时间
统　计　科	副科长	王如柏	1960年2月—12月
专署计委统计科	副科长	王如柏	1961年1月—1962年4月
专署计统局	局长	张力心	1962年5月—1963年1月
专署计统局	副局长	马洪革	1962年5月—1963年1月
专署统计局	局长	李启升	1964年9月—1967年3月
专署计统局	副局长	王如柏	1967年2月—1967年3月
专区革委生产领导小组计划统计办公室	组长	李启升	1967年3月—11月
专区革委生产指挥部计划组	组长	李启升	1967年12月—1968年10月
专区革委生产指挥部计划组	组长	王季恒	1968年11月……
专区革委生产指挥部计划组	副组长	袁良骥	
地区革委生产指挥部计划组	组长	王季恒	（1970年改称）
地区计委统计组	负责人	张正才	（1973年设立）
地区革委统计局	局长	李启升	1978年11—12月
地区行政公署统计局	局长	李启升	1979年1月—1983年
地区行政公署统计局	副局长	张为爽	1979年—1983年
地区行政公署统计局	局长	何家兴	1983年10月—1992年11月
地区行政公署统计局	副局长	张正才	1983年10月—1991年
地区行政公署统计局	副局长	吴朝频	1983年10月—1994年
地区行政公署统计局	副局长	王允铎	1990年12月—1992年12月
地区行政公署统计局	局长	王允铎	1992年12月—2016年5月
地区行政公署统计局	副局长	黄景荣	1992年12月—2001年8月
地区行政公署统计局	副局长	孙朝红	1996年12月—2007年2月

（二）市、县统计机构

毕节地区解放后最早的县级统计机构设置，始见于人事档案永久第一卷纳雍县人民解放委员会于1950年1月18日呈报《纳雍县人民解放委员会暂行组织规程》第四条规定："本会设委员七人并互推主任副主任委员各一人，总理全会事务，内设秘书室及财务征稽治安清理调查统计六组……"。次日又以纳解财0005号文件《呈报增设财务组情形由》，"窃查本会成立时由何团长兴成指定设置调查清理治安征稽统计五组当经何团长电报在案……"。24日再理呈报《纳雍县人民解放委员会造具委员秘书各县正副组长姓名简表》，统计组组长高良栋，副组长刘执中；调查组组长曹伯华，副组长龙从骥。其他各县人民解放委员会是否设立调查组、统计组无资料考证。

1952年依据贵州省人民政府《各专区组织编制草案》规定，县人民政府秘书室统计人员编制2人。

1954年，各县计划统计组相继从县财委分出，成立县人民政府计划统计科。

1956年，各县计划统计科陆续分组计划、统计两科。

1957年，各县陆续将计划、统计两科合并。

1959年，大方、纳雍、威宁三县计划委员会先后成为实体型机构。纳雍县计委下设计划、统计、劳动三科，威宁县计委下设计划、统计、劳动、物资四科。

1962年3月，因机构合并、职工精简，毕节县统计科并入县计划委员会，胡德宣、刘正刚、严光礼、谢永龙4人全部保留。

（三）建并撤前的区、乡统计网络

据1955年8月9日《专区综合区级干部统计表》，全区有12个区公所配备统计助理。

1956年纳雍有75个乡634个公社、织金县有87个乡2个镇成立了义务统计小组。

1989年建立乡镇统计组323个，占全区乡镇总数的40%。

（四）建并撤后的乡镇统计网络

1992年，针对在建并撤后基层统计机构不落实、人员配备不齐、原有农村统计信息网络不复存在的状况，行署发出《切实加强统计工作的紧急通知》，要求1.5万人以下的乡（镇）必须配专职统计人员一名，1.5万人以上的乡（镇）适当增加。到年底，全区244个乡（镇）建立了各种形式的统计机构，健全了农村统计网络，总共配备统计人员352人，其中专职统计人员292人，占83%，有241人具有高中以上文化程度，重新形成了一支素质较好的农村统计队伍。

三、城市、农村社会经济调查队和企业调查队

（一）城乡社会经济调查队

1984年4月，经贵州省人民政府第33次常务会议同意，省计委、省编委、省财政厅、省人事局、省劳动局、省统计局联合发出《关于我省农村和城市两支抽样调查队组建工作的通知》，规定正式设立贵州省农村抽样调查队和贵州省城市抽样调查队(全称“省城乡抽样调查队”)。省农村抽样调查队下设农产量调查处、农村住户调查处和农村社会经济调查处；省城市抽样调查队下设职工家计调查处和物价调查处。毕节地区被国家抽中的毕节、黔西、纳雍、大方、赫章、威宁6个县建立农村抽样调查队；国家抽中的毕节县建立城市抽样调查队，威宁县为省物价调查点。设专职调查员。根据三级建队，分级领导的原则，县调查队均受上级调查队和当地统计局的双重领导，以上级调查队领导为主。县城乡抽样调查队为事业编制，科级建制。

按照国家建队方案，我区除金沙、织金外其余县市均成立由国家统计局直属管理的农调队，毕节行署为了能够与国家口径一致，掌握分县有关城镇和农村居民的家庭经济等方面的数据，在金沙、织金两县建立家村抽样调查队，属地区编制，由地区统计局管理（未明确机构级别）。

1989年1月，根据国家统计局的统一要求，各县农村抽样调查队更名为农村社会经济调查队，城市抽样调查队更名为城市社会经济调查队。

1989年3月4日，地区计划委员会、编制委员会、财政局、统计局联合下发毕地编〔1999〕010号文件，通知大方、黔西、金沙、织金、纳雍、赫章六县成立城市经济调查队，归县统计局领导，编制4人；威宁自治县物价调查点增编2人，组建为城市社会经济调查队；地区统计局增编3人，负责城市社会经济调查工作。经费各县列入县财政预算，地区列入地区财政预算。要求3月底前完成组建，4月上旬地区集中培训后开展工作。

（二）毕节地区企业调查队

1997年7月，经省统计局（黔统函字〔1997〕　7号函）和毕节地区行政公署（毕署函〔1997〕001号函）协商同意，根据省统计局、省编委办、省计划委员会、省财政厅、省人事局黔统字（1997）139号文件精神，毕节地区企业调查队组建成立。其主要任务是：对全区二、三产业中各种经济类型，各种经济规模的企业进行抽样调查；开

展与建立现代企业制度和发展市场体系密切相关的快速专项调查。

毕节地区企业调查队是国家统计局直属的，行使统计调查行政职能的全额预算管理副县处级事业单位，队内设科。统计调查业务工作及机构、编制由国家统计局统一管理，经费由国家统计局拨付，其他事宜由贵州省统计局代为管理。企业调查队的领导干部和业务骨干主要从统计系统内选调，同时接收国家统计局直属和联合办学院校及有关院校的应届大中专毕业生。

四、部门统计机构及各事业单位统计网络

（一）部门统计机构

毕节地区最早配备统计人员的部门是文教科，根据1952年11月20日省编124号通知，专、市、县增设计划统计人员1人，从专、市、县总编制内调剂；随后民政科、财粮科、工商科、农林建设科、卫生科、物资交流办、公安处、法院相继配备专兼职计划统计人员。

〖农林水系统〗 1957年，专署林业局设计财科；1962年，地区林业局财务计统科有统计员2人。1978年起，地区农业局、林业局、畜牧局设计划财务科，地区水电局设计划物资科；地、县社队企业局下设统计科股；

〖工业系统〗 1956年，专署森工局设计划统计科（负责人：刘显邦）；贵州省手工业联社毕节办事处设计划统计科（统计员：何代清），毕节、黔西、金沙、织金四县手工业联社设计划统计股，水城、威宁、纳雍、大定、赫章五县手工业联社设财会计统股；1957年11月，专署森工局统计科被撤销。

〖劳改系统〗 1957年，专署公安局劳改科原设计统股因整编被撤销后在生产股下设计划统计员1人。

〖商业系统〗 1957年，大定县商业局设统计股，水城县商业局设统计科；1960年，专商业局设财务统计室，毕节县商业局设计统股，黔西县商业局设统计科（后与计划科合并为计统科）。1978年起，地区商业局、供销社物资局设计划统计科，专署服务局设财会计统股，县服务局设计划统计股；粮食分局在会计室内设统计1人。

1952年，专署粮食局设计划股，编制4人；县粮食局设专职计划统计员1人。1953年，专署粮食局设计划统计股，各县粮食局设计划统计组。1954年，专粮食局设计统计股，县粮食局设专职统计员；1956年，专粮食局设计划统计科，各县粮食局设计划统计股；1957年，5月，专油脂公司并入专粮食局，合并后在原专粮食局计统股、专油

脂公司计统课基础上成立计统科。

1954年，专卖管理处设计划统计股，黔西县专卖管理处设会计兼统计一人；1956年，专署专卖处设计划计课（课长杨恩华、副课长吕光才）。

〖财税系统〗 税务分局由出纳兼办统计；1954年，专署税务局设计划课，大定、赫章、金沙三县设计划股、毕节、黔西、威宁三县设会统股，织金、纳雍、水城三县设计划统计员；1957年，专财税局设计会股（后撤销），水城县税务局设计划会计股；1978年起，地区税务局设统计科。

〖金融系统〗 1954年，人民银行中心支行设计划股，毕节县支行设计划员。1957年，人民银行水城县支行设计划信贷股；1978年起，人行中心支行设计划科，地区建行设综合统计科，地区农行设计划会计科（1980年分为计划统计和会计出纳两科）。

〖邮电系统〗 1960年，专邮电局设计财股。

〖其他政府系统〗 专署工商科配备统计调查人员3人，毕节县工商科配备统计调查人员2人；1978年起，地区劳动局设计划调配科。

（二）企事业单位统计网络

从1952年起，专、县所属国营企业如花纱布公司、贸易公司、油脂公司、畜产公司、百货公司、盐业公司、专卖处、银行等陆续设立统计科或计划统计课股或配备计划统计人员。

1953年，县卫生院设卫生统计员1人。

1954年，花纱布公司、中国人民银行毕节中心支行设计划股，专卖分公司、仪器公司、民贸公司、油脂支公司、盐业公司、贸易公司、百货公司设计划统计股，畜产公司设会计计划股，石油供应站设会计统计股；百货公司妈姑分店和黔西分店、民贸公司织金龙场和以那架两区商店设会计兼统计一人。上半年，花纱布公司、专卖分公司、贸易公司、盐业公司、民贸公司有专职统计员1人，百货公司、仪器公司、油脂支公司有专职统计员2人，畜产公司、石油供应站由计划员兼统计；下半年，百货公司一名统计员改任计划员。

1956年，仪器公司、专卖分公司设统计课。

1957年3月20日，毕节公安处对劳改系统进行整编，大定硫磺厂原设统计股与计划股合并为计统股，金沙大水农场原设计统股不变，毕节农场原设专职统计员1人不变，黔西农场原设财务统计组改称财务计划统计组，毕节农具厂在原设统计员2人基础上建立计划统计组，毕节工程队设计划统计员1人不变。

第二节 统计管理体制与统计法制建设

一、统计管理体制

中华人民共和国建立后，随着经济社会事业不断发展，逐步形成政府统计、部门统计、企事业统计三大体系。要统一组织、协调各级各方面统计工作之间的关系，必须建立科学的、完整的统计管理体制，疏通统计渠道，理顺统计报表报送关系，才能使之正常运转，并发挥其整体作用。1953年11月，贵州省统计局根据国家统计局《关于制订及审批调查统计报表的暂行办法》拟定《贵州省关于制定及审批调查统计报表的施行细则(草案)》下发执行，其主要内容是：省内各级政府、机关、企业、团体(包括中央或西南局直属而省级机关对其有指导关系的机关、企业、团体)制发统计报表及调查方案，均须办理审批手续，并规定审批权限及程序。对统计报表的管理形成“集中统一，分级负责，条块结合”的管理体制。

1962年4月4日，中共中央、国务院作出加强统计工作的决定，提出全国统计体制实行“一垂三统”，即业务受国家统计局垂直领导，统一管理编制，统一管理经费，统一管理人员。并明确，各级统计部门搜集和整理的统计资料，必须直接报送上级统计部门，同时报送当地党政机关。

1984年1月1日起施行的《中华人民共和国统计法》规定：“国家建立集中统一的统计系统，实行统一领导、分级负责的统计管理体制。”毕节地区在贯彻执行统计法中，结合本地实际，多次制发关于建立健全统计管理体制的文件。

1984年6月13日，毕节地区行署下发关于认真贯彻执行《国务院关于加强统计工作的决定》的通知（毕署发〔1984〕121号）指出：《中华人民共和国统计法》和《国务院关于加强统计工作的决定》下达后，各县、各部门在贯彻执行这两个重要文件方面，做了不少工作，收到了初步效果。但是，仍有少数县和部门未认真贯彻执行，特别值得注意的是有的县和部门在机构改革中，统计力量不是加强而是有所削弱，影响了统计工作的正常开展。要求认真贯彻执行《国务院关于加强统计工作的决定》，广泛深入宣传和贯彻执行《中华人民共和国统计法》和《国务院关于加强统计工作的决定》，开创统计工作新局面。健全统计机构，充实统计力量。加强统计人员培训，提高统计干部素质。加强统计基础工作，提高统计数字质量。

1986年7月22日，毕节地区行政公署下发关于贯彻落实省人民政府《关于进一步加强统计工作的决定》的意见（毕署发〔1986〕072号），认真贯彻执行《中华人民共和国统计法》，认真落实国务院《关于加强统计工作的决定》（国发〔1984〕7号）、省人民政府《关于进一步加强统计工作的决定》（黔府〔1986〕45）和六月下旬省政府召开的全省统计工作会议精神，要求，提高认识，加强领导；加强基层统计建设，尽快建立统计网络；建立健全统计台账，确保统计数字质量；改革统计调查方法，乡乡开展抽调查；积极配备使用微机，加速实现计算技术现代化；加强横向联系，保障信息准确灵通；认真执行《中华人民共和国统计法》，如实反映情况。

1991年8月2日，毕节地区行政公署下发关于认真贯彻落实省人民政府《关于加强统计工作、充分发挥统计监督作用的决定》的意见（毕署发〔1991〕085号），要求深化对统计工作的认识，加强对统计工作的领导；加强统计法制建设，强化监督职能；加强统计基础建设工作，健全统计信息网络；加强统计部门的自身建设，加速统计信息自动化建设；统计部门和统计人员要增强事业心和责任感，为党政领导提供优质服务。

1993年，毕节县撤县设市后，毕节地区行署行文明确，原由地区统计局统计的地直单位的各项统计报表，下放由毕节市统计局统计。至此，毕节地区“集中统一，分级负责，条块结合”的统计管理体制全部实现。

1993年11月16日，毕节地区行政公署下发《关于加强统计工作的意见》（毕署发〔1993〕113号），要求各级各部门要深化对统计工作的认识，切实解决统计工作中存在的问题；统计部门要加强自身建设，增强事业心和责任感；加强统计法制建设，保证统计数据的准确性；开展统计优质服务，适应多层次决策需要，提供咨询建议，搞好预测预警。

毕节地区建立的以专、兼职统计员为主体的乡、镇统计站，及以乡、镇统计站为中心的农村综合统计网络，是“集中统一，分级负责，条块结合”统计管理体制的具体组织形式。实践证明，它对组织、协调农村基层各部门的统计工作，统管农村主要统计数字，加强统计基础工作，抓数字源头，提高统计数字的真实性等发挥了良好的作用。

二、统计法制建设

（一）宣传贯彻统计法

1983年12月，第六届全国人民代表大会常务委员会第三次会议通过公布《中华人民共和国统计法》，自1984年1月1日起施行。

1984年6月13日，毕节地区行署下发关于认真贯彻执行《国务院关于加强统计工作的决定》的通知（毕署发〔1984〕121号）指出：《中华人民共和国统计法》和《国务院关于加强统计工作的决定》下达后，各县、各部门在贯彻执行这两个重要文件方面，做了不少工作，收到了初步效果。但是，仍有少数县和部门未认真贯彻执行，特别值得注意的是有的县和部门在机构改革中，统计力量不是加强而是有所削弱，影响了统计工作的正常开展。要求认真贯彻执行《国务院关于加强统计工作的决定》，广泛深入宣传和贯彻执行统计法和决定，开创统计工作新局面。健全统计机构，充实统计力量。加强统计人员培训，提高统计干部素质。加强统计基础工作，提高统计数字的质量。

1986年7月22日，毕节地区行政公署下发关于贯彻落实省人民政府《关于进一步加强统计工作的决定》的意见（毕署发〔1986〕072号），认真贯彻执行《中华人民共和国统计法》，认真落实国务院《关于加强统计工作的决定》（国发〔1984〕7号）、省人民政府《关于进一步加强统计工作的决定》（黔府〔1986〕45）和六月下旬省政府召开的全省统计工作会议精神，要求：提高认识，加强领导；加强基层统计建设，尽快建立统计网络；建立健全统计台账，确保统计数字质量；改革统计调查方法，乡乡开展抽调查；积极配备使用微机，加速实现计算技术现代化；加强横向联系，保障信息准确灵通；认真执行《中华人民共和国统计法》，如实反映情况。

1986年11月，毕节地区行署召开办公会议听取地区统计局局长何家兴《关于贯彻执行统计法情况的汇报》后，作出《关于认真贯彻执行统计法的会议纪要》，要求各级、各部门、各单位对贯彻执行统计法中存在的问题切实加以解决。

1987年1月，国务院批准《中华人民共和国统计法实施细则》，同年2月由国家统计局发布施行。

1988年5月，贵州省第七届人民代表大会常务委员会第二次会议通过《贵州省统计管理试行条例》，自1988年7月1日试行。

自统计法颁布施行后，各级统计部门大力组织宣传贯彻。1984年—1990年间，在党政领导重视下，地区统计局召开宣传贯彻统计法大会5次；各县、区、镇、乡，各厂矿企业都广泛深入开展宣传。印发统计法小册子，出动宣传车，书写张贴大小标语，编写黑板报、大字报，广播等形式，到农村、厂矿企业进行宣传，使统计法深入人心，家喻户晓。1991年，地区统计局遵照地委、地区行署《关于在公民中开展法制宣传教育的第二个五年规划》和省统计局《关于开展统计法制宣传教育的五年规划》的安排，发出《关于开展统计法制宣传教育的五年规划》，在全地区统计系统开展以宪法为核心、统计法为重点的宣传教育。同年10月，地区统计局举办法制骨干培训班，参加的有地区、县、区统计局全体干部。

1992年5月，地区统计局组织县级以上统计局84人参加省统计局主办的统计法律知识和其他专业法知识考试，及格率100%。1993年2月，地区统计局召开全区统计法制工作会议，采取以会代训的方式，进行统计法规专业知识培训，参加考试106人，及格率100%。

1994年，开展统计执法检查的大宣传、大动员。进行统计执法人员培训300多人次，广播电视宣传154次，覆盖达百万人次，张贴大小标语6458条，发宣传提纲2000余份，写新闻报道20多篇，出动宣传车56辆次。

1996年1月，省统计局发出《贵州省统计法制“二五”普法宣传教育工作评比结果通报》，毕节地区统计局获先进单位奖。同年12月，地区统计局印发《开展统计法制宣传教育第三个五年规划》的通知，制定、实施“三五”普法规划。内容有深入学习邓小平理论，增加了《赔偿法》《行政处罚法》《国家公务员暂行条例》及新编《统计法学概论》。征订和印发《统计法规选编》小册子15000多册，宣传挂图200多份，宣传提纲8000多份，录像带16盒，录音带80盒。

1987年，为开展统计法规工作，地区统计局配专职统计法规检查员1人，1988年，地区统计局调整科室，设立法规科，配备2人。

（二）加强统计执法检查

1987年，贵州省人民政府决定在全省范围内开展统计法贯彻执行情况大检查。检查内容有：统计法宣传贯彻情况，统计机构设置及人员配备情况，统计方法制度的执行情况，统计违法情况等。地区统计局及时召开会议，传达省发文件，布置检查工作。会后各单位进行自查、互查，各级统计局、各部门、各大企业配合组织本地区、本系统、本企业的互相检查；7月下旬，地区统计局、地区经委、地区工业局、地区煤炭局等部门抽人组成抽查组，对贯彻执行统计法的情况进行抽查，发现的问题立即向毕节地区行署汇报，建议及时解决。

1989年，省人民政府办公厅黔府〔1989〕27号文《关于开展统计法规大检查的通知》布置统计法规大检查。这次主要对粮食产量、农民纯收入、工业总产值、城镇居民调查实际收入、工业企业利税额、固定资产投资额、楼堂馆所项目、物价指数、社会集团购买力、工资总额、出生人口、物资库存总值等12个主要统计指标的数字质量进行。毕节地区行署成立地区执法检查领导小组，毕节地区行署副秘书长任组长，地区统计局局长、地区监察局副局长任副组长。4月20日，执法检查领导小组召开地直单位的统计执法大检查动员大会，到会200多人。这次检查4月下旬日开始，5月底结束。

1991年，省政府行文规定每年10月为统计法规检查月。省统计局布置检查的内容有：工业总产值、煤焦产量、夏粮产量、秋粮预产、油菜籽、烤烟产量、固定资产投资、商业零售额、劳动工资、物资库存总额等有否虚报、瞒报、伪造、篡改。检查由地区统计局牵头，地区经委、地区农办、地区商业局商、地区农牧局、地区煤炭局、地区乡镇企业局参加。

1992年的统计法规检查内容有：粮食产量、工业销售产值、劳动工资、商品零售总额、固定资产投资的数字质量，统计基础工作，“二五”普法情况及违法行为和案件查处。

1993年的统计法规检查内容有：粮食产量、工业销售产值、固定资产投资项目和完成额、煤炭产量、出生人口的数据质量。这次检查由地区统计局自行组织，由法规科牵头，各有关专业人员参加。

1990—1993年的统计法规检查，都是按省统计局的布置进行。检查内容每年都有调整，主要是以各年统计中突出的问题为侧重，以促使工作中存在的问题通过检查得到解决。

1994年的统计执法检查由全国人大财经委员会、国家统计局、监察部、国务院法制局共同布置，毕节地区行署由上述对口部门参加组织检查，地区人大常委会副主任任检查领导小组组长。全地区各级、各部门、各企事业单位成立领导小组，开展统计法规执行情况检查。

1995年，地区统计局与国税局、地税局、监察局、乡镇企业局、计生委、公安局等部门抽调人组成统计执法检查组，开展统计法规执行情况检查。

第二章　普查

第一节　人口普查

一、1953年的人口普查

普查调查登记标准时间：1953年6月30日24时。

普查范围：毕节地区境内的中华人民共和国国民，以户为单位按常住人口进行登记人口调查登记表项目：姓名、与户主关系、性别、年龄、民族、本户住址等项。

全区总户数596420户，总人口：2613671人，其中少数民族：660837人，占总人口25.28%。（此数据已将水城提出）。

普查所有时间：该项人口调查结合基层选举工作分期进行，历时一年。

二、1964年人口普查

（一）普查简介

普查登记对象：专区区域内的中华人民共和国公民以户为单位的常住人口。

普查表格：有人口变动情况，人口年龄，人口文化程度，各族人口，城市人口，集镇人口等6种。

普查登记项目：居民户调查项目除保留第一次人口普查的项目外，增加本人成分、文化程度和职业三项；集体户有七个调查项目。

普查标准时间：1964年6月30日24时。

普查结果：全区总户数：700275户，总人口：3011813人比1953年普查增长15.23%，年均增长率1.30%，性别比为101.60（其中女性为100）。总人口中少数民族：501277人，占总人口16.64%，全区大专及以上文化人数1777人，高中及中专文化10378人，初中文化52352人，小学文化455088人，每万人中有大学文化6人，高中及中专文化34人，初中文化174人，小学文化1511人。

普查所有时间：1964年4月16日起至10月13日止，历时六个月。

（二）组织领导

1964年4月16日，毕节专署下发专秘字第039号通知，建立专区人口普查指导小组，由公安、统计、计委、劳动、粮食、商业等部门负责人十人组成，张晓光与朱广巨分分别担任正副组长；并在公安、统计、计委等部门抽调十人成立专区人口普查办公室，由罗公平（公安局副局长）兼办公室主任，谢刚（专署办科长）兼办公室副主任。之后，专门召开了各县电话会议，各县的人口普查领导和办事机构相继建立。

各县人口普查领导小组正副组长名单

大方县　组　长；张清廉

　　　　副组长：龙德渊　　刘文广

威宁县　组　长；安启崇

　　　　副组长：马天佑　禄光达　何家兴

赫章县　组　长：张景悦

各县人口普查办公室正副主任名单

毕节县 主任：陈永仲　副主任：徐春洲　工作人员：15人

大方县 主任：刘文广　副主任：王春武　严国华

金沙县 主任：蔡志兰　副主任：都聚科　毛书堂　工作人员：11人

威宁县 主任：禄光达

赫章县 主任：徐天岭　副主任：殷惠昌　李振宗

各县党委和政府将人口普查列入重要议事日程，在不误生产的前提下，把人口普查作为压倒一切的中心突击任务来抓，赫章县工会、计委等部门的人员全部抽光，科、局长以上干部绝大部分抽下去领导人口普查，保证了每个生产大队有两个以上的登记干部，地委在省参加三级干部会议的书记，还专门打电话回来，指示：“要集中精力，保质保量完成任务……。”在登记复查期间，部分地方遭受洪灾侵袭，有些地方相当严重，都把普查工作放在适应位置，即抓抗洪又抓普查，交叉进行，保证了普查任务的按时完成。威宁县委经常到附近公社生产队检查人口普查质量。纳雍县治昆区由区委负责人划片负责，亲自深入到生产队检查。威宁县黑石头区委对参加登记统计的干部作指示时强调：“党员要用党纪，干部要用行政下纪律来保证质量。”形成了“书记挂帅，全党动手”的工作局面。

（三）选调和训练普查人员

全区共有19586人参加此次人口普查，其中脱产干部11804人，半脱产大队干部5814人，生产队干部和社会力量1968人，脱产干部中县机关干部1278人，四清工作队1141人，区机关干部5330人，公社干部3556人，民办教师499人。

训练普查人员的工作集中在县、公社两级进行，全区县一级的训练是在六月二十二日前先后结束，共训练普查骨干3675人；公社一级的训练是在六月二十八日前先后结束的，这一级的训练，除组织的所有普查人员外，还吸收有生产大队和生产队的部分干部参加。训练在提高认识的基础上组织学习普查登记统计业务，并组织到附近生产队和街道进行就地实习。

（四）宣传发动

这一阶段是7月3日前先后告一段落，各社、队在登记复查中也同时进行宣传工作。根据中央“第二次全国人口普查宣传提纲”的内容，采取先党内，后党外，先干部，后群众，通过各种会议，田间摆谈，登门拜访，街头宣传，出黑板报、大字报等多种形式进行宣传。对不懂汉语的少数民族，依靠本民族的积极分子去翻译讲解。经过这些工作，做到了家喻户晓，解除了群众的思想顾虑，提高了认识，保证了登记复查工作的顺利进行。

（五）登记复查

登记工作从7月1日起全面铺开，登记前每个大队都成立了普查小组，适当的设立登记站，对个别离登记站远或行动有困难的群众，安排专人上门去登记。

为保证质量，县、区都派出工作组下到社、队进行检查，主要了解登记的质量是否符合中央要求。登记工作结束，立即转入全面复查。通过复查，纠正了不少差错，减少了重登和漏登，把差错降到了最低限度，保证了登记质量。之后再召开干部、贫下中农代表、党团员参加的会议，逐队、逐户、逐人进行审查核定。

（六）统计汇总

与第一次人口普查比较，第二次人口普查资料的统计汇总分为四级，公社和公安派出所进行一级汇总，县、地区进行二级汇总，省进行三级汇总，国家进行四级汇总。全区在7月17日以后转入一级汇总，在训练普查人员期间，就分别指定了一批业务骨干负责一级汇总。7月底开始进行二级汇总，采取了一级统计人员一律集中到县办法，除在技术上逐个审查表与表之间、大数与细数之间的关系外，继续审核一级汇总中“两对照、两清查”的结果，着重弄清1963年多报人口的原因和多报漏报的具体情况。经反复审查核对，发现毕节地区1963年多报人口的现象较为严重、普遍，而且层层都有。计5个区、307个公社、1259个生产大队、生产队、集体户口单位以及部分落后群众，为了多领布票多留口粮，少交售公余粮等原因，共多报35362人；另外，统计人员因工作责任心不强，甚至坐办公室拼凑、推算、估报人口数字而造成漏报5918人。

（七）建立经常性户口管理制度

在一、二级汇总统计期间，各公社都组织了一定数量的普查干部对标准时间后的变动人口按规定的程序逐人进行登记，同时落实社、队两级的户口员。公社一级的户口员在二级汇总期间进行了一般户口管理和人口统计知识的训练，明确了他们的工作职责。

（八）质量评估

为了验证这次普查登记复查的质量，在一、二级汇总期间，组织一级单位留下的普查人员，对登记复查质量进行重点抽查。共抽查了294个公社的294个大队187942人，重复登记6人，重登率为0.03‰；遗漏登记102人，漏登率为0.54‰；项目差错2064处，项目差错率为11‰。

为了验证一级汇总质量，抽查了毕节县燕子口公社、大方县百纳公社，黔西县沙龙公社，金沙县鸭院公社，织金县普翁公社，纳雍县东关公社，威宁县芦平公社，赫章县恒底公社，水城县发耳公社的一级汇总统计质量。这九公社共漏统1 人，出生数漏统8人，死亡重统6人，迁入重统3人。

为了验证整个普查工作的质量，地区人普办与赫章县人普办一道，对该县452个生产大队、13个路段的普查质量进行了全面的了解排队，排队结果：符合一类标准的434个生产大队，6个路段，占总数的94.6%；排为二类的18个生产大队，7个路段，占总数的5.4%，没有三类的生产大队和路段。

三、1982年的人口普查

（一）普查简介

特点：中共十一届三中全会以后，全国政治、经济形势日益好转。1980年6月，中共中央和国务院决定1982年进行第三次全国人口普查。这次普查的明显特点是规模大、普查项目多、首次使用电子计算机进行数据处理，是一次现代化的人口普查。

第三次人口普查登记的标准时间为1982年7月1日零时。普查项目共19个，其中，按人登记的有姓名、与户主的关系、性别、年龄、民族、常住人口的户口登记状况、文化程度、在业人口的行业、在业人口的职业、不在业人口状况、婚姻状况、15岁至64岁妇女生育子女总数及现在存活子女的总数、1981年15岁至49岁育龄妇女生育胎次等13个调查项目；按户登记的有户类别（家庭户或集体户）、本户住址编号、本户人数、本户1981年出生人数、本户1981年死亡人数、有常住户口已外出一年以上的人口等6个调查项目。另有附表《1981年全年死亡人口登记表》共5个调查项目：死者姓名、性别、死亡时年龄、出生时间和死亡时间。

普查汇总结果：

全区总户数1027682户，总人口：5216950人，比1964年普查增长73.22%，年均增长率3.10%，性别比为104.59（其中女性为100）。总人口中少数民族（含未识别民族）：1316883人，占总人口25.24%，全区大专及以上文化人数6004人，占总人口比例0.115%，高中文化（含中专）人数89699人，占总人口比例1.719%，初中文化人数423714人，占总人口8.122%，小学文化人数1217348人，占总人口23.33%，文盲半文盲人数（指12岁及以上不识字或识字很少的人口），1965933人，占总人口37.68%。

说明：一般来说，文化程度占比都是与6岁以上年龄人口相比，由于第一第二次普查没有更详细的资料，为了上下衔接，所有三普四普都是与总人口相比较。

（二）组织领导

根据国家和省有关进行第三次全国人口普查的通知，行署成立了毕节地区第三次人口普查领导小组和办公室。

领导小组

组　长：杨景春

副组长：梁春明　郭海一　秦建中　吴学良　李杏林

成　员：安启崇　唐红伦　文建华　刘世才　贺开新　陈先福

傅亚光　王若桐　刘继元　刘孝池　周光廉　张为爽

办公室（下设宣传秘书组、编码组、普查组和后勤组）

主　任：李杏林

副主任：周光廉　张为爽

各县也按行署要求，先后成立了人口普查领导小组和办公室。

各县人口普查领导小组及办公室组织情况

县	领导小组		县普查办公室		普查指导员（人）	普查员（人）	协助员（人）
	组长	成员	主任	工作员			
毕节	张世英	21人	王武荣	不详	769	2521	578
大方	薛巨明	12人	游维国	39人	559	1534	1827
黔西	李秀廷	11人	陈顺昌	30人	541	1642	2249
金沙	安绍清	7人	任忠亮	30人	405	1467	4243
织金	刘人贵	13人	谭永贵	不详	558	1649	4038
纳雍	盖朝举	不详	朱元章	35人	337	1659	6256
威宁	王永忠	10人		不详	606	2101	4060
赫章	王之进	17人	孙坤荣	不详	297	1283	3120

各县、区（镇）、公社都根据地区户口整顿工作会议的布置，先后建立了人口普查及户口整顿的组织。各由区委或区公所一位负责人担任领导小组组长，由区公安、区秘书、区统计处理人口普查及户口整顿的日常事务；各公社大队成立了三至五人人口普查及户口整顿工作小组，由公社党委或管委会一位负责人担任组长，公社秘书为副组长或称户口整顿负责人，以公社计生员、粮管员或农机员及公社其他人员和大队负责人为公社人口普查及户口整顿工作小组成员；不少大队也相应成立了小组或指定专人负责这项工作。

（三）选调和培训普查人员

毕节县选择城关蔬菜公社，大方县选择城关镇北街，黔西县选择沙窝区金碧公社，金沙县选择城关区玉屏公社，织金县选择珠藏区高坪公社，纳雍县选择阳长区阳长公社，威宁县选择城关区草海公社，赫章选择青山区青山公社进行人口普查试点，采用试点带培训方式，各县用四天时间集中培训普查指导员，各区也用四天集中培训普查员。全区共培训普查指导员4193人，共培训普查员14878人，经过反复学习，反复测试，层层试点，合格率90%以上。

（四）宣传工作

安装宣传车9辆，出动宣传151车次；放人普电影、幻灯72场次，观众达6万多人；出黑板报70板，76期；另外，有线广播2691次，办宣传专栏713次，张贴宣传材料

1335篇，编演节目6个，拉横布标224条，大小标语15427张。做到了家喻户晓，使家家户户积极申报，主动申报。

（五）户口整顿

地区和毕节县联合，选择城关四街和城关公社两个点进行试点。从地、县、镇、公社、街道有关部门抽调46人组成试点工作队，5月21—27日进行业务培训，分两个大组，由街道办事处、公社负责人及派出所负责人分别担任正副组长。与此同时，黔西县抽调40人选择城关区八街和东风一队进行试点，金沙县抽调31人选择工农街进行试点，赫章县抽调57人选择城关镇狮子大队王家院生产队及城关8条街进行试点，威宁县抽调30人选择羊街区北镇公社、城关区城关镇一街进行试点。试点准备阶段，首先建立试点领导机构，成立试点工作队，有672人投入户口整顿工作；然后组织学习文件，提高认识，研究业务；最后制定规划，编组进点。试点实施阶段，通过宣传动员，摸底调查，查记核对，整改建制，汇总部结等一系列步骤，摸清了常住户、暂住户、挂空户、流动人口及人户分离情况，为全面开展户口整顿工作培训了人员，积累了经验。

通过试点，全区共选调和培训户口整顿工作人员1228人，填写了有户无人情况、有人无户情况、户口登记项目差错、整顿户口情况四种登记表，由于资料不全，全面的户口整顿工作难以考证。

（六）经费筹措

各级政府在财力比较困难的情况下，给予了很大支援，除省下拨的52.1万元人口普查经费1.2万元宣传经费外，地区也挤出15万元，毕节县拿出9.8万元，金沙县拿出5.1万元，黔西县拿出3万元，织金县拿2万元，纳雍县拿出3万元，赫章县拿出3万元，威宁县拿出4.5万元，大方县实报实销。最后，地区又从财政节余中调剂5万元补助人口普查资料印刷费。

（七）登记、复查和数据汇总

普查登记结束时间无从查考。

普查登记完毕后，均进行“自查、互查和议查”，有的反复多次。8月16日止，全区质量验收工作基本结束，全区除织金县外，共抽查了3990个生产队，其中：七项差为零的2656个生产队，第一次抽查合格数3468个生产队，第二次抽查合格数为229个生产队，返工的46个生产队。

手工汇总工作，公社、大队级基本上是7月15日开始，31日结束。县级汇总最早的黔西从8月上旬开始，多数县汇总是8月中旬开始，20日结束，个别县要到下旬才能结束。要求做到队不漏户，户不漏人，人不漏项，项不填错，除毕节、纳雍第二次验收合格外，其余六县均一次验收合格。全区人口误差率为0.02‰，性别误差率为0.08‰，年龄误差率为0.08‰，1981年出生人口误差率为0.09‰，1981年死亡人口误差率为0.25‰，工作质量差错率为0.03‰

12月以后，地区和县先后建立了编码专业组，由一名主任和副主任具体分管编码工作，全区共有编码人员817人，其中地区4人，各县平均102人。编码工作质量经验收，地址码差错率为0，户记录差错率为0.06‰，人记录差错率为0.11‰，性别项差错率为0.05‰，年龄项差错率为0.17‰。

（八）评比表彰

全区共评出先进集体1549个，先进个人2267人。

四、1990年的人口普查

（一）普查简介

第四次全国人口普查是继1982年第三次全国人口普查以来规模最大的一次重大国情国力调查，对于查清第三次全国人口普查以来全国人口在数量、地区分布、结构和素质方面的变化，检查1990年人口目标执行情况，科学地制定人口、教育、就业等社会经济发展政策，实现我国社会经济发展战略目标及安排好人民物质文化生活，都具有十分重要的意义。

特点：这次人口普查的数据处理主要由国家统计信息自动化系统完成，在地（市）统计局计算站组织数据录入、编辑、生成县综合数据文件的基础上，由地（市）统计局计算站、省统计局计算中心、国家统计局计算中心分别汇总县表、地（市）表、省表和全国表。另外各级领导高度重视，各部门密切配合，做到了“人员、办公地点、经费、电话机”四落实。

第四次全国人口普查登记的标准时间为1990年7月1日零时，普查对象是具有中华人民共和国国籍，并在中华人民共和国境内常住的人（指自然人），按常住地进行登记。这次普查有两张普查表：一是《第四次全国人口普查表》，共有21个调查项目。其中，按人登记的除相同于“三普”13个调查项目外，增加了“1985年7月1日常住地状况”和“迁移本地的原因”2个项目，共有15个调查项目；按户登记的与“三普”的相同共6个调查项目，只是在“本户出生、死亡人数”下，分列1989年上半年、1989年下半年和1990年上半年3个项目。二是《死亡人口登记表》，共9个调查项目：调查小区代码和本户编号、姓名、性别、民族、出生时间、死亡时间、文化程度、死亡时的婚姻状况、死者生前从事的主要职业等。

（二）普查结果

全区总户数1334667户，总人口：5925744人，比1982年普查人口增长13.59%，年均增长率1.61%，性别比为107.24（其中女性为100）。总人口中少数民族（含未识别民族）：1562082人，占总人口26.36%，全区大专及以上文化人数13038人，占总人口比例0.22%，高中文化人数99549人，占总人口比例1.68%，中专文化人数35027人，占总人口比例0.591%，初中文化人数627020人，占总人口比例10.58%，小学文化人数2037346人，占总人口34.38%，文盲半文盲人数（四普指15岁及以上不识字或识字很少的人口），2246936人，占总人口37.92%。

（三）组织领导

根据国家和省关于开展全国第四次人口普查的有关通知，毕节地区行署于1989年12月19日下发毕署通字〔1989〕第30号文件，成立了毕节地区第四次人口普查领导小组和办公室。其组成如下：

领导小组

组　长：杨智光

副组长：唐宗举　姜纪伦　张正才　陈兴渝　陈昌国　李开琴

成　员：陈听敏　陈长友　姚绪明　王玉佩　肖世贤　江先振

李绍武　朱国庆

办公室

主　　任：张正才

副 主 任：程远亮　徐春州　王允铎

工作人员：刘全礼　徐红漫　张　亮　杨江燕　张观全　麻崇俊

张全富　申庆芬

办公地点：地区工会四楼

继地区人口普查领导小组和办公室成立之后，县、区、乡、村也陆续建立了领导小组和办公室。全区先后建立人口普查领导小组109个，965人。其中：地区1个，15

人；县8个，128人；区（镇）100个，822人。先后成立人口普查办公室961个，5635人。其中：地区1个，15人；县8个，219人；区乡镇、街道952个，5401人；村普查小组4492个，12319人。

各县人口普查领导小组及办公室组织情况表

县	领导小组		县普查办公室		编码员	质检员	普查指导员	普查积极分子
	组长	成员	主任	工作员				
毕节	陈永阶	11人	严光远	28人			769	2521
大方	谢志全	17人	张洪涛	32人			559	1534
黔西	胡学林	11人	曾庆文	31人			541	1642
金沙	卓毓湘	16人	王安全	19人			405	1467
织金	杨兴举	14人	郭汉炎	20人			558	1649
纳雍	李光文	29人	黄礼明	19人			337	1659
威宁	安德昌	16人	张忠义	33人			606	2101
赫章	常履义	14人	张德忠	20人			297	1283

（四）普查区和调查小区的摸底划分

在乡、镇、街道、村委会配合下，按照《第四次全国人口普查办法》第五条规定："普查区以居民、村民委员会所辖地域为单位，调查小区以每350人为准。"经过实地勘查，全区8个县区划分普查4585个，调查小区17672个。并分县编制了地址代码，由地区统一印发到区、乡施行。

（五）户口整顿

1990年3月，地县认真贯彻全省户口整顿会议精神，各级人口普查办公室均建立了户口整顿小组，从公安、派出所等有关部门共抽调8366人专抓此项工作。地区人口普查办公室还制定了户口整顿方案，印制了二百多万张户口整顿表格和九千五百多册户口整顿宣传提纲，首先在毕节县倒天河村进行全区户口整顿试点，继而各县经过深入宣传、入户核对登记、编制《户口姓名底册》、地县组织交叉检查验收和总结评比等一系列工作，于5月20日完成，查出常住户1386605户，5818117人，比整顿前多27264人，有户无人132745人，有人无户112737人，暂住人口31636人，户口项目变更165199人。

（六）选调和培训普查人员

1990年4—5月间，全区各级人口普查办公室集中精力抓选调、培训普查人员工作，严格按照普查办法规定，以人口居住每300—400人配一名普查员，每五个普查员配一名普查指导员，而且必须具备政治思想好，文化水平初中以上，身体健康，有一定工作能力和群众信赖的条件进行。采取试点、培训、现场练兵相结合，一级教一级，一级带一级的办法，地区从4月15—22日，在毕节进行培训和试点，为县、区培训139名师资；县为区、乡负责培训一批骨干，区为乡、村培训一批骨干和普查指导员，乡负责培训普查员，经过3—7天对10个细则的学习和深入到调查小区的层层试点，全区共培训了普查员17659人，普查指导员4156人。86%的普查人员具有初中以上文化。

（七）宣传动员

各级人普办均设立宣传组，要求地县不少于3—5人，区不少于2—3人，乡不少于1—2人，全区共配备人员普查宣传员1083人专抓此项工作。地区人普办针对普查各阶段和不同层次人员的情况，具体制定了1990年1—7月的宣传方案：户口整顿时，以宣传户口整顿提纲为主；培训普查人员和试点时，以宣传普查细则为主；普查将进入登记时，以宣传普查办法和人口普查问答为主。对各级领导、有关部门，侧重宣传人口普查的方针、政策，同时汇报人口普查进展情况和具体要求使之重视、支持人口普查工作；对广大群众，则宣传人口普查的重要性必要性，使之懂得人口普查的意义、目的、内容和要求，提高认识，消除顾虑，使之主动申报，如实申报。还对宣传的时间和进度都作了安排：1—3月吹风，4—5月加温，6月大造声势，使宣传工作，由小到大，由点到面，由浅入深，循序渐进，扎扎实实。各级人普办与宣传、广播、教育、工、青、妇等单位密切配合，动员各方面力量，充分利用报纸、广播、电视、宣传车、宣传栏、黑板报、知识竞赛、文艺会演、书画创作等多样的宣传形式，做到家喻户晓，人人明白。

（八）经费筹集

全区共筹集人口普查经费357.82万元，其中省拨款15.89万元，地区拨款117万元，县拨款199.49万元，乡镇补助19.18万元，其他部门资助6.26万元。用于普查人员补贴138.77万元，用于普查培训46.42万元，用于户口整顿34.35万元，拨付计算站25.50万元，用于表格印刷11.39万元，用于普查宣传8.70万元。

（九）登记、复查与数据汇总

登记前对所有普查指导员进行全面质量管理教育，要求逐户、逐人、逐项登记，做到不重、不错、不漏，准确无误；层层建立质量控制小组，配备质量检查员2669人，地区4人，各县116人，区、乡、镇、街道2549人，实行地管县，县包区，区包乡，乡包指导员，指导员包普查员的责任制。普查登记第一天，普查员每人限登3—5户，从中总结经验教训，逐步增加。7月1—10日，由地、县、区党政领导组织有关部门负责人亲临第一线，各级人普办仅留值班人员昼夜值班，实行划片包干，地区分4个组到8个县进行指导。

7月10日登记结束，以调查小区为单位，认真开展普查员自查，普查指导员组织普查员互查和召开有关人员、知情者参加的议查；特别是县所在地的镇，通过议查发现问题，入户核对达3—5遍。7月25日—8月7日，地区组织8个县70人的质量抽样检查队，对全区按等距抽样方法抽40个调查小区进行了为时10天普查登记质量交叉检查和评比。

普查登记和复查完成之后，全区由村到地区进行五级手工汇总。汇总前，各县组织普查指导员和参加汇总的人员学习手工汇总表的各项指标的统计界限、过录方法，以及对普查表、死亡人口表封面和6张汇总表的填写、审核与装订。而后，一级汇总一级，一级检查、验收一级。为掌握手工汇总全面情况，8月9—16日，地区人普办专门组织了一组，深入到6个县的6个调查小区进行检查。地区汇总时定人包县，审查到乡，逐表、逐个指标、逐个数据进行认真仔细的审核，不合格的，当面询问各县送审人员，及时补正。

普查编码阶段：首先是非专项编码，在普查登记表审核无误，手工汇总之后，以调查小区为单位，由普查指导员集中普查员共6579人进行编制，再经乡人普办组织专门编码人员检查验收。然后是专项编码，在非专项编码结束后，由县人普办抽调部分业务熟悉的普查指导员、区乡骨干和待分配的大中专学生共455人集中到县专门培训后，按预审、编制、复查等程序，经过50天时间进行编制。为总结经验，指导全面，地区于9月23日到10月13日，对各县进行10%提前抽样资料检查验收，并采取城镇逐页检查，农村每十页抽一页检查，发现问题，及时解决。之后，于10月26日到12月10日，地区又专门组织4人工作组深入各县进行全部编码验收，采取镇10页抽一页，农村50页抽一页，共抽样本2438册，抽查55223人，由于层层把关控制，全区人口普查质量各项指标经国家和省抽查验收，符合要求，取得圆满成功，并按时发布了手工汇总公报。

（十）资料分析研究和开发利用

1991年2月制定了工作计划和实施方案，经过一年努力，共撰写分析研究文章达100多篇，各县自行编印专辑或出简报，地区侧重具有区域性、代表性的文章选编成册（《分析资料选编》），发给地、县领导参阅。仅地直，参加资料分析的有43个单位，61个课题，63人撰稿，地委党校撰稿13篇，地区卫生局撰稿5篇。另外，还编辑出版了《手工汇总》《机器汇总》《人口普查主要文件汇编》。

（十一）评比表彰

全区普遍实行定人员、定任务、定时间、定质量、定奖惩的办法，开展了人与人，组与组，村与村，乡与乡，区与区，县与县分阶段评比活动，激发了普查人员的工作热忱，增强责任感。全区获得国家级表彰有81人，获得省级表彰有338人，获得地区级表彰有399人，获得县表彰有1100人。计算机数据处理国家级先进个人3人，省级7人。全省文艺会演，毕节地区四个参赛节目全部获奖，名列前茅；全省人口普查知识竞赛，毕节地区代表队荣获第三名；全省人口普查书画摄影展览，毕节地区被送北京的作品达20多幅。

第二节 工业普查

一、第一次工业普查

中华人民共和国成立初期，全国统一的工业统计报表制度尚未建立。为恢复和发展工业生产的需要，1950年3月。贵州省根据政务院财政经济委员会的统一部署，对全省公营、公私合营及工业生产合作社工矿企业进行普查。实际进行时，还调查了少数由政府代管的企业。

普查内容：设有全年情况的动态指标和年末情况的静态指标，动态指标为1949年全年的情况。静态指标为1949年底的情况，个别指标还要求填报一些历史资料，如产品产量填报1930年、1936年、1948年的数字，单位产品出厂价填报1930年、1936年、1943年4月1日、7月1日、10月1口和12月31日的数字。调查表式，按企业的规模分为甲乙两种表，乙表比较简单，由小型工业企业填报；甲表内容比较复杂，由大中型工业企业填报，包括8个部分：第一部分为企业概况，第二部分为动力、生产及运输设备，第三部分为主要原材料及燃料耗用量，第四部分为地基、厂房建筑物及工场车间，第五部分为矿山开采情况，第六部分为职工的工作时间及工资，第七部分为主要产品的生产量、出厂价格和单位产品成本，第八部分为修建工程，共15张表。各厂矿企业于1950年4—8月进行填报。

这次普查的综合表，按电力、燃料、采掘、铁矿及锰矿、有色金属矿开采、化学原料开采、其他非金属矿开采、森林采伐、燃料加工、钢铁冶炼、有色金属冶炼、机器制造、金属制品、机器及金属制品修理、化学加工、其他非金属矿产加工、建筑材料、玻璃、橡胶加工、陶瓷、木材加工、火柴、造纸、纺织、服装及饰物缝制、皮毛、脂肪肥皂、香料化妆品、食品、印刷、文化教育科学艺术用品、绒羽鬃毛及其制品、骨角制品等工业部门分组填报。

二、第二次工业普查

第一次工业普查后，历经30多年，工业状况发生了巨大变化。这些年来，虽然已经建立并完善了工业定期统计月、季、年报制度。但只是一般地反映工业经济方面主要的发展变化，还缺乏系统的、可供深入分析研究问题的资料。为此，国务院1983年11月30日发出《关于认真做好第二次全国工业普查准备工作的通知》，决定在1986年第一季度进行第二次全国工业普查工作。按照全国统一的部署，第二次全国工业普查共分为三个阶段：

第一阶段为准备阶段。

从1984年4月省人民政府转发国务院《关于认真做好第二次全国工业普查准备工作的通知》开始，到1985年底共一年零八个月的时间。在这一阶段，做了以下工作：

（一）建立组织机构。1984年4月27日，贵州省人民政府以黔府〔1984〕29号文转发国务院《关于认真做好第二次全国工业普查准备工作的通知》以后，地区行署立即成立了由17人组成的地区工业普查领导小组。组长由分管工业的副专员杨智光担任，副组长由地区经委副主任、计委副主任、地区财政局副局长、统计局副局长、担任。并根据省政府的通知，相应成立本地区、本部门的工业普查领导小组及办公室。到1985年底，全区共建立工业普查领导小组111个，参加人员550人；设立工业普查办公室356个，工作人员1283人；全区参加工业普查工作人员共有1833人，形成了以领导挂帅、以专业人员为主的与普查任务相适应的普查机构网络。

（二）组织试点。1984年10月下旬，选择了毕节地区印刷厂，毕节县制革厂，毕节郭家湾农场酒厂等3个不同经济类型、不同行业的工业企业进行第一批试点。由地区工业普查办公室和有关主管部门共同组织力量，组成三个工作组深入试点企业，帮助培训干部，整顿基础工作，试填普查表，以取得普查方案的实施经验。在总结地区试点经验的基础上，各县工业普查办公室各选择2—3个企业进行试点，以取得各级组织领导普查工作的经验。

（三）培训干部。1985年下半年，地区、县工业普查办公室共举办13期培训班，对各级、各有关单位工业普查办公室负责人和业务骨干共804人进行了专业培训，通过培训，使普查业务骨干充分掌握第二次全国工业普查的目的、任务、实施步骤、总体设计、指标范围、计算方法、资料来源、填报要求和上报时间，为第二次全国工业普查的顺利开展奠定了基础。

（四）确定普查范围。从1984年12月起，按照全国《关于清查工业企业单位工作的部署》和统一的口径、标准、编码的规定，对全省各种类型企业进行了全面清查。到1985年底，经过全面排队，反复核实，全区符合普查条件的各种经济类型工业企业共592个。

（五）清理企业和加强企业基础工作。为了保证普查数据的准确性。根据全国工业普查办公室和全国企业整顿办公室联合通知的要求。从普查试点工作开始，就强调加强企业基础工作的重要性，要求企业以计量标准化、整顿原始记录、健全各种台账为重点，逐步实现企业统计、会计工作规范化，计量、检测标准化，台账规格化，原始记录系统化。为保证普查数据质量奠定良好的基础。

（六）广泛开展宣传活动。根据1986年1月省工业普查领导小组、省委宣传部、省总工会共同签发的《关于开展工业普查宣传工作的紧急通知》和省有关领导的要求，全区各级工业普查机构采取多种形式，利用各种宣传工具，广泛深入地宣传工业普查的目的、意义、内容和要求。全区放映工业普查幻灯片一个多月，组织有线广播81次。地、县还组织宣传车上街，或到偏僻的乡镇企业所在地进行宣传，并在闹市区设置工业普查专栏，悬挂横幅和张贴标语。

第二阶段为调查阶段。

在试填草表、交叉互审、总结交流经验的基础上，1986年第一季度进入组织各工业企业如实填写上报普查表。按照全国统一制定的工业普查资料质量控制规定，1986年3月份前，地区组织5个工作组到全区8个县检查工业普查草表的试填情况，帮助解决工作中的具体问题。4月，又组织两个工作组，按生产、财务、设备、劳资专业配套，用半个月时间，逐县进行检查。由于采取了有力的质量控制措施，保证了计算机一次通过，全区工业普查资料按时、按质、按量完成了任务。

第三阶段为综合整理和分析研究阶段。

通过这次普查。全区1985年全部独立核算工业企业有592个，全年完成工业总产值(1980年不变价)31643万元，实现工业净产值(现价)12392万元，1985年末有固定资产原值26688万元，定额流动资金全年平均余额10853万元，全年实现产品销售收入32062万元，产品销售利润2930万元，产品销售税金4244万元，全年实现利润总额3141万元，1985年全部职工年末人数39287人。此次工业普查，我区自行开发程序使用计算机进行录入汇总。

根据1986年4月全国工业普查办公室《关于抓好工业企业普查分析研究工作的通知》精神，毕节地区在1986年6月完成了普查表填报之后，结合毕节地区实际，以“振兴毕节经济”为目的，在全区范围内开展了工业普查资料的分析研究和开发利用工作。通过各级领导、有关部门、工业企业和广大工业普查人员的高度重视和辛勤努力，全区共写出分析研究文章141篇，地区工业普查办公室编辑出版《毕节地区第二次工业普查分析资料选编》，共选载25篇，印刷500册。

开展评比表彰活动。根据1986年5月初省工业普查领导小组颁发的《贵州省第二次全国工业普查工作表彰办法》，地区工业普查领导小组通过层层民主评选．全区各级表彰工业普查先进单位45个，其中国务院工业普查领导小组表彰2个，省工业普查领导小组表彰13个；地区工业普查领导小组表彰30个；表彰先进工作者共88人，其中全国表彰8人，省表彰38人，地区表彰42人。

1989年底，全省第二次工业普查工作全部结束。

三、第三次工业普查

根据《国务院批转国家统计局关于建立国家普查制度改革统计调查体系请示的通知》（国发〔1994〕42号文件）中关于今后在逢五的年份实施工业普查的决定，1995年为第三次全国工业普查年份，国务院于1995年1月1日发出了《关于进行第三次全国工业普查的通知》（国发〔1995〕2号）。

根据国务院国发〔1995〕2号和省政府黔府办发〔1995〕26号文件，1995年11月20日地区行署以毕署发〔1995〕113号文发出《关于认真做好全区第三次工业普查的通知》。要求没有建立工业普查机构的乡镇和工业主管部门抓紧建立相应的普查机构，各有关单位要大力支持县、市政府普查办公室工作，按要求抽人到办公室办公；认真做好宣传工作；各级政府要加强对第三次工业普查的领导，高度重视普查工作；要切实落实普查经费。

根据毕署通〔1995〕027号通知精神，成立了毕节地区第三次工业普查领导小组：

组　长：孙仁培

副组长：阮仕君　朱明荣　王允铎

成　员：陈听敏　袁德琴　陈展发　张仲俊　马顺霖　邹芳智

胡金根　张天明　周立明　张世贵　黄景荣

毕节地区第三次工业普查领导小组办公室：（1995年10月20日正式启用印章）

主　任：黄景荣

副主任：房妮娅　田晓华　胡晓敏

1996年7月17日，地区工普办根据“随机原则、重新调查原则、误差原因分析原则、保密原则”四项基本原则制定了《毕节地区第三次工业普查事后数据质量抽查业务工作具体实施办法》。同年9月6日，印发了《毕节地区第三次工业普查先进集体、先进个人评比表彰实施办法》。同年1月4日，省地市三级普查办联合对毕节水泥厂管理基础工作进行检查验收，各项规章制度非常完备并落到实处，各项章程、标准有专人负责，管理基础工作符合验收质量和要求。清理统计调查单位、工普宣传周、业务培训、整顿和加强企业基础管理工作、行署与各县（市）政府签订毕节地区第三次工业普查责任状。工业普查工作全面展开。

（一）第三次全国工业普查的目的

通过这次普查查清重要国情国力指标的规模和现状，查清工业的所有制结构、行业结构、产品结构、技术经济结构状况，为实施中长期工业发展规划、调整结构、提高效益提供决策依据。具体地说，主要达到以下五个方面的目的。

1. 查清工业资产底数。重点要查清国有企业、乡镇企业和“三资”企业的资产及构成，为深化企业改革提供依据。

2. 查清主要工业产品产量、生产能力分布和能力利用状况，资源配置、市场容量和供需平衡状况，为存量结构调整提供依据。

3. 查清主要生产设备拥有量、工艺装备的技术状况，为国家确定基本建设投资和技术引进、技术改造主攻方向提供依据。

4.查清主要工业产品生产成本、价格及盈利状况，为制定合理的价格政策和完善价格管理体系提供依据。

5.通过普查加强企业管理的基础工作，为建立现代企业制度、实行科学管理、走向市场，为改革工业统计调查体系、推行抽样调查方法和提高统计数据质量创造条件。

（二）工业普查的宣传和动员

第三次工业普查既是一次重大的国情国力调查，也是地区经济实力和厂情厂力的调查，对于各级政府的宏观经济管理和企业的微观生产经营都是十分重要的。从其工作任务和难度来看，是一项巨大的系统工程。因此，毕节地区第三次工业普查领导小组办公室大力做好宣传动员工作，要充分利用广播、电视、报刊等各种新闻媒介和手段深入进行宣传。以引起各级各部门领导及广大企业领导同志的重视，广泛动员社会力量做好各项基础准备工作，以保证普查任务的顺利完成。

（三）工业普查的进度

第三次全国工业普查从1994年11月份开始筹备，工作进程大体分为四个阶段：

1.从1994年11月至1995年12月为普查准备阶段

1995年4月底前，国务院主要工业部门和全国各级地方政府及部门都要建立起普查组织机构，做到组织机构、人员和办公条件三落实。第三次全国工业普查办公室负责普查方案的设计，并充分征求各部门及地方工业普查办公室的意见，修改、完善和充实普查方案，同时完成普查试点基层数据处理的计算机程序。

1995年5月进行普查基层报表的填报和基层数据处理工作试点，6月份进行普查方案的最后审定，7月份开始制发，8—9月份逐级进行普查方案的培训。10—12月为普查填报前的最后准备时间，包括清查企业调查单位、整顿原始记录和台账、核查主要工业生产设备的数量及工作状态、生产能力等情况，各县（市）工业普查办公室会同有关部门组织力量对企业整顿情况进行检查，重点是乡镇企业和“三资”企业，为普查资料的填报作好充分准备，全国工业普查办公室和各省、自治区、直辖市工业普查办公室将对填报前的基层准备工作情况进行抽查。同时，9月份将对省、地（市）、县三级普查数据处理的整套程序方案进行试点。10月份进行程序的修改、完善，必要时进行再试点。11—12月逐级开展计算机程序的培训。

2.从1996年元月至1996年5月为普查资料的填报、审核、上报阶段各工业企业要严格依照统计法办事，企业普查表填报人员要按照统一的填报要求如实填报数字，并反复核查直到准确无误。企业有关领导要做好对企业报出的普查表的质量把关工作，并确保基层表按时报出。

各级工业普查办公室要按照普查资料报送的时间要求和质量控制要求，分期分批逐级审核、上报、验收。

3. 从1996年6月开始进入普查资料的汇总分析和成果发布阶段

进行全国普查数据的汇总、质量评估、资料的编辑印刷，普查资料的分析应用及成果发布。

4. 普查工作的总结阶段

各级工业普查机构要在普查工作基本结束之前，对整个普查工作包括组织工作、数据处理、资料的及时上报、数据质量、资料的分析应用等各个环节进行全面总结。为了发扬成绩、鼓励先进，同时也为今后的大型普查积累经验。

第三节　第三产业普查

一、组建机构

1993年9月12日，地区成立了由副专员杨智光任组长，统计局局长王允铎、计委副主任陈婷敏任副组长、成员包括有关部门领导的第三产业普查协调小组，并从统计、财政、计委、经委、技术监督、工商、税务、武警、体改委等十一个部门抽调人员成立普查办公室。各县也先后成立了由副县长任组长的普查协调小组，县及县属各部门、各单位均设立普查办公室，各乡镇、各村也按要求成立了普查小组或指定了普查人员。

二、业务培训

地县普查办根据当地实际，采用分阶段、多层次、形式多样的方法培训普查人员，详细讲解各项指标的范围、含义、来源和加工处理方法，而且还组织模拟填报，使普查人员熟练地掌握了填报方法。全区共培训普查人员和辅助人员5010人，其中负责个体户抽样调查的普查人员784人。

三、宣传动员

地县普查办及各乡镇街道办事处普查机构均设立宣传组明确专人负责宣传工作，建立了宣传工作责任制。充分利用各种宣传形式，举办三产普查宣传专栏25期，张贴各种宣传标语6000多张，悬挂宣传标语横幅60多幅，召开宣传大会60多次，散发宣传单30000多张，利用电话、书信等开展咨询活动30000多次。地县还多次利用广播、电影、电视等进行宣传，通过给电视观众点歌形式插播三产普查的有关知识和标语口号，各县三产普查工作的副县长均发表长达半小时的电视讲话，长期滚动播放《毕节报》《黔西报》《织金报》《赫章报》曾多次登载了介绍第三产业知识和宣传三产普查的文章。黔西县组织县书法协会书写了几百幅大小标语悬挂、张贴。大张旗鼓地宣传三产及三产普查工作的重要性。

四、清查摸底和调查登记

从10月下旬开始，地区及各县三产普查办开展了清查摸底工作。在编委、劳动人事、工商、税务民政、技术监督、财政等部门的大力支持和密切配合下，采取条块结合，以块块详查登记为主，条条详列名录为辅的办法，开展清查摸底，并将搜集到的基层摸底表认真核对，复查验收，及时查遗补漏。地县三产办严格按照要求及时上报了甲、乙、丙表分年度的摸底清册。与此同时，地、县普查单位开始上报甲、乙、丙三种普查基层表，三产普查认真审核了普查表的属性指标和数量指标。为了将工作做精做细，进行了区区核，类类对，按时完成了填报任务。

第四节　基本单位普查

一、普查工作情况

（一）建立普查机构

1996年7月1日，地区行署根据国务院国发〔1996〕5号和省政府黔府发〔1996〕26号文件，以毕署发〔1996〕073号文，发出《关于认真做好全区第一次基本单位普查的通知》，成立毕节地区第一次基本单位普查工作领导小组，下设办公室，同时要求各县、市也要成立相应机构。

毕节地区第一次基本单位普查领导小组组成人员名单：

组　长：孙仁培（行署）

副组长：阮仕君（行署） 王允铎（地区统计局）

成 员：朱明荣（经贸局） 伍润强（财政局） 许 平（人事局）

聂宗敏（商务局） 陈展法（工商局） 罗建明（乡企局）

杨 松（技监局） 邱俊美（供销社） 李德敏（商务局）

办公室主任：王允铎

紧接着各县、市、乡镇街道和各有关部门均成立了普查机构，配备了必要的工作人员，为毕节地区基本单位普查的顺利开展提供了组织保证。

（二）广泛深入地开展普查宣传

在各级宣传部门的大力支持和配合下，各级普查办充分利用各种宣传工具开展基本单位普查宣传活动。一是会议宣传，在动员大会上，各级领导亲自到会动员布置，宣传基本单位普查的重要意义和基本要求。二是利用广播、电视、墙报专栏、标语进行宣传。毕节地区各县、市利用电视台、广播电台等宣传媒介开设基本单位普查宣传专栏。许多乡镇、街道、有关部门采用各种宣传工具进行广泛宣传。通过这些宣传活动，保证了基本单位普查顺利进行。

（三）做好普查摸底、普查员培训

各级普查办积极开展普查摸底工作，从统计、工商、编委、民政、宗教等部门收集法人和产业活动单位的名称、地址和电话号码。并对资料进行反复核对，剔重补漏。摸底结束后，各级普查办分别按行业类别或按经济主管部门举办了各单位普查员的培训班。编印了问题答卷，提高广大普查员工作水平。

（四）精心组织好普查登记、审核、编码和计算机处理

11月下旬，毕节地区进入普查表的登记填报阶段。地区基普办发出了《关于认真做好基本单位普查各阶段工作的通知》，要求各县（市、区）基普办掌握好普查登记进度，认真细致地组织好普查表的审核工作。地区普查办多次派干部到县（市、区）检查指导。各县（市、区）基普办也派出业务人员到乡镇和部门进行现场指导，质量把关。各县（市、区）普遍采取每个单位送审办法，对普查表中的数据进行逻辑审查、平衡审查以及数据合理性判断，及时发现并更正错误，对不符合要求的报表退回重报。普查登记结束后，及时组织对普查表进行专项编码和计算机录入处理，实行审核编码录入责任制，保证了普查资料的高质量。

（五）做好复查补漏

3月下旬，根据省基普办召开的全省基普工作会议精神，毕节地区对各县（市、区）上报数据与第三产业普查，工业普查及101表进行分析比较，先后发出《关于认真做好基本单位查错改错，抽查验收和质量评估工作的通知》、《关于认真做好基本单位普查补缺补漏的紧急通知》。同时再次组织人员到县（市、区）抓复查补漏。

（六）开展数据质量抽查验收和评估

根据普查方案的要求，在对县、市抽查验收的基础上，采用随机等距抽样的方法，对全地区农业、工业、建筑业、交通邮电业、批零餐饮业、服务业、其他企业和机关等八大类法人单位，分别按5%、1%、5%、5%、1%、3%。1%、1%的比例抽取样本数，进行质量抽查验收。抽样调查结果表明：以上八大类企业漏填率和错填率均符合质量控制要求。毕节地区基本单位普查取得圆满成功。

二、普查的主要成果

基本单位普查查清了毕节地区各经济类型各行业的法人单位、产业活动单位的基础资料，为观察和分析毕节地区基本单位的个数、从业人员和资产数量提供了可靠依据。

第五节　其他普查

一、历次物资普查

1950年4月，为了统一清理从国民政府和官僚资本企业接管仓库物资，根据贵州省物资清理委员会布置，毕节专署和各县清理登记造册上报。但部分县由于土匪盘踞，清理尚不全面。

（一）1952年全国仓库普查

1953年元月，为了解决仓库困难和提供编制第一个五年计划的需要，根据中央人民政府政务院1952年11月8日颁发的《仓库普查表》，西南军政委员会的要求和贵州省人民政府通知，专、县财委组织专门人员完成了仓库普查工作任务。普查时点：1952年12月30日。普查范围包括所有仓库、货场全部物资和设备。普查内容：1.仓库名称；2.主管机关名称；3.上级主管机关名称；4.大行政区；5.省市专署；6.县；7.区；8.镇、街道、门牌号、电话号码；9.仓库性质、代号；10.仓库位置：甲、靠近铁路，乙、靠近码头，丙、未靠近铁路亦未靠近码头者，丁、距离码头多少公里；11.仓库面积、容积、建筑情况、适用情况、负荷情况负荷能力计算（吨、平方米、立方米）；12.石油、石油制品、油脂及其他产品（或充作装水用）用的固定金属制容器（铁桶油槽）；13.过磅设备及仓库内部运输设备；14.仓库本身的运输工具；15.冷藏设备；16.仓库职工数目及工资；17.仓库是否独立预算开支。

（二）1955年、1956年、1957年全国物资库存普查

为了查清国内现有物资的数量，给正确编制1956年国家物资分配计划提供确切的资料。国家统计局于1955年7月正式布置《1955年10月1日物资库存普查方案》，决定对黑色金属等8类96种物资进行一次普查。专、县计划统计科以1955年10月1日零时为普查时点，对地方国营、地主公私合营的生产企业、劳改工业企业、基本建设单位、供销机构及其他保管物资单位的物资库存进行普查。之后，又根据国家统计局颁发的《1956年10月1日及1957年1月1日物资库存普查方案》，分别于1956年10月和1957元进行两次物资库存普查。

（三）1956年用油车辆、船舶、动力机械数量及耗油情况普查

为编制1957年度进口计划和编制长期计划提供资料，加强用油计划管理，根据国家计委和国家统计局的联合通知，专署计划统计科对全区用油车辆、船舶、动力机构设备数量及对汽油、柴油、燃料油耗用情况进行全面普查。普查时点为1956年10月1日。

（四）1958年全国现有物资和在途物资普查

为了查清各主要部门及各地区计划申请单位的物资储备和研究在途物资调拨情况，以便进一步挖掘物资资源潜力并为修正1958年物资分配计划提供依据。根据国家统计局的要求，于1958年1月1日零时，对现有物资和在途物资进行普查。有3个普查正表及2个明细附表，即《产品库存普查表》及产品明细附表，《原材料、燃料普查表》及材料明细附表，《在途物资普查表》。普查煤炭、黑色金属及焦炭、有色金属、金属制品、木材、水泥、废金属、工具性材料等物资的库存和在途物资调拨情况。

（五）1959年和1963年全国耗油机械及耗油情况普查

为了摸清耗油设备的实有量及其耗油情况，并为国家提供修订1959年石油分配计划所需的计算资料。根据国家计委和国家统计局联合通知要求，以1959年2月1为时点，在全区范围内各企业、事业、机关、民主党派、人民团体、人民公社等单位（不包括军区系统单位），对耗用汽油、柴油、燃料油、煤油的机械设备实存量和耗油情况，进行一次全面普查。

为给国家制定石油分配计划提供资料，根据省统计局安排，又以1963年1月1日为时点，在全区生产企业、建设单位、承包企业、事业单位、供销机构、机关、学校、民主党派、人民团体、人民公社等单位，对耗用汽油、柴油的设备拥有量进行一次普查。同年7月，根据国家计委和国家统计的要求，省统计局的安排，对新中国成立以来（1949年—1963年6月30日止）进口的全部机床、锻压设备，国内生产的精密、大型、关键的机床、锻压设备及1963年6月30日拥有的全部机床、锻压设备进行普查。

（六）1964年全国工程机械拥有量普查

根据国家统计局的要求，对全区工程机械拥有量进行一次普查。普查时点为1964年4月1日。普查范围，包括县上地方工业企业（包括停 、关企业）、建设单位（包括停、缓建项目）、承包企业、城市建设、公用事业、供销机构等单位。

（七）1973年全国金属材料、煤炭库存普查

为加强物资计划管理，充分挖掘库存潜力，合理利用周转 物资，以适应国民经济迅速发展的需要。国家计委确定于1973年9月1日零时进行金属材料、煤炭库存普查。专计委统计组和专物资局组成联合办公室负责这一普查工作。普查范围为地、县级全民所有制企业、事业单位和中央、省驻毕节地区各单位。

（八）1974年、1975年全国金属材料库存普查

为进一步充分利用库存物资，并为编制1975年金属材料分配计划提供依据。国家计委决定以1974年12月1日零时为普查时点，进行全国金属材料库存普查。普查范围，为全民所有制企业、事业和建设单位。普查表（综合、基层通用），有一种正表一种附表，正表为《金属材料库存普查表》，普查1974年12月1日零时的金属材料库存量，主栏按国家计委规定的物资品种普查目录填报。要求各地、市、州、市在每种物资品种的总计下列其中“直供下放企业”一项。宾栏按生产单位、基建单位、供应机构、物资部门、产品库存等分列。附表主栏所设指标现正表，宾栏反映省级各单位（地方单位）钢材库存合计，并按轻工部归口安排、商业部带料加工、燃化部加工石油专用管用料、外贸部门以进养出及出口加工、冶金部门重复轧制用料、进口成套项目及港口建设用料等的库存量。

遵照中共中央毛泽东主席关于“要扫仓库”的教导，国家计委于1975年10月10日发出通知，要求在全国进行一次金属材料库存普查。地、县计委按照省计委的布置，与物资局共同抽人组成地、县金属材料库存普查办公室，以1975年12月1日为普查时点，采取“三结合”（普查与年终盘点相结合，普查与维护保养相结合，普查与企业整顿相结合）的进行。普查范围为全民所有制和集体所有制（不包括农村人民公社）企业、事业和建设单位，凡库内、库外、车间、工地存放的金属材料，一律进行清查盘点。共普查40种金属材料在生产单位、基建单位、供应机构、物资部门、产成品的库存量。

（九）1975年全省机电设备库存普查

根据国家计委150号文件和天津会议精神，按照省计委布置，地区计委统计组与地区物资局共同组成毕节地区机电设备库存普查办公室，以1975年6月1零时为普查时点。普查表有2种，即：《机电设备库存情况》，主栏设91种机电设备名称；宾栏设生产维修技措用库存、单机配套用库存、基建备用库存、供销机构库存、物资部门库存、生产企业产品库存等指标。《机电设备库存质量情况》主栏设机电产品名称同前表；宾栏设需修复的、缺配套的、建议报废的等指标。历时两个月时间。

（十）1976年全国物资清仓核库普查

为了查清库存物资数量，根据国家计委《关于全国物资的清仓核库普查与1976年物资统计年报合并进行的通知》和省清仓核库领导小组的布置，地县计划、统计、物资等有关部门，共同进行了清仓核库普查和1976年的物资统计年报工作。

（十一）1983年工业锅炉普查

地区物资局根据国家物资局、省物资局的布置，在全区对工业锅炉进行了普查。

（十二）1988年全国钢材消费库存普查

根据国家计委、国家经委、国家物资部、国家统计局的联合布置和全省钢材普查会议精神，地区成立了钢材普查办公室，于1988年10月进行了钢材消费库存普查。

普查目的：为加强对钢材的宏观管理，弄清全国钢材主要品种规格的资源、需要和库存情况。掌握供求动态，为安排生产、组织进口和引导消费提供依据。并为建立重点单位的定期统计打下基础，因此决定对当前供需紧张和供过于求的钢材主要品种、规格消费库存情况进行一次普查。

普查范围：全区凡使用、经营钢材和金属制品的全民所有制工业及非工业生产、建筑施工企业及自营建设单位、物资供销单位。

普查时间及内容：普查1978年和1988年1—9月两个时期钢材的消费量，1978年初、1987年底和1988年9月底三个时点钢材的库存量。

普查报表，分基层表和综合表。基层表有2种，即钢普查1表《企业基本情况》，填报企业直接主管机关名称、企业详细名称、钢材用项、企业所属行业分类、工业属于轻工业还是重工业、工业企业规模、企业隶属关系、企业物资分配供应关系等内容：钢普查基2表《钢材消费与库存普查表》，填报1987年初库存量、全年消费量、年末库存量及1988年1—9月消费量、9月末库存量等内容，由生产、建设单位和物资供销单位填报。综合表有3种，即钢普综1表《钢材消费与库存普查表》，填报1988年1—9消费量和9月末库存量，分列指标同钢普综1表；钢普综3表《钢材分国民经济行业消费与库存》，1987年末和1988年1—9月的钢材生产消费量及1987年初、1987年末和1988年9月末的生产用库存量，近国民经济行业分列。普查钢材的品种规格有129种。钢普综1、2表，由各级普查机构汇总上报；钢普综3表，由省普查办汇总上报。普查资料的填报、汇总和上报：10月5日前，各基层单位按照规定的报告期和时点，对本单位钢材消费量及库存量进行清理、对账和核实，按钢普综1、2表要求，于10月15日前报主管单位；县级普查办按钢普综1、2表汇总县直属（不含上级直供）单位的基层表，并将各县资料汇入后于11月20日前报省普查办。

二、1955年的全国私营商业及饮食业普查

1955年上半年，私营批发商大部分已为国营和合作社商业所代替，私营商业中已有相当部分通过公私合营、经销、代销等形式纳入国家资本轨道，小商小贩也通过经销、代销或组织合作商店、小组等形式进行社会主义改造。为了进一步有计划、有步骤地安排对私营商业的改造，确切掌握私营商业的基本情况，国务院发出《关于进行私营商业及饮食业普查工作的指标》。国家统计局、商业部、全国供销合作总社、国家工商行政管理局和财政部税务总局联合拟订了普查方案。根据省委、省人委的指标，专署成立普查指导小组，县成立普查办公室，均以统计局为主，从各有关部门抽调有一定政策和业务水平的干部参加普查和调查表的综合汇总工作。

普查范围：（1）辖区内私人投资设立的商业、饮食业；（2）辖区内公私合营商业及饮食业。私营商业分国内商业与进出口商业，国内商业分批发商、零售商、坐商、行商与摊贩，饮食业分坐商与摊贩。

普查内容：（1）户数；（2）从业人员及其中雇用职工人数；（3）资本额；（4）1954年及1955年上半年商品销售额及其中代销额，1955年8月份商品销售额及其中代销、经销和批发销售额，进出口商品加报1954年和1955年上半年进口额年其中代国营专业公司进口额、出口额及其中代国营专业公司出口额；（5）1954年和1955年上

半年及8月份收益额。以上指标均按城镇与乡村分组，公私合营商业按行业分组。

普查方法：个别少数民族地区及偏僻、商业不发达、交通不方便地区普查有困难的，可因地制宜，采取利用原有资料、结合典型调查、估计推算等多种调查方法。其他地区一律先试点后普查。

普查标准时间：1955年8月31日。

9月中旬，专、县普查人员参加省普查会议，之后各又集中培训4—5天，学习对改造安排、改造政策及普查方案。这次普查历时三个月，于1955年11月底结束。基本摸清了全区私营商业及饮食业基本情况。遵照国家统计局的要求，普查结束后，毕节、大定两县私营普查总结报送国家统计局。

三、全省商业部门商品库存普查

1959年5月，为摸清商业部门的家底，为各级党政领导及有关部门安排市场、组织供应提供可靠依据，根据省统计局、省商业厅联合下达的《贵州省商业部门商品库存普查办法》，专、县进行一次彻底清查。

普查目的：主要是查清商业部门现有库存商品及其在城乡批零环节间的摆布情况。

普查范围：省直及各地、州、市、县全部商业机构，包括国营商业、公私合营商业、合作商店、小组和私营商业。国营商业包括商业（含中药材、水产、盐业）、粮食、木材、新华书店、铁路职工生活供应商店、进出口公司及轻工业局所属独立核算的门市部等。

普查时间：1959年5月31日。要求各单位必须在5月底进行实际清查盘点，粮食及食油库存如已查实，则不再进行盘点，可与报表库存数核实。合作商店、小组及私营商业在库存清查中如确有困难，可收集典型资料推算。

组织领导与联系制度：专、县成立普查办公室，建立普查工作队，负责布置、检查和综合上报普查表。各企业或单位领导亲自挂帅，查核账物。

普查内容：这次普查要求填报的有基层普查表和综合普查表两种。基层普查表设商品品名、数量和金额13项主要指标。综合普查表有3个表，《商业部门库存总值普查表》，设总计、国内商业（分列二级站、市级批发站、县级批发站、市区零售单位、县零售单位、农村人民公社商业）、外贸系统（分列小计，其中专门从事国内销售单位），要求按系统分列部门及商品类别填列；《国营及公私合营商业主要商品库存数量普查表》，主要指标同前表，按1030种商品目录填报；《国营商业加工库存普查表》，主要指标及商品目录同前表。

四、工矿林区基本情况与工矿林区社会商业和服务业普查

1960年5月，为摸清工矿林区对防护用品和保健仪器的需要、定量供应情况，按照中央商业部、国家统计局的要求，根据省商业厅和省统计局联合通知，对工矿林区进行了一次普查。调查范围为所有工矿林区（指钢铁、煤炭、石油、化工、有色金属及森林工业等六个重要行业集中地区，不包括军事工业和一般的工业城市或轻工业、手工业集中的地区）。调查内容，填报2种表，即《工矿林区基本情况普查表》和《工矿林区社会商业和服务业基本情况普查表》。由专、县商业局指定机构、人员负责组织调查工作。

五、全国城镇房屋普查

1984年11月3日，贵州省人民政府办公厅发出关于开展城镇房屋普查工作的通知，地、县均按省城乡建设环境保护部和省统计局要求，成立了城镇房屋普查办公室，于1985年第一季度开始准备，第二季度开展房屋普查登记，发（换）证工作也与之同步进行。普查共设14个表［即国调（84）11—24表］。

表号	表名	主栏指标	宾栏指标
国调（84）	城镇房屋分幢普查	户别	房屋普查[区（县）、街道（镇）号]、房屋结构、建成年月、现在用途、面积、使用情况（出租、自用）其中：有权人
国调（84）12表	城镇住房情况分户普查表	户别	房屋坐落区（县）、街道（镇）号编号、所有权人、使用情况、家庭成员情况（称谓、姓名、出生年月、性别、婚否、工作单位与职务）、住房情况（使用面积、实际信人面积、居住面积、家庭人口、人均使用面积、人均实际住人面积、人均导住面积）、住房设备（厨房独用、厨房共用、厕所共用、洗澡设备有、自来水独用、自来水共用、电灯有、煤气灶独用、煤气共用、暖气有），缺房情况（无房户、不便房、拥挤户、婚珀无房、三代同堂、暂住非住宅房、父母与12周岁以上子女同室、暂住临时简易房、12周岁以上兄妹同室、暂住亲友房、二户同室、居住在2平方米以下、居住在2—4平方米以内）

续表

表号	表名	主栏指标	宾栏指标
国调（84）13表（综一表）	贵州省房屋结构情况表	房管部门直管房屋（小计、公产、代管产、托管产、拨用产）、全民单位自管产、集体单位自管产、私有产、外资产、中外合资产、宫产、其他产。	合计、钢、钢筋混凝土结构、混合结构、砖木结构、其他结构。
国调（84）14表（综二表）	贵州房屋层数情况表	与综一表相同	合计、平房、2—3层、4—6层、7—10层、11层以上
国调（84）15表（综三表）	贵州房屋建成年份情况表	与综一表相同	合计、1949年以前、50年代、60年代、70年代、80年代
国调（84）16表（综四表）	贵州房屋用途情况表	与综一表相同	套（住宅）、工业交通仓库用房、商业服务用房、教育医疗科研用房、文化体育娱乐用房、办公用房、其他用房。
国调（84）17表（综四表）	贵州居住水平（按使用面积）分析表	与综一表相同	合计、2.2平方米以下、2—4平方米、4—6平方米、6—8平方米、8—10平方米、10平方米以上（每个指标均按户、人口分组）
国调（84）18表（综四表）	贵州居住水平（按实际住人）	与综一表相同	与综五表相同
国调（84）19表（综四表）	贵州房屋（按居住面积）	与综一表相同	与综五表相同
国调（84）20表（综四表）	贵州居民缺房情况分析表	与综一表相同	合计、无房户（小计、婚后无房、暂住非住宅房、暂住临时简易房、暂住亲友房）、不便房（小计、三代同堂、父母与12岁以上子女同室、12岁以上兄妹同室、二户同室）、拥挤户（小计、居住在二平方米以上、居住在四平方米以内）。
国调（84）21表（综四表）	贵州住房设备情况表	与综一表相同	普查总户数、厨房（独用、共用）、而所（独用、共用）、洗澡设施（有）自来水（独用、共用）、电灯（有）、煤气（独用、共用）、暖气（有）
国调（84）22表（综四表）	贵州省住房使用情况表	与综一表相同	合计、自用、出租
国调（84）23表（综四表）	贵州房屋质量情况表	与综一表相同	合计、完好房、基本完好房、一般损坏房、严重损坏房、危险房
国调（84）24表（综四表）	贵州房屋现值使用土地情况表	与综一表相同	房屋现值、使用土地面积

六、全国科技普查

为摸清新中国成立以来各级科研与开发机构、各级科技管理机构和大中型工业企业、普通高校的科技开发与科技活动情况，1985年10月，国务院科技领导小组决定，从1985年12月6日至1986年6月30日在全国开展科技普查。国家科委根据国务院科技领导小组拟定的要求制定了一套科技普查报表和指标体系，明确了普查范围、资料收集和数据处理方法，并召开全国科技普查工作会议，落实了各项具体措施。

根据全国统一部署和省科技普查领导小组的要求，地、县均建立了科技普查领导小组及办公室，负责此项工作。

科技普查范围包括：县以上政府部门所属的研究与开发机构；各级科技管理机构；大中型工业企业的技术开发状况和普通高等学校科技活动情况等。普查内容有：机构、人员、固定资产、经费、课题、成果、技术转让及社会横向联系等科技状况。普查方式：采取逐级普查、条块结合的方式，以分类单页报表进行统计。普查表由9个部分32张报表组成：1.基础表；2.机构概况表；3.人员汇总表；4.课题汇总表；5.资产调查表；6.经费收支调查表；7.技术转让成交额分类汇总表；8.研究与开发机构同企业联系方式的调查问卷；9.科技著述调查表。以上普查表分期分批报送，采用微机汇总处理。

为了完成科技普查工作，全区组织培训普查员，历时8个月对全区县级以上政府部门所属的科研机构，县属研究与开发机构。1个中型工业企业，1所普通高等学校和个科技管理机构的普查，比较系统地掌握了全区县以上政府部门属研究机构的机构数、人员、课题、经费、仪器设备、图书、科技成果、技术转让、社会横向联系以及中型工业企业的技术开发状况和普通高等学校的科技活动状况，为全区制定科技发展规划与加强宏观管理提供了科学依据。同时，为各科研单位和科技管理机构建立科技档案、数据库，促进科技统计现代化积累了丰富的资料。也为科技工作的规范化、制度化奠定了基础 。

七、全国基本建设项目和挖潜、革新、改造措施项目普查

1978年，为全面摸清基本建设项目和挖潜、革新、改造项目的情况，为各级领导机关制定计划和检查计划执行情况提供准确可靠的依据，便于更好地贯彻落实基本建设集中力量打歼灭战的方针，促进国民经济有计划按比例、高速度地发展，根据国家计委、建委、经委、财政部、中国人民银行、国家统计局联合通知，在6月份进行了

基本建设项目和挖潜、革新、改造措施项目普查。8月，又在普查基础上按中共中央〔1978〕6号文件精神，对基本建设在建项目进行了一次彻底清理。

八、全国卫生机构房屋建筑普查

1988年10月，根据卫生部计划财务司、卫生部统计信息中心的统一部署和省卫生厅的要求，对全区卫生部门和集体所有制的卫生机构房屋建筑情况进行了一次性全面调查。

（一）调查目的：为了确切地了解全国卫生事业单位房屋建筑情况，加强卫生事业科学化管理的基础工作；为编制卫生事业和中医药事业的发展规划提供科学依据；为制定和修改各级、各类卫生机构建筑标准提供可靠数据，卫生部决定对全国卫生部门和集体所有制的卫生机构房屋建筑情况作一次全面、系统、详细的调查。从1988年10月开始，到1990年6月完成调查任务，历时一年半。

（二）调查范围；包括全区50张病床以上乡镇卫生院在内的卫生部门和集体所有制卫生机构（不包括军队系统和企业单位的卫生机构），以及其他部门所属的高、中等医（药）学院校。还上报了49张病床以下所有乡镇卫生院的房屋调查统计资料。

（三）调查内容：包括卫生机构的基本情况如单位名称、地址、电话号码、邮政编码、单位成立年份、医院床位数、日门诊量、年出院人数、职工人数、在校学生数等；单位占地面积和房屋建筑面积；建筑面积中业务用房和生活用房所占的面积；业务用房中各功能用房的面积；生活用房中住宅和其他福利用房的面积；现有用房中各年代建成的面积和各种结构房屋的面积；房屋产权情况；危房面积等。

（四）调查方法：采用普查并使用单位编码、利用计算机超级汇总的方法。

九、全国体育场地普查

（一）为全面了解中华人民共和国成立以来体育事业发展情况，1983年6月，根据国家体委的统一布置和省体委的要求，在全区范围内首次开展体育场地普查工作。普查时间为1982年12月31日。普查范围是各系统、各行业、各单位建的体育场地和个体经营的场地，包括体育场、体育馆、游泳馆、游泳池、有固定看台灯光球场 、田径房、篮球房、排球房、手球房、体操房、羽毛球房、乒乓球房、武术房、摔跤房、举重房、击剑房、棋类房、健身房、运动场、足球场、篮球场、排球场、手球场、网球场 、棒垒球场 、射击场、摩托车赛场、自行车赛车场、赛马场、水上运动场、航空运动机场、跳伞塔、人工冰球场、人工速滑场、滑雪场、天然游泳场、高尔夫球场、保龄球房等各种体育活动场地。普查方法采用条块结合、块块为主、逐级发表调查、逐级汇总上报。通过为期一年的普查，基本摸清了新中国成立以来毕节地区体育场地建设发展情况。截至1982年底，全区建成各种体育场地6860个，为各级领导和体育部门了解情况和编制体育事业发展规划提供了依据。

（二）为迎接第十一届亚运会的召开和举办中国体育成就展览，1988年9月，根据省体育运动委员会、省统计局、省教育委员会、省总工会联合转发国家体委、国家统计局、国家教委、全国总工会《关于对1983年以来全国新建体育场地进行普查的联合通知》，对全区体育场地普查工作进行了具体布置。体育场地普查登记时间为1983年1月1日至1988年12月30日。普查范围包括各系统、各行业所属基层单位以及个体经营者新建并投入使用的各种体育场地（具体内容与1983年的内容相同）。普查采取条块结合、块块为主、发表填报、逐级汇总上报的方式进行。

十、全国优抚对象普查

1979年，为摸清优抚对象的情况，解决优抚工作中存在的问题，更好地贯彻执行党的优抚政策，根据中共中央〔1978〕66号文件精神和民政部的统一部署，在全区范围内开展优抚对象普查，普查时间为1979年9月30日。普查范围：1.革命烈士家属；2.失踪、病故军人家属；3.革命军人家属；4.革命残废人员；5.退伍红军老战士；6.复员、退伍军人；7.军队退休干部和退休工作人员。普查做法：一是培训干部，抽调人员，集中学习，掌握政策和业务知识；二是选择典型，进行试点，取得经验后全面推开；三是在普查过程中，大力宣传国家有关拥军优属政策，宣传党对优抚对象的关怀，落实优抚政策。普查要求：凡中央和地方各级国家机关及其所属企业、事业单位中的优抚对象，由其所在民政部门负责普查登记。普查登记时间，各地区从1979年1月1日开始至1979年12月31日结束，并将普查登记表报民政部。

十一、1950年根据省财委布置完成了全国工矿企业普查。

十二、1992年5月22日，省统计局发出《关于认真做好农村集体投资项目普查工作的通知》，普查由统计和计划部门共同组织，具体工作由统计部门承担，由各地州市用计算机录入并进行汇总，于当年6月20日向省统计局报送数据软盘，同时附主要指标汇总表和普查基层表，以便进行核对。

第三章 抽样调查和专项调查

第一节 抽样调查

一、 人口抽样调查

（一）人口变动情况抽样调查

在第三次全国人口普查的基础上，自1982年起，国家统计局会同有关部门建立了每年进行一次人口变动情况抽样调查制度。根据国家规定，贵州省明确以统计部门为主，在公安、计划生育等部门的配合下进行。毕节地区主要是由被抽中的县完成其调查任务，从1987年起地区统计局开始承担对各抽中县调查资料的审核任务。

人口变动情况抽样调查，以每年的1月1日零时为标准时间，调查对象为抽中的村（居）民的全部户籍人口（法定人口）。从1990年起，为了同人口普查的口径取得一致，将户籍人口改为常住人口。

人口变动情况抽样调查方案包括：实施办法；综合年报表式（含手工汇总表、总人口表、自然变动和迁入人口三张表）；基层年报表式（即人口变动情况抽样调查表）；统一表式（含调查底册和手工汇总过录表）；填写说明；逻辑审查规则；编码说明；宣传提纲等。

人口变动情况抽样调查表共有19项调查项目，按人登记的项目有姓名、与户主的关系、户口登记状况、性别、出生年月、1月1日零时常住人口、12月31日24时常住人口、出生、死亡、迁入、迁出等11个项目。按户登记的项目有本户住址编码、户别、1月1日零时总人口、12月31日24时总人口、出生人口、死亡人口、迁入人口、迁出人口等8个项目。从1990年起为便于换算户籍人口改按常住人口登记，在按户登记的项目中，增加一个“户口在本县市，离开本县市一年以上的人口”项目。

人口变动情况抽样调查，主要是查清出生、死亡人口，计算出生率和死亡率以及自然增长率。因此，调查项目一般没有很大变化，只是个别调查项目下的标准答案有所增加。1983年的调查是同儿童基本情况抽样调查结合进行的，调查表增加了0—14岁儿童身体发育、健康状况和5—14儿童在校及不在校状况的指标。

人口变动情况抽样调查，由省统计局直接领导，省统计局人口处（对外称省人口普查办公室）具体组织实施。每年根据国家统计局制定的人口变动情况抽样调查方案，结合本省实际情况，进行抽样设计、印制调查表、召开工作会议、组织登记与复查、验收和审核调查资料、手工汇总表，最后进行机器汇总与开展分析研究。人口变动情况抽样调查样本量的确定，各年不一样，1982年至1985年，抽取的样本量一般在 1.3万人—1.7万人之间，只是对全国有代表性。到1990年及以后要求对全省有代表性，样本量扩大到6万人。抽取样本采用分层、分阶段、随机等距整群抽样的方法抽取县市，1982年、1983年各抽取9个县（市、区），1984年、1985年各抽取13个县（市、区），1990年抽取的县（市、区）达23个。由省统计局人口处对抽中的县（市、区），采取以会代训的方法，培训业务骨干，布置当年调查任务，同时对上年的调查工作进行总结、评比。

人口变动情况抽样调查的调查登记时间为每年的1月1—10日。在调查登记前，调查员必须提前进入调查点编制《调查底册》，然后进行逐户访问，按调查内容逐人逐项填写调查表。调查表采用两种填写方法：有标准答案的据情圈填；无标准答案的用文字或数字填写。人口变动情况抽样调查仅对全国和省有代表性，对地、县、乡级不具代表性。

（二）第二期深入的生育力抽样调查

在1985年4月河北、陕西两省和上海市进行的第一期深入的生育力抽样调查之后，1986年12月国家统计局发出通知，决定1987年4月在辽宁、山东、广东、贵州、甘肃五省及北京市进行第二期深入的生育力抽样调查，这是国家统计局和国际统计学会联合组织的调查。

第二期深入的生育力抽样调查的标准时间为1987年4月1日至4月底，在向住户和妇女作调查时，调查的那一天即为登记计算的标准时间。调查对象为50周岁以下的已婚妇女。

国家统计局制定的《中国第二期深入的生育力调查方案》，包括调查目的、调查对象、调查内容、调查标准时间、样本数量和抽样方法等10个问题。

第二期深入的生育力抽样调查共有3种表，即：《个人调查表》，这是生育力调查的主表。内容包括被调查人及其家庭的基本情况，本人的婚姻史、生育史、怀孕史，本人对避孕方法的了解和应用，本人生育愿望及丈夫基本情况等7个部分151个问题；《住户调查表》，该表通过对抽中户人口的登记，筛选 出属于调查对象的合格妇女（即已婚育龄妇女），并了解住户经济状况，以便与生育水平进行相关分析。调查表包括住户人口构成、未婚育龄妇女人数、住房情况、现代家用设备拥有情况及收入情况等17个问题；《社区调查表》，该表只对农村被抽中的社区基层单位——村民委员会进行调查，内容包括村委会的生产、收入、公共交通、公用设施、教育、医疗及计划生育服务等23个问题。

这次调查的抽样方法，采取分层、分阶段、概率比例和随机等距的原则，结合贵州多民族杂居山区的特点，按行政区划、民族、文化、经济和生活习惯等特征，分为9个层，再按出生率或少数民族所占比例的高低，排列编制抽样框。第一阶段抽取样本单位40个县（市、区、特区），毕节地区8个县均被抽中。然后依次进行第二、三阶段的抽栏，从抽中的县（市、区）中再抽取二级抽样单位144乡、镇、街道办事处，三级抽样单位286个村民（居民）委员会，84个居民小组。抽中8063户、实际登记7957户，回答率98.7%；抽中合格妇女6619人，实际调查6489人，回答率达98%；总回答率96.7%。调查结果：

（三）1987年1%人口抽样调查

根据1986年8月6日《国务院对今后全国人口普查工作安排意见的批复》，1987年4月16日，省人民政府办公厅下发了《关于认真搞好1987年1%人口抽样调查工作的通知》。

1%人口抽样调查，是每两次人口普查之间进行的一次简易普查。根据国家统计局制定的《1987年全国1%人口抽样调查方案》的规定，1987年7月1日零 时为调查的标准时间，调查对象仍按常住人口登记的原则。时间标准规定为半年，具体包括以下三种人：1.常住本市、镇、县，并已在本市、镇、县登记常住户口的人（包括外出不满半年的人）；2.已在本市、镇、县居住半年以上，常住户口在外市、镇、县的人；3.调查时住在本市、镇、县，由于各种原因，户口待定的人。

1%人口抽样调查有两张调查表，即《1987年全国人口抽样调查表》和《死亡人口普查登记表》。人口抽样调查表共26个项目（其中，按人登记的17项，按户登记的9项）。死亡人口登记表9个项目。为了保持调查资料的可比性连续性，大部分调查项目与第三次人口普查的调查项目相同，根据需要新增了人口迁移、初婚年龄及死亡人口生前从事的主要职业等调查项目。

这次抽样调查，全国平均调查1%的人口，贵州省调1.11%的人口，样本量为33万人，采取分层、分阶段、随机等距、概率比例整群抽样方法抽取样本。第一阶段全省分十三层共抽取32个县（市、区、特区），毕节、黔西、纳雍、赫章四县被抽中；第二阶段在每个抽中县、市、区、特区中，随机等距抽4个乡（镇、街道办事处），共抽取128个乡（镇、街道办事处）；第三阶段在每个抽中的乡（镇、街道办事处）中，再抽取2—3个村（居）民委员会，共抽中313个村（居）民委员会。

1987年9月底，全省1%人口抽样调查已圆满地完成了登记、复查、编码和手工汇总等前期工作任务。经层层复查，严格把关，调查资料的质量达到国家规定的质量标准。在质量评比中，纳雍县获第二名，毕节县获第三名。

（四）1987年残疾人抽样调查

1986年10月，国务院办公厅国办发〔1986〕77号文发出《关于在全国范围内进行残疾人抽样调查的通知》，毕节、威宁两县被抽中，按照贵州省残疾人抽样调查领导小组及办公室的布置，均成立了领导小组及办公室，各组织一支调查队，调查人员主要由责任心强、身体好、技术水平较高的医务人员担任，

国家制定的残疾人抽样调查方案规定，调查的标准时间为1987年4月1日，调查对象按残疾人类型包括视力残疾、听力语言残疾、智力残疾、肢体残疾和精神病残疾；凡有两种或多种残疾的人列为综合残疾。只调查家庭户，凡居住并生活在一起的家庭成员和其他人，或单身居住生活的，均作为一个家庭户。家庭人口仍按常住人口登记的原则。残疾抽样调查的调查表共有三种：《住房调查表》，包括姓名、与户主的关系、性别、出生时期、民族、户口登记状况、文化程度、行业职业、不在业状况、婚姻状况、定性结果等12个项目；《残疾人调查表》，包括残疾类别、残疾等级、致残年龄、致残原因、需要何种康复和现有何种辅助器等6个项目；《残疾人筛查表》，包括行号、姓名、性别、年龄、筛查结果等项目。筛查结果又分视力残疾、听力语言残疾、智力残疾、肢体残疾和精神病残疾5类情况。

毕节、威宁两县的残疾人抽样调查，在县残疾人抽样调查领导小组的领导下，在省残疾人抽样调查办公室的指导下，以民政部门为主，其他部门大力支持配合，从1987年4月1日起至7月上旬止，完成了入户登记调查、质量验收、质量抽查、手工汇总及资料编码、交接等各阶段的工作。这次抽样调查采用概率比例抽样方法，全省共

抽13个县、市、区的80个村（居）民委员会，8567户，40891人，占全省总人口数的1.36%。

1990年6月6日至20日，全区抽调144人，车辆16台，历时15天，对八个县随机抽取27个村为样本点进行了逐户询问，逐人登记登记项目涉及十八项。调查1989年以来人口变动情况、婚育情况，以及开展计划生育突击活动以来落实节育手术的情况等作了追踪和回顾调查。

（五）1991年—1992年人口与计划生育抽样调查

经地区统计局法规科批准，地区计生委统一负责制调查表，共设调查项目19项，调查标准时点：1992年10月31日24时。共抽取62个样本点81322人，出生率抽样误差为0.5109‰，相对误差为5.45‰，置信度为95.45%。参加调查的人员共110人，由各县人大、政协、政府办、公安、统计、计委、计生委抽人组成调查队，实行交叉调查，即毕节县调查纳雍县，大方县调查赫章县，黔西县调查毕节县，金沙县调查威宁县，织金县调查金沙县，纳雍县调查大方县，威宁县调查黔西县，赫章县调查织金县。于2月27日到地区集中，28日召开一天会议学习调查表及调查方法，29日各调查队分赴各县，3月1日进入调查点，采取了逐户、逐人、逐项的询问调查登记。

调查汇总情况：

全区共调查62个村，472个村民组，18839户，81322人，有育龄妇女19900人，占调查总人口的24.47%，已婚育龄妇女13424人，占调查总人口的16.5 %，其中无孩妇女1158人，占已婚育龄妇女数的8.62%；一孩妇女2561人，占已婚育龄妇女人数的19.08%；二孩妇女2184人，占已婚育龄妇女的16.27%；三孩以上妇女7521人，占已婚育龄妇女的56.03%。已婚育龄妇女中采取各种节育措施人数9769人，节育率72.77%，其中：结扎7831人，结扎率为80.69（结扎中二孩结扎1509人，二孩结扎摔为69.99%）；上环1928人（一孩上环1434人，一孩上环率为55.90%），药具10人。

调查1991年年内出生人口1598人，出生率19.76‰，其中计划内出生770人，计划生育率48.19%，计划外出生828人，计划外生育率51.81%，多孩率22.28%；死亡人数502人，死亡率6.20‰；自然增长人数1096人，增长自然率13.57‰。

调查1991年内初婚女性人数697人，未达法定婚龄结婚的118人，占16.93%；1991年内生育的1598人，有60人属早育，早育率3.75%。

根据调查结果推算对比：

全区1991年末总人口为6072221人，与年报数6041804人相比，年报少报30417人。

1992年2月22日，省统计局、省人普办、省计生委、省公安厅联合下发《关于认真做好扩大的1991年人口变动抽样调查工作的通知》，统计部门负责调查方案的制定及调查结果的审查，人口普查办和计生委具体组织调查、汇总，公安部门积极参加。

1992年度人口变动情况抽样调查，省抽中毕节、大方、黔西、纳雍、威宁五县。在全省综合考评中，黔西县获一等奖，纳雍县获二等奖，毕节县获三等奖。

（六）1995年毕节地区1%人口抽样调查

1995年毕节地区1%人口抽样调查领导小组成员名单

组　长：孙仁培

副组长：金国藩　王允铎　张发明

成　员：夏洪域　王国槐　高永英　杨光明　袁德琴　吴道贵

陈明显　潘军伟　陈晓英　江先振　黄景荣。

办公室（1995年8月20日正式启用印章）

主　任：黄景荣（兼）

副主任：孙朝红　史开慧

1995年1%人口抽样调查毕节地区被抽中大方、黔西、纳雍、赫章四县。

1996年人口变动情况抽样调查，毕节地区抽中毕节市市西街道办事处桂花路南段居民委员会第一调查小区、燕子口镇新光村民委员会第一调查小区、小吉场镇双林村民委员会第一调查小区、小坝镇梁家寨村民委员会第一调查小区、大方县大方镇中街居民委员会第一调查小区、大方镇解放街居民委员会第一调查小区、黄泥塘镇黄泥塘居民委员会第一调查小区、理化乡果木村民委员会第一调查小区、金沙县城关镇安塘村民委员会第一调查小区、沙土镇天堂村民委员会第一调查小区、平坝乡山贫坝村民委员会第一调查小区、木孔乡长滩村民委员会第一调查小区、纳雍县雍熙镇双水井村民委员会第一调查小区、阳长镇堰塘村民委员会第一调查小区、寨乐乡野鹿山村民委员会第一调查小区、库东关乡梅花村民委员会第一调查小区、威宁县草海镇新发村民委员会第一调查小区、龙街镇朝阳村民委员会第一调查小区、中水镇中河村民委员会第一调查小区、秀水乡大寨村民委员会第一调查小区。

1996年对人口变动情况抽样调查制度进行修改，同时建立《城镇劳动力情况调查制度》。1.从1996年第三季度起，每年在“人口变动情况调查”中增加“城镇劳动力情况抽样调查”，其他三个季度另行组织城镇劳动力抽样调查。1997年第一季度的调查暂不进行。2.第三季度人口变动情况抽样调查与城镇劳动力情况调查合并进行，共用样本点和调查登记表；调查范围为全省抽中的33个县（市、区），4万多人。3.增加“社区调查表”（R103表），统计范围为抽中调查点（调查小区）所在的村委会的情况。4.“1996年人口变动情况抽样调查表”（R101表）增加“未工作状况”“未工作原因”“就业者身份”等分组；在“户口状况和性质”项下才加“农业”“非农业”；在“受教育程度”项下增加“1.在读；2.毕业；3.肄事；4.辍学；5.其他”；在“是否从事过有收入劳动”项下增加“1996年9月24日到30日期间”的劳动状况；在“本户户籍人口中外出半年以上的人口”项下增加“其中：离开本省的人”及性别分组。

1997年人口变动情况抽样调查和1997-1998年度城镇劳动力定期抽样调查。

1998年金沙、黔西、赫章三县根据省统计局布置开展《儿童纲要》监测统计试点。

二、城市住户抽样调查

城市住户调查，即城市居民家庭收支调查。原为职工家庭生活调查（简称职工家计调查），由于调查范围扩大到城镇非农业居民家庭，从1984年年报起，才易名为城市住户调查。它主要通过抽样的方法，选择有代表性的调查点和调查户，进行一次性调查和经常性调查。

（一）职工家计调查

1958年，根据贵州省统计局制定的《贵州省城市居民（包括职工）家庭收支调查方案》，毕节县城关区建立了职工家计调查。但该项工作，由于“大跃进”的影响逐步遭到削弱，记账户越来越少，从1960年到第二季度开始，国家统计局正式通知停报，中断了此项调查。

1963年1月，毕节县根据省统计局印发的《1963年职工家计调查方案》再次建立职工家计调查，调查户有31户。1963年12月30日，省统计局明确毕节县调查30户，配备调查人员2人，1964年第一季度实际调查28户。从1964年7月起，由于经费有限，毕节县经常性的职工家计调查工作又一次中断。

1978年10月，为提供研究改革地区工资类别问题的基础资料，根据国家统计局、国家劳动总局和物价总局的要求及省统计局和省劳动局、省物价局的布置，毕节等县按照全国的统一规定，对1966年4月和1978年8月的37种生活必需品和服务支出的消费值进行一次性调查。

（二）城市住户调查

1984年9月，国家统计局下达调查方案，将《职工家计调查方案》改为《城市住户调查方案》，从1984年年报改为城市住户调查起，调查对象由只调查职工家庭扩大到非农业居民家庭。1984年的职工家计调查综合定期报表，由上年的6种减为3种

三、个体商业抽样调查

20世纪80年代，随着流通体制的一系列改革，个体商业户大量涌现，给市场带来了活力。截至1987年9月，全省个体商业户已达17.2万户。但由于个体商业点多、面广、且又分散经营，给商业统计工作造成很大困难，个体商业统计资料严重不实。为全面反映全区社会商业的购、销、库存等商品流通情况，系统地搜集整理个体商业经营规模、经营成果等基本资料，为各级领导和有关部门研究市场问题和进行宏观经济管理提供依据，根据国家统计局《商业统计报表制度》的要求，省统计局《个体商业户调查方案》，从1987年12月开始，地区统计局组织各种县统计局开展个体商业抽样调查工作。12月调查当年抽中户的经营情况，从第二年1月起即按月定期进行调查。

调查对象：以经过工商行政管理批准发给营业执照，从事商品买卖活动，有固定经营场所，单独核算的个体商业户为总体，从中抽选部分商业户（不包括以经营饮食、服务业为主，兼营商业的个体户）为调查对象。

调查内容：有2种表式，即《个体商业户商品购销存总额及经营情况》和《个体商业户主要商品购、销、存数量》。

调查户的抽选方法：采取分类等距不重复抽样方法抽选调查户；以县为总体将个体商业户按行业分类，按比例分配调查户数；以1987年11月的营业额或资本额由低到高排队，等距抽选调查户。

资料的汇总推算：由聘请的辅助调查员按月将调查户根据购、销、存帐目填写的卡片（内容同前两表）汇总报当地统计局。县调查员根据各调查点上报资料分类推算全县数字，即以简单算术平均法求出各类调查户平均数，然后分别乘以各行业个体户总户数，相加得全县总体数据，报地区、省逐级汇总。

1990年，为完善个体商业调查，节约人力、财力，提高调查数字质量，省统计局决定改原来的县县抽样调查为以省为总体，进行分类等距抽样（为了便于工作，允许

保留部分老调查点）。全省共抽出17个县（市）共900户，成为抽中县，共有调查户户，地县不再进行汇总推算，而由各调查县直接将户资料报省统计局汇总推算。

第二节　专项调查

一、工业专项调查

1952年7月，为了解“五反”前后私营工业的变化情况，专财委根据西南区财委和省财委的通知，进行了私营工业动态调查。同年10月，为研究工业生产规模、工业与农业及工业中各种经济成分之间的比例关系，根据中财委、省财委的指示，专财委进行了工业总产值及主要产品产量的调查估算工作。工业总产值，分别按1950年6月份价格和1952提价格计算，按国营、公私合营、私营、合作社营、个体五种经济类型分别列出机器工业（分大小型）、工场手工业（分大小型）和个体手工业的数字，为制订第一个五年计划提供了基础资料。同年第4季度，专财委在毕节城关进行了私营工业行业、国营及公营厂矿企业调查。

1954年全省主要进行了三项调查，毕节专区因经济落后，工业企业规模较小，公私合营开展较晚等原因，专财委只进行了个体手工业及私营10人以下工业企业调查。这次调查内容包括三个部分：（1）个体手工业及个体劳动者合作组织是这次调查的重点，主要调查1954年分行业的户数、人数、总产值（增加1951—1953年）及主要产品产量等指标。并对金属制品和棉纺织（包括针织）两个重点行业进行了比较深入的调查，主要调查1950年以来发展状冲生产情况、原材料消费情况等内容。（2）私营10人以下工业企业（不包括满 10人的企业）根据私营10人以下小型工业企业户数多、生产分散的特点，也为了节省人力，结合这次手工业调查一并进行。主要调查1954年的企业单位数、职工人数、在职资本家胶资方代理人、总产值、主要产品的生产量和销售量等指标。（3）农民兼营手工业作为手工业产品出售的产值。

1955年毕节专区主要进行了两项：

1. 私营工业重点行业调查。为逐步实现国家对资本主义工业的社会主义改造，根据统一安排，有步骤、有重点地对资本主义工业生产，首先是对某些重要行业的产、供、销情况、设备能力、技术力量、原材料消费情况等方面进行摸底。专署按照国家统计局颁发的调查方案，组织力量于1955年11月底进行私营工业重点行业调查，主要根据月报、年报和已掌握的资料核实填报，所缺部分组织实地调查；对10个职工以下的小型企业，一般是整理现有资料填报，所缺部分采用典型调查推算的取得。为了观察重点行业的全面情况，以便进行生产的统一安排，在调查中，除收集私营工业的资料外，还根据调查表规定的有关指标，分别收集专、县地方国营（包括劳改企业）、公私合营、合社加工厂、手工业生产合作组织的资料，凡属16个重点行业以内的工业企业，不论属于何种经济类型，都需要调查填报。为了减轻工作量，对手工业生产合作组织地部分资料，可不按户而按行业填表。对主要生产设备名称及数量，只调查地方国营、公私合营及私营三种经济类型的资料。

2. 手工业重点行业调查。为贯彻全国手工业会议精神，根据国家统计局和中央手工业管理局的统一方案要求，结合按照省统计局拟定的调查意见，专署于1955年12月底进行个体手工业重点行业调查。调查范围是固定的个体手工业、私营10人以下小型工业及手工业合作组织。调查重点是个体手工业。主要调查棉织、针织、金属制品、陶瓷、木料加工、制糖、造纸、皮革制品、物种手工艺等9个手工业重点行业的历史情况和产供销变化情况。调查方法，由于1954年已进行过调查，已取得了户数、人数、产值、产量等基本数字，并对棉织、针织、金属制品三个行业进行转细的调查，所以采取充分利用现有资料，对不足部分，特别是产、供、销方面以及陶瓷、木材加工、制糖、造纸、皮革制品、特种手工艺六个行业，进行实地调查。由于个体手工业极其分散、分布面广，主要采取典型调查与全面估算相结合的方法，对户数、人数等采取实地调查，产值产量在实地调查的基础上，进行机械抽样调查，并广泛地收集贸易合作部门的加工、订货、收购数和税务部门的营业额进行反复核对、修正。

1956年进行了以下调查工作：

1. 公私合营工业企业历年财务成本调查。为了及时掌握公私合营工业企业历年财务基本情况，了解公私股份比重量及盈余分配等情况，为党政领导提供制定有关公私合营工业推行“定股定息方案”的依据，根据国家统计局的统一要求，于1956年1月进行了全省地方公私合营工业企业历年财务成本调查，共调查了地方公私合营工业企业。

2. 1956年8月份，全国各地对公私合营工业发放了第一次股息，为及时提供中央领导部门了解这次清产发息的实际情况。根据省统计局的部署，进行了一次公私合营工业清产发息情况快速调查。这次调查有以下三种调查表：《公私合营工业定息情况》，主要调查已定息的企业户数、私股金额、1956年上半年应发股息和实发股息等指标。《本年新增公私合营工业企业清产核资情况》，主要调查年初至8月底止进行清产核资的企业，设户数、合营时账面资产净值、第一次核资后资产净值、第二次复查后资产净值、截至8月底止未清产核资的企业等指标。《公私合营工业及私营工业资产金额及收入情况》，主要调查资方投资人数、投资总额、1956年上半年的股息和薪金等指标，按每人投资分组。

1960年4—5月份，为各级党政领导、计划机关指标工作、编制计划作参考，根据国家统计局的布置，对重点工业企业的基本情况进行一次调查，调查有关生产技术、设备能力、职工的政治、技术、文化、福利状况以及企业的生产潜力等。同年5月，根据省统计局布置，对全区煤炭、木材综合利用情况进行了调查。

1961年，为了全面了解非机械工业企业的情况，以满足中央和有关部门制订规划和决定方针、政策的需要，根据省统计局安排，按照国家统计局和第一机械工业部的统一要求，于1961年8月底以前对1960年非机械部系统金属加工工业企业进行调查，包括非机械部系统的全部金属加工工业企业，不包括第一、二、三机械部系统、农机系统和各级军事系统所属金属加工工业企业。

1963年5—6月，为满足党政领导的需要，围绕党的中心工作，选择毕节县的全民所有制工业企业进行增产节约运动调查。调查内容，主要是增产节约运动的开展情况、增产节约运动的初步效果、企业财务制度的健全、生产和非生产费用的开支情况怎样以及在增产节约运动中还存在的问题等。

为了解用电设备的分布、利用和电力供应情况，于1979年底对全区工业企业的用电设备拥有量进行了一次调查。地、县统计部门负责调查区内除军工企业以外的全部全民、集体所有制工业企业。

为了及时反映工业企业体制改革的进度情况和问题，于1987年5月份和11月份，对全民所有制独立核算工业企业体制改革情况进行了两次调查，还于11月底进行了工业企业横向经济联合情况的调查。

1988年，为了连续反映国营工业企业体制改革的发展情况，于6月、12月进行了两次调查，由地、县统计局布置，区内全部独立核算工业企业填报，由企业直接报省统计局。同年12月底，再次进行了工业企业横向经济联合组织情况的调查。

1998年，金沙县按省统计局要求开展规模以下工业企业（单位）抽样调查。

二、建筑业专项调查

1954年9月16日，根据西南区统计局和省统计局布置，进行专区县的基本建设工人调查，调查范围包括：专区或县直接领导的地方国营包工机构、建设单位（该单位在9月30日那一天有基本建设工程，且由建设单位内部的工人自己施工而是交包工队施工的）；专区或县的建筑生产合作社；私营的专门承包工程的包工机构（如营造厂等）。调查时点当年9月30日。要求各县统计部门于10月15日前将调查表填好后，送专署计划统计科审核综合后于10月31日前报省统计局。同年9月16日，布置1954年基本建设劳动基本情况调查，调查范围为国营、地方国营、公私合营的承包企业及自营建设单位的劳动基本情况。同年10月，进行1954年勘察设计机构职工人数调查，调查内容为勘察设计机构实有人数及工程技术人员的工种构成情况，调查时点9月30日。

1956年，为掌握自营和个体建筑企业社会主义改造后的基本情况，以便逐步将其纳入计划管理范围。根据省统计局布置，对公私合营建筑企业和建筑业生产合作组织进行一次性调查。

1957年，布置专、县所属建筑生产单位，建筑生产合作社以及新公私合营建筑业基本情况综合表，要求各县统计部门通过调查，将资料汇总于1958年2月15日前报省统计局。

1964年，为全面掌握施工力量现状，以便研究施工力量同建设任务的平衡情况，按照省统计局、省计委发出，对全区施工力量的基本情况进行一次性调查。调查时间是1964年3月31日。调查内容包括两个部分，第一部分共4种调查表：《施工单位一览表》《建筑安装工人工种构成和技术等级情况》《1964年建设机械能承担的工程量》《施工单位附属建筑机械维修力量情况》；第二部分（调查文字提纲）共四项内容：（1）1964年施工力量同建设任务平衡情况，（2）提高劳动生产率、节约劳动力的潜力如何，（3）今年施工力量安排是否贯彻集中力量打歼灭战的方针，（4）当年施工队伍中存在的主要问题和主要情况。上述报表和文字说明要求于4月20日前分别报省计委和省统计局。

1980年，先后开展了两项建筑专项调查：

1.省建委、省工商局、省人行、省统计局联合发出《关于贯彻国家建委、国家工商局总局、中国建设银行、国家统计局联合布置的“关于施工企业普查登记和颁发营业执照的调查”的执行意见》，决定由省、州、市、地区建委牵头，工商局、建设银行、统计局各抽一人组成工作办公室完成各级调查任务。普查登记从1980年7月1日开始，9月30日前完成。普查登记范围：（1）国务院各部门直属的施工企业；（2）省、市自治区各局所属的施工企业（包括集体施工企业或单位）；（3）地（市）、县各部门所属的施工企业（包括集体施工单位和企业）；（4）城镇以集体所有制施工企业（或单位）；（5）企、事业单位的自营施工企业（或单位）；（6）铁道兵和基建工程兵的施工部队。凡属普查登记范围的企业（单位）都必须填报《施工企业普查登记表》。普查登记标准时点1979年12月31日。经过批准进入大中城市承包工程的农村社队建筑队伍也要进行普查登记，但不填报《施工企业普查登记表》。

2.省建委、省工商局、省社队企业局、省建行、省农行、省统计局等单位发出《关于农村社队建筑队普查登记和颁发营业执照的通知》。为促进全省社队建筑队的巩固和有计划地发展，从1981年1月1日起，社队建筑队可凭营业承包城乡建设工程。要求1981年元月底前由将农村社队建筑队普查登记表一式7份分别报省、地社队企业局、工商行政管理局各1份；农村社队建筑队基本情况汇总表（表1）和农村社队建筑队经营情况汇总表，于1981年元月底前由县社队企业局按企业为单位汇总后，分别报省、州、地（市）建委、工商局、社队企业局、建设银行、农业银行、统计局各一份；2月底前由地、州、市社队企业局按县为单位汇总分别报省级上述单位各1份。

1986年在城镇集体建安企业中选2—3个竣工的单位工程进行建筑业产值价格指数调查。价格指数年报由地区统计局填报，成为固定的定点调查任务一直延续到1990年。

三、交通运输专项调查

为满足国家和省专县的需要，1953专署交通科对区内私营和各县营运情况进行调查。

1956年交通运输方面进行了五项专项调查，即全区车辆用油情况普查；全区公私合营运输业的清产发息情况调查；私营运输业（专业）的兽力车、人力车、人力及搬运短航船只的社会主义改造情况速调查；全区公路、桥梁、渡口的技术状况能力调查；区内私营运输业（专业）；从业人员收入情况调查。

1958年，为摸清民间运输工具的潜力，根据省计委、省统计局的布置，于12月对区内农村及城市畜力车、人力车和木帆船实有数量进行了快速调查。

1960年，为反映交通运输企业机械化程度情况，根据省统计局和省交通厅布置，专统计科和专交通局对区内运输装卸、搬运工作机械化、半机械化程度及技术革新、技术革命运动的开展情况进行了调查。有5种调查表：1.《运输装卸、搬运工作机械化程度》，调查1959年12月22—31日和1960年4月1—10日的情况。分甲、乙两表，甲表为《概况》，主要设企业单位数，机械化、半机械化、手工操作的装卸、搬运的工作量及其各站的比重 等指标；乙表为《按机械化程度分组的企业单位娄》，按30%以上、31%—50%、51%—80%以上等4项分组，并按中型企业分组。2.《运输装卸、搬运劳动机械化程度》，分甲、乙两表，甲表为《装卸搬运劳动机械化程度》，调查1959年12月22—31日和1960年4月1—10日的情况，主要设装卸、搬运职工每日平均总人数，机械化、半机械化、手工操作的人数（其中从事手工操作的人数）等指标，按大中型企业分列；乙表为《运输劳动机械化程度》，调查1959年12月31日和1960年3月31日的情况，主要设运输单位数、运输企业总人数指标，按铁路、轮驳船、木帆船、汽车、畜力车货运人力车等项分列运输直接生产人员，并按隶属关系分组。3.《实现机械化、半机械化后的经济效果》，调查1959年12月22—31日和1960年4月1—10日的情况，设每一装卸和搬运工人平均每日装卸、搬运吨数、装卸作业停留总时间、装卸作业车数、车船作业平均停留作业时间、可节省劳动力等指标，按合计和其中大中型企业分列。4.《装卸、搬运设备增加情况》，调查1959年12月31日的设备和1960年第一季度新造、改造的设备，并分列其中本单位自己新造、改造的设备。设机械化设备（按各种机械化设备分组）、半机械化设备（按各种半机械化设备分组）、实现机械化支出的金额等指标。5.《运输装卸、搬运工作技术革新运动开展情况》，调查1960年1—3月提出技术革新建议件数，在已实行的技术革新建议件数中按提议人的工龄、职务、文化程度、政治情况分组。

同月，为反映交通运输企业技术革新技术革命运动的开展情况，专交通局进行了效能运输四项快速调查，内容是：1.《运输装卸、搬运机械化、半机械化调查》，主要调查煤炭、黑色金属两个工业部门厂矿企业1960年3月31日各种运输、装卸工人数，其中自动化半自动化人数、机械化操作人数、半机械化操作人数。2.《运输一条龙开展情况调查》，主要调查地方交通部门1960年3月末和3月21—31日平日的一条龙总数、货运总量、其中一条龙运输完成数，一条龙运输完成的货运量占货运总量50%以上的县数等。3.《地、县及公社运输企业（专业队）的发展变化情况调查》，主要调查地、县、公社三级1958—1959年年末及1960年3月末的运输企业（队）单位数、装卸搬运企业（队）单位数、职工总人数，分列各种运输工具数及全年的货运量和货物周转量。还在专业运输队数及其中社营两项下分别列“转化最快的县”和“转化最慢的县”队数。4.《地方铁路和“一网五化”发展情况调查》，主要调查截止1960年3月末累计已建成地方铁路条数、铺轨里程、机车里程、机车数、车辆数、货运量、轨道、索道、水渠航道、大车道的里程数。

1964年，专交通局按省交通厅布置，进行了“机关企业自有载货汽车及修理能力”的一次性调查，由自有载货汽车的机关、企业填报。

按照全国的统一布置，1979年在区内开展了公路、内河航道的普查工作。

1981年，为反映社会运输成果，推算全社会汽车的运输量，对非交通系统自有载货汽车10辆以下单位的运输情况进行了一次典型调查。

1985年至1990年期间，开展了以下专项调查：

（一）建立了非交通系统民用载货汽车抽样调查。1985年，国家统计局根据试点工作中存在问题对1984年8月拟订的抽样调查方案作了必要修改，同时增加毕节县作为全省抽样调查试点。1986年，全省按地理位置和经济状况等有关标志进行划类，随机抽取14个县、市作为全省的样本点，织金县被抽中。1989年，国家统计局会同交通部对非交通系统民用载货汽车抽样方案进行修改，主要是样本的抽选方式和抽样程序。根据实际情况和需要，抽选样本的方法采用“分级、类型”抽样，第一级为整群抽样（即省抽县），第二级为类型抽样（县抽车队），并按工交、财贸、建筑、农村和其他等五大行业进行分类抽选。全省抽选样本由14个增加到23个……

（二）交通运输横向经济联合组织情况调查。根据国家统计局的要求，对区内交通运输横向经济联合组织情况，于1986年、1987年进行了两次调查。调查的主要内容是：联合组织个数、参加联合组织的单位个数、累计投入资金总数、固定资产原值、职工人数、营业收入、利润总额、投资总额等，并按公路、水运、其他进行分组。

（三）公路运输企业体制改革意向性调查意问卷。

（四）民用汽车普查。为配合全省交通抽样调查工作的开展，摸清全区境内民用汽车的分布状况、车辆结构、行业结构等，为制定公路运输发展规划、搞好运输管理提供准确的数据，1990年对区内所有民用汽车进行普查，普查范围为载货汽车和载客汽车。民用载货汽车的普查项目，主要有车辆型号、出厂年份、载重客位、燃油类型、所属行业及业户、主要用途以及经营性质等。普查工作采取省、地、县三级共同承担，公安、交通、统计三个部门密切配合进行。

1992年6月4日省公安厅，省交通厅、省统计局、省统计局联合发出《关于召开1992年全省公路运输调查工作会议的通知》，布置全省1992年度民用汽车普查和非交通系统民用客、货车调查工作。

1994年5月16日，省交通厅、省统计局、省公安厅联合发出《关于成立贵州省交通抽样调查领导小组及其办事机构的通知》，要求各地州市也应尽快建立相应的领导小组和办公室。

四、邮电通讯专项调查

1957年，专署邮电局对县内电话区乡交换所用户名称及数量情况进行了一次性调查。

专邮电局按贵州省邮电管理局布置，于1963年对农村电话线、农村电话机设备状况进行了一次调查。

1979年，开展全省第一次电讯通信能力普查工作，并先后进行了电报注销流向流量调查、长途电话流向流量调查、邮电用户结构调查、函件分项业务调查及电路负荷量调查等。

五、商业专项调查

1952年5月，为满足召开全省第一届国民经济计划会议的需要，根据省财委布置，专财委组织贸易、财政、银行、农林等部门的力量，在辖区内选择城镇和农村典型（全区共选择个县城，个村）进行了城乡人民购买力调查，填报的调查表式有《购买力与商品需要对照表》《城乡市场购买力计算表》和《城乡商品需要预计总表》，主要指标有分城市、乡村的购买力与商品需要量、总值，城市和乡村分别按城市居民、机关团体、公营企业、合作企业、私营企业和个体农民、生产合作社、国营农、农村职工分列。同年6月，为了解“五反”前后私营商业的变化情况，各县根据省财委在全省第一届国民经济计划会议上所作的布置，于当年7月进行私营商业动态调查。9月，专财委又根据省财委布置选择5个城镇进行非农业人口的购买力调查。

1958年，根据中央提出“全党全民办工业”的号召，各地商业部门办起了许多工厂。为了解商业部门办了哪些工业，是否符中央提出的商业部门办工业的方向，以用办工业是否占用商业资金而影响商品流转的情况，根据国家统计局调查提纲，各县按照省统计局布置，于9月开展了商业部门办工业调查。

1959年6月，为计算全省社会商品购买力，研究市场情况，根据国家统计局的要求和省统计局的布置，毕节县对机关团体销售数量进行了一次性调查，按商品品种各选2个零售商店进行。

1960年，为了解春耕农业生产资料供应的准备情况，根据省统计局布置，毕节县于2月进行了春耕生产资料供应的准备情况调查。

1981年，为掌握“五机”（收音机、电视机、录音机、电唱机、扩大机）产品市场变化情况，更好安排和组织1982年的生产配套工作，根据四机部的通知和省人民政府办公厅通知，地、县抽调人员对全区“五机”产品市场情况进行了一次重点调查。主要有以下4种统计表：

《“五机”历年进销存统计》，调查自1977年开始的历年进货数（分列进口、省内收购、省外进货）、销售数（分列合计数，其中省内、省外），1981年7月底库存数及1982年预计需要量（按年代和产品名称及型号分列）。

《生产企业“五机”产品产销情况统计》，调查自1977年开始的历年生产数和销售去向（分列商业收购、自销省内、自销省外），1981年底预计库存数（按生产年代和产品名称及型号分列）。

《“五机”社会拥有量统计》，调查拥有“五机”的户数、人口、拥有量及按户平均数和按人口平均数，以上项目均按城市和农村分组，按地区和产品名称分列。

《广播、电视覆盖情况统计》，调查按广播（转播台）和电视台分列的发射机数、功率、差转机数、功率及本地区面积、已覆盖面积和所占比重。

六、物资专项调查

1958年12月，为了解基本建设中需要以及现有的矿山、冶金、发电设备的配套供应情况及存在的突出问题，专县统计部门根据计委和省统计局联合布置在需用单位成套设备配套情况进行一次快速调查。调查范围为正在进行基本建设的钢铁企业、发电厂（站）、水泥厂、耐火材料厂，或其他部门附设的钢铁、发电、水泥、耐火材料建设及铁矿开采单位。调查时点为1958年12月10日零时。调查品种为矿山、冶金、发电、水泥、耐火材料等5类，详细品种按目录规定填报。

中央关于正确组织炼铁生产的几项规定中提出高炉炉料消耗定额指标，为了解各地对这一指标的执行情况。按照省统计局布置，开展高炉炉料消耗的典型调查，调查时间为1959年2月、3月、4月，分三次报送调查资料。同年8月，为向国家编制1960年国民经济计划提供资料，又进行了生产用主要原料、材料、燃料分部门消费量及基本建设用主要材料分投资系统消费的调查。同年9月，根据国家统计局布置，对全区金属材料节约情况进行调查。同年，又以1959年12月1日零时为调查时点，进行需用单位机电设备的收入、使用与库存调查，调查范围是各部门直属单位以及各专区所属县以上的企业。为了摸清动力设备的现状，以便对实现贵州省1960年继续跃进计划以及支援农业技术改革发挥更大作用，完成省计委、省统计局联合布置的《全省动力设备调查》任务，这次调查时点为1959年11月底，调查范围包括农村小型发电、企业自备电力（包括运输、搁置、库存）种种动力设备，汽车引擎用作动力的都包括在内。同年，为了满足农业技术改造的需要，根据国家统计局和省统计局通知，于1959年11月10日零时，对全区农业机械拥有量进行了一次快速调查。调查范围为区内全部国营、地方国营农场、劳改农场、人民公社、拖拉机站、商业系统库存等，并选择几个重点人民公社收集开动的拖拉机及平均每标准台耕地多少亩、开动的农业排灌机械及平均每马力排灌多少亩的资料。

1960年6月，为反映增产节约运动中的主要物资节约的总成果，根据国家统计局和省统计局通知，进行了1960年1—5月主要物资节约情况和主要物资调剂情况调查。同年7月，为满足全国编制1961年物资分配计划的需要，根据国家统计局和省统计局通知，对1960年1—6月份基本建设用钢材、木材、水泥的消费量进行调查。

为提供编制产品分配计划和生产计划，组织产品供应和产品生产所需资料，于1961年5、6月间，对主要产品的原料、材料、燃料消耗定额进行一次调查。同年7月，又根据国家统计局和省统计局的布置的《主要物资消费量调查》，对1961年1—6月和1961年1—9月主要物资的消费量进行了两次调查。

1963年8月，为安排好1964年钢材、生铁的生产及分配计划，充分发挥现有库存的潜力，根据国家统计局和省统计局布置，以1963年7月30日为调查时点，对专、县物资供应机构、重点生产企业和基本建设单位进行钢材、生铁库存量情况调查。同年12月，为了适应物资计划和供应部门充分利用钢材、生铁库存的需要，结合1963年物资供应统计年报，对年末钢材、生铁的库存量进行一次调查。

为适应国民经济形势发展和编制计划的需要，按照省统计局布置，以1965年9月1日和11月1日零时为调查时点，进行煤炭、钢材、钢、铝四种物资库存进行快速调查。

调查范围为全民所有制单位。

七、物价专项调查

1959年5月，为了观察同一时间内不同地区间职工生活费用支出因物价不同而存在的差异，提供研究物价和工资政策的参考资料，根据国家统计局和省统计局布置，毕节县进行一次职工生活费地区差价的调查，提供职工主要消费品零售价格资料。

为了更好地反映集市贸易价格的变化情况，（毕节、威宁）两县作为省的物价点，于1982年元月起开展集市贸易行情调查。调查的品种有粮、油、肉、禽、蛋、鱼、干鲜菜等18种农副产品。调查时间为每月10日、20日、30日。调查结果登载在省统计局编印的《集市贸易情况反映》月刊上。

1983年8月，为贯彻中央制止生产资料价格乱涨价和向建设单位乱摊派的紧急通知，省统计局下发了《关于进行生产资料涨价情况调查的通知》，毕节、威宁两县进行一次调查。通过调查、摸底，为刹住乱涨价、乱摊派之风提供依据。

1992年8月31日，省统计局、省计划委员会、省经济委员会、省经济体制改革委员会、省工商行政管理局根据国家统计局、国务院经济贸易办公室、国家经济体制改革委员会、国家工商行政管理局统贸字〔1992〕205号通知，联合发出《关于对大中型企业进行调查的通知》。调查范围：凡1991年底前在我国境内经工商行政机关登记注册的各种经济类型的大中型流通企业。包括国内商业、对外贸易业、物资供销、公共饮食业、旅游业中的旅行社、服务业中的宾馆饭店，以及集贸市场和各种类型的批发、交易中心（市场）。调查内容：大中型流通企业的基本情况。

八、财政金融专项调查

随着财政体制的改变，统计部门收集整理全面的财政资料，以提供各级党政领导了解财政全貌的需要。根据国家统计局和省统计局的要求，专、县计划统计科对全区预算外财政收支情况进行了一次性调查。通过调查，了解了全区预算外收支的范围和来源。根据调查结果，整理了全区有哪些预算外收入、如何管理的、如何使用的、计委准备划入地方综合财政计划的是哪些项目，以及今后怎样进行统计的意见，上报省统计局。

为了进一步研究和安排人民储蓄工作，根据中国人民银行总行和省人民银行布置，于1958年第一季度，对1957年全区的储蓄情况进行了一次性调查。共有3种调查表，即《储蓄机构人员统计表》《储蓄基层机构的类型及业务情况统计表》《定期储蓄存款期限统计表》。这项调查以银行系统为主，统计部门配合、协助完成。根据调查的结果和分析，为摸清全区储蓄的潜力、问题及为制定筹集社会亲散资金进行经济建设提供了依据。

为研究全区市场货币流通的特点，指导货币发行、流通工作，中国人民银行毕节专区中心支行于1963年7月，进行了该年上半年货币量典型调查，由各县支行派员深入基层进行调查编报。通过调查，掌握了有关货币运行的统计资料，对全区1963年上半年货币总量、货币分布和货币流通规律，有了一定了解和认识，制定货币金融政策、融通资金搞活货币流通提供了科学依据。同年三季度，为反映财政金融方面贯彻“调整、巩固、充实、提高”方针的情况，省统计局根据国家统计局要求，结合全省粮食、经济作物和土特产的颁情况，选择18个县，进行1963年上半年财政、信贷支援农业资金使用情况重点调查作为省的调查点，黔西、纳雍两县统计部门组织有关部门力量，采取搜集有关资料和派人深入社队调查相结合的方法完成了调查任务。其报表有5种，即：《财政、信贷支援农业资金的使用情况》，设财政对农业支出合计及占财政支出总数的比重，下设农林水气水产支出、农村公社投资、支援穷队支出、水库移民建房、精简职工办农场、农村自然灾害和社会救济、特大抗旱经费、城市闲散人口安置费和补助费等指标。信贷对农业支出合计，下设短期农业贷款（分农村公社基建贷款、农村公社生产费用贷款、对信用社贷款）、农村其他贷款（分社员贷款、公社企业贷款）、长期农业贷款、口粮贷款、对国营农场贷款、支付预购定金等指标。填报1963年上半年和1962年全年及其中上半年实际数。《社队农业资金的来源情况》，设总计（其中自有资金、国家支援资金）、用于生产费用的支出（分自有资金、国家支援资金、其中短期农业贷款、信用社贷款、预购定金）、用于基本建设的支出（分自有资金、国家支援资金、其中长期农业贷款、国家对公社长期投资、小型农用水利补贴、国家对穷队支援）等指标。填报1963年上半年和1962年全年及其中上半年的实际数。《农业生产资料供应情况》，设农业生产资料供应总值。下设国家供应部分（其中大车、手推车、水车、中型农具、耕畜、化肥、农药、铁制小农具、竹木制小农具）、集体供应部分等指标。填报1963年上半年和1962年全年及其中上半年供应的数量和金额。《农业贷款及国家投资使用情况》，设本期长期农业贷款发放数（其中用于购置耕畜、排灌机械、大车、中型农具、其他设备）、本期短期农业贷款发放数（其中用于购买肥料、农药、种子、小农具、饲料、小型基本建设）等指标。填报

1963年上半年和1962年全年及其中上半年实际实现的数量和金额。《农业生产能力提高情况》，设机耕面积、有效灌溉面积、拖拉机、排灌用动力机械、大车、手推车、水车、中型农具、耕畜等指标。填报1963年6月末实有数及其中1963年上半年增加数。

1964年，中国人民银行毕节专区中心支行根据省分行布置，对城乡居民的手存现金及其收支动向进行了一次典型调查，有4个调查表，即《城市居民典型户调查汇总表》《农村农民典型户调查汇总表》《城乡职工居民手存现金及其收支动向典型调查表》和《农村农民手存现工及其收支动向典型调查表》。

1983年5—10月，为了解1982年国家财政预算外资金的规模及其来源、运用构成，研究国家财力的分配和社会资金的综合平衡，供编制综合财政信贷计划的需要，根据省计委、省财政厅、省人民银行和省统计局四家联合通知，进行了1982年国家预算外资金的一次性调查。

调查范围：凡是依照国家有关规定，掌握有预算外资金的地方各级财政部门，全民所有制企事业单位、行政机关、团体以及县以上城镇所有制企业（包括中央直属国营企业、事业单位管理的集体企业），都是填报单位。

报送程序：总的原则是："谁收支、谁填报，谁主管，谁汇总"。按照隶属关系，基层单位由财务会计部门负责填报上管主管部门；主管部门应由财务会计部门负责审核汇总，并同级财政部门；一个地区的调查资料，应由计委、财政、人民银行、统计部门共同负责审核汇总。

调查内容：包括调查表和综合表2部分，共有8个表。调查表2个，即：财调1号《1982年行政事业单位预算外资金收支调查表》，设上年结余、本年收入（按实际掌握的预算外资金名称逐项填列）、本年支出（分更新改造、福利奖励、城市维护和建设、科技三项费用、增补流动资金、基本建设、各项行政事业费等支出）、年末结余等指标。财调2号《1982年企业及主管部门预算外资金收支调查表》，设上年结余（分未完工程、结余资金）、本年增加（分更新改造资 金、大修理基金、职工福基金的提取数及各种形式的留用利润等）、所属单位交来、本年减少（分用于挖潜革新改造、新产品试制和新技术开发、大修理、职工福利和奖励支用以及转作基本建设、转作流动资金、上交主管部门等）年末结余（分未完工程、结余资金）等指标。这两种调查表系供各基层单位填报和主管部门汇总的通用表。综合表6个，即：财调综1号《1982年国家财政预算外资金收支平衡表》，分资金来源和资金运用，资金来源 设地方财政部门掌握部分（其中：各项附加收入）、行政事业单位掌握部分（其中：养路养河费）、国营企业掌握部分（其中：更新改造资金、大修理基金、各种形式的留用利润）、县以上城镇集体企业掌握部分、上年结余等指标；资金运用所设指标同财调1号表的支出项目，本表供省根据财调综2号、3号、4号、5号表编制全省地方管理的全部预算外资金收支平衡表资料时使用。财调综2号《1982年地方财政部门预算外资金收支综合表》，分收入项目和支出项目，收入项目设上年结余、本年收入（分工商税、农业税、公用事业等的附加收入，集中企业的利润留成、折旧基金等资金、集中统管企业的管理费、公产租赁收入）等指标；支出项目所设指标同财调1号表的支出项目，本表供省汇总全省地方财政部门掌握的预算外资金收支资料时使用。财调综3号《1982年行政事业单位预算外资金收支综合表》，设上年结余、本年收入合计（下按行政和事业单位预算外资金收入科目填列）。本年支出合计（下设指标同财调1号表的支出项目），本表供省汇总全省地方各行政事业单位掌握的预算外资金收支资料时使用。财调综4号《1982年全民所有制全部企业及主管部门预算外资金收支综合表》，主栏所设收支项目基本同财调2号表，宾栏包括预算内企业和预算外企业，预算内企业设工业企业（其中：生产企业、供销企业）、建筑工程企业、农林水气企业、运输邮电企业、商业贸易企业（分商业、供销社、粮食）、外留企业、物资企业、其他城市公用企业和文教卫生企业等指标，本表供省汇总全省地方各部门所属全民所有制企业掌握的预算外资金收支资料时使用。财调综4—1号《1982年全民所有制工业生产企业及主管部门预算外资金收支综合表》，主栏所设指标同财调综4表，宾栏按工业部门分组，本表供省汇总全省地方各工业管理系统所属全民所有制预算内工业生产企业的调查资料时使用。财调综5号《1982年城镇集体企业税后利润和专用基金收支情况综合表》，主栏设上年结余（分未完工作、结余资金）、本年增加（分税前提留的更新改造、大修理、福利等专用基金、税后留用的利润等）、本年减少（分用于挖革改、新产品试制和新技术开发、职工福利和奖励等支用、转作基本建设、转作流动资金、其他减少）、年末结余（分未完工程、结余资金）等指标；宾栏分全部企业和县以上企业，并按工业、交通运输业、建筑业、商业饮食服务业、其他等分组，本表供省汇总全省城镇集体企业的调查资料时使用。

九、固定资产投资专项调查

全区固定资产投资调查工作从20世纪50年代前半期开始起步。1954年10月初，为满足各级领导与计划部门及时掌握基本建设完成情况和编制1955年国民经济计划的需要，根据省统计局通知，专署和各县对行政机关房屋基建资金的完成情况进行调查。调查的主要内容有全年基建资总数、1—9月份支出数及第四季度预计支出数。

1955年初，进行了国营及地方国营基本建设部门1954年基本建设设劳动基本情况调查。

1958年2月，与专手工业管理科、专手工业合作社共同完成了1957年手工业任命组织基本建设调查。同年5月，又完成《限额以上建设单位开工登表》调查。同年6—7月，进行了1959年农村人民公社基本建设调查。同年7月，根据国家统计局《对1958年固定资产投资年报数核实定案》的通知，重点对新增生产能力、限额以上单位投资、新增固定资产等几个重要指标进行核实。同年8月，为查清基本建设自筹资金的来源和使用情况及存在的问题，加强对自筹资金的管理，真正做到筹的合理、用的合理，完成了由省计委、省财政厅、省统计局共同布置的用于基本建设的自筹资金一次性调查（凡在本年已经用于基本建设和准备用于基本建设的自筹资金，不论是省、市、专、县自筹的，亦不论是区、乡、社及群众自筹，而由专县以上机关统一掌握的自筹资金均包括在调查范围之内）。与此同时，还完成了由省计委和省统计局联合布置的县级建设单位情况快速调查。同年12月，还完成了由省计委和省统计局联合布置的限额以下建设项目和人民公社办工业的建设情况快速调查。

1960年4月初，根据省统计局和省建委联合布置，进行了“大跃进”以来小洋群与小土群工业建设情况调查。主要调查1959年底小洋群和小土群工业个数，1960年第一季度末小洋群和小土群工业个数，其中已建成数。对县及县以下小洋群、小土群工业冶金、煤炭、电力、石油、建材、森工、化学、轻工等行业分列；同时分别列出1959年底的生产能力及1960年一季度止新增生产能力。次月，又根据省统计局布置，进行了基本建设项目基本情况调查。调查新中国成立以来施工和投入生产的全部中型项目和全部小型项目。按国民经济各部门的不同特点制定了三种调查表式，分别由工矿企业、农林水利、交通运输和文教、卫生、商业、粮食等填报。

1962年10月，为了解基本建设征用土地的利用和退还情况，研究恢复和发展农业生产的潜力，并为国家编制第三个五年计划提供必要的参考资料，根据省统计局布置，以1962年9月30日这调查时点，开展了基本建设征用土地的利用情况调查，调查范围为县和县以上的全部基本建设单位自1958年以来征用的土地。

1981年6月，为及时向党中央和国务院以及地方党政领导反映今年基本建设的调整情况，为编制“六五”计划和十年设想提供基础资料，贵州省基本建设清理办公室、省建委、省统计局共同转发国务院清理办公室、国家建委、国家统计局联合通知，开展了1981年停建、缓建和实际停工项目快速调查。省转发的通知还结合贵州具体情况，就快速调查有关问题作如下规定：1.调查范围：按目前统计资料的报送渠道，地、州、市、县（区）属项目由各地、州、市进行布置，并对调查表和卡片进行审查；省属以上项目（包括部直属、直供和省属项目），由省级厅、局负责布置、审查、汇总；无归口厅、局的中央在省单位，将调查表和调查卡片填好后，经单位领导审核，直接报送省统计局。2.调查内容：这次快速调查共有六张表68个指标：（1）概况表12个指标；（2）投资、新增固定资产完成情况表20个指标；（3）建设规模和新增生产能力（或效益）表9个指标；（4）停建、缓建项目设备、三材库存情况11个指标；（5）停建、缓建项目人员情况表13个指标；（6）停建、缓建项目征用土地情况表3个指标。3.调查质量。该项调查是以1980年基本建设统计年报为基础，对1980年在建的总投资10万元以上的基本建设项目去向要搞清楚，即当年全部施工的总投资10万元以上的基本建设项目，减去当年全部建成投产的项目，即为结转到1981年的项目。这些结转项目，除列入1981年计划继续施工的项目外，其余项目均属这次快速调查的对象。对1980年列入基本建设计划，1981年改列为挖潜、革新、改造措施计划（包括1980年将列入挖潜、革新、改造措施计划的工程作基本建设统计的）和其他资金计划（如利用外资、贷款等）继续施工的项目，只填调查表，不填调查卡片。其余项目均要填调查卡片。表和卡片必须做到指标不缺、数字不假。4.通过调查用书面资料反映以下内容：（1）1981年上半年新开工项目有多少个？是哪些项目？总计划投资需要多少？1981年计划安排多少？（2）1981年上半年实际在建项目有多少？总投资要多少？1980年底完成投资多少？1981年计划安排投资有多少？尚需投资多少？在建项目的规模比1980年是压缩了，还是扩大了？（3）1981年全年的基本建设计划投资有多少？是否突破了控制指标？突破的原因？

1982年，为全面反映全社会固定资产投资和城镇居民私人建房，国家统计局建立了《城镇居民私人建房统计年报》制度。地区统计局完成了选点、调查任务。这项调查共有10个指标：城镇人口数、户主姓名、街道门牌号、家庭常住人口数、其中住宅，本年竣工房屋投资，其中住宅，本年竣工房屋面积中按主要构成分石墙、砖墙、木墙、土坯墙。

1983年9月，为贯彻中央关于严格控制固定资产投产规模的指示精神，根据全省清理地方基本建设项目的资料，进行认真核对。弄清了以下几种情况：1.全区1983年上半年施工的计划外项目、投资，1982年底累计完成投资多少？1983年安排投资，上半年完成投资多少？银行拨款多少？2.通过清理核对后，计划外项目调整到计划内安排的项目和投资及上半年完成投资，上半年已建的项目和投资，认交30%能源交通重点建设资金，允许1983年建成和项目和完成投资，停建项目和上半年完成及压缩的投资，缓建项目和上半年完成投资及压缩的投资各多少？

十、劳动工资专项调查

解放初期，百业待兴，出现空前就业高潮。为掌握就业情况，1952年10月中财委发通知，在全国首次开展劳动就业状况调查。专、县财委组织力量对1952年城市和乡村的在业人员与失业人员登记填表。

1956年8月，为掌握全国各部门、各地区职工在1956年工资改革后的工资标准、工资水平、工资总额组成、各种工资等级的人数分布和升级情况等，以便为今后编制工资计划、决定工资政策及进一步改革工资制度提供必要的资料，国家统计局、劳动部、国务院人事局、全国总工会联合颁发全国工资调查方案。专、县领导对此非常重视，专、县计划统计科按省的方案要求提前搜集资料如职工名册、工资记录、干部卡片等，并提前填报三月份报表。（由于工资改革工作进展不一，部分组织机构不健全，致使少数基层调查单位不能及时或根本无力编制调查表，从而影响综合资料的完整性）。

1957年2月底3月初，根据国家统计局省统计局通知，以1957年2月28日为标准时间，开展职工基本情况快速调查。调查内容包括职工本人的性别、年龄、工龄技术熟练程度、政治情况、民族构成情况及1950年后新参加工作职工本人原来成分。调查范围包括中央国营、地方国营、合作社、公私合营全部独立核算工业企业（不包括劳改企业与救济性企业）、基本建设单位（仅包括建筑安装企业和自营建设单位）及交通运输邮电企业。调查表式有：综调查1表《1950年后新参加工作的职工本人原来成分》（职工本人原来成分包括：工人、职员、个体劳动者、劳动农民、转业军人、一般市民、学生、资本家、游民、地主富农、旧军警人员、其他）；综调1表附表《1957年2月28日企业在册职工人数》（企业在册职工分工人，其中临时工，学徒）。综调2表

《职工性别、年龄、工龄与技术熟练程度》（职工年龄分25岁以下、25—50岁、50—60岁、60岁以上；工龄分4年以下、4—7年、7年以上；工人技术熟练程度分1—4级、5—8级）。综调3表《职工文化程度与政治情况》（文化程度分大专学校、中学、小学、文盲；政治情况分共产党员、青年团员、民主党派）。综调4表《职工民族构成及基本情况》（分族别、被调查人员数、政治情况、工龄、工人技术熟练程度、文化程度）。

1958年初，进一步了解目前劳动工资与劳保福利的情况，以便为各级党政领导研究与改进劳动工资和劳保福利工作提供统计资料，根据省统计局和省劳动局联合制定《贵州省劳动工资与劳保福利调查方案》，对1957年原有与新增加职工，结合部分职工的人数与工资情况和劳保福利情况进行一次调查。本调查要求：（1）全面掌握贵州省（包括中央所属驻省单位，下同）各企业、事业及机关的原有与新增加职工、结合部分职工的人数与工资，以便比较原有与新增职工工资水平的情况，结合部分职工工资与农民收入的关系；（2）全面掌握贵州省各企业单位实际开支的劳保福利费用金额和劳保福利制度中存在的问题，为改进劳保福利工作提供统计资料。调查范围包括各级人民委员会、人民法院、人民检察院、供销合作社、党派团体以及上述机关、团体所属国营、地方国营、公私合营、合作社营企业、事业单位，并包括劳改企业及社会救济性企业、事业单位。但不包括军委系统、私营企业、事业单位、非定股定息的公私合营商业企业及合作化组织。调查表式有：第一表《原有与新增固定职工在1957年的人数与工资》；第二表（1957年9、12月份结合部分职工人数与工资）；第三表《1957年企业劳保福利收支情况》；第三表附表《1957年企业劳保福利收支情况补充表》。此项调查采用“条条布置，块块督促”的方法进行。

1958年5月，根据省统计局通知，对国家机关与财贸系统在1958年上半年减少职工的确切情况进行了一次快速调查。

1958年，在工农业生产“大跃进”的形势下，各地都出现了劳动力紧张的状况，这不仅说明已解决旧社会遗留下来的失业问题，而且也将促使整个社会劳动力的合理安排和使用，克服社会劳动力的巨大浪费。为研究这方面的情况，9月，省统计局根据国家统计局的调查提纲，结合贵州情况拟发了《关于挖掘劳动潜力问题原调查研究提纲》，主要内容有：1.现有企业内部劳动潜力的情况和如何挖掘这些劳动潜力？（1）通过改善劳动组织可以挖掘多少劳动力？（2）开展技术革新运动，可以压缩工时定额多少？节约多少劳动力？（3）窝工浪费工时的情况与原因，提高工时利用率与出勤率，可挖掘多少劳动力？2.如何充分利用城市妇女劳动力的问题：（1）在能够大量使用女工的部门中，选择女工所占比例高的和低的单位进行比较研究；（2）在一些被认为不宜使用女工的部门选择一些使用女工较好的单位，调查女工所占的比例。3.农业社（或人民公社）现在劳动力的情况和如何挖掘现有劳动力？（1）自工农业生产“大跃进”以来，农业社已调出多少男女劳动力支援区、乡以上的工业建设，现有劳动力对农业生产的保证程度如何？（2）通过农具和运输工具的改革能挖掘多少劳动力？4.国家机关、事业单位能否进一步精简，可抽出多少人员支援工业建设？

同年12月，按照省统计局通知，完成1958年全国公报所需劳动工资及文教卫生统计快速调查。

1959年8月，按省统计局要求，以8月20日为标准时间，对县以上（包括县级）独立核算的工业、基本建设企业水上运输、公路运输、邮电企业职工的基本情况进行调查。劳动企业不包括在内。省布置的调查表式共有14个表，主要有：《全省工业、基本建设、运输邮电企业职工成分构成表》《全省工业、基本建设、运输邮电企业职工性别、年龄及工龄》《全省工业、基本建设、运输邮电企业职工文化程度与政治情况》《全省工业、基本建设、运输邮电企业职工工人技术熟练程度表》《全省工业、基本建设、运输邮电企业职工技术人员调查表》《全省工业、基本建设、运输邮电企业职工民族构成表》等。

1960年11月，省人民委员会转发国务院关于进行科学技术干部基本情况调查的通知。为了反映全国科学技术干部的现状，提供中央编制科学技术干部规划所需的资料，定于1960年11月30日在全国各级国家机关（不包括各级人民法院、检察院、二机部、三机部）、全民所有制企业、事业（不包括二机部、三机部和人民解放军系统的企业、事业）、人民公社所办的企业、事业、合作化组织与联合性质的企业、事业，进行一次科学技术干部基本情况调查。由于该项调查工作涉及面广、任务重、时间紧。

1963年9月，省统计局以〔63〕统劳字第029号通知，印发劳动工资下半年专题调查参考提纲，供各地在安排下半年工作计划时参考，有条件的专、州、市、县可根据这个提纲结合当地具体情况作一些调查，并将调查材料报省统计局一份，调查提纲的主要内容：1.劳动力的安排使用情况调查。（1）生产队如何充分使用劳动力提高农业生产、发展集体经济？（2）怎样充分挖掘劳动潜力发展集体经济，增加从集体分得的收入？2.劳动生产率调查。（1）劳动生产率先进的企业和落后的企业各有多少？与上年比与1957年比，有多少企业的劳动生产率已超过历史上最高年？3.人口增长情况，研究计划生育问题。（1）几年来人口增长变动情况，平均每人耕地的变化，每人粮食产量的变化，影响劳动力出勤情况等。（2）几年来工资收入，按人口平均的生活费变动情况，出勤情况对工资收入的影响。（3）研究计划生育好坏的原因及群众对计划生育的思想动态等。4.工矿企业干部参加劳动的调查。

1963年10月，根据国家劳动部、国家统计局的《方案》，按照省统计局、省劳动局布置。对毕节地区全部全民所有制企业、事业、机关及人民团体调整工资情况进行全面调查。主要调查表式：1.《1963年调整工资情况基层表》；2.《1963年调整工资情况综合表》。

表号	表　　名
调研1表	按工资区类别分列的固定职工人数汇总表
调研2表	现行八（七）级工资制工资 标准与各级固定职工人数汇总表
调研3表	现行非八（七）级工资制工资标准与各级固定职工人数汇总表
调研4表	固定职工工资总额构成汇总表
调研5表	现行津贴、补贴情况汇总表

1978年9月，为做好改革工资制度的准备工作，摸清工资方面的基本情况，根据国家劳动总局、国家统计局的通知和省劳动局、省统计局的补充通知，进行一次性工资调查。这次调查的重点是，全民所有制单位固定职工现行工资等级制度、工资区类别、工资总额构成和各种津贴、补贴的基本情况；调查的范围和方法为各地区、各部门根据各自的情况和不同的调查内容，采用不同的调查方法。调研1表应全面调查，其他各表可选择若干有代表性的地区（市、县、矿区）和单位进行典型调查，然后结合有关综合统计资料推算。

1978年10月，根据省劳动局、省物价局、省统计局联合转发国家劳动总局、物价总局、国家统计局的通知，对城镇居民生活消费值进行一次性调查。调查城镇居民生活消费值是一件涉及研究改革地区工资类别的大事，全省除贵阳市、水城特区和凯里县进行调查外，省统计局、省计委（物价局）原布置定期上报物价资料的16个县、市也要按《城镇居民生活消费值调查表》进行调查真填报。各专、州根据中共中央54号文件为研究本地区工资类别调整填报。各可按实际需要自行选择增加几县的调查点。

进入20世纪80年代，随着劳动工资统计制度的逐步完善，报表指标所提供的信息量基本能满足各级党政领导和有关部门的需要，一次性的职工及工资等调查逐年减少。到1989年全区企业调整职工工资前夕，以劳动人事部门和地区调资办为主，统计部门协助，对企业调整工资及改革工资制度执情况进行了一次性调查。此后，统计部门对劳动工资方面的专项调查，逐渐转为数字质量抽样检查和研究性的专题重点调查。

1996年8月20日，省统计局根据国统字〔1996〕230号文，下发《关于认真搞好城镇劳动力定期抽样调查的通知》，决定自1996年第三季度开始实施城镇劳动力定期抽样调查制度。城镇劳动力定期抽样调查是在本年人口抽样调查样本点的基础上，对抽中的城镇样本点进行定点跟踪调查，1996年第三季度（与年度人口抽样调查合并进行）、第四季度、次年第二季度分别进行三次，后两次是对第三季度调查的其中城镇样本进行定点跟踪。调查标准时间：今年第三季度：9月24—30日；今年第四季度：12月10—16日；次年第二季度：6月10—16日。毕节地区抽中毕节市市西街道办事处桂花街南段居民委员会第一调查小区、大方县大方镇中街居民委员会第一调查小区、大方镇解放街居民委员会第一调查小区、黄泥塘镇黄泥塘居民委员会第一调查小区。

1998年根据省政府黔府办发〔1998〕19号文件，开展城镇劳动力就业情况抽样调查，于4月13日开始入户登记，4月底以前完成登记、复查、编码工作，并将调查的原始资料报送省统计局。毕节地区抽中毕节市、大方县。

十一、　环境保护专项调查

20世纪80年代，全省环保统计除执行国家布置的第一套环保统计报表制度外，还根据全国统一部署开展了两项专项调查：

（一）贵州省工业污染调查

1987年，地区环境保护局根据省工业污染源调查领导小组的部署，组织了全区以1985年为基准年，对有污染排放的个企业进行调查和建档。（编写了《毕节地区工业污染源调查技术总结报告》）

调查的主要内容包括：企业基本情况，企业生产工艺和排污情况，能源、水源、原辅材料使用情况，三废危害情况，生产发展情况等七个方面。全省工业污染源调查汇总表共29种，11000多个指标，其中：按区域分的汇总表12种，2200个指标；按行业分的汇总。

表号	表名	指标名称
总表1	贵州省区域工业污染源概况	工矿企业数、调查企业数、调查企业总产值、评价汇总企业数等
总表2	贵州省（区域）工业污染源情况汇总表	全年工业总产值、全年用水总量、全年用新鲜水量、万元产值水耗、燃料消耗量（折标准煤）、工业废水（排废总量、万元产值排放量、经处理量、符合排放标准的量）、工业废气（排放总量、万元产值排放量、经净化处理量）、工业固体废物及有害废有异物（生产量、排放量、万元产值排放量、综合利用量、处理量）、工业粉尘（排放量、回收尘量）
总表3	贵州省（区域）工业废水排放情况汇总表	全年工业总产值、全年用水总量、全年用新鲜水量、万元产值水耗、燃料消耗量（折标准煤）、工业废水（排废总量、万元产值排废水排放总量、污染物排放总量）、综合污染指标（悬浮物、COD、BOD5）、主要有害物质排放量（汞、砷、铅、氰化物、石油类、硫化物、硫酸、铁、锰、脂肪等）、评价（等标污染负荷、污染源名次），排放去向及数量（农田、河湖、溶洞）。
总表4	贵州省（区域）工业废气排放情况汇总表	排放有害物质总量、主要有害物质排放量（二氧化硫、氮氧化物、一氧化烟尘、氯、氨、粉尘、苯、甲苯、二甲苯……）、评价（等标污染荷、污染源名次）
总表5—1	贵州省（区域）工业固体废物处置及利用情况汇总表	排放总量、万元产值排放量、分类排放（煤矸石、炉渣、粉煤灰、高炉渣、有色金属渣、工业粉尘、工业垃圾……）、利用量、处理量、占地面积、堆存量、危害情况
总表5—2	贵州省（区域）有害废物处置及利用情况汇总表	排放总量、万元产值排放量、冶炼固体废物、化学及化工固体废物、废油、处置总量、利用量、堆存量、历年占地面积、危害情况。

续表

表号	表名	指标名称
总表6	贵州省工业污染源（区域）锅炉、工业窑炉、烟囱及余热利用情况汇总表	锅炉（台数、已发改造台数、燃料消耗量）、工业窑炉（台数、已改造台数、燃料消耗量）、烟囱人数、可回收的余热总量、回收量。
总表7	贵州省（区域）废水治理项目情况	治理项目、总投资、资金来源、处理能力、削减污染物量、运转费、规划治理项目、所需投资。
总表8	贵州省（区域）废气治理项目情况	治理项目、总投资、资金来源、处理能力、削减污染物量、运转费、规划治理项目、所需投资。
总表9	贵州省（区域）噪音情况	声源台数（动力、机械、电磁）、按声源强度（台）、有防治措施（台）
总表10	贵州省（区域）机动车船情况	机动车（总数、燃料消耗量、消烟装置、低音喇叭）、机动船（总数、燃料消耗量）。
总表11	贵州省式业污染源（区域）能源消耗情况统计表	燃料动力消耗（电力耗量、燃料煤耗量、燃料油耗量、燃料气耗量、焦炭耗量）、万元产值燃料动力消耗、原料能耗（煤耗量、油耗量、天然气耗量、焦炭耗量）、非工业生产耗能（煤耗量、电耗量）、车辆耗油量、万元产值综合能耗。

表11种，5900个指标：按水系、重要水体分的汇总表6种，2000个指标。

为确保调查结果的可信度，在调查中采取了以下质量控制措施：（1）调查工作各阶段严格按省制定的“总体方案”所规定的程序执行，层层把关，严格审查，严格验收；（2）严格执行部颁和省颁的有关技术规定，做到规范统一；（3）对企业基本情况和能源、水源及原辅料填报数，查对企业财务、动力、能源、供销等报表和车间班组的生产日志或运行纪录进行核实；（4）对企业三废排放及有害物质排放量以实测数据和排放系数及物料衡算数相比较；（5）各详查企业均要求有填报计算说明书，注明各种数字来源、计算方法及过程；（6）参加实测的监测站均经质量考核合格。由于采取以上措施，保证了基础调查资料的完整性、规范性、准确性与科学性。

表号	表　名	指标名称
乡企环综1表（汇1）		
汇1—1	1989年全国乡镇工业污染源基本情况、能源消耗及锅炉、工业炉窑情况普查汇总表	企业个数、工业总产值、工业净产值、纯利润、国家税金、年末固定资产原值、年末职工总人数、年末环保人员数、企业占地总面积、燃料煤耗量（原煤）、燃料油耗量、自发电耗油、焦炭耗量、耗电量（不包括自发电）、锅
汇1—2	工业用水、废水排水及工业固体废物情况	工业用水总量、其中新鲜水量、重复用水量、工业废水排放总量（1.有机废水量、无机废水量；2.碱性废水量、酸性废水量；3.有毒废水量、无毒有害废水量）、废水达标排放量、废水排放去向（河流、湖泊、水库）、废处理设施数量、工业固体废物产生量
汇1—3	环境管理情况	环境影响评价审批制度执行情况（执行制度的企业数、应执行制度的企业数、制度执行率）、“三同时”制度执行情况（执行制度的企业数、应执行制度的企业数、制度执行率）、缴纳排污费总额、污染赔罚款总额环保设施运转总费用、污染事故次数。
汇1—4	验收情况	汇总人自检情况、审核自检内容项目数。
乡企环综2—2表（汇二之一）	1989年全国乡镇工业污染源详查行业汇总表（按经济类型汇总）	行业号、行业名称、1988年企业数、1989年企业数、工业总产值（1988年、1989年）、纯利润（1988年、1989年）、国家税金（1988年、1989年）、年末固定资产原值、其中环保设施、年末职工人数、其中技术人员、环保人员、企业占地面积总数、燃料煤耗量（原煤）、燃料油耗量、焦炭耗量、自发电耗油量、耗电量（不含自发电）、工业用水总量、其中新鲜水量、重复用水量、工业废水排放总量等。
乡企环综2—2表（汇二之二）	1989年全国乡镇工业污染源详查行业汇总表（按经济类型汇总）	行业号、工业废水处理量、废水达标排放量其中经处理达标排放量、废水排放去向（河流、湖泊水库、海涂、沟渠塘、农田），工业废气排放总量、其中燃料燃烧废气排放量、生产工艺废气排放量、废水污染物COD、悬浮物、挥发性酚、氰化物）生产量、处理去除量、回收利用量、排放量
乡企环综2—3表（汇二之三）	1989年全污染源详查行业汇总国乡镇工业表（按经济类型汇总）	行业号、废水污染物（砷、汞、镉、六价铬、总铬、二氧化硫、氟化物）生产量、回收利用量、处理去除量、排放量

表号	表　名	指标名称
乡企环综2—4表（汇二之四）	表（按经济类型汇总）	行业号、废水污染物（烟尘、工业粉尘）产生量、回收利用量、处理去除量、排放量、锅炉总台数、工业炉窑总座数、工业固体废物产生量、综合利用量、处理处置量、排放量、环境管理情况（执行环境影响评价审批制度的企业数、应执行环境影响评价审批制度的企业数、执行“三同时”制度的企业数应执行“三同时”制度的企业数）、缴纳排污费总额、污染赔款总额、污染罚款总额、污染事故次数、验收情况（汇总人自检情况、审查自检内容项目数）
乡企环综3表（汇3）	1989年全国乡镇工业主要污染行业废水治理设施情况统计汇总表	行业名称、治理工艺、数量（台、套）、总投资（万元）、设计处理能力（吨/日）、实际处理量（万吨）、经处理达标排放量（万吨）、设施平均运转率（%）、设施运转费（万元）、行业名称、治理工艺、数量（台、套）、总投资（万元）、设计处理能力（吨/日）、实际处理量（万吨）、经处理达标排放量（万吨）、设施平均运转率（%）、设施运转费（万元）、设施运转总收益（万元）、主要污染物去除量（吨）、设施的可操作程度（良、可、差）、验收情况
乡企环综4表（汇4）	1989年全国乡镇工业企业关停并转迁及新	关停并转迁企业数、其中关停企业数、经济或市场原因的关停企业数、环境污染原因的关停企业数、关停企业1988年总产值、关停企业1988年纯利润、关停企业1988年国家税金、因环境污染原因并转企业数、因环境污染原因搬迁的企业数、1989年新建企业数、1989年执行环境影响评价审批制度的企业数、1989年执行“三同时”制度的企业数

（二）贵州省乡镇工业主要污染行业污染源现状调查

1989年，地、县环保局、乡企局、统计局按照国家环保局、农业部、国家统计局的联合通知和省的部署，于1990年5月至1991年7月，以1989年为基准年，在全区范围内开展了乡镇工业污染源调查工作。

乡镇企业污染源调查工作分四个阶段进行：

1.准备阶段。（1）成立地、县两级调查工作领导小组及办公室，参加调查人员人；（2）确定调查范围和对象。本次调查对象，严格按照国家技术规定的详查行业进行调查。根据全区具体情况，经认真研究确定土法炼铅锌、土法炼硫磺、土法炼焦、小造纸、小水泥、小砖瓦及小煤窑等八个行业为主要调查行业。

2.调查阶段。（1）以乡镇企业局企管站为主，环保部门协助收集企业基本情况的有关数据。（2）环保部门核实基础数据，根据国家及省有关技术规定，进行技术处理，完成基础数据填报。（3）召开县技术组参加的工作会议，汇报调查阶段的工作，技术组现场解决技术问题并布置县级汇总。

3.汇总阶段。根据国家布置的《1989年全国乡镇工业污染源普查汇总表》《1989年全国乡镇工业污染源详查行业汇总表（按经济类型汇总）》《1989年全国乡镇工业主要污染行业废水治理情况统计表》及《1989年全国乡镇工业企业关停并转迁及新建情况调查汇总表》进行汇总，各汇总表表种主要指标表如下：

汇总工作按以下步骤进行：（1）地区技术组审查基础表，审查合格后返回县技术组进行汇总；（2）地区汇总县级资料后，将基础表、县汇总表报省审查；（3）省级汇总并使区域汇总、行业汇总数据基本相符，经省乡企局、省统计局认可后，再根据全国乡镇工业污染源调查办公室的要求，将调查数据一律输入国家数据库，经十几种逻辑关系检查全部要求，上机结果与手工汇总差别甚小，数据基本可信。（4）编写技术报告及图件，小煤窑、土法炼硫磺、土法炼铅锌、土法炼焦作专题报告。

本次调查的成果是：建立了地、县两级乡镇企业污染源调查档案库，完成地、县两个层次的调查研究报告份和专题报告份，为全区乡镇企业工业的调整与发展，合理布局与规划，加强乡镇企业的环境管理提供了科学依据。

十二、其他专项调查

（一）卫生部门开展的专项调查

1988年10月，根据卫生部计划财务司、卫生部统计信息中心的统一部署和省卫生厅的要求，对全区卫生部门和集体所有制的卫生机构房屋建筑情况进行了一次性全面调查。

1.调查目的：为了确切地了解全国卫生事业单位房屋建筑情况，加强卫生事业科学化管理的基础工作：为编制卫生事业和中医药事业的发展规划提供科学依据；为制定和修改各级、各类卫生机构建设标准提供可靠数据，卫生部决定对全国卫生部门和集体所有制的卫生机构房屋建筑情况作一次全面、系统、详细的调查痤1988年10月开始，到1990年6月完成调查任务，历时一年半。

2. 调查范围：包括全区50张病床上乡镇卫生院在内的卫生部门和集体所有制卫生机构（不包括军队系统和企业单位的卫生机构），以及其他部门所属的高、中等医（药）学院校。还上报了49张病床以下所有乡镇卫生院的房屋调查统计资料。

3. 调查内容：包括卫生机构的基本情况如单位名称、地址、电话号码、邮政编码、单位成立年份、医院床位数、日门诊量、年出院人数、职工人数、在校学生数等；单位占地面积和房屋建筑面积；建筑面积中业务用房和生活用房所占的面积；业务用房中各功能用房的面积；生活用房中住宅和其他福利用户的面积；现有用房中各年代建成的面积和各种结构房屋的面积；房屋产权情况；危房面积等。

4. 调查方法：采用普查并使用单位编码、利用计算机超级汇总的方法。

（二）体育系统开展的专项调查

为全面了解中华人民共和国成立以来体育事业发展情况，1983年6月，根据国家体委的统一布置和省体委的要求，在全区范围内首次开展体育场地普查工作。普查时间为1982年12月31日。普查范围是各系统、各行业、各单位建的体育场地和个体经营的场地，包括体育场、体育馆、游泳馆、游泳池、有固定看台灯光球场、田径房、篮球房、排球房、手球房、体操房、羽毛球房、乒乓球房、武术房、摔跤房、举重房、击剑房、棋类房、健身房、运动场、足球场、篮球场、排球场、手球场、网球场、棒垒球场、射击场、摩托车赛车场、自行车赛车场、赛马场、水上运动场、航空运动机场、跳伞塔、人工冰球场、人工速滑场、滑雪场、天然游泳场、高尔夫球场、保龄球房等各种体育活动场地。普查方法采用条块结合、块块为主、逐级发表调查、逐级汇总上报。通过为期一年的普查，基本摸清了新中国成立以来毕节地区体育场建设发展情况。截至1982年底，全区建成各种体育场地6860个，为各级领导和体育部门了解情况和编制体育事业发展规划提供了依据。（这次体育场普查工作，在省的评比中是否获奖？）

为迎接第十一届亚运会的召开和举办中国体育成就展览，1988年9月，根据省体育运动委员会、省统计局、省教育委员会、省总工会联合转发国家体委、国家统计局、国家教委、全国总工会《关于对1983年以来全国新建体育场地进行普查的联合通知》，对全区体育场地普查工作进行了具体布置。体育场地普查登记时间为1983年1月1日至1988年12月30日。普查范围包括各系统、各行业所属基层单位以及个体经营者新建并投入使的各种体育场地（具体内容与1983年的内容相同）。普查采取条块结合、块块为主、发表填报、逐级汇总上报的方式进行。通过普查，反映了毕节地区体育事业发展取得的成就。

（三）文化系统开展的专项调查

1978年，为研究文艺表演团体的改革问题，省文化局根据文化部下发的国文16表，组织力量对全区专业剧团进行了一次性的专题调查。

（四）广播电视系统开展的专项调查

1986年以后，毕节地区广播电视局根据国家广播电影电视部的统一布置，按照省广播电视厅要求，开展了一系列专项调查：

1986年6月，根据广播电视厅发文，调查全区8个县广播电视覆盖的统计方法及标准，用估算或用场强收测，还是按功率大小所覆盖的范围进行计算，各调查单位都如实反映了情况。

1986年8月，根据省广播电视厅转发国家广播电影电视部的通知，调查1985年年底及1986年6月底全区地面卫星站建设情况及预计1986年底的开播台数。调查项目分序号、站名、站址等，并提供地、县两级的调查资料。

1986年8月，国家广播电影电视部布置“老革命根据地、少数民族地区、贫困地区广播电视事业经费执行情况调查”及“老、少、穷地区广播电视设备情况调查”。前者调查项目有：事业经费合计［（1）设备购置费、（2）业务费、（3）人员经费、（4）公用经费、（5）其他］；技术专用设备固定资产总价。后者调查项目有：设备名称、价值、出厂日期、设备何时进行更新。根据省广播电视厅的抽样，在织金（贫困县）进行实地调查。

1986年9月，根据国家广播电影电视部的布置和省广播电视厅要求，对全区转播中央电视台节目情况进行调查。调查表内容：（1）省电视台、转播台每天转播总时间（分）、发射机功率（千瓦）、转播台数（个）、总功率（千瓦）、全区人口覆盖率（%）；（2）地（市）、县电视台、差转台转播的电视台数（个）、差转台数（个）、总功率（千瓦）、人口覆盖率（%）；（3）总计全区人口覆盖率。

1988年5月，根据广播电影电视部的布置和省广播电视厅的要求，对全区贫困县的广播电视现状进行调查。调查项目有：贫困县名称、人口数、有线广播喇叭入户率、无线广播发射机（架/千瓦）、无线广播混合覆盖率、电视广播发射机（架/千瓦）、电视广播混合覆盖率、卫星地面站座数等。

第四章 经济统计调查

第一节 农村统计调查

农村统计调查包括农村定期统计、农产量调查、农村经济调查三个组成部分。农村统计调查，是根据农业生产和农村经济的特点，运用多种调查统计方法，全面收集、整理和汇编农业生产、分配、交换、消费、积累等资料，为各级党政领导制定农村经济政策、指导农村工作提供依据。中华人民共和国成立以后，农村统计经历了从20世纪50年代初期的农业生产统计，到农业合作化以后的农村经济统计，再到20世纪80年代的农村社会经济统计的建立与发展过程。农产量调查，是对主要农作物的生产规模、水平及成果，运用全面统计结合典型调查或抽样调查方法所进行的非全面调查。

一、农村定期统计

（一）农业生产和农村经济统计报表制度

20世纪50年代初期，为了解农村经济的恢复和发展情况，中央人民政府政务院财政经济委员会统一制定了《1951年农业生产年度总结基本报表》，布置各省、市、自治区于当年试办。报表内容有人口及互助组织、耕地面积增减、粮食作物生产、特种作物（即经济作物）生产、秋播冬耕面积和牲畜数量增减等，这套报表由省农林厅布置，各县农林部门和基层单位填报，专区农林部门汇总上报。1951年12月，根据贵州省财委的要求，专区民政局按照省民政厅的布置，收集上报全区分县土地面积统计表一份。

1952年，根据发展农业生产和推广农业生产技术、在互助合作基础上试办农业生产合作社的需要，农业生产年度总结基本报表增加内容较多，达成13个表种、43个主要指标，其表名和主要指标如下：

1952年农业生产年度总结基本报表

表名	主要指标	分组
农业生产（一）	种植面积、收获面积、亩产量、总产量	按粮食作物、经济作物、其他作物细分类分列
农业生产（二）	面积、产量	按家蚕、柞蚕茧、果类分列
秋播冬耕	秋冬播种面积	按粮食作物、油菜籽、其他作物分列
家畜家禽增减	年初头（只）数、年内增加、年内减少、年末头（只）数	按役畜、家畜、家禽种类分列
水产生产	产量	按主要水产种类分列；按国营、地方国营、合作社营、私营和个体渔民等经济类型分列
人口、户数及农业劳动力	户数、人口（分男、女）、	按乡村户数、乡村人口、农户、农业人口、农业整、半劳动力分列
农业生产组织	参加农户、人口（分男、女）、劳动力、参加户耕地面积占全部耕地面积的%	按农业生产合作社、常年性互助组、季节性互助组分列
受灾作物面积	轻灾面积、重灾面积	按作物品种及水灾、旱灾、风灾、雹灾、病害、虫害等各种灾害分列
扩充灌溉面积	年初数量、年内扩充数量	按水利设施数量、有效灌溉面积（分水田、水浇地）分列
兽医防治	预防头数、受疫头数、受疫死亡头数、治愈头数、使用生物药品数量	按主要兽疫种类分列
普及良种面积	普及良种面积，其中政府推广和群众串换良种可供种植面积	按主要作物名称和主要良种名称分列
主要生产资料供应及推广数量	供应数量、实际推广数量	按农具、种子、肥料、药械分类，按各种生产资料的品名填列

1952年的农业定期报表综合报表，主要是按照农事季节报告播种面积、收获面积和产量等指标数字。

1953年初，为适应全国大规模的经济建设，根据国家统计局和西南军政委员会财政经济委员会的统一部署，毕节专区各县财政经济委员会按照贵州省财委布置填报《农业生产定期统计报表》，有农作物种植面积、农作物收获量、人口耕地、农业生产组织、家畜家禽数量、茶叶生产量、蚕茧生产量、果类生产量等8种表。上报时间和次数规定为：农作物种植面积，年度内报告3次（6月、7月、12月）；农作物收获量报告2次（7月、11月）；人口耕地方次（7月），农业生产组织2次（7月、11月）；家畜家禽数量1次（7月）；茶叶生产量2次（8月、11月）；蚕茧生产量3次（8月、10月、11月）；果类生产量2次（8月、11月）。同年，执行了中央人民政府农业部制定的《1953年国营及地方国营农场统计报告表》，包括农作物种植面积、农作物收获量、家畜家禽数量、职工人数及工资总额、土地利用、主要农机具、蚕茧生产量、果类生产量等表；中央人民政府林业部制定的《1953年林业统计年报和定期统计报表》，包括造林面积、零星植树株数、育苗面积、幼林抚育面积、职工人数及工资总额等表；《中央人民政府水利部制定的农田水利情况报告表》，包括灌溉面积、保证灌溉面积等。

1954年，农业生产定期统计报表仍执行上年的8种表，并以农作物种植面积、农作物收获量、人口耕地三种表为重点，设有按粮食、棉花、烤烟、油菜籽等主要项目分的种植面积及收获量两个主要指标。为取得正确的统计数据，省对发至县填报的表式进行了统一改制，规定按行政区划由县人民政府填报。县不得再向区乡布置，但可以向区、乡收集资料和采取典型调查与一般推算相结合的方法填报。同年，布置填报《农业生产合作社快报》，主要指标有合作社个数、入社人数、劳动力（分列男、女）、经营耕地、役畜头数及其中从事劳役的头数等；各县统计部门还搜集填报省统计局为掌握全省农业生产合作社建社进度、入社人数等情况制发的《农业生产合作社基本情况统计表》。

1955年农业统计以粮食、油菜、烤烟、棉花等主要农作物播种面积、收获量和农业生产合作社基本情况调查统计为重点，布置了5种定期报表：1. 电讯快报，填报稻谷、玉米、油类、烤烟等四种主要作物播种面积和收获量；2. 农业生产定期报表，有7个表，全年上报10次，由各县（市）填报，专署作一级综合，省统计局作二级综合，报国家统计局；3. 农业生产互助合作简述报表，各县于当年4月5日、7月5日、10月5日及次年元月5日分别用电报或电话报告专署，专署按上述时间分别推迟5天综合报省统计局，省统计局再分别推迟5天综合上报中央农村工作部和国家统计局；4. 农业生产互助合作定期报表，包括附表共10个表，由各县填报，专署作一级综合，省统计局作二级综合报中央农村工作部和国家统计局；5. 国营农场定期报表，由专县农场填报，在上报各上级业务部门的同时抄报省统计局，省统计局综合农林厅和公安厅的报表后报国家统计局。为搞准农产量数字，根据国家统计局下达的《农作物播种面积调查统计方法》，全区采取典型调查，在每个农业生产合作社选择一个具有代表性的生产队进行调查，推算全面。

1955年6月，遵照西南区统计局“为及时了解和掌握西南区重点受农业生产合作社的基本情况及生产实绩，以便研究其生产情况与发展趋势，并为将来进行农业生产合作社的调查创造经验和打好基础”的指示，省统计局颁发了《贵州省重点农业生产合作社定期统计报表及实施办法》，报表有组织概况、土地面积、牲畜数量、新式农具及车辆、农作物播种面积、收获量、主要蔬菜生产产量、柞蚕生产量等11种。毕节县统计科配合建设科到朱子连社收集资料填报。

1956年，国家统计局制订了《1956年农业生产定期统计综合报表及实施办法》。报表包括各种经济类型的综合性报表，以各行政区划内从事农业生产的各种经济组织为统计范围，其中包括各种国营和地方国营农（牧）场、各种不同生产类别的农业生产合作社、农业生产互助组、个体农民以及兼营农业的非农业户等在内。本报表规定县及相当县一级的人民委员会为一级综合填报单位，各省、市统计局、农林（业）厅（局）为二级综合填报单位，专署对县一级的填报工作进行督促检查，保证及时正确上报。本报表的表号、表名、报告内容、报告日期列表如下：

1956年农业生产定期统计综合报表

表号	表名	报告内容
农定1表	本年收获作物播种面积	第一次：上年冬播 第二次：春夏播 第三次：晚秋作物
农定1附表	国营及地方国营农（牧）场农业生产合作社种子地中农作物播种面积	同上
农定2表	本年收获农作物收获量	第一次：夏收预计 第二次：夏收实绩 第三次：秋收预计 第四次：全年预计
农定2附表	各类耕地中主要农作物每亩收获量情况	同上
农定3表	牲畜数量	全年实绩（一次调查）
农定4表	主要农业用地面积	全年实绩（一次调查）

续表

表号	表名	报告内容
农定5表	茶叶、蚕丝生产量	第一次：春季产量 第二次：夏秋季产量
农定6表	果类生产量	果类产量
农定7表	农业生产合作社简述月报	每月月底情况
农定8表	农业生产合作社户数、人口、大型农具、运输工具	
农定8附1	过去的地主、富农及农村中反革命分子处理情况	
农定8附2	农业生产合作社生产类别分组	
农定8附3	农业生产合作社规模大小分组	
农定8附4	农业合作化状况分组	
农定8附5	农业生产合作社包工形式分组	
农定9表	农业生产合作社收益分配	全年实绩
农定9附表	农业生产合作社收益分配按劳动日报酬分组	

随着农业社会主义改造任务的基本完成，广大农村实现了农业合作化，作为农业生产基层组织的合作社已基本具备填报统计报表的条件。国家统计局颁发了《1956年农业生产合作社定期统计报告表》，实施范围为各种生产类别的高级和初级农业生产合作社。设有合作社基本情况，本年收获农作物播种面积、收获量，茶、蚕、果生产量，造林、育苗、采种，小型农田水利，收益分配等7个表种，至此，以农业生产合作社为基层填报单位的农业统计报表日臻完善和统一。为了认真贯彻国家统计局制定的《农作物收获量调查方案》和1956年各项农业报表制度，省统计局要求各地在总结典型调查工作经验的基础上，采取划类选点（按田、土比例、地势）的方法进行实割实测、分类推算，这种方法不论在代表性或推算全面的准确性方面都较前进了一步。

1956年5月，为反映全省高级农业生产合作社的生产和经营管理情况，省统计局在《大型农业生产合作社定期报告表》的基础上，根据主要表格制定了《贵州省1956年高级农业生产合作社综合统计报告表和实施办法》，颁发各重点县的15个农业社试行。同年，省统计局和省商业厅向省公安厅劳改处、省农业厅、省蔬菜公司筹备处联合布置《贵州省1956年水产生产定期统计报告表补充规定》，要求转所属单位按期执行。1956年11月，国家统计局颁发《1956年农业生产统计年报实施办法》，报表内容如下：

1956年农业生产年报表

表号	表名
农年1表	1956年收获农作物全年收获量总结报告表
农年1表附表	1956年主要土特产经营总结报告表
农年2表	1956年牲畜头数总结报告表
农年3表	1956年主要农业用地总结报告表
农年4表	1956年茶叶、蚕茧产量总结报告表
农年5表	1956年果类面积产量总结报告表

1957年，农业定期统计报表有8种表及一个附表，由省统计局和农业厅共同制定。《本年收获作物播种面积》分去年秋冬播、本年春夏播、本年秋冬播三次报告，分别于元月、7月、12月报出；《本年收获农作物产量》分夏收预计、夏收实际、全年预计、全年实际四次报告，除夏收预计由专署（自治州）于5月直接报告外，其余分别于7月、8月、12月三次报告；《果类生产》于是10月报全年产量；《茶叶蚕茧生产》分春季和全年产量二次报告，分别于5月和10月报出；《牲畜数量》按半年和全年分别于7月和次年元月报出；《生猪数量》于每季度后10日内报出，《耕地面积》按半年和全年分别于7月和次年元月报出，《农业生产合作社社数、户数、劳动力》上半年情况于7月报出。

1957年农业综合统计年报共有8种报表。为全面反映《贵州省1956年到1957年农业发展纲要》中1956年、1957年的实现情况和研究农业生产合作社内部国家、集体、个人三者之间利益关系的变化，比1953年增加三种表。同时，为检查第一个五年计划的完成情况，满足编制第二个五年计划的需要，以及研究农业经济中各种万分所占比重及变化趋势，在农业生产统计报表中增加了国营农场、农业生产合作社和个体农户的分组。增加的报表及主要指标是：《水产生产》，设有水产品产量（分列其中养殖产量）、养殖面积（分设湖泊养殖、水库养殖、池塘养殖、稻田养殖和其他养殖）、鱼种池面积、农业生产合作社专业渔业劳动力等指标。本表由统计部门根据水产部门提供的综合统计年报整理上报。《林业生产》，设有防护林和经济林的造林面积、林产品产量等指标。《农业生产合作社收益分配》，设有总收入、农林牧副渔业收入、生产费用支出、纯收入、公积金、社员分配、参加分配的人口吸平均每人分配收入等指标。

继续保留而表名更改和指标有增有减的报表有5种：农作物生产表改名为《农作物播种面积亩产和总产量表》，减少了收获面积指标，将种植面积改为播种面积，按农作物中粮食作物、经济作物、其他作物分列；将果类生产表和茶叶生产表合并为《茶蚕果类生产情况表》，减少柞蚕面积和产量指标；将人口、耕地面积表改名为《户数、人口、劳动力和耕地面积表》，增加劳动力（分整半劳动力）和耕地面积中年内开荒、年内休闲撂荒地面积等指标；将牲畜数量表改名为《牲畜头数表》，增列大牲畜、奶牛、山绵羊、猪的年末存栏数，分列其中能繁殖的母畜、种公畜、仔畜和从事农事劳役的耕畜头数；将农业生产组织表改名为《农业生产合作社基本情况表》，设有合作社个数、生产队数、参加合作社的户数、人口数（分男、女）、劳动力数和耕地面积（分田、土）等指标，按农业生产合作社规模（户数）分组。

1958年4月，省统计局召开专、州、市及重点县计统科长会议，具体研究农业统计的跃进指标，并确定各专、州在报送各项定期报表的同时，将主要指标小麦、大麦、油菜、水稻、玉米、红苕、大豆、棉花、苎麻等，用电报报送省统计局；生猪生产由原半年报改为季快报，于季后5日内电话报省。从4月份起建立土壤改良、水利、林业、积肥月报，专、州于月后5日内将分县资料报省统计局。还确定建立丰产地和干部试验地统计。6月，省委农村工作部、省统计局联合召开各专、州、市、县农工部、统计局负责人参加的农村统计工作跃进大会，会议讨论通过了《贵州省农村统计工作跃进纲要》。在“大跃进”和“人民公社化运动”中，搞好进度统计已成为统计工作的中心任务，　全区建立了农业生产进度统计，1日报、3日报、5日报、旬报等，农村统计报表一时泛滥成灾，严重影响了国家统计制度的贯彻执行。同年，为适应农业合作化后逐步建立农业生产合作社统计报表制度的需要，根据国家统计局的布置，各县执行省统计局制定的《贵州省1958年农业生产合作社统计报告表》。主要报表有农业生产合作社基本情况、农作物播种面积、收获量、果类生产、茶叶蚕茧生产、牲畜数量、生猪数量、耕地面积、农田水利、林业等9种表。在布置该套报告表时，必须满足填报《1958年农业生产综合统计报告表》，同时考虑到目前农业生产合作社经营管理水平和统计工作基础，应尽可能满足当地党政领导的需要。同年，贵州省委农工部、省统计局、省农业厅、省林业厅根据第六届全国统计工作会议精神，结合贵州实际提出了《关于加强农业统计工作的意见》：1.县以下的各项农村调查统计工作必须统一布置、统一贯彻，调查力量由党委农村工作部统一抽调，在调查方法和计算方法上由统计部门负责；2. 建立农林水利部门统计工作，专、州、市、县农林水利部门应确定一名专职统计干部；3. 改造基层会统组织，加强会统人员的训练。

1959年2月，根据省统计局对全省农业统计工作、人民公社统计工作和各项报表制度所作的具体安排：1. 1959年，继续以农作物产量，特别是粮食、棉花、烤烟、油料产量统计为中心，并加强对苎麻、蚕茧、茶叶产量的调查统计工作。通过中心进度统计，及时了解各个季节主要粮食和经济作物的种植情况和收获产量。要求各县统计部门力争做到在每种作物收获完毕后的10天内，把种植面积、收获面积、总产量、平均每亩产量核实定案报省统计局；2. 加强林业、畜牧业、副业、渔业发展情况的统计工作。林业主要抓造林面积和成活率的统计。畜牧业以生猪发展统计为主，抓好各种牲畜头数的统计；3. 对耕地的变动、利用和劳动力的安排使用，应结合人民公社基本情况调查及年终决算后进行两次全面系统的统计；4. 根据农业生产季节，抓好党委的中心进度统计，以反映农业的跃进情况；5. 上半年要抓好以小麦、油菜为主的各种夏收粮食和经济作物产量统计；6. 要求各地在整社中把建立人民公社准确的统计工作列入整社议程，按照省委《关于贵州省当前统计工作的意见（草稿）》和《农村人民公社统计工作纲要（初稿）》两个文件精神，结合本地区情况迅速建立健全人民公社的统计工作。

为贯彻中央、省委关于“争时间、抢速度、鼓干劲、掀高潮，确保四大指标全面跃进”的指示，专、县两级统计部门从1959年3月1日起改原来的农业生产进度统计为5日报、旬报、月报，取消3日报。当年的农业生产综合统计报表比1958年增加了蔬菜、渔业、造林、育苗、农田水利4种表，指标内容和统计范围均有所增加。为了解农村居民生活消费水平的变化，观察农村人民公社自给性生产与商品性生产同时并举方针的贯彻执行情况，以及公社的货币收入和开支情况，给领导研究主要农副产品在城乡的分配和安排农村市场提供必要的参考资料，国家统计局下达了《1959年农村人民公社产品分配、货币收支统计年报编制办法》。内容包括国家要求的各项资料和公社本身需要的资料。如不能满足省、专、县、公社各级领导的需要时，各级统计部门对报表、指标、产品目录等均可酌情增加，但不得任意删减。报表种类有：《农村人民公社自产产品和购进商品产销平衡年报表》《农村人民公社货币收入、支出平衡年报表》《农村人民公社收益分配年报表》。本年报由省、市、自治区指定的典型农村人民公社填报，在1960年底以前公社按规定时间将报表编制审核完毕分别报国家统计局贸易司、省统计局、专、县计委（统计科）各项工1份。

1960年1月，省统计局根据国家统计局和中央农业部、林业部的要求，结合贵州省具体情况，与农业厅、林业厅、商业厅共同研究制定了1960年农业（包括农、林、牧、副、渔）定期报表制度。要求各级统计部门除完成本身报表任务外，按照本报表制度的分工，加强督促检查，以保证农、林、牧、副、渔、水、气、国营农（牧）场等统计任务的全面完成。报表内容如下：

1. 综合部分：

1960年农业（农林牧副渔）定期报表

表　号	表　　名
农综1表	1960年农业总产值定期统计报告表
农综2表	农村人民公社多种经营收入定期统计报告表
农综3表	农村人民公社基本情况定期统计报告表
农综4表	农村人民公社公共福利事业情况定期统计报告表
农综5表	主要农业生产工具和设备情况定期统计报告表
农综6表	耕地面积及其变动情况定期统计报告表

2. 农业部分：

1960年农业定期报表

表　号	表　　名
农综7表	农作物预计产量定期统计报告表
农综8表	农作物实际产量定期统计报告表
农综8附1表	主要农作物大面积产量定期统计报告表
农综8附2表	农作物高产田定期统计报告表
农综8附3表	粮食每亩耕地平均产量分组表
农综8附4 表	棉花每亩产量分组表
农综9表	茶叶、蚕茧生产定期统计报告表
农综10表	果类生产情况定期统计报告表
农综11表	蔬菜生产情况定期统计报告表

3. 林业部分：

1960年林业定期报表

表号	表名
林场1表	国营林场产值计划完成情况
林场2表	造林完成情况
林场2附表	果类营造情况
林场3表	国营林场育苗完成情况
林场4表	育林完成情况
林场5表	国营林场林区经营情况
林场6表	多种经营开展情况
林场7表	国营林场职工人数及工资总额
林场8表	国营林场采种完成情况

4. 牧业部分：

1960年牧业定期报表

表号	表名
农综12表	生猪头数及其变动情况定期统计报告表
农综12附1表	实现1人1头猪和1亩地1头猪情况定期统计报告表
农综12附2表	生猪饲养基地定期统计报告表
农综13表	牲畜头数及其变动情况定期统计报告表
农综13附表	家畜家禽及其变动情况定期统计报告表
农综14表	家畜家禽产品产量统计报告表

5. 副业部分：

1960年副业定期报表

表号	表名
水统1表	水产生产量电快月报
水统2表	水产生产统计季报表
水统3表	鱼苗鱼种生产及采购统计季报表

6. 国营农（牧）场部分：

1960年国营农（牧）场定期报表

表　号	表　　名
国农综1表	1960年农业、公安系统农（牧）场基本情况定期统计报告表
国农综2表	1960年农业、公安系统农（牧）场农作物产量定期统计报告表
国农综3表	1960年农业、公安系统农（牧）场牲畜数量定期统计报告表
国农综4表	1960年农业、公安系统农（牧）场茶叶、蚕茧生产情况统计报告表
国农综5表	1960年农业、公安系统农（牧）果场果类生产情况统计报告表
国农综6表	1960年农业、公安系统国营农（牧）场基本情况定期统计报告表

根据1960年2月15日－28日省统计局在桐梓、思南两县召开的全省统计工作现场会议精神，全区以农产量统计和人民公社统计为重点。3月12日，按省委要求建立农村人民公社公共食堂五日电讯进度统计。4月25日，又根据省委农工部、省福利委员会联合通知将五日进度统计改为电讯月报。4月，省统计局根据农业生产季节和中央关于“克服统计报表过多过繁”的指示精神，将农业生产进度统计指标加以调整和精简。内容包括春耕播种、夏收、生猪、家畜家禽、积肥、造林等75个指标。春播和夏收执行五日报，生猪等执行月电报。6月、9月和11月，省统计局农业科为满足各级党政领导的需要，结合农业季节的特点，分别布置了第三季度和第四季度的农业生产进度统计。内容有：秋收作物播种面积旬报；水稻、玉米田间管理旬报；生猪生产进度电月报；“小秋收”主要品种产量旬报等。

1960年11月，省统计局为总结一年来农业战线取得的成绩，经与省农业厅、省林业厅、省畜牧局、省水产局、省劳改局等有关厅、局研究确定对1960年农业统计年报实行统一归口，由省统计局统一组织进行。毕节专区及各县均施行省统计局制订的《1960年农业（包括农、林、牧、副、渔业）统计年报方案》，为不影响省直接综合少数民族地区的资料，威宁自治县各项农业年报资料在上报专署的同时，直接向省统计局报送一份。1960年农业统计年报报送目录如下：

1960年农业统计年报报送目录

表　号	表　　名
第一批报送:	
农综年1表	1960年农作物实收产量年报表
农综年2表	1960年秋收粮食入仓量年报表
农综年3表	1960年生产小队（食堂）家庭粮食产量报表
农综年4表	1960年机关、团体、部队、学校企业附设农（牧）场生产情况年报表
农综年5表	1960年主要农作物大面积丰产年报表
农综年6表	1960年粮食每亩耕地平均年产量分组报表
农综年7表	1960年农作物受灾情况年报表
农综年8表	1960年茶叶、蚕茧、果类生产年报表
农综年9表	1960年林业生产完成情况年报表
农综年10表	1960年森林火灾及虫灾情况年报表
农综年11表	1960年国营林场多种经营情况年报表
第二批报送:	
农综年12表	1960年耕地面积变动情况年报表
农综年13表	1960年主要农业生产工具和设备情况年报表
农综年14表	1960年主要林产品和土特产品生产情况年报表
农综年15表	1960年生猪数量年报表
农综年16表	1960年牲畜家禽数量年报表
农综年17表	1960年畜牧兽医机构及人员情况年报表
农综年18表	1960年副业生产情况年报表
农综年19表	1960年水产生产年报表
第三批报送:	
农综年20表	1960年农业总产值年报表
农综年20附表	1960年农作物副产品产值年报表
农产值计1表	1960年农业总产值计算表
农产值计2表	1960年林业总产值计算表
农产值计3表	1960年牧业总产值计算表
农产值计4表	1960年副业总产值计算表
农产值计5表	1960年渔业总产值计算表

1960年国营农、林、牧场统计年报报送目录

表　号	表　名
农基年1表	1960年国营农场（包括农业、公安系统）基本情况年报表
农基年2表	1960年国营农场（包括农业、公安系统）农作物实收产量年报表
农基年3表	1960年国营农场（包括农业、公安系统）茶叶、蚕茧、果类产量及财务收支情况年报表
农基年4表	1960年国营畜牧场（包括畜牧、公安系统）农作物实收产量年报表
农基年5表	1960年国营畜牧场（包括畜牧、公安系统）畜牧生产情况年报表
农基年6表	1960年国营林场林业生产情况年报表
农基年7表	1960年国营林场多种经营情况年报表

1961年，根据中共中央对国民经济实行“调整、巩固、充实、提高”的八字方针和统计工作革命化的要求，清理、精简农业统计报表，充实有关农业经济调整的内容。1月，接省粮食厅、省统计局联合通知，为及时掌握各项粮食收支和消费及低标准瓜菜代方针的贯彻情况，自1961年1月起在农村人民公社执行粮食消费电讯旬报和表式月报制度。按照中央粮食部和国家统计局的要求，结合当前全省粮食工作的需要，粮食过称入库统计和粮食消费收支存统计暂由农村人民公社的生产队为基层报告单位，负责上报给公社粮管所，再由公社以上粮食部门逐级汇总上报给省粮食厅，同时抄报同级统计部门。4月，执行国家统计局颁发的《1961年农业定期统计报表方案》，省统计局与有关部门一道对该报表部分表式作了修改补充，报表内容和指标精简较多，报告次数大为减少。报送12种正表（农综1表～农综14表，其中农综9表免报，农综11表由林业部门布置林场填报）、3种附表（农综6表的附1、2、3表），同1960年相比，农业（农、林、牧、副、渔业）定期报表减少19种。报表统计范围包括全专区各县所辖行政区划内各种性质的国营农牧场、林场、水产企业、农科所、农业试验场、农村人民公社、社员家庭副业（自留地和牲畜家禽等）以及城市人民公社和其他非农业户兼营的农、林、牧、副、渔业生产；但不包括农科所、农业试验场（站）专门用作试验研究的非生产部分。关于粮食、大豆和主要经济作物的播种面积和产量，黄牛、水牛、生猪的实有头数，这些主要指标以生产大队为填报单位，逐级统计汇总上报。农

业总产值统计按1960年的年报表式和要求执行。6月，接省统计局明传电报，根据贵州省委的要求，把夏收夏种当作当前中心工作来抓，将原布置的进度旬报改为五日报，并将不必要的指标作了简化。五日报只报面积累计数：一是夏收作物（包括小麦、大麦、杂粮、油菜、洋芋）收获面积累计数；二是秋季作物（包括水稻、苞谷、红苕、杂粮、大豆、烤烟）播种面积累计数。要求从6月7日起于每旬2日、7日上午用电话报告省统计局。11月，执行省统计局制度的《贵州省1961年农业生产统计年报方案》。该方案较系统地增加了按经济类型分国营生产情况部分指标和国营农牧场农副产品销售情况年报。还增加了典型生产队旧式农具年终实际拥有量和生猪生产情况的调查，作为补充资料。方案规定，凡属本年报确定的指标，不论是全民、集体或个体性质的，均以各级统计部门为主统一布置汇总，不得将其中的某部分分散到其他部门去进行。各县上报时，均应同时向省、专各报1份，农年4表直接报国家统计局1份。

1961年农业统计年报目录

表号	表名
农年1表	农村人民公社基本情况
农年2表	耕地面积（附分县数字）
农年3表	主要农业生产机具设备拥有量
农年3附表	按经济类型分的主要农业生产机具设备拥有量
农年4表	农作物产量（附分县数）
农年4附1表	按经济类型分列的主要农作物产量
农年4附2表	农作物受灾成灾面积
农年5表	茶叶、蚕茧及果类生产量
农年6表	林业生产情况
农年6附表	国营林场基本情况
农年7表	牲畜头数（附分县数）
农年8表	水产品产量
农年9表	农村人民公社基本建设情况
农年10表	国营农牧场农副产品销售情况
农年11表	典型生产队旧式农具年末拥有量
农年12表	典型生产队生猪生产情况

1961年12月，布置省统计局根据中央财政部和国家统计局的要求，结合贵州具体情况制定的《1961年农村人民公社年终分配及财政决算报表》，布置到社队编报。编报工作以财政部门为主，会同银行共同组织力量进行，要求核实产量、收支，清理往来，做好分配兑现；上报资料要以同级党委审查定案。

1962年，执行省统计局根据国家统计局颁发的《1962年农业生产报表表式及说明》，结合贵州省情制定的全省农业生产统计报表制度。报表共分四部分：1.电讯快报：包括牲畜头数、国营和公社集体经营的秋冬播种面积、春夏播种面积、夏收农作物估产、秋收农作物估产、春夏农作物播种进度5日报、夏收农作物收获进度5日报、三秋生产进度5日报8个方面的内容。2.定期报表：有秋冬播种面积、春夏农作物播种面积、夏收农作物预计产量、夏收农作物实际产量、耕地面积、林业生产情况、水产品产量、牲畜头数等8种表。同上年相比，新增加的有前4种表，继续保留的为后4种表，减少的有关11种表。3.年度报表：有14种正表4种附表，与上年相比，除《典型生产队旧式农具年末拥有量》和《典型生产队生猪生产情况》两种年报表外，继续保留的有9种表（表号有所改变）。新增加的有农年4表《农田水利及水土保持情况》、农年9表《林产品和土特产品产量》、农年14表《1962年农业总产值综合表》及其附表《1962年农作物副产品产值》。4.典型生产队调查表：有典型队夏收作物预计产量、夏收作物实际产量、典型队秋收作物预计产量、秋收作物实际产量、典型队生猪生产情况、耕牛情况、旧式农具年末拥有量7种调查统计表，比上年增加5种表。典型生产队调查每县只要求调查一个队的材料。为深入了解农业生产情况，省统计局要求各地在报送报表资料时，要报出有关的文字说明。同年11月，根据省统计局颁发的《1962年农业年报主要数字质量检查办法》，强调为切实搞准1962年农业年报主要数字，要求各县选择中心工作和统计工作基础处于中间状态具有代表性的一个区、一个公社、一个生产大队、三个生产队，对1962年的粮食、棉花、烤烟、油菜产量和牛、猪头数逐级进行一次数字质量检查，切实摸清层层上报数字偏高偏低的具体原因。

1963年2月，执行省统计局、省农业厅根据国家统计局布置的《农业生产统计报表》（包括综合表及农村人民公社基层表）、《农业生产统计报表改制说明》及《农业生产统计报表主要指标解释》，结合贵州省情制定的《贵州省1963年农业生产定期报表补充规定》及综合表式。其要求如下：1.定期报表是各级统计部门和有关业务部门的经常任务，各县统计局须采取措施，督促和配合各专业部门严格控制进度统计指标和报送次数，按上级统计部门统一规定的计算方法做好基层上报资料的审核工作，改进汇总方法力争按时或提前上报；2.提高统计数字质量，首先是保证粮食、油料、烤烟、棉花等主要指标数字的准确可靠；3.做好定期报表的布置工作，有关农作物播种面积、产量和耕地面积、茶叶、蚕茧、果类、牲畜等，由各级统计部门和农业部门共同负责调查统计，共同审核汇总，分别上报。农田水利及水土保持、林业、水产、自然灾害各表，由县级统计部门统一向农村人民公社布置，有关业务部门负责审核汇总，分别上报。对综合报表资料，应采取全面调查与非全面调查相结合的方法，从基层报表取得外，还有一部分需要县级各部门采用典型调查、抽样调查、重点调查等方法估计推算，不得将所需资料全部布置基层填报。同年9月，为及时正确地反映1963年粮食、大豆和棉花等主要农作物的生产成果，满足各级党政领导和有关部门安排国民经济计划与研究农业生产及支援农业的需要，执行国家统计局制定的《1963年分县粮食、大豆、棉花产量和数字质量检查报告表》，要求各县必须明确专人负责，抽选3—5个具有代表性的生产队，亲自派人搞调查，按印发的统一表式及规定的计算单位、指标、口径范围填列。

1963年农业生产统计年报，基本上按上年12月国务院批准的农业生产报表制度执行，省统计局只对部分表式进行修订。农业生产生产年报综合表的修订内容，除增加统管年2表《农业机械化和电气化》一张表外，增列部分指标的有国年1表、国年4表和国年5表；取消部分指标的有国年2表、国年3表、国年6表、国年9表和国年13表；指标有增有减的为国年11表和国年12表。11月，执行省民政厅、省商业厅、省水利电力厅、省农业厅根据中央水产部布置的经国务院批准的《1963年度国营及地方国营渔场及养殖场水产品生产量年报》要求，结合贵州省渔业生产具体情况，并征得省统计局审核后，制定的全省《1963年国营及地方国营农牧渔场及重点渔业生产单位水产品生产量统计年报表》，通知有关基层单位填报。12月，接省统计局〔63〕统农字第040号文规定1963年农业生产年报报送办法和对耕地面积、牲畜头数资料进行数字质量检查。要求各县统计局综合整理的农业年报表及总产值表，上报专署一式二份，专署在上报专区汇总资料的同时将各县报表审核无误后，转报省统计局一份。每个县选择3—5个生产队重点对耕地面积、牲畜头数资料进行检查，并填写《典型生产队耕地面积数字质量检查表》和《典型生产队牲畜头数数字质量检查表》，于1964年2月底前直接报送国家统计局，并报抄省、专统计局各一份。

1964年3月，为及时向各级党政领导提供各地春耕生产进度情况统计分析资料，减少基层报表多乱现象，根据省统计局与省委农工部、省委办公厅农村组、省农业生产办公室共同研究所作出的决定，按省统计局统一布置，收集有关农业生产进度统计，按时提出定期统计报告。生产进度统计包括春耕、春夏播种及夏收三方面的基本统计数字。春耕、春夏播种统计从4月1日起执行，夏收统计从5月10日起执行。8月，执行省统计局为及时掌握三秋生产进度情况而布置的三秋农业生产进度统计指标。秋收生产进度从9月1日起（秋耕、秋种从10月1日起）开始执行，每10天（即每月3、13、23日）向省统计局报告截止10日、20日和月末上的累计数。

1964年执行省统计局根据国家统计局的修订（增加统管197表《林业生产情况》和统管198表《蚕茧、茶叶生产量》两张半年报，国定5表、国定6表和国定7表各表的宾栏指标，改按“总计”“其中，国营及地方国营”和“公社集体经营”三部分分列；关于统计部门与业务部门的分工合作问题，按照原规定，农业生产基本指标采取统一制订，统一下达，共同负责，分别上报的原则执行）补充完善的农业生产定期报表制度（综合表）。1964年农业生产综合统计年报由国家统计局统一制定，有农村人民公社基本情况、耕地面积、主要农机具设备拥有量、农业机械化和电气化、农作物实际产量、牲畜头数、农业总产值等10种表种。省统计局根据实际需要，制定了省统管年142表《分公社粮食耕地亩产一览表》。以上报表除农业总产值表于1965年2月15日前上报外，其余各表于1965年元月底前上报省统计局。

1965年3月，专统计局根据省统计局召开的专、州、市农业统计工作座谈会议精神，召开各县农业统计工作会议，认真贯彻中央和国务院的通知，农村报表多乱现象初步得以克服。同时在全专区建立个调查点，组织工作组深入基层蹲点和巡回检查等办法，积极为地方党政领导提供调查统计资料。

1965年农业生产统计报表制度，包括综合统计定期报表和农村人民公社统计报表两部分。农村人民公社统计报表中，《农作物播种面积季节报》《农作物预计产量季节报》《农作物实际产量年报》直接布置到农村社队填报，包括范围只限于农村人民公社各级集体经营单位。对一部分资料如夏收估产、秋收主要农作物估产、社员自营农作物产量和蚕茧、茶叶、果类非主产区的面积与产量等，由各级统计部门根据典型调查、抽样调查、重点调查或业务部门的资料估算填报。10月，执行省统计局根据国家统计局制定的《农业生产综合统计报表制度》，结合贵州实际拟定的《1965年农业生产统计年报方案》。具体要求：1.粮食、主要经济作物、牛、猪、耕地面积等主要指标必须来自生产队，并通过典型调查和有关会议材料反复研究做到准确可靠；2.茶、蚕、果、林业、水产等各项农业年报数字，要通过区、社或有关部门材料，认真研究基本上能反映发展趋势；3.着重抓好公社集体经营部分的统计数字质量，对社员自营部门可由县、区或公社估算填报，不必布置到生产队。12月，各县收集填报省统计局增加的《1965年国营农林牧渔场基本情况一览表》。

1966年5月，“文化大革命”开始。1967—1969年农业统计工作受到严重干扰，报表制度不能贯彻执行。这期间，统计部门根据党政领导需要，临时收集和提供一些统计资料。

1970年开始恢复农业统计定期报表和农业年报的编制工作。5月，专、县统计局执行贵州省革命委员会生产指挥部下达的农业生产定期报表任务，包括三个部分的内容：一是播种面积统计，一年报2次，1次为粮食和经济作物夏播面积，1次为小麦和油菜籽冬播面积；二是农产品产量统计，报2次预计产量和1次实际产量；三是大牲畜和生猪半年报。1970年农业统计年报，由省革委生产指挥部根据国家计划委员会制定的《国民经济基本统计年报制度》，结合贵州省的情况布置执行。填报的年报表有农村人民公社组织、耕地面积、牲畜头数、农作物播种面积和产量、农业现代化情况、国营农林牧渔场基本情况、林业生产情况、生猪超《纲要》情况共6个表。粮、棉超《纲要》情况年报表，因毕节专区没有超《纲要》的县，故免报。1970年农业总产值综合表由省直接计算，未往下布置。

1971年农业生产统计年报的内容与指标和上年基本相同，但表种有所增加。除将1970年农村人民公社组织、耕地面积、牲畜头数年报分成《农村人民公社组织情况》（16个指标）、《耕地面积》（16个指标）、《牲畜头数》（55个指标）三种表外，又将农作物播种面积和产量年报表中的蚕茧、茶叶、水果及面积指标分离出来。单设1种《茶、蚕、果面积和产量》表。另外还增加《农村人民公社分配表》，有18个指标。

1972年执行的农业统计综合年报表，除新增加的《林业、水产生产情况年报表》外，其余表种与1971年年报表完全相同，只是某些表种的个别指标有调整变化。

1973年，农业统计年报由1972年的9种表增加为12种表。其变动情况是：将1972年林业、水产生产情况年报表，分为林业生产情况和渔业生产情况两种表；将1972年农业现代化情况年报表，分为主要农业机械年末拥有量和农业现代化情况两种表；新增加1种生猪上《纲要》情况年报表。随着表种的增加，指标也有一些增减变化。1973年农村人民公社组织情况年报表，取消“脱离本生产队参加非农业的劳动力”及“生产大队和生产队的实际储备粮”两个指标；增列农村人民公社基本核算单位中的“公社核算”“生产大队核算”“生产队核算”3个指标。1973年蚕茧、茶叶、水果年报表，增加红枣、柿子等水果品种。林业生产情况年报表中的“当年造林面积”，增列“其中：飞机造林”。在林产品下增列核桃、板栗。渔业生产情况年报表中的“海水产品”和“淡水产品”下增列“其中：养殖”指标。1973年牧业生产情况年报表增加的指标较多，由1972年的12个增加到21个。除在“大牲畜”下增列“良种及改良乳牛”及“猪”下增列“其中：社员养殖”外，新增加的有“当年集体和社员自宰自食的山羊”“当年集体和社员自宰自食的绵羊”“主要畜产品产量”（1.牛奶；2.羊奶；3.绵羊毛；4.山羊毛；5.山羊绒）等指标。

1974年，执行的农业生产统计年报，表种和指标与1973年年报完全相同。

1974年11月，执行贵州省计委制定的《农村人民公社全部核算单位收益分配》年报，地区和各县计委、农林局、粮食局、人民银行，在当地党委统一领导下，共同负责组织一定力量，做好年报的布置、收集和汇总工作。《农村人民公社全部核算单位收益分配》表设有可分配收入、费用总计及分项目、分配总计中各项目、粮食分配等25个指标。12月，接省计委通知，《农村人民公社全部基本核算单位收益分配》附表（基本情况、收入与分配、粮豆产量分配），原要求每个县进行3个生产队的典型调查，现按国家计委要求以大队为单位进行典型调查。毕节县搞了3个生产大队的典型调查（免去原3个生产队典型调查任务），报计委2份。

1975年农业生产统计年报仍保持13个表种，但个别表种的名称有所变化，指标增减变化涉及的表种有：农年综1表《农村人民公社组织情况》改为《农村人民公社基本情况》，增加按生产队规模分组的7个指标和6个附加指标，并在“农村人民公社劳动力”下增列“其中，农林牧副渔业劳动力”指标。农年综3表《茶叶、蚕茧和水果》的“水果产量”下增列桃子、李子及其他水果指标。农年综5表《牧业生产情况》在“猪”下增列“其中未入社个体农户养猪”，在“羊”下列出“其中集体养羊”“社员养羊”和“未入社个体农户养羊”指标，农年综6表《渔业生产情况》增列“养殖面积”（1.池塘面积；2.湖泊面积；3.水库面积；4.稻田面积；5.渔种池面积），将“水产品产量”下的“海水产品”“淡水产品”等指标取消，只设“渔”和“其他”

两个指标，并在“水产品产量合计”下分列“全民所有制”和“集体所有制”。农年综7表《粮、棉、猪上〈纲要〉情况》增列粮食上《纲要》的公社、生产大队、生产队；生猪上《纲要》的公社、生产大队、生产队6个指标。农年综8表《耕地面积》在“年末耕地合计”下增列“未入社个体农户”“机关团体及其他”两个指标。农年综11表《国营农林牧副渔场生产情况》更名为《全民所有制农林牧副渔场生产情况》。1975年农村人民公社收益分配统计年报，省计委明确，由各地、州、市、县农办、财办和计委三家共同组织农业、粮食、银行、财政、供销、统计等部门，在党委统一领导下，在抓好1975年决算分配的同时，将收益分配年报任务布置到生产队。为了保证年报资料的及时上报，县、区、社、大队四级都要采取集中会审，提高数字质量。12月，省计委转发国家统计局《关于填报分县农业生产情况（卡片）应注意的几个问题》的通知，要求按《1975年县（市）农业生产情况（卡片）》（即农年综14表）规定的指标、口径范围和计算单位，认真填写，注意审核，按时上报。

为了系统地研究农村人民公社集体经济的发展情况，1975年11—12月，省计委根据国家计委关于开展农村经济调查的要求，结合贵州省情布置的《1975年农村经济典型调查年报》和《1976年农村经济典型调查定期统计报表制度》，各调查点建立由公社负责人担任组长的农村经济调查组，具体负责该项调查工作。

1976—1978年，执行的农业生产统计年报与1975年的农业年报基本一致，但也有些变化。1977年根据贵州省的实际情况，省新增加3个表种：《自然灾害情况》（农年综15表），设有受灾面积合计、夏粮受灾面积、秋粮受灾面积（其中：水稻、玉米、其他粮食受灾面积）等指标；《农村人民公社社队办企业情况统计表》宾栏设公社办、大队办、生产队办的企业个数、劳动力、总收入指标，主栏按农业企业、工业企业和其他企业顺序填列；《贵州省农田基本建设情况年报表》设年末投入农田基本建设的劳动力、已建立农田基本建设专业队、当年改土造田、新修园田道路、水利建设等指标。1978年继续执行《自然灾害情况》表，设受灾面积、成灾面积、成灾人口、因灾减产的粮食、因灾死亡的人口、大牲畜等指标。另将《渔业生产情况》表与《蚕茧、茶叶、水果》表合并，表名为《蚕茧、茶叶、水果和水产品产量》表。

（二）农村社会经济统计报表制度

1978年中共十一届三中全会以后，农村社会经济发生了深刻变化。农业生产管理体制进行了较大改革，特别是实行以农户家庭联产承包责任制为主的各种形式的生产责任制以后，农村商品生产发展迅速，产业结构有了明显改变。为适应农村经济形势的发展变化，根据国家统计局的统一部署，逐步调整了农业统计报表制度，完善了统计指标体系，加大了农业统计调查方法的改革力度。

1980年，执行省统计局、省农业厅根据国家统计局和农业部《农业统计报表制度》，结合贵州省实际制定的贵州省《1980年农业统计年报制度和1981年农业定期统计报表制度》。地、县统计部门与农业、畜牧业部门按照共同负责、分别上报的要求，进行布置和贯彻。1980年的农业统计年报共有14个表种，与1978年的农业年报相比，保留的有农村人民公社组织情况、农作物播种面积和产量、林业生产情况、牧业生产情况、耕地面积、主要农业机械年末拥有量、农业现代化情况、农业总产值、农村人民公社收益分配等10种表，其中有少数表种增加了一些指标：农年综1表《农村人民公社组织情况》中的“农村人民公社劳动力”项下增设“其中：社办工业劳动力”和“外出临时（合同）工”两个指标，另增设“农村人民公社女劳动力”指标；农年综2表《农作物播种面积和产量》按全社会总计，全民所有制、集体所有制、社员自营、其他分列；农年综5表《牧业生产情况》按畜产品，饲养情况分列；农年综12表《农村人民公社基本核算单位收益分配情况》按全部基本核算单位的收入及其分配，全部基本核算单位的粮食（包括大豆）分配，全部基本核算单位按每人收入水平、分得粮食水平和增减收情况分组，农村人民公社三级经济收入分列。1980年减少的表种有《粮、猪上〈纲要〉情况》表和《全民所有制农林牧副渔场生产情况》表（该表转由省农业厅农场局填报），增加的表种除《蚕茧、茶叶、水果和水产品产量》表中的水产品产量恢复为原来的《渔业生产情况》表外，还有省统计局、省农业厅制定的《包干到户的生产队主要情况统计表》（设包干到户生产队队数、户数、人口、劳动力、耕地面积，包干到户的生产队粮豆总产量，包上交国家粮食、包上交集体粮食等指标），国家统计局制定的《县（市）农业生产情况（卡片）》[设年末农业人口、年末耕地面积、农作物总播种面积、全县粮食征购量（原粮）、棉花、油料、糖料的播种面积、总产量、每亩产量、当年出栏肥猪、年末农业机械总动力、公社三级总收入、基本核算单位总收入等主要指标]，农业部制定的《农业科研机构基本情况》表（设职工人数、科研经费、试验地面积等指标）。

1981年的农业统计定期报表有：《农作物播种面积季节报》，省要求报送3次，其中秋冬播种面积报送1次，春夏播种面积报送2次；《农作物产量电讯季节报》，要求按夏收粮食和油菜籽预计产量、实际产量、早稻预计产量、实际产量、全年农产量预计等报送5次；《牲畜电讯半年报》，要求报送2次。

1982年，国家统计局根据农村形势和农村工作变化对农业统计提出的新的要求，决定调整充实农业统计工作的内容，改革统计方法，把以反映农业生产条件、生产成果和分配情况为主要内容的农业统计，改为反映农村社会经济发展，经济效益提高，产业结构调整、分配、消费、积累和精神文明建设为主要内容的农村社会经济统计。其基本内容包括10个方面：

1. 农村基本情况。有乡、村行政组织、户数、人口等指标。

2. 农村劳动力使用情况。按从事农业、农村工业、建筑业、交通运输邮电业、商业饮食业、服务业、卫生体育和社会福利事业、教育文化艺术、科学研究、金融、乡村经济组织管理和其他劳动力分列。

3. 农村生产条件。主要反映农业用地、农村固定资产、农业机械、化肥、用电、农田水利情况。

4. 农村生产成果。主要反映农作物种植业、林业、牧业、渔业和工业的产品产量、生活水平和发展速度。

5. 农村产业结构和规模。包括农村社会总产值（含农业、农村工业、农村建筑业、农村运输业、农村商业饮食业产值）、农业总产值、农业商品产值和农业净产值指标。

6. 农村经济收入分配。包括乡村企业、集体统一经营、新经济联合体和农民家庭经营的各项收入、各项费用、纯收入、缴纳税金、利润提留和农民个人所得等指标。

7. 农村专业户、新经济联合体发展情况。

8. 农村第三产业发展情况。有单位个数、从业人员、年末固定资产原值、全年总收入、全年总费用、全年纯收入指标。按交通运输邮电、商业饮食业、物资供销仓储业、居民服务业、教育文化艺术、卫生体育社会福利事业和其他3次产业分类。

9. 农民生活情况。包括农民家庭的各项收入、各项支出、现金来源和使用、主要实物消费量、耐用物品拥有量等指标。

10. 农村社会发展情况。包括人口（总人口、出生、死亡）、文化、卫生、教育、居住条件和社会福利等内容。

1982年国家统计局和农牧渔业部共同制定下达的农业年报综合表13种，其中与1980年表种相同的有10种表，指标体系基本保持原有框架。但在新形势下，按照建立农村社会经济统计制度的要求，对原有表种逐步充实了新的内容。指标增加较多的有农年综1表《农村人民公社组织》，在该表的“农村人民公社劳动力”项下，增列“其中：建筑业劳动力”“交通运输和邮电劳动力”“商业、饮食业、服务业劳动力”“文教卫生和社会福利事业劳动力”等指标。在该表的“人民公社”项下，分列“实行包产到户的生产队数”“实行包产到户的户数”“实行大包干的生产队数”“实行大包干的户数”4个指标。农年综11表《农业总产值》表中的“副业产值”项下列出“其中：社员家庭手工业”（商品部分）。1982年新增的表种有：《农业净产值》（附物耗计算表），按农、林、牧、副、渔业和经济类型（全民、集体、社员自营、其他经营）分的用1982年现价计算的总产值、物质消耗、净产值及物耗占总产值比重（%）；《农村人民公社固定资产投资和农村私人建房情况》表（由省统计局直接利用农经调查点的资料推算全面数字报国家统计局）。1982年12月，随着农村人民公社各种生产责任制的推行，特别是省委提出“近抓三个好转，远抓翻番以及抓好提高经济效益为中心”的要求，接省统计局《关于改革农村人民公社基本核算单位收益分配年报报表的通知》，黔西县选1个公社进行调查试填省统计局根据国家统计局（82）统农字12号文精神，与惠水县统计统计局部门讨论研究制定的《农村人民公社收入分配统计报表》，经过试点总结提出修改意见报国家统计局。

1983年农业统计年报综合表

表　号	表　名
农年综1表	农村政社组织情况
农年综2表	耕地面积
农年综3表	主要农业机械年末拥有量
农年综4表	农业机械、用电、化肥、水利情况
农年综5表	农作物播种面积和产量
农年综6表	蚕茧、茶叶和水果生产情况
农年综8表	林业生产情况
农年综9表	牧业生产情况
农年综10表	渔业生产情况
农年综11表	农业总产值（附计算表）
农年综13表	农业净产值（附物耗计算表）
农年综13表	农村经济收益分配情况

1984年农业定期报表

表　号	表　　名
农综1表	农作物播种面积电讯季节报
	1、上年秋冬播种面积 2、春夏播种面积 （1）早稻、棉花、烤烟播种面积 （2）全年春夏播种面积
农综3表	农作物产量电讯季节报
	1、夏收粮食和油菜籽预计产量 2、夏收粮食和油菜籽实际产量 3、早稻预计产量 4、早稻实际产量 5、全年农作物预计产量
农综3表	牲畜电讯半年报
	1、上半年牲畜情况 2、全年牲畜情况预计

1983年农业年报共12个表种，比上年减少1种表，即农年14表《农村人民公社固定资产投资和农民私人建房情况》。在保留的表种中，多数表种的指标都有一些增减变化：农年综1表《农村人民公社组织情况》，更名为《农村政社组织情况》，指标由原来的21个增加到25个。新增农村政社分开的乡（镇）政府、村民委员会、已改为经济组织的人民公社、实行联产承包责任制的队数、户数，其中实行大包干的队数、户数，未实行联产承包责任制的队数等指标；改农村人民公社户数、人口、劳动力为社（乡）户数、人口、劳动力；在社（乡）劳动力指标下，增列科学研究事业劳动力、社务管理劳动力、其他劳动力3项指标。农年综5表《农作物播种面积和产量》进行了简化合并，保留全社会总计和全民所有制粮食、棉花、油料的播种面积、总产量、亩产指标。农年综9表《牧业生产情况（二、饲养情况）》表，取消集体所有制经营、社员自营、其他经营的牛、猪、羊年末头数指标，保留全民所有制单位年末大牲畜（万头）、年末猪（万头）、年末羊（万只）指标。农年综2表《耕地面积》表按所有制分组的指标，只保留全民所有制。农年综8表《林业生产情况》表由原来的24个指标增加

为30个指标。为反映全民所有制单位和农户拥有的主要农业机械，将农年综3表《主要农业机械年末拥有量》表中的大中型农用拖拉机、小型拖拉机、磨面机、碾米机、农用载重汽车、胶轮大车、农用水泵等11种农业机械单列一张表。农年综4表《农业机械化、用电、化肥、水利情况》表中的农用化肥施用量，增加按折纯法计算的氮肥、磷肥、钾肥、复合肥指标。《农村人民公社基本核算单位收益分配情况》表改为《农村经济收益分配情况》表（农年综13表），由（一）收益分配、（二）粮食（包括大豆）分配、（三）社员人均收入水平三个部分组成，同1982年的收益分配表比较，指标有较大的调整。农年综11表《农业总产值》表，在1982年按部门分组（农业、林业、牧业、副业、渔业）的基础上进行了扩充，由原来的9个指标增加到34个指标，同时取消了按所有制分组的指标。《农业总产值（计算表式）》在1982年的基础上也作了详细的补充。农业总产值过去只要求省一级计算，现在要求县县计算。农年综12表《农业净产值》表（按生产法计算）取消了1982年按经济类型分组的指标，省要求有条件的县进行试算，以便取得经验，逐步过渡到由县计算。用分配法计算的农业净产值表式仅供参考不作上报任务。农业净产值附表《农业物质消耗计算表》除要求用生产法进行分项目计算外，还要求用生产法进行分部门的计算。除执行上述农业统计年报外，还执行国家统计局制发的《1983年县（市）农业经济卡片》，由各县填报。

为加强对农村报表的管理，减轻基层负担，保证数字的统一，国家统计局规定有关林业、水产、农机、水利方面的年报基层表，省统计局与省有关业务部门本着“一只手向下”的要求，共同制定一种基层表式下达农村人民公社。

1984年，继续执行1983年经过改革后的农业统计报表制度（包括年报和定期报表）和县（市）农业经济卡片，指标体系保持不变。为适应农村经济形势的新变化，全面反映农村经济发展的总规模及其发展速度，各县按照省统计局根据国家统计局制发的《农村社会总产值计算方案》，结合贵州情况提出的要求，从1984年起根据有关资料，对农村社会总产值按现价进行计算。《现价农村社会总产值（农年综14表）》设农业总产值、农村工业总产值、农村建筑业总产值、运输业总产值、商业饮食业产值等18个主要指标。表中现价农业总产值不包括村办工业及村以下工业产值，这部分产值统计在农村工业总产值中。

为了全面观察农村经济的收入分配和效益情况，按照省统计局的要求执行国家统计局制发的《农村经济收入分配和效益计算方案》。《农村经济收入分配和效益》（农年综15表）设农村经济总收入、其中出售产品收入、各项费用、纯收入、农村经济内部积累、农村固定资产原值、农村劳动力、平均每个劳动力提供的总收入等27个指标。计算范围包括乡（社）村（队）企业经营的，农业生产合作社、生产队和其他经济组织形式统一经营的（含集体承包），新经济联合体经营的，农民家庭经营的4个部分。

随着农村联产承包责任制的普遍推行，涌现出一批专业户和新经济联合体。为了及时、准确地反映他们的发展情况，供各级党政领导制定农村经济政策参考，国家统计局制发了《1984年农村专业户、新经济联合体基本情况调查（一、专业户；二、新经济联合体）》，列为农业统计报表制度的组成部分，各县统计局结合农业年报认真开展此项调查工作。专业户调查表设专业户数、家庭常住人口、男女整半劳动力、其中从事专业的劳动力、家庭全年总收入、出售产品收入、粮食专业户粮食总产量等主要指标，按部门分列。新经济联合体调查表设联合体个数、从业人数、固定资产原值、总收入、费用支出、纯收入等主要指标，按部门分列。为了及时向各级党政领导提供农村“两户”（专业户和重点户）“一联”（经济联合体）的统计数据和经济信息，以便掌握情况，指导农村“两户”“一联”的发展。地、县从1984年第二季度开始，根据省统计局决定，在农村经济调查点建立“两户”“一联”经营情况报告制度。

1985年的农业统计年报，根据农村形势的变化，分为农业统计年报制度和农村经济综合统计报表制度两部分。年报制度部分，包括反映农业（农、林、牧、副、渔）生产情况的农年综1—10表。对其中部分表种的指标在1984年的基础上，又作了进一步修订。农年综1表《农村政社组织情况》改为《农村基层组织情况》，将政社组织情况的分组指标，改为农村基层组织数，下列：1. 乡政府（其中分民族乡）；2. 镇政府（其中分民族镇）；3. 村民委员会；4. 村民小组。取消原表中实行联产承包责任制情况的5个指标和乡（社）户数、人口、劳动力指标，改列乡村户数、乡村人口数、乡村劳动力合计（一、按性别分组；二、按部门分组）指标。农年综2表《耕地面积》中的当年减少耕地面积项下，增列退耕造林面积、退耕改牧面积，将乡（社）、村（队）基建和社员建房占地作为表外附记指标。农年综8表《林业生产情况》由原来的31个指标增加为45个指标。在营林情况指标下，增列低产林改造面积、抚育改造出材量、年末实有母树林面积、年末实有种子园面积4个指标。在当年造林面积指标下增列按所有制（国营造林、国社合作造林、集体造林、个人造林）分的指标。农村经济综合统计报表制度部分，对部分表种指标的设置也作了一些调整。农年综11表《现价农村社会总产值》中的农业总产值指标下，增列其中全民所有制产值；农村工业总产值指标下，分列乡办工业产值、村办工业产值、村以下工业产值，取消其中村及村以下工业产值指标；运输业总产值指标下，分列乡办运输企业货运产值、村办运输企业货运产值、村以下运输企业货运产值，取消水运、陆运产值指标；饮食业产值指标下，增列其中农村供销社饮食业产值。农年综12表《农业总产值和农业商品产值》中的农业总产值表，将农业产值改为种植业产值、取消副业产值指标下的村（队）和村以下工业产值。农业商品产值表，设农作物种植业商品产值、林业商品产值、牧业商品产值、副业商品产值、渔业商品产值等主要指标。农年综14表《农村经济收入分配和效益》压缩了农村固定资产原值、农村劳动力、平均每个劳动力提供的总收入3个指标。农年综15表《农村固定资产结构》是1985年新增加的表，设年末生产性固定资产原值（1.生产用房屋及建筑物，2.役畜及产品畜，3.铁木农具，4.农林牧副渔机械，5.工业机器、设备，6.建筑业机械，7.运输工具，8.其他固定资产）、年末非生产用房屋及建筑物原值共10个指标，按乡一级所有、村一级所有、村民小组所有、新经济联合体所有、农民家庭所有分列。本表只要求农经调查县统计局计算填报。

1985年农业统计定期报表，仍执行1984年制定的农综1表《农作物播种面积电讯季节报》、农综2表《农作物产量电讯季节报》和农综3表《牲畜电讯半年报》。在报送次数上，农综2表增报一次全年农作物产量第二次预计数。

1986年继续执行1985年制定的农业统计报表制度（包括年报和定期报表）和农村经济综合统计报表制度（农年综11—16表），其中个别表种的指标有所调整：农年综16表《1986年农村专业户、新经济联合体基本情况调查》中的专业户调查，该表宾栏指标由1985年的10项减为只保留专业户数、家庭男女整半劳动力、请帮工带徒弟人数三项指标。该表主栏指标除按9大部门分列外，在合计中增加请帮工带徒弟的分组，下列：（1）请帮工带徒弟7人以下的；（2）8—15人的；（3）16人以上的三项指标。同年9月，按省统计局通知：为适应农村工作分类指导的需要，更好地反映不同类型地区的农村经济发展情况，国家统计局已将县（市）农业经济卡片改为农村社会经济卡片。对现有指标进行调整，增加了农村劳动力分部门使用、交通流通条件和农村文化教育、卫生、社会福利、财政收入等22个指标。为发表《1986年国民经济和社会发展情况公报》，地、县统计局均按照省统计局在农业统计年报目录中所附的73个1986年公报指标（农业部分），于1987年1月25日前将公报指标用电话报省。

从1986年开始，毕节地区统计局探索研制了农村基层统计一套表，王允铎同志研制了BDT超级汇总软件，对农业年报进行分乡超级汇总，分乡对生产价值量指标进行超级汇总计算，消除中间环节错误，减轻基层负担，提高统计数据质量。

1988年，省统计局对1986年的农业统计报表制度和农村经济综合统计报表进行了部分修改，以此作为1988年的报表制度使用。农业统计年报修改的有：农年综1表《农村基层组织情况》中按部门分组的其他劳动力指标下，增列其中：外出临时工、合同工指标；农年综8表《林业生产情况》中的当年造林面积指标下，增列按造林方式分：（1）当年人工造林面积（按成活率85%计算）；（2）当年飞机播种面积（按有效面积计算），将当年造林面积中的飞机播种面积改为工程造林。定期报表修改的有《农作物播种面积电讯季节报》说明中的秋冬播种面积目录：农作物播种面积总计指标下，增列其他农作物，其中蔬菜、绿肥两个指标，取消全年农作物播种面积总计指标下粮食作物及洋芋、其他杂粮的秋冬播种指标。在定期报表中增加农综4表《大中城市蔬菜半年报》，统计范围为非农业人口（不含市辖镇）在50万人以上的城市辖区内的蔬菜生产单位，各县及地区所在地非农业人口均未达到50万人，故免报该表。此外，省统计局还要求1988年公报指标中的粮食产量一律用分季核实数字填报，计量单位由万斤改为吨。

1989年，国家统计局围绕建立健全国民经济核算体系和统计制度方法改革的长远目标，在广泛征求各地区和各部门意见的基础上，对1989年农村社会经济统计年报和1990年定期统计报表进行了修订：（一）取消农年综16表《农村专业户、新经济联合体基本情况调查》，将农年综14表《农村经济收入分配和效益》表中的新经济联合体指标改为联户企业；（二）为了解大中城市“菜篮子工程”进展情况和肉、蛋、奶、菜产销信息及其对人民生活的影响程度，将农综4表《大中城市蔬菜产销电讯半年报》扩展为《大中城市肉、蛋、奶、菜产销电讯半年报》，该表毕节地区仍然免报；（三）增加部分指标：1.为全面反映出栏大牲畜的头数和产肉量，在农年综9表《牧业生产情况（一）》中，增加包括役用淘汰在内的当年出售和自宰的肉用驴、骡、马和骆驼肉产量指标；2.为研究农村经济内部比例关系和经济效益，在《县（市）农村社会经济卡片》中增加乡镇企业的从业人员、收入、利润、税金和工资5项指标；3.为准确掌握生产蔗糖的甘蔗产量，在农年综5表《农作物播种面积和产量》表中甘蔗产量指标下，增列其中果蔗产量指标；4.为加强对中幼龄林抚育的考核，在农年综8表《林业生产情况》表中成林抚育面积指标下，增列其中中幼龄林抚育面积指标；（四）改进计算方法和统计标准：1.改进麻类产量的计算方法，黄麻、红麻的产量由按生麻计算改为按熟麻皮计算；2.修改农村固定资产计价标准，从1989年年报开始，将现行农村固定资产计价标准由30元改为50元以上（含50元），使用年限仍为两年以上。

1989年，省统计局在全省推行毕节地区统计局研制的农村基层统计一套表（以下简称一套表）。研制和推行一套表的目的在于克服当前农村统计报表多乱现象，消除指标重复，减轻基层负担，避免数出多门，提高统计数字质量，进一步发挥农村统计的整体效益。这是全省统计工作的一项重大改革，由省统计局研究室牵头，有关业务处室及毕节地区统计局协作配合，根据国家统计局印发的《农村一套表参考表式》的基本内容和要求，以毕节地区统计局推行的《农村基层统计一套表卡片》为基础，本着需要与可行的原则，结合现行报表制度，以适应国民经济核算体系的转换为目标，充分考虑贵州农村基层统计工作的实际情况，拟制出一套表的初步方案，组织专人深入基层调查研究，充分听取各方面意见和建议，经过反复研究论证和多次修改，最后形成《贵州省农村基层统计一套表试行方案》。

《农村基层一套表试行方案》的表式分乡镇调查统计和县（市）计算统计两部分，共23种表式，2600多个指标。乡镇调查统计包括农村基层组织情况、农村实有劳动力构成和资源情况、耕地面积变动情况、农村乡镇建设情况、农村科学技术基本情况、农村财政金融情况、农村商业及网点情况、主要农机拥有量、农业机械、用电、化肥、水利、科学种田情况、农作物播种面积和产量、林业生产情况、牧业生产情况、农村副业生产情况、渔业生产情况、农村乡镇企业生产、分配、效益情况、农村集体、私人固定资产投资情况、农村主要物资消费量、农村乡镇经济综合月报18种表式；县（市）统计局计算统计包括农村年末固定资产拥有量、现价农村社会总产值、现价农业总产值、商品产值、总收入计算表、现价农业中间消耗计算表、现价农业增加值、净产值构成形式分配表8种表式。这样划分的目的是为了减轻基层负担，区、乡只填基本的初始的绝对数字，凡需经过加工计算的价值量指标和相对指标，由县（市）统计局通过微机处理后反馈到乡镇。为了适应向新核算体系的转换和满足现行报表制度的要求，对有关指标作了适当调整，使之相互衔接，便于转换使用。为了加强农村统计报表的统一管理，充分发挥区、乡统计站（组）的职能作用，调动各有关业务部门的力量，保证数字的统一性，一套表表式中有关业务部门的年报指标，由统计站（组）搂分工负责的原则，统一组织搜集、审核、汇总，经统计站（组）共同审定后方可按各自的综合表式分别上报。

1990年，农业统计报表制度（包括1990年农业统计年报和1991年农业季节报两部分）由国家统计局、农业部、林业部、水利部共同制定。农业统计年报共14种表，比上年增加5种表。其中：表种表号保持不变的有农年综1表《农村基层组织情况》和农年综2表《耕地面积》；表种不变表号改变的有《农作物播种面积和产量》（由原农年综5表改为农年综9表），《蚕茧、茶叶、水果生产情况》（由原农年综6表改为农年综10表），《林业生产情况》（由原农年综8表改为农年综12表），《渔业生产情况》（由原农年综10表改为农年综15表）；表种表号都有变动的有原农年综9表《牧业生产情况》分为《牧业主要产品产量》（农年综13表）和《主要牲畜年末存栏情况》（农年综14表）两种表，原农年综3表《主要农业机械年末拥有量》（一）（二），分别与农业部农机管年2表《农业机械年末拥有量情况》、农机管年3表《主要农业机械按所有制分组情况》合并，原农年综4表《农业机械、用电、化肥、水利情况》表中的有关农业机械化情况与农业部农机管4表《主要农业机械化项目水平》合并，有关农田水利情况分别与水利部水综1表《灌溉面积》和水综11表《机电井》合并，有关用电、化肥情况另设《农村电气化的农业化学化情况》表。对合并后年报统一表式表号，共同布置。1990年公报指标（农业部分）表号为农年综16表，仍继续执行。综合定期报表有：农定综01表《农作物播种面积》；农定综02表《农作物产量》；农定综03表《牲畜生产情况》；农定综04表《大中城市肉、蛋、奶、菜产销情况》（该表毕节地区及各县免报）。以上均按省统计局规定的报送次数和报送时间上报。

1990年农村经济综合统计报表制度与上年基本相同。为了区别农业统计综合报表，国家统计局将原来的统一表号改为分开编号，共12个表种：原农年综11表《现价农村社会总产值》改为农村年综01表；原农年综12表《农业总产值和农业商品产值》（一）（二），分为《农业总产值》（农村年综02表）、《农业总产值计算表》（农村年综03表）、《农业商品产值》（农村年综04表）三种表；原农年综13表《农业净产值》（附物耗计算表），分为《农业净产值》（农村年综05表）、《农业物质消耗分项目计算表》（农村年综06表）、《农业物质消耗分部门计算表》（农村年综07表）三种表；原农年综14表《农村经济收入分配和效益》改为农村年综08表；原农年综15表《农村固定资产结构》改为农村年综09表；原农卡1表《县（市）农村社会经济卡片》改为农村年综10表。新增农村年综11表《沿海开放县和农副产品出口生产基地县农村社会经济卡片》和农村年综12表《牧业和半牧业县农村社会经济卡片》两种表。

二、农产量调查

农产量调查是农业统计的一个重要组成部分。中华人民共和国成立以后，党和政府十分重视这项工作。从农产量调查发展的各历史时期看，前半个时期主要是以全面统计为主结合典型调查，后半个时期即从1963年以后主要是开展抽样调查。1989年国家统计局明确规定，粮食产量以抽样调查数为法定数字，从此确立了农产量抽样调查的重要地位。

中华人民共和国成立后，毕节地区农产量调查大体经历了四个时期。

第一个时期，各级政府统计机构成立之前，农产量调查工作由贵州省财委统计室直接布置各县土改工作队了解农情，将粮食产量的预计情况汇报到专署财委，专署再汇报到省。一般称为“年成”估计。

第二个时期，政府统计机构成立后至农产量抽样调查队建立之前。

1953年6月20日，毕节专署计划统计科成立，负责全区统计调查工作，开始采用以县为范围划类选点的典型调查与全面统计相结合的方法，取得农作物产量数字。同时执行省统计局制发的《1954年贵州省主要农作物典型调查方案（草案）》，按照省的要求，在小春作物面积和产量调查中，选择县进行试点，取得了初步经验。在大季作物产量调查时，继续采用这种先试点，取得经验后逐步推行的方法。

1959年3月，为了解小麦、油菜等作物的生长情况及预计产量，按照省统计局布置，毕节县、纳雍县对小麦、油菜、杂粮、春洋芋的播种、施肥、作物生长情况及预计产量作一次快速调查。调查范围：各调查点抽选一个生产情况属中等的生产队进行调查；对小麦、油菜等生长情况，可选择一、二块田土作典型调查，计算出每亩平均产量。同年，按照省农产量调查会议要求，在全区范围内对夏收农作物和秋收农作物，进行了两次规模较大的调查：一是1959年4月，以农业、统计部门为主，组织粮食、商业、财税、银行等有部门参加，成立了农产量调查办公室。在夏季作物收获前和收获过程中，抓了5次粮食产量预计，建立了收获进度5日报，并对粮食播种面积进行了三次核实；二是1959年8月，在省工作组的指导下，采取全面调查与典型调查相结合的方法，层层估产、多次预计、实割实测、单打单收，提前三个月完成调查任务，产量数字抓得比较扎实。

1960年5月，为反映农业丰收的成果和“农业八字宪法”（土、肥、水、种、密、保、管、工）对农业生产所起的作用，根据省统计局布置，各调查点对夏收产量和秋收播种面积的调查。调查方案包括1960年夏收作物产量调查；主要农作物丰产田地统计；夏收作物受灾面积调查；农村人民公社秋收作物播种面积情况等。

1961年4月，针对农产量调查工作中存在的数字不实和资料迟报、缺报现象较为严重的问题，农产量调查工作省统计局要求，紧紧围绕“四固定”“三包一奖”和收入分配等工作进行，在抓好核实面积的基础上，作好预计估产和农作物总产量定案工作。夏收农作物产量5月10日前、6月底前各报一次，秋收农作物产量8月底和10月底前各报一次，同时作好粮食入库统计和其他农产品的收购统计。

1962年，根据省委和省人委指示，各县开展了全区农产量典型调查。从8月到11月历时三个月完成了全区农产量调查任务。通过这次调查获得的典型材料，不仅对全区验证了1962年粮食产量数字，而且对各类地区都有一定的代表性，满足了各级领导的需要。这次农产量调查由于结合了生产条件的调查与分析，提高数字质量。被调查的典型生产队，1962年粮食和大豆产量与1957年比较，以恢复发展水平为标准分组：第一组的生产队已恢复和超过1957年水平；第二组已恢复达到1957年水平的90%—100%；第三组已恢复达到1957年水平的80%—90%；第四组已恢复达到1957年水平的70%—80%。8月，省统计局安顺会议［全省24个重点县（市）农产量典型调查会议］研究了典型调查方法，并交流了经验。为切实贯彻调查方案所规定的内容和要求，统一了以下几点作法：1.做好典型生产队的代表性检查；2.抓好农产量预估产，组织人员进行临田估产；3.狠抓实际产量的调查，特别是粮食产量数字要求摸细摸透，做到数字准、情况明；4.写好农产量调查报告。10月，各农产量调查重点县除按原规定9月底报告一次秋收农作物预计产量外，并于10月25日前增报一次全县和典型队全年农作物预计产量，写出典型队文字报告报省。11月，国家统计局为深入了解和研究农业生产情况，补充验证全国统计资料，特制定农业生产典型调查表，布置各地在已经选定的重点县、社和生产队中执行。如有的重点县、社不能代表某项调查内容的一般趋势和水平时，也可根据实际情况增选一些辅助调查点进行调查。为把情况摸清摸透，这项调查必须由重点县的统计部门派人深入社、队，深入群众亲自调查，不要把典型调查表转发到社、队填报。调查资料必须保证如实反映情况，数字准确，上报及时。各地在进行调查时可根据当地实际情况进行补充，不要受提纲的限制。同月，国家统计局又布置各县（包括相当县一级的行政单位），进行一次粮食、大豆、棉花和油料产量调查。这项调查要求填报县（市）行政区划范围内的全部产量。为便于同过去对比，还要求同时填报1961年的产量。如县的行政区划发生变动，应按变动后的区划加以调整，使两年所包括的范围一致。对1962年的产量如有三套数字［第一套是县统计局（科）根据社、队和国营农场上报汇兑数；第二套是县统计局根据调查结果的分析意见数；第三套是县领导的调查分析数］，要求填报三套数字，但必须严格区分，如实反映情况，不得以此代彼，或故意不报。这项调查要求报告两次：第一次于12月1日报告1962年全年预产量；第二次于1963年2月15日报告1962年实际产量。专县对上述调查十分重视，积极采取措施，认真贯彻落实。

1963年3月，根据省统计局《关于做好1963年夏收农产量调查统计工作的通知》，认真贯彻落实国家统计局制定的1963年全国统计工作纲要（初稿）指示，今年农业统计工作的中心任务是“狠抓粮食、棉花、油料和其他重要农作物产量调查工作”。夏收农产量调查包括四项任务：1.全面统计。各专、州、市、县首先要做好全面的夏收农作物播种面积核实工作，并在此基础上按照省统一规定的农业生产统计报表制度，按时按质报送夏收作物预计产量和实际产量资料；2.典型调查。在夏收期间，每县调查三个夏粮典型生产队，油菜籽生产县除调查三个夏粮队外，还要调查三个油菜籽典型生产队。典型生产队调查工作，应该在群众预计估产的基础上，以生产队集体经营的农作物单产水平为标准，抽选典型公社和典型生产队，各县要派人亲自深入到典型队，采用查账、开调查会的方法，取得典型生产队整个队的资料。也可根据实际情况，对集体经营的小麦和油菜籽典型地块实割实测；3.重点调查。各级统计部门要抓好小麦和油菜籽主产县和重点生产区的调查统计工作，直接搜集全面资料和典型调查资料；4.数字质量检查。为提高统计数字质量，各级统计部门要在夏收预计和实际产量全面统计结束时，采取自上而下和自下而上的办法，对区、公社、大队、生产队各级统计上报数字进行检查，摸清各级实际数字和上报数字的出入及其产生的原因，掌握各级数字偏高偏低的幅度。在进行上述夏收农产量调查工作中，必须紧密结合当前春耕生产进行。专、县在夏收农产量调查工作结束后，除按规定时间上报调查资料外，还向省统计局报送书面总结报告。

第三个时期，农产量抽样调查机构建立之后至“文化大革命”时期。

三年调整时期，各地瞒产现象较为严重。为了搞准农产量数字，在省统计局指导下，专统计部门会同农业、粮食等部门，着手改进农产量典型调查统计工作，即采取县、区两级都搞调查，以县级为主的方法。

1966年“文化大革命”开始，此期间，为了反映全省夏收农作物的产量情况，为编制和检查计划提供比较可靠的农产量资料，各县统计部门仍采取典型调查方法推算农作物产量。

1975年和1976年秋季，接省计委通知，要求各地、州、市、县计委对秋收农作物开展典型调查。各县根据工作基础和自然条件（山区、丘陵、平坝）各选3个生产大队，重点抓好水稻、玉米、棉花、烤烟的调查。经济作物主产县除作好粮食产量调查外，还要对烤烟、花生、甘蔗等主要经济作物的生产情况进行典型调查。调查结束，地区综合整理调查表，并写出文字报告于9月底报省。

第四个时期，抽样调查方法广泛应用时期。

中共十一届三中全会的召开，为抽样调查方法的应用提供了良好的政治环境。1979年3月召开的全国统计局长会议，再一次肯定了抽样调查方法，使中断了十多年的农产量抽样调查得以恢复并广泛应用。1979年3月召开的全国统计局长会议，再一次肯定了抽样调查方法，使中断了十多年的农产量抽样调查得以恢复并广泛应用。1979年7月，省统计局向各地、州、市、县统计局转发国家统计局《农产量抽样调查方法（草案）》，要求有条件的地区参照此办法进行试点。1980年8月，省人民政府批转省统计局《关于加强农产量调查统计工作的报告》中指出，鉴于当前生产责任制有多种形式，群众思想顾虑多，很难报实产量，光靠全面统计不行，必须采用抽样调查等多种方法，要求各县、市搞好秋季水稻产量抽样调查试点工作。同年夏季，毕节县统计局派一名农业统计人员参加省统计局在湄潭县进行小麦抽样调查试点，通过实践学习抽样调查方法，接受农产量抽样调查骨干力量培训。1982年国家统计局制订定了农产量抽样调查方案，与1963年的调查方案相比，有所改进：一是县的调查数目过去的1/6改为1/5；二是改过去的四层抽样为五层抽样，由过去的生产队直接地块，改为生产大队抽生产队，生产队抽地块；三是在抽选县、大队、生产队时都是利用年平均亩产排队，按三年平均播种面积的累计数等距抽样；四是固定村以上的调查点，只有地块和实割实测的样本在每次调查前抽选。1982年毕节县被省正式确定为9个水稻抽样调查试点县之一。1983年3月，省统计局和省计委等部门在《关于认真贯彻执行〈省人民政府关于全面开展农产量抽样调查工作的通知〉的通知》指出，省人民政府为贯彻国务院《批转国家计委等部门关于开展农产量抽样调查工作的报告》，请各部门认真学习并贯彻执行。鉴于全省农村99%以上的生产队实行了包干到户到，加大了农业全面统计工作的难度和工作量。为适应新形势的需要，在加强全面统计工作的同时，积极开展农产量抽样调查十分必要。国家统计局已经明确，今后上报粮食预计产量数字，要以农产量抽样调查的数字为主要依据。经省统计局、省计委、省农业厅、省粮食厅等有关部门共同研究确定，从1983年起，以县为单位按照国家统计局、农牧渔业部共同制定的农产量抽样调查方案，每年都要开展夏、秋两季农产量抽样调查工作，根据调查结果，验证全面统计数字。统计部门要负责业务指导及培训业务骨干。农业部门、粮食部门和统计部门布置的农产量抽样调查相重合的县，最好结合起来进行，调查结果共同使用，并分别上报各自主管厅局。根据以上通知精神，1983年上半年，被抽中的毕节县、黔西县、纳雍县对夏季农作物进行了抽样调查，其中对小麦进行了实割实测。

1984年，根据国家计委、统计局等部门《关于农村和城市两支抽样调查队组建工作的通知》，在省统计局内恢复建立了贵州省农产量抽样调查队（后改为农村社会经济抽样调查队）。该队按照全国统一的调查方案，重新抽取调查网点。用前三年粮食综合平均亩产排队，采取对称等距抽样，抽中毕节、大方、黔西、纳雍、赫章、威宁6个县为国家调查县（简称国家点）。由于这6个县刚组建农村抽样调查队（简称农调队），人员尚未配齐，当年农产量抽样调查仍在毕节、黔西、纳雍3县进行。

1985年，正式启用国家新网点开展夏、秋季农产量抽样调查。1986年，省政府黔府发出通告要求县县开展农产量抽样调查，各地广泛开展了以乡（有的以村）为总体的简易农产量抽样调查，全区开展调查的有个乡、镇，占全区乡、镇总数的90%。全区个县乡乡开展了调查，有个县村村开展了调查，有个县以县总体开展调查。

为进一步提高农产量特别是粮食产量统计的科学性和准确性，适应地、州、市、县分级管理、分级决策的需要。1990年9月，省统计局拟制《贵州省乡乡开展农产量抽样调查试行方案》，经省人民政府同意，以黔府办〔90〕110号文转发各自治州、市、县、特区（区）人民政府和各地区行署组织实施。调查内容以乡（镇）为抽样调查总体，全乡当年收获的粮食作物，包括夏秋两季的小麦、水稻、玉米、薯类、杂粮均作调查统计。调查范围全省所有乡（镇），除城镇郊区专门种植蔬菜或其他经济作物的农户外，都要开展抽样调查。对农户零星种植的粮食作物和国营单位农产量统计，仍按原统计制度和方法进行。在抽样调查中，按照科学方法抽选出来的调查样本，应对粮食产量具有充分的代表性，为便于连续观察，第一阶段调查单位及样本一经抽出，一般使用五年不变。抽样方法采用两阶段等距抽样抽选农户或抽选地块两种方法进行，即第一阶段在乡内抽村民组；第二阶段在已抽中的村民组内抽选农户或抽地块。各抽样阶段的样本抽选，既不能考虑实施的可能性。同年，国家统计局针对各地由于种植方式、作物配置、生产状况发生的变化，过去的调查网点存在老化及代表性不足问题，特制定《农村抽样调查样本轮换方案》，要求各地重新抽取县以下（不包括县）调查单位组成新网点，使之具有样本轮换功能。

三、农村经济调查

1952年，为进一步了解与掌握农村经济情况，为各级党政领导编制计划提供依据，根据西南区财委的部署，毕节专区执行省财委下达的《农村经济调查方案》。选择有代表性的10至15个村进行典型调查，调查内容包括农村总人口、农作物产量、农民收支、农业人口呼非农业人口购买力、农产品盈亏量、主要农产品和工业品的需要量等。专商业、农业、财政、供销、人民银行等有关部门抽调人员参加调查。同年10月，为了工农业生产水平，遵照党中央主席毛泽东的指示，根据西南区财委通知精神，按照省财委布置在进行了农业总产值调查估算。

1954年6月，为及时掌握接近实际的农业生产数字，验证全面资料的准确性。省统计局布置了《贵州省主要农作物典型调查》，主要调查水稻、玉米、小麦、棉花、烤烟、油菜6种作物的种植面积、收获面积、产量和人口、耕地、牲畜等指标。专署先选择？某县作为重点县（一个或两个典型村）进行试点，然后再布置各县选择一至三个有代表性的村进行调查。各县以种植面积和收获量为调查重点，在各级党委和计委的统一领导下，以统计部门为主，农业、粮食、财政等部门联合成立典型调查小组，采取逐户登记的办法，调查结果要与征购、收购及合作贸易部门数字核对。

1956年，为反映农业合作化的政策执行情况，根据省统计局布置的《1956年农业生产合作社收益分配、增产增收和基建投资情况调查》，各县农业生产合作社开展了这项调查。

1957年，为反映国家和社、社和社员的关系以及勤俭办社、增产增收、多种经营、挖掘劳动潜力等各项政策的贯彻执行情况，为党和政府研究制定有关农业社的各项政策提供依据，执行省统计局布置的《1957年农业生产合作社收益分配调查》。这次调查分甲、乙两种表：甲表内容包括农业生产合作社基本情况、主要产品分配情况、社员收益分配情况、主要资金来源和运用情况；乙表内容包括农业生产合作社基本情况、劳动日分配和劳动力利用情况。主要产品分配和种子耗用情况、收益分配、副业产值、资产负债、增产情况、社员收入、典型社员户收支、典型社员户私人经营的农副业收支、富裕中农生产、收入水平典型户等。甲种要求所有农业生产合作社填报，乙种表要求各地农村工作部抽调力量深入到社进行调查填报，并按调查提纲写出文字报告。同年，为了解全省家畜生产情况，执行省统计局、省农业厅联合布置的《1957年全省家畜普查及典型调查》，调查内容为牛（分黄牛、水牛、奶牛）、马、驴、骡、生猪头数及羊的只数等。为了解农村缺粮情况，根据省粮食厅要求在全区范围内进行一次《农村缺粮户及粮食供应情况》调查，内容包括缺粮的户数、供应粮食数量等指标，主要采取深入社、队，邀请队干部座谈等形式收集资料，并对以后的缺粮情况，改按季登记为按月登记。

1958年5月，根据省委要求，按照省委农村工作部和省统计局布置，对全部高级社夏收预分进行普查。同年9月，又对农业生产合作社（或人民公社）收益分配进行典型调查。这次调查对全、半劳动力的划分标准作了新的规定，要求以劳动强度结合年龄划分。到12月底止，全区建立了农村经济调查网，自本年起，对人民公社收益分配、夏收预分的调查一直持续到1966年“文化大革命”开始时止。同时，为满足各级党政领导了解农村经济变化情况和社员物质文化生活增长变化情况的需要，在农家收支和收益分配两项调查的基础上，形成以社、队为主比较完整的农村经济综合性调查，即以农村经济为整体，对生产、分配、交换、消费的关系和变化情况进行综合性的调查研究，逐步发展成各级政府的调查研究基地。这个阶段的调查内容，着重在农村人民公社集体经济方面，先后对主要农产品成本和劳动生产率、农村劳动力资源和分配，以及农村人民公社的收益分配、财务收支和食堂消费情况等进行调查研究。

1959年，为了解中共八届六中全会《关于人民公社若干问题的决议》的贯彻执行情况，及正确反映整社结束时，人民公社工、农、商、学、兵等各方面的基本情况，执行省委农工部和省统计局布置的《贵州省农村人民公社基本情况调查》，该表在国家统计局调查内容的基础上，增加“16岁以下，半工半读学生16岁以上和未满16岁的人数”等指标。在“省人民公社基本情况调查办公室”的具体领导下，各县以统计局为主，抽调农业、林业、水利、工业、商业、交通、邮电、银行等部门人员8—10人组成调查办公室，负责完成此项调查任务。为及时了解农村人民公社夏收预分中国家、社、队和社员的关系，积累和消费的比例，工资部分与供给部分的比例，夏粮分配及预分时关于债务往来的偿还等情况，毕节县根据省统计局布置的《1959年农村人民公社典型生产队夏收预分情况调查》，选2个有代表性的生产队（一个穷队、一个富队）进行调查。为了观察不同经济水平的生产队在夏收预分的不同情况，组织一定力量深入社队与干部共同研究，调查填报。

1960年上半年，全省掀起了一个支援农村、工业支援农业、全民支援春耕生产的群众运动。为迅速反映农村技术革新与技术革命的成果和各行各业支援农业的情况，决定以5月30日为时点，对各地农村技术革新与技术革命及各行各业支援农业情况进行一次快速调查。为了解农产品生产成本情况，为国家调整农产品价格提供依据，根据国家和省的布置于1960年10月对主要农产品和生猪成本进行了一次性调查。为观察农村人民公社各级（公社、基本核算单位、包产单位）收入分配和财务决算情况，各县组织填报省统计局布置的《1960年农村人民公社收入分配和财务决算调查表》。此后，该项调查转为定期统计年报。

1961年2月，为了解各地小麦生长情况，特别是以水、肥为中心的各地小麦返青阶段的田间管理情况，根据国家统计局的要求，按照省统计局布置，对全区进行《小麦返青期间田间管理调查》，并连同文字报告报省统计局。为研究当前农产品价格提供重要依据，根据国家统计局和粮食部的要求，按照省统计局、省粮食厅的布置，以统计部门为主会同有关部门组织力量，选择有代表性的生产队对1961年农产品生产成本和劳动生产率进行调查。该项调查要求一年进行2次，共有种表，分2次（第1次于8月20日、第2次于次年2月10日）上报。1961年3月，为了解全省夏收作物生长情况和问题，及时提供党政领导参考，根据省统计局的布置，对夏收作物播种面积变动、估产和增产措施情况进行重点调查，要求各地在基点社内选择工作好和工作差的具有代表性的两个生产队作深入调查研究，提出夏季丰收的各种措施，认真写好文字分析于4月10日前报省。

1962年，根据省统计局制发的《1962年重点农村人民公社基本核算单位收入分配调查报告参考提纲》，选择有代表性的基本核算单位进行调查。调查内容为粮食内容为粮豆分配、收入及分配、兑现资金情况，在粮、豆分配和收入分配中，基本核算单位与上一级的关系，对分配政策的贯彻执行情况等8个方面的问题。同年3月，为掌握农村劳动力资源及安排使用情况，根据省统计局布置开展“农村劳动力调查”。主要内容有1962年3月底公社各级占用劳动力情况，典型生产队1957年以来劳动力资源情况等共17张农村劳动力调查表。4月，为了解全省公社三级所有制调整情况和贯彻执行分配大包干政策在生产关系方面的变化情况，根据国家经济建设国家统计局要求，按照省统计局布置，填报《农村人民公社基本情况调查》表。要求以公社为单位组织调查，调查资料一律按5月底的情况进行统计，对调查表中的“旧农具拥有量”等指标，县一级可根据典型调查资料推算。在同一时间，根据省统计局布置，开展“农村人民公社社队规模调整和改变基本核算单位情况调查”。这项调查以春耕开始前后作为调查时点，于4月20日前将调查指标电话报省统计局。为反映上年农村人民公社收益分配兑现情况，毕节县统计局配合省统计局人员深入典型生产队，对农村人民公社1961年收益分配兑现情况开展重点调查。还对典型生产队进行“典型生产队增产因素的综合调查”。这一年黔西县、威宁县根据国家统计局、粮食部和全国供销合作总社联合制发的调查方案，选择有代表性的生产队进行农产品成本和劳动生产率调查。这次调查在选点上有所缩小，农产品品种有所扩大，具体有水稻、玉米、其它粮食作物、薯类、大豆、油菜、烤烟、其他经济作物等10个品种。要求各调查县统计局、粮食局、供销社各抽1—2人协助省农经员开展调查。

1963年2月，为及时了解大牲畜的再生产和越冬情况及存在问题，根据省统计局布置，毕节、威宁两县指定专人深入农村经济调查点的生产大队进行一次大牲畜情况调查。这项调查为了与1957年和1962年对比，要求按现在的规模对1957年和1962年的资料进行调整，使包括的范围一致。于3月20日前将调查资料报送国家统计局、省统计局、专统计局各一份。同年，根据省统计局布置，在典型公社基本核算单位各选2个生产队进行“1963年典型农村人民公社基本核算单位夏收预分调查”。1963年3月，根据省统计局布置，专、县进行“区和农村人民公社基本情况调查”，调查表式有《农村人民公社基本情况调查表》（由县统计局布置到区和公社逐级进行填报）和《区、公社名称及规模一览表》（由县根据各公社的基层表进行整理）两种表。专、县在公社调整变动后的一个月内将调查资料综合报省统计局。为进一步贯彻贯彻执行“发展国民经济以农业为基础，以工业为主导”的总方针，及时向各级党政领导提供各行各业支援农业情况。根据省统计局布置，专、县组织人员深入到农村经济调查点生产队进行“支援农业调查”，对取得的效果和存在问题按提纲要求写出文字报告。

1964年，根据国家统计局、农业部的要求，按照省统计局印发的《1964年农村人民公社基本核算单位年终决算表》，对全区农村人民公社年终决算进行调查。调查内容有生产情况和粮食分配两大类，由各公社自行开展调查填报。为了解和研究畜牧业生产情况，补充全面统计资料的不足，根据省统计局布置，以农村人民公社的典型生产队为调查对象，在已选定的农村经济调查点上进行“1964年、1965年典型生产队畜牧业生产情况调查”。调查表包括三个表：1. 牧典生1表《典型生产队大牲畜调查表》，附表《典型生产队大牲畜年龄分组表》；2. 牧典生2表《典型生产队养猪情况调查表》；3. 牧典生3表《典型生产队羊、兔、家禽饲养情况调查表》。上报时间：1—11月份情况于12月5日前上报，12月至次年5月情况于6月5日前上报。

全省采取划类选点的方法，开展秋收农产量典型调查。各选中县人民委员会专门发出了做好农产量调查的通知，成立了调查机构，由县长或副县长亲自领导。省统计局工作组赴毕节专区协助调查工作。

1965年，根据省统计局和省农业办公室联合布置开展“农村人民公社基本核算单位收益分配预分调查”，这次调查，着重研究多种经营发展和公共积累的提取使用问题。

1966年“文化大革命”开始后，上述调查中断。

1974年，恢复《农村人民公社全部基本核算单位收益分配》调查。调查内容包括农村人民公社基本情况、收入与分配、粮豆分配三大部分，要求以生产队为单位进行调查。毕节县根据省计委决定抽3个典型生产大队（免去原来的3个生产队）调查。当年4月，根据省财委《关于1974年夏收农作物典型调查》的通知，在全区进行了夏收农作物产量典型调查。

1975年开始，为了系统地研究农村人民公社集体经济的发展情况，恢复了农村经济调查网络，农村经济典型调查正式纳入年报和定期报表制度。

1976年7月，全区恢复建立农村经济典型调查定期统计报表制度。

中共十一届三中全会以后，农村普遍实行联产承包责任制，经济体制改革迅速进展。为了加强农村经济调查工作，1980年3月1日，经省统计局、省编委、省人事局研究确定，在毕节、黔西、纳雍3个农村经济调查县各配1名农村经济专职调查员，编制由省统计局拨给，为省统计局农村经济专职调查，工资由省统计局发，在县统计局的领导下，进行农村经济调查工作。

1982年，为了加强农村经济调查工作，在全区8个县均建立了农经调查点，除完成国家统计局布置的调查工作外，还增加了农村人民公社基本核算单位收益分配的内容。1982年4月22日，由于农村经济调查工作主要在县，调查员的编制、工资在省统计局，给农村经济专职调查员的生活管理方面带来不便，经省统计局、省编委、省人事局研究决定，从1983年起，将省管理的3个农村经济专职调查员下放到县，列入县统计局编制。

1987年11月，为掌握贫困县农村经济开发和扶贫工作情况，根据国务院贫困地区经济开发领导小组和国家统计局的要求，全区各贫困县根据省统计局布置，填报《贫困县农村经济开发情况调查统计表》，由各贫困县经济开发领导小组负责组织领导和协调工作，主要情况和指标数据由县经济开发领导小组和统计局共同审定，次年2月底前报省。

第二节　工业统计调查

1951年7月，毕节专署财经委员会开始填报省统计局布置的工矿企业定期综合月（季）报表。包括在生产和劳动两个部分。有工矿企业的职工平均人数、生产总值、商品总值、主要产品产量4个报表。同时为了使工业统计的范围不重复不遗漏，根据西南财委和省财委的通知，7月底以前，对未填报定期统计报表的公营、公私合营工矿企业进行调查，并要求各企业建立健全原始记录和统计台帐。12月，又根据省财委安排，按照西南财委11月制发的《检查各厂矿原始启示工作提要》，专财委对专区和各县所属各厂矿企业的原始记录，作了一次全面深入的检查。主要内容为：（1）检查厂矿各业务部门、各生产车间对各种原始记录表格是否经常认真填写，其执行情况如何？（2）检查各厂矿定期报表的各项面指标是否依据原始记录填报，有无假造或勉强拼凑统计数字的情况，重点收集原始记录资料与报表的核对。（3）检查在建立或改进原始记录过程中所订的各种制度是否严格执行并在厂矿内部巩固起来。（4）检查统计人员及车间领导人员配置情况，领导关系、工作情形及业务水平等，并注意先进经验和模范事迹。（5）深入了解理行原始记录各种表格的优缺点，能还全面反映企业生产活动情况，能否满足有关部门业务上的需要，发现缺点，会同有关方面研究改进办法。

1952年，工业生产定期综合统计报表，由国营、地方国营及公私合营工业企业填报总产值、主要产品产量、期末职工人数与工资总额以及原材料、燃料、电力消耗等月（季）报表。同年1月，专区建立地方工业主要产品产销情况月快报，公营、公私合营工业企业产品产量、工业总产值、职工人数及工资半年度总结表。毕节县开始填报私营工业动态月报。与此同时，对原执行的公营及公私合营工业企业年度总结报表，改为国营、地方国营及公私合营工业企业统计制度，在专、县个厂矿企业施行。各县填报的1952年工业生产综合年报表，（1）《县营工业企业生产情况综合表》，分机器工业和工场手工业，填报企业单位数、总产值（按1952年10月份价格计算）、年底职工人数、其中生产工人等指标，按经济类型、工业部门分组；（2）《县营工业主要产品生产量》，填报主要产品的生产县，按1952年国家统计局修订后的《工业产品目录》填列；（3）《企业电力收支情况》，填报自备发电机能力、收入量、支出量等指标，按经济类型、主管机关分组；（4）《企业职工住宅及文教福利设施情况》，填报企业职工住宅情况、企业自办文教福利设施情况，按经济类型、主管机关分组。

1952年，国家统计局统一制定了《1952年私营工业生产年度综合报表》。1953年—1957年是国民经济的第一个五年计划时期，国家进行大规模的经济建设，对工业统计的要求不断提高。从1953年1月起，全区大型工业企业填报国营、地方国营及公私合营工业企业定期统计月报表；对铅锌矿等主要厂矿实施月电报制度；小型工业企业填报国营、地方国营及公私合营工业企业生产主要情况季报。为了解私营工业及个体手工业的生产、经营及社会主义改造情况，专财委协同工商科的税务部门从1953年3月开始，对职工人数10人以上的私营工业企业实施《私营大型工业企业定期统计报表》。对职工人数10人以下的私营工业企业和手工业，全国、全省均没有建立统一的统计制度，区内主要是根据中财委制定的《私营企业行业分类暂行办法》，采取从各个行业的同业公会收集部分资料，再根据工商科、税务、银行的有关资料，并深入实际作一些典型调查，进行定期的估计推算。私营工业统计的主要内容有总产值、主要产品产是、国家及合作社的加工订货、统购包销、收购及企业自产品数量、主要原材料的消耗、生产设备及利用情况以及私营工业的户数、资本额、利润额、从业人数、职工人数和经济类型变动情况等。

1953年工业统计年报的实施范围扩大，包括国营、公私合营、合作社营、私营、个体手工业等五种经济成分的工业企业，不论其规模大小、独立或非独立、开工与未开工的均在实施范围。为了适应大规模的有计划的经济建设需要，根据国家统计局规定，从1953年起有关工业统计工作衽“双轨制”，各企业执行国家统计局规定的基本统计报表，除报送主管部门外，还应报送当地统计部门一份。

1954年初，根据西南区统计局的规定，按照省统计局的布置，建立《私营工业企业开、转、歇业定期报表制度》。同年，省统计局为满足检查国家计划执行情况和党政领导决策、采取措施的需要，在国营、地方国营、公私合营及合作社营工业企业中，选择22个重点企业建设了工业总产值、产品产量、职工人数月电快报，其中毕节专区有个。

1955年，自第一季度起，毕节专署计划统计科按季综合地区国营、地方国营、公私合营大小型工业企业工业总产值、产品产量、职工人数及工资综合报表。为了检查降低成本计划执行情况，省统计局扩大成本统计的重点企业，由1954年的2个重点企业扩大到26个重点企业，毕节专区有个重点企业，开始按月（季）填报《生产费用表》《商品生产成本计算表》《主要商品产品成本计算明细表》和《企业管理费及车间经费明细表》。为了加强企业管理的需要，根据国统计局制发的表式，全省选定15个重点工业企业按月填报主要产品质量指标完成情况摘要报表，毕节专区有个；选定12个重点工业企业按月填报主要经济技术定额完成情况摘要报表，毕节专区有个。为了准确地掌握企业单位的变动情况，在私营工业企业转变为其他经济类型时，填报一次私营转变为公私合营工业企业基本情况报表，专署计划统计科收转省统计局，同年10月起，建立《国营、地方国营及公私合营工业企业变动情况月报表》。该年，国家统计局精简了部分工业统计报表。按照规定，对国营、地方国营及公私合营工业企业统计，专署计划统计科只按月电讯报告，免报邮寄月报；私营工业定期综合月报表改为季报；手工业生产合作社（组）定期统计综合月报表改为季报。

1956年1月，根据国家统计局的统一规定，在全区建立了私营工业转为公私合营工业旬、月、季快报制度和手工业转为合作组织情况月快报制度，执行数月，由于私营工业已基本上批准为公私合营工业企业，个体手工业大部分已经组织起来，又分别于同年5月和6月停止执行。8月，为及时了解工业产品质量和主要工业生产技术经济指标以及主要设备利用情况，对1955年以来执行的重点工业企业按月填报的主要产品质量和主要经济技术定额完成情况报表停止执行，重量新建立26个重点工业企业按月执行主要产品质量、主要工业生产技术经济指标及主要生产设备利用情况统计报表。

1957年的工业定期统计综合报表，由工业企业和手工业生产合作组织丙部分组成。工业企业部分有9种表，比1952年增加6种表，即《新种类工业产品试制计划执行情况季报》，分甲乙两表。甲表为“新种类工业产品试制计划执行情况”，反映性能及用途、试制起止日期、正式投入生产日期等指标；乙表为“新种类工业产品试制品种数计划执行情况”，反映计划试制成功的品种数、实际试制成功的品种数等指标。《职工工资松成半年报》，反映职工人数、工资总额等指标。《职工动态月报》，反映期初期末职工人数及增减变化方面的指标。《工人劳动时间使用情况月报》，反映平均工人数、本月日历工日、公休工日、实际工作工日、实际工作工时、出勤率等指标。《主要产品质量及主要技术经济资料摘要综合月报》，反映计划、实际、去年同期实际等指标。《设备事故摘要综合月报表》，反映事故次数、停工工日数、损失金额等指标。继续保留三种表，即《总产值和商品产值》《主要产品产量》和《职工人数与工资总额计划执行情况》，将《原材料、燃料、电力消耗表》的指标并入主要技术经济资料表内，取消地方工业主要产品产销情况月快报。手工业生产合作组织部分，是当年新增加的，包括总产值、主要产品产量、从业人员及工资总额等三种表。

1957年的工业统计综合年报共有22种表，统计范围扩大到全部工业，包括工业企业及手工业生产合作组织。同1952年比较，减少《县营工业企业生产情况综合表》和《县营工业企业主要产品生产量》2种表；将《企业职工住宅及文教福利设施情况》表分设为《独立核算大型工业企业职工住宅》和《独立核算大型工业企业文教福利设施》两种表；新增加11种表。

1957年新增工业统计综合年报表

表　名	主要指标
1. 工业生产主要技术经济定额	由重点企业根据主要技术经济指标目录填列，按主要工业部门和经济类型分组。
2. 主要产品生产能力利用情况	反映年底生产能力和产品产量，按主要产品生产能力目录填列。
3. 财务成本	高固定资产原值、固定资产净值、新增固定资产原值等指标，按隶属关系、经济类型、现代工业与工场手工业、企业规划、工业部门等级组。全部商品产品成本、可比产品成本的降低额和降低率，按工业部门分组。主要产品单位成本，按经济类型分组。
4. 独立核算大型工业企业其他业务人员职工人数与工资	甲表反映年底职工人数、乙表反映年底平均人数与工资总额。分别设全部人员、其中工人、房屋大修理人员、厂外式运输人员、短期学习人员等，按隶属关系和经济类型分组。
5. 独立核算工业企业	甲表反映全部人员，乙表反映工人。设职工平均人数、工资总额（分列计时工资、计件工资、各种奖金、各种津贴、职工工资构成工程技术人员奖金等）指标，按隶属关系、经济类型和工业部门分组。
6. 独立核算大型工业企业职工动态	设年初人数，自本企业外增加人数、本企业其他人员转为工人、本企业工人转为其他人员、年末人数等指标，按隶属关系和经济类型分组。
7. 全部在职私方人员	设在职私方人员、全年薪资两个指标，按独立核算企业人数与全年薪资和非独立核算企业、隶属关系和经济类型分组。
8. 手工业生产合作社组织平均人数、工资人数和工业、利润、资金情况	设平均人数、工资总额、利润总额、自有资金、固定资产原值等指标，接生产资料、现代工业、城镇、部门等分组
9. 手工业产销情况	高产品生产量和销售量指标，按产品目录填列
10. 手工业实有人数	反映年末实有从业人数，分列合计和其中手工业生产合作社，按工业部门分组。
11. 手工业合作组织主要生产设备	设年底主要生产设备台数、公称能力等指标，按工业部门分组。

检查核对。12月，根据全国企业整顿领导小组和国家统计局的通知，按省统计局安排，地、县企业整顿领导小组和统计部门在企业整顿工继续保留的9种表，表名、指标、统计范围均有变动。将企业概况表改为《工业企业一览表》；将生产总值表改为《工业及手工业总产值》；将主要产品生产、销售与结存表改为《全部工业及手工业主要产品产量》，取消全部工业的产品销售量、结存量指标；将职工人数与工资表改为《工业企业职工人数与工资》；将企业电力收支情况表改为《独立核算工业企业电力收支情况》；将企业动力设备装置及使用情况表改为《全部工业动力设备》，取消使用项目；将企业主要生产设备的装置及使用情况表改为《主要专业生产设备》，取消使用项目；将企业工作母机的装置及使用情况表改为《全部工业金属切削机床及锻压设备》，取消使用项目，由工业企业扩大到全部工业；将主要原材料、燃料耗用与结存表改为《手工业生产合作组织主要原材料耗用情况》，只要求统计手工业合作组织原材料耗用量指标，取消工业企业主要原材料、燃料耗用与结存部分；将企业职工住宅及文教福利设施情况表改为《独立核算大型工业企业职工住宅》表。

在“大跃进”期间，乡（社）工业迅速发展，各种统计部门从1958年4月开始建立了乡（社）工业月电快报制度，主要指标为工业总产值、主要产品产量、职工人数及工资总额等。承担了钢铁生产的进度统计，根据全国的统一规定，从1958年9月1日起建立钢铁周报。结合省和专区的需要，又于9月12日改为钢铁日报，12月1日起，又先后由日报改为5日报和旬报。1959年在15个重点厂矿建立主要指标旬报制度。随着机械化、半机械化为中心的技术革新和技术革命运动的开展，1960年4月起在县以上工业企业建立工业机械化程度旬报制度，并在重点钢铁企业建立高炉、转炉利用系数、焦比合格率、一级合格率等指标日报制度。

1960年底前，对“大跃进”期间的统计报表进行清理。经过清理，1960年的工业定期统计报表保留4种表，即《工业总产值》《主要产品产量》《重要新产品试制情况》《重点工业企业技术经济指标》与1957年比较，减少了8个表种。1959年开始执行的钢铁进度统计继续执行。1960年的工业统计综合年报有13种表及3种附表，比1957年增加4种表及3种附表。即：《净产值和商品产值》，按1957年不变价和1960年现行价计算，按中央企业、地方企业、独立核算企业、城市公社工业街道工业、农村公社工业、生产资料与消费资料、企业规模和工业部门等分组。《新工业产品试制与生产情况》，分甲乙两表。甲表为《重要新产品试制情况》，反映产品名称、性能、用途、技术经济优点、实际试制成功的日期，实际投产日期及试制单位等情况；乙表为《1960年内实际试制成功的品种数》，反映新产品试制的企业单位数、1960年实际试制成功的品种数、1960年投入生产的品种数。分重要新产品、次要新产品试制等情况。《年末城市公社和农村公社工业基本情况》，按城市公社及街道工业、农村公社工业分列企业单位数、总产值、主要产品产量等指标，按地区、工业部门分组。《工业企业机械化、半机械化情况》，反映年底生产工人数、年底生产车间（矿井）数、自动化半自动化车间和机械化车间等指标，按工业部门分组。增加的三种附表是：《各月工业总产值》《各月工业净产值和商品产值》和《各月主要工业产品产量》。继续保留的有9种表，表名、指标和统计范围也有变动：《工业企业一览表》，增加职工人数、固定资产原值、流动资金、利润等指标；将工业及手工业总产值表改为《工业总产值》，增列工业企业、校办工业、机关团体办工业、城市公社工业及街道工业、农村公社工业，增加按工业部门、企业规模分组，取消按现代工业与工场手工业分组；《主要工业产品产量》，在主要产品下增列其中“小土群”“小洋群”产品。将主要产品能力利用表改为《主要产品生产能力》，增加年初达到能力、年底达到能力、全年平均能力等指标；《动力设备》《金属切削机床及锻压设备》和《主要专业生产设备》3种表，其统计范围由全部工业缩小为县以上工业企业，增加1960年新增设备指标，均按中央企业、地方企业和工业部门分列；将工业生产主要技术经济定额表改为《主要技术经济指标》，统计范围仍为重点工业企业；仅《手工业主要生产设备》表示变动。取消的13种表，有5种工业劳动工资统计年报表纳入劳动工资统计报表制度内，还取消电力收支、职工住宅、文教福利设施、财务成本和手工业生产合作组织部分的4种表。

1961—1965年，国民经济实行“调整、巩固、充实、提高”的方针。这期间，国家统计报表制度作了较大的精简和改革，从1961年1月起停止执行工业统计5日报。旬报的产品仅限于钢、铁、煤等重要产品，其余31种产品全部免报。总产值月报分组指标减到4个，比1960年减少12个。根据中央关于安排好人民生活的指示，专县统计部门都加强了轻工业的调查统计工作。为了反映企业规模情况，全区在个工业企业建立了大中型工业企业基本情况统计报表，有的虽不够大中型企业标准，但仍作重点掌握。为了解少数民族自治县的工业发展情况，规定威宁自治县的全部工业统计综合一，直接报省统计局2份，其中1份转报国家统计局。1961年的工业统计年报，采取“统一要求，统一组织，统一下达，分别上报”原则，凡省统计局布置的年报，以统计部门为主组织业部门共同完成；凡省厅局补充布置的，则由主管部门为主负责完成；手工业年报，以手工业管理局为主，与统计部门共同负责。

1962年继续精简报表，主要产品产量旬电报，其产品由1961年的41种减为26种；电快月报，工业总产值免报“本月止累计”；主要产品产量免报“县营以上工业企业的年累计”，产品由1961年的170种减为160种。1962年工业统计综合年报，取消工业企业机械化、半机械化情况报表，增加了工业企业调整情况、固定资产及流动资金方面的年报。从1962年1月起扩大到30个大中型重点企业，直接填报有关生产、劳动、物资、财务成本四部分统计资料。

为了消除“大跃进”时期数字虚报的情况，1962年6—12月，根据国家统计局、省统计局和专署的要求。对1958—1960年的工业生产主要指标进行了一次认真的核实和整理，布置各县核实和整理工业总产值、主要产品产量；布置各主管部门核实本系统归口管理的产品产量，核实所属企业的技术经济指标和县以上工业产品生产能力。

从1962年起，工业企业的基本统计报表，由国家统计局统一制定，省统计局统一印制表格，逐级往下统一布置。对国家统计局制定的综合表，省统计局采取“条块结合”的办法，大部分布置各级统计部门综合填报，少部分（如技术经济指标、新产品试制情况等）由省级厅局填报。

1963年，为贯彻以农业为基础，以工业为主导发展国民经济的总方针，大力加强支援农业的调查统计工作，对凡纳入国家计划的支援农业的产品和指标，全面进行统计。为了提高统计数字质量，1963年6月，按照省统计局布置，认真核实1—6月份的统计数字。同年，为了调动全区工业统计人员的积极性，更好地完成1963年年报和1964年的统计任务，还开展了全区工业统计工作的评比竞赛。

在1964年，水轮泵的生产，成为关系到加速农村技术改造、实现农业稳步高产的大事情。根据省委的安排，直接在生产水轮泵的企业，建立水轮泵生产、质量、成本、原材料消耗、效益旬报。将工业劳动生产率（以价值表现）统计，从劳动工资统计中划出，又纳入工业统计报表，有关指标在工业总产值表中增加。对主要产品原材料、燃料的消耗指标，将一部分工业产品原材料的消耗指标，纳入工业技术经济指标，成为工业统计的组成部分；另一部分原材料的消耗指标，则纳入物资统计报表内。对全民所有制工业总产值有，改为全民所有制独立核算工业总产值。

1964年9月，根据执行中存在的问题，布置各地区选择四个县、14个厂对1964年1—8月的工业统计数字作了全面审查。并在1964年，根据工业统计报表的范围、口径、计算方法等在执行中不明确或存在的问题印发问题解答16次）。

1965年工业定期统计报表共8种，比1960年增加4种表，即《主要工业产品产量旬电报》《工业总产值及商品产值上半年报及第3季度季报》《全民所有制独立核算工业企业劳动生产率上半年报》《工业企业财务成本主要指标月电、季报》。将主要产品产量月报由邮寄改为月电报，将新产品试制情况月报改为季报。

1962年工业统计综合年报有12种表，比1960年增加4种表。即：《全民独立核算工业企业劳动生产率》，设企业单位数、工业总产值（按1957年不变价计算）、平均人数、劳动生产率等指标，按隶属关系、生产性质和工业部门分组。《全民所有制独立核算工业企业主要财务成本指标》，反映固定资产原值、固定资产净值、定额流动资金年末占用额、全部产品总成本、可比产品总成本等指标，按隶属关系、生产性质和工业部门分组。《集体所有制工业企业固定资产》，反映企业单位数、固定资产净值等指标，按隶属关系和工业部门分组。《少数民族地区工业总产值、主要产量及固定资产》，反映企业单位数、工业总产值、主要产品产量及年底全部固定资产等指标。继续保留7种表，除《主要技术经济指标》年报表外，其余6种报表均有变动：将工业总产值表分设为《全民所有制工业企业总产值》和《集体所有制工业企业总产值》两个表：将工业新产品试制与生产情况表改为《新产品试制情况》表，增加本年试制计划数、鉴定合格数，取消生产资料的品种、重要新新产品和次要新产品的分组；将工业企业一览表缩小统计范围，改为《全民所有制工业企业概况一览表》，增加年底生产能力，取消工程技术人员和工资总额指标；在《主要工业门牌号生产能力》表中，取消由于基建新增能力而增加的产量数；在《主要专业生产设备》表中，取消新增设备数。减少6种表及3种附表。即《净产值和商品产值》《动力设备》《金属切削机床及锻压设备》《年末城市公社和农村公社工业基本情况》《工业企业机械化情况》和《手工业主要生产设备》6种表及分月的工业总产值、净产值、主要工业产品产量3种附表。

在1966—1977年的“文化大革命”期间，工业统计工作遭到破坏。1966年工业统计定期报表，按1965年精简后的执行。为了彻底改革统计报表制度，1966年工业统计年报简化较多，如工业总产值的统计范围，不包括非独立核算工业企业及城乡社办工业；主要工业产品产量的品种由1965年的951种减为240种；大中型工业企业一览表，只填报企业详细名称、企业所在地市县名称、主管机关、工业部门、大型或中型、总产值、年底全部职工人数、年底工人数等8指标。1967—1969年，只继续收集工业总产值、主要产品产量和劳动生产率月电报资料，而工业统计年报中断了三年。1970年，国家计委于5月发出《关于建立统计报表制度的通知》后，工业统计才得到逐步恢复。从1970年5月份起，毕节专区逐步恢复了工业总产值、主要产品产量、工业企业财务成本的定期统计报表。12月。国家计委发出《关于认真做好国民经济基本统计年报工作的通知》后，统一制发1970年工业基本编者计年报以制度，包括工业总产值、主要工业产品产量、工业企业固定资产与流动资金和全民所有制工业财务成本等4种表。

1974年底，为提高产品质量，提高经济效益，在工业企业和工业管理部门中，建立了八项经济指标完成情况表。包括产值、产量、质量、单耗、劳动生产率、可比 产品成本降低经、利润和流动资金等，作为考核工业企业和工业管理部门工作成绩的依据。

1975年，为了反映“第四个五年计划”期间工业的发展情况，满足编制“第五个计划”的需要，工业统计的报表比1970年增加较多，指标分组较细。但和“文化大革命”以前的1965年相比还没有完全恢复。1975年的工业定期统计综合报表有两种，即《工业总产值及主要产品产量月电报》和《重点工业企业主要技术经济指标月报》，比1965年减少6种，即主要工业产品产量旬电报、工业总产值及商品产值上半年报、新产品试制情况季报、全民所有制独立核算工业企业劳动生产率上半年报、工业企业财务成本主要指标月报、主要产品产量月电报和工业总产值合并。

1975年工业统计综合年报共有10种表，比1970年增加5种表。同1965年比较，恢复9种，减少3种，增加1种。新增加《金属切削机床及锻压设备》，分甲乙两表，反映年末实有数。甲表按机床、设备的种类、名称分列，乙表按工业部门分组。恢复9种表，除，《主要工业产品产量》《订工业产品生产能力》外，其余表名和主要指标都有所变动。将全民所有制工业企业总产值表和集体所有制工业企业总产值表合并为《工业总产值》；将新产品试制情况表改为《重要新产品试制情况》；将主要技术经济指标表改为《重点工业企业质量、物耗及其他主要技术经济指标》；《全民所有制独立核算工业企业主要财务成本指档》，增列盈利企业利润总额，亏损企业亏损总额，可比产品按上年实际单位成本计算的总成本，提取的更新改造资金等指标；将集体所有制工业企业固定资产表改为《集体所有制工业企业主要财务指标》，增加盈利企业利润总额、亏损企业亏损总额、税金、积累总额等指标，增加按轻、重工业分组；《主要专业生产设备》，增加完好设备数；将全民所有制工业企业概况一览表改为《大中型工业企业基本情况（卡片）》，填报生产、职工人数与工资、投资、财务、占地面积等主要指标的本年实际数，成本、劳动生产率、质量及其他技术经济等指标的本年实际数的历史较好水平，主要设备分规格型号的年末实际和设计能力。减少3种表，有《集体所有制工业企业总产值表》（纳入《工业总产值》表）、《全民所有制独立核算工业企业劳动生产率》（纳入《劳动工资统计报表》）和《少数民族地区工业总产值、主要产品产量及固定资产表》。

1977年的工业统计，着重恢复产量、品种、质量、原材料燃料动力消耗、劳动生产率、成本、利润、流动资金占用等8项经济指标的完成情况和合同执行情况。随着全党工作着重点的转移，工业统计在抓统计报表的同时，着重抓工业经济的分析研究。从抓生产情况到全面反映计划执情况，反映经济效果和轻重工业的发展比例等，注意计划、统计、会计指标的衔接。

1979年，由于质量指标和消耗指标的计算根据无法列示。从2月份起，重点工业扩大到全部工业企业在报《工业企业八项技术经济指标完成情况》表时，加报《质量、物耗及其他主要技术经济指标》表。1980年在经济体改革中，随着新的经济类型的出现，工业统计报表中的经济类型，设全民所有制工业、集体所有制工业、全民与集体合营工业、全民与私人合营工业、集体与私人合营工业、中外合营工业、华侨与港澳工商业者经营工业、外资经营工业个体经营工业和其他等10种经济类型。

1980年工业统计综合年报表，由1975年的10种增加到16种。增加的6种表是：《全民所有制独立核算工业企业概况一览表》。《独立核算工业企业净产值》，分甲乙表，甲表反映企业单位数和工业净产值，按经济类型分组；乙表反映工业净产值构成，按经济类型、轻重量工业和工业部门分组。《采用和推广先进技术情况》，设项目名称、采用时间、采用单位、技术经济效果待指标。《动力设备》，分甲乙表，甲表反映动力机械总能力、蒸汽锅炉、原动机及其中水轮机、汽轮机、柴油机和汽油机等设备年底已安装数；乙表反映发电机、电动机、电气器械等设备年底已安装数，两表均按轻重工业、经济类型和工业部门分组。《主要工业产品单位成本》，接主要工业产品单位成本综合目录填列，在每个产品下列出重点企业名称。继续保留10种表，有4种表的表名和指标、分组有所变动。将工业总产值改为《全部工业总产值》，在经济类型分组中，改按10种经济类型分组；将新产品试制情况表改为《重要新产品试制及投产情况》，将集体所有制工业企业固定资产改为《集体所有制独立核算工业企业主要财务指标》，增加亏损企业数、产品销售收入、产品销售税金、盈利企业利润总额、亏损企业亏听见总额、提取折旧基金、定额流动资金均余额等指标；《大中型工业企业基本情况》（卡片），增加现价工业总产值、工业净产值、定额流动资金构成要素、产品销售收入、成本、税金及利润、企业基金、利润留成、利润税金总额、提取折旧基金以及12种能源的平衡情况等；减少职工人数的分项构成、平均工资、国家投入流动资金、银行借款、就交税金、积累总额、提取更新改造基金、供货合同完成率、占地面积、劳动生产率指标。

为了加强国民收入的计划统计工作，从1981年3月份起，在工业总产值及主要产品产量电讯月报中，增列按现价计算的工业净产值。

1982年，中央提出国民经济在不断提高经济效益的前提下，到2000年实现工农业总产值翻两番的要求。国家对工业统计实行按季考察、公布8项 主要经济效益指标的完成情况。定期统计报表在较大增加，共增加6种。毕节地区仅填报5种，即《工业总产值上半年报》（分工业部门）、《农村人民公社工业企业单位变动情况表》《关停工业企业基本情况一览表》《新建投产工业企业基本情况一览表》《全民所有制独立核算工业亏损企业一览表上半年报》。50年重点联系企业，从1982年2月份起，按月直接报送工业总产值、净产值、产品产量，技术经济指标、财务指标等五张表。

1983年，从一季度开始将按季公布8项主要经济效果指标改为按季公布16项经济效果指标。比1982年新增6、9月份的《分部门工业总产值》和《工业主要经济效果指标完成情况》两个月报。工业净产值在电讯月报中取消，另建立《独立核算工业企业净产值电讯季报》。将农村人民公社工业企业单位变动情况表改为《县以上工业企业单位变动情况》。在工业企业整顿工作中，还建立了工业企业整顿统计报表6种，即《企业整顿验收进度月报表》《整顿的大中型骨干企业经济效益季报表》《预算内国营企业整顿领导班子进度季报表》《已验收的大中型骨干企业整顿前后领导班子变化情况表》《已验收的大中型骨干企业整顿前后经济效益变化情况表》，取消4种表，其中毕节地区报送的3种，即《工业总产值上半年报表》《关停工业企业基本情况一览表》《全民所有制独立核算工业亏损企业一览表半年报》。1983年11月起，50个经常联系的企业，由上年直接报送5张表减为1张表，内容有工业总产值、净产值、质量、能源消耗、销售收入、税金、利润、资金占用、成本、全员劳动生产率。为提高1983年工业年报的数字质量，地、县统计局按省统计局通知，对1—10月份的工业定期统计数字进行一次认真核实，核实重点是工业总产值和工业净产值两个指标，各县各抽5—10个工业企业进行数字质量作中，抓了企业统计工作的整顿，进一步完善各种计量、原始凭证、原始记录、台账、建立健全统计分析、预测和统计监督制度。

1984年，恢复了《关停工业企业基本情况一览表》，并将此表和《新建投产工业企业基本情况一览表》，均由1—10月报一次改为上半年报。将《分部门工业总产值电讯月报》，由6月、9月报两次改6月、9月、11月报三次。将工业主要经济效果指标完成情况月报表改为《工业企业主要经济指标电讯月报》（从1984年1月起，省统计局直接联系点由原来的50个扩大到60个）。

1985年的工业定期统计综合报表有4种，比1980年增加2种，即《分部门总产值月报》、按15个工业部门分组；《独立核算工业企业净产值电讯季报》，按轻重工业、全民所有制工业、集体所有制工业和工业净产值的六项构成分组。继续保留两种表，即《工业总产值及主要产品产量电讯月报》和《重点工业企业主要技术经济指标月报》。

1985年的工业统计综合年报，是与当时正进行的第二次工业普查工作结合起来进行的。工业统计综合年报也就是工业普查的综合摘要表，共14种。和1980年比较，新增5和表，即《独立核算工业企业工业产品销售》，设销售数量、销售价值和平均单价等指标，按全部产品销售价值和主要工业产品销售目录填列。《独立核算工业企业全员劳动生产率》，为了便于全面反映工业企业的经济效益，又从劳动工资统计报表制度中纳入工业统计报表制度内，设企业单位数、1980年不变价工业总产值、全部职工平均产人数、劳动生产率等指标，按经济类型、隶属关系、轻重工业、企业规格 主要工业行业分组。《独立核算乡（社）办工业企业主要指标》，设企业单位数、工业总产值、工业净产值（按分配法计算）、产品销售收入、产品销售税金、利润总额或亏损总额、固定资产原值、提取折旧基金、定额流动资金、全部职工年平均人数等指标，按轻重工业和工业主要行业分组。《材（队）办工业企业主要指标》，设企业单位数、工业总产值、年末从业人员、产品销售收入、上缴税金、固定资产原值、流动资金占用等指标，按轻重工业和工业主要行业分组。《农村合作经营工业、城乡个体工业主要指标》，分别设户数、从业人数、上缴税金和自有资金等指标，按轻重工业分组。

继续保留9种表，但表名、指标、分组有所变动。《全部工业总产值》，增加现价工业总产值，主栏减少省属企业、地州市属企业、个体经营工业，在轻工业中减 少轻工业企业生产的重工业产品产值，在重工业中减少重工业企业生产的轻工业产品产值，按工业部门分组改为按工业主要行为分组。将主要工业产品产量改为《工业企业主要工业产品产量》。《主要技术经济指标》和《主要工业产品生产能力》没有变动。《全民所有制独立核算工业企业主要财务成本指标》，增加产品销售费用、资源税、应交利税费、企业留利、成品资金占用数及专用基金用于新产品试制、用于生产发展、用于职工福利、用于职工奖励等指标。主栏增加“实行第二步利改税企业”、“实行承包和租赁企业”两项，减少“省属企业”和“地州市属企业”两项，按工业部门分组改为工业主要行业分组。《集体所脸制独立核算工业企业主要财务指标》和《其他经济类型独立核算工业企业主要财务指标》，分别增加上交管理费、产品销售利润、应交所得税、提交能源交通建设基金、提交合作事业基金、企业提留利润留成基金等标，增加按企业规划分组合 ，按工业部门分组乞讨为按工业主要行业分组。《主要工业产品单位成本》，减少每个产品下按重点企业分列。将独立核算工业企业净产值（甲）表改为《独立核算工业企业净产值、工业增加值》，增加提取的折旧基金和工业增加值指标，主栏的变动同“全部工业总产值”减少独立核算工业企业净产值构成（乙）表。

减少7种表，即《主要专业生产设备》《金属切削机床锻压设备拥有量》《重要新产品试制及投产情况》《采用和推广先进技术情况》《动力设备》《全民所有制独立核算企业概况一览表》《大中型工业企业基本情况（卡片）》。以上内容可以在第二次工业普查资料中取得。

1986年，建立《独立核算全民所有制工业企业全员劳动生产率月报》《其他经济类型 业企业全员劳动生产率电讯季报》《农村乡（社）村（队）办工业企业总产值上半年报》。从6月份，全省农村工业和城镇合格经营、个体工业的总产值列入工业定期统计表计范围。恢复了《大中型工业企业基本情况（卡片）》年报，新增《外资和华侨港澳投资经营工业企业基本情况（卡片）》年报。

1987年，取消其他经济类型工业企业全员劳动生产率电讯季报。在1987年底，根据根据省政府领导的意见，地区统计局配合省统计局，对县和县的乡镇工业统计数字质量进行检查，重点检查村及村以下办工业的统计范围、产值计算方法等。并在赫章县开展村及村以下工业总产值消除价格因素的调查。为了深入了解工业生产情况，从1987年年报起，村及村以下工业总产值按现行价格计算，发展速度采用价格调整系数计算。

1988年3月，全省正式建立农村村及村以下工业、城镇个体工业、城镇合作经营工业定期统计报表。6月，在报工业统计月报时，单列52种国优、省（部）优白酒的产量。将《大中型工业企业基本（卡片）年报》改为《大中型工业企业实物量指标（卡片）年报》。

1990年，为建立科学统一的国民经济核算体系，改革和完善现行统计制度方法，在区内开展了增加值统计的试行工作。为反映工业企业生产规模和水平的实际情况，1990年的工业定期报表制度中增加"现价工业总产值"指标，作为对外公布使用的数据，不变价工业总产值用于计算发展速度。1990年的工业定期统计报表共有7种，比1985年增加3种。其中地县填报2种，即《农村乡、村办工业企业总产值》，乡办工业总产值按1980年不变价计算，村办工业总产值按现行价计算，均按轻重工业分组。《独立核算全民所有制工业企业全员劳动生产率月报》，设工业总产值、全部职工人数、全员劳动生产率等指标，按轻重工业分组。继续保留4种表，其中有2种略有变动。《工业总产值及主要产品产量电讯月报》，主栏增加全部职工平均人数，在工业总产值总计中增列出口产品产值，在集体所有制工业总产值中增列乡办工业产值。将分部门工业总产值月报改为《分行业工业总产值月报》。另外，将《独立核算工业企业净产值电讯季报》改为表式季报，在主栏总计中增加其他经营工业，把工业净产值6项构成改为5项，将"应得产品销售利润"和"应得产品销售税金"2项合并为"应得产品销售利润和应缴纳产品销售税金"1项。《重点工业企业主要技术经济指标月报》没有变动。1990年的工业统计综合年报表有25个表种，和1985年比较，新增10种，恢复4种，继续保留11种，减少3种。

由地县填报的1990年新接连工业统计综合年报表

表名	主要指标
1.全部乡及乡以上独立核算工业企业主要经济指标	设企业单位数、工业总产值、工业净 产值、固定资产原值 、固定资产净值、提取折旧基金、流动资金等指标，按经济类型、轻重工业、企业规模、行业大中小类分组。
2.非独立核算工业生产单位数和总产值	设企业单位数、工业总产值等指标，按经济类型、轻重工业、附属部门、行业大中小类分组。
3.全部乡以上独立核算工业企业按总产值分组主要指标	宾栏设企业单位数、利润总额、利税总额、已交利税费、企业留利、固定资产原值、定额流动资金、工业净产值、1980年不变价工业总产值、1990年不变价工业总产值、现价工业总产值、全部职工平均人数等指标。主栏按现价工业总产值分组。
4.全部乡及乡以上独立核算工业企业按固定资产原值分组主要指标	宾栏同上，主栏按固定资产原值分组。
5.全部乡及乡以上独立核算工业企业按利润总额分组主要指标	宾栏同上，主栏按利润总额分组。
6.全部乡及乡以上独立核算工业企业按职工人数分组主要指标	宾栏同上，主栏按职工人数分组。
7.全部工业企业单位数和现价工业总产值	设企业单位数和工业总产值两个指标。包括城（镇）街道和乡及乡以上全部工业企业（含独立核算和非独立核算）、城（镇）合作经营工业、城（镇）个体工业、农村村办工业、农村合作经营工业、农村个体工业。城（镇）街道和乡脉络有以上全部工业，按轻重工业、企业规模、经济类型分组。
8.分月工业总产值	按1900年不变价计算，按出口产品产值，轻重工业、主要经济类型、大中型企业分组。
9.大中型工业企业实物量指标（卡扯）	设各种能源的消费量、加工转换的二次能源和用于化工原料的能源，要主产品的生产、销售量、库存量和年末生产能力，主要产品的销售价格的成本，主要生产设备的年末数和年末实有能力，主要原材料、燃料、动力的消费与库存，主要技术经济指标等。

为了取得第7个五年计划末期工业主要设备拥有量情况资料，1990年恢复《主要专业生产设备（已安装）》《全部金属切削机床及锻压设备拥有量》《分行业金属切

削机床及锻压设备拥有量》《动力设备》4种表（5年填报2次）。

继续保留11种表，但表名和指标内容脸圈套变化。将全部工业总产值表改为《全部乡及乡以上工业企业单位数和工业总产值》，增加按1990年不变价计算的工业总产值；按工业主要行业分组改为按工业行业大中小类分组。将全民所有制独立核算工业企业主要财务指标表改为《全部全民所有制独立核算工业企业主要经济指标》；将集体所有制独立核算工业企业主要财务指标表改为《全部乡及乡以上集体所有制独立核算工业企业主要经济指标》：将其他经济类型独立核版式业企业主要财务指标表改为《全部其他经济类型独立核算工业企业主要经济指标》；这3种表均增加1990年不变价工业总产值、出口产品产值、工业净产值（按分配法计算）及分项构成、流动资金年末占用数、全部资金、产品销售收入、利税总额、全部职工年末人数、全部职工年平均人数等指标，按工业主要行业分组改为按工业行业大中小类分组。《全部全民所有制独立核算工业企业说要经济指标》，还增加工业净产值（按生产法计算）、军工企业生产的民品产值、工业生产物质消耗价值及构成、流动资金及定额流动资金夫妇项构成等指标。在主栏中，取消实行第二步利改税企业，增加实行双保一挂的企业、衽上缴利润递增包干的企业、实行上缴利润包干超过程内奸成的企业、实行利润包干或亏损包干的企业等。将独立核算乡（社）办工业行业大中小类分组。将农村合作经营工业、城镇个体工业主要指标表改为《城乡合作经营工业、城乡个体工业主要指标》，统计范围增加了城镇全作经营工业，营业额指标改为现价工业总产值。《工业企业主要工业产品产量》表，产品目录由1985年的240多种增加到470多种。《主要技术经济指标》《主要工业产品生产能力》《主要工业产品单位成本》《村办工业企业主要指标》4种表没有变动。

减少的3种表是：《独立核算工业企业净产值、工业增加值》《独立核算工业企业产品销售》《独立核算工业企业全员劳动生产率》。这3种表的内容。可以从1990年有关工业统计年报中取得。

1992年3月6日，省统计局发出《关于改进工业统计经济评价考核指标的通知》，提出贯彻执行国家统计局《改进工业经济评价考核指标的实施方案》的具体意见：1.按月计算工业增加值，用于评价和考核工业生产最终成果及发展速度。2.建立工业销售产值月度统计，用于反映工业产品销售的规模与速度。3.建立工业企业经济效益评价考核体系和主要经济指标月度统计制度。对各地（州、市）的工业经济效益评价考核，统一采用以下辛苦同指标：工业销售率、工业资金利税率、工业成本利润率、工业净产值、工业全员劳动生产率、流动资金周转次数。4.在建立以上各项工业经济评价考核指标的同时，相应对现行定期统计报表制度中有关工业产品生产、销售、库存等统计报表作了修正和调整。调整后1992年工业统计定期报表内容：1.在现行《工业总产值合肥市主要产品产量》月报中增加工业销售产值（分别按现价和1990年不变价计算），并在该指标下增列“出口交货值”；恢复现价工业总产值；报表名称改为《工业生产、销售总量及主要产品产量月报》。产值指标的统计范围为乡及乡以上独立核算工业企业和非独立核算工业生产单位，主要产品产量统计范围与年报相同。2.建立《独立核算工业企业主要经济指标月报》，将现行的独立核算工业企业净产值季报改为月报，并和《独立核算全民所有制工业企业全员劳动生产率》月报一起合并到此表中。统计范围为乡及乡以上独立核算工业企业。对于企业规模小，核算基础差的集体所有制企业，各省（区、市）可根据情况适当加以筛选，以保证资料的完整和及时上报；对三资企业可以采用灵活方式收集资料，具体办法由有关地区自定。以上两种情况总的要求覆盖面不小于90%，且范围一经确定，不得随意变动。3.建立《主要工业产成品（实物量）报送库存季报》。统计范围为乡及乡以上独立核算工业企业和非独立核算工业生产单位，相应设置《主要工业产成品（物资）收、拨、存》基层表（月、季报），使用工业统计和物资统计两个专业表号，由各省、区、市统计局统一布置工业企业贯彻招待使同时满足工业统计和物资统计综合需要。4.取消现行《重点市工业企业主要指标》表和《独立核算全民所有制工业企业全员劳动生产率》表。5.改《分行业工业总产值》季报（国工定综02表）为半年报。6.为了统一报表和及时反映大中型工业企业情况，将原《全民所有制独立核算大中型工业企业主要经济指标半年报》取消，由各省（区、市）统计局按季报送大中型工业企业分企业《独立核算工业企业主要经济指标月报》资料软盘；半年时，加报国工定基06表《独立核算大中工业企业半年报附报指标》。7.为了协调工业统计与物资统计的关系，避免重复报送，对有关物资报表的报送规定作如下调整：国物定综01表省、市免报，各有关部报送部分改报国家统计局工交司；国物定综02表表号改为国工定综05表，由重点城市报送国家统计局交司。国物定综05及国物定综08表，即县及县以上全民所有制和集体所有制单位主要物资产成品库存资料可根据《主要工业产成品（物资）收、拨、存》基层表（月、季报）的资料加工取得，按现行物资统计渠道逐级上报。

同年11月9日，省统计局下发《关于认真贯彻执行新的统计报表制度的通知》，为适应社会主义市场经济发展和全面实施新的国民经济核算体系的需要。国家统计局经过多次研究讨论，制定了新的统计计报制度，决定自1993年统计年报和1994年定期统计报表开始实施。新的工业统计基层报表包括：B401表（工业生产、销售总量及主要产品产量月报）、B402表（工业企业主要经济指标月报）、B403表（分行业工业总产值和销售产值半年报）、B404表（主要工业产品实物量销售与库存季报）。

1995年工业定期统计报表作如下修订：（1）工业生产、销售总量及主要产品产量月报（B202-1表）指标不变，产值指标均按新规定（详见工业普查方案）计算，中间投入指标按不含进项税额计算。工业增加值的计算包括增值税净额。（2）工业企业主要经济指标月报和大中型企业季报（B202-2表）有关指标变动为“利润总额”后增加“资产总计”，“固定资产净值平均余额”后增加“负债总计”具体方式和代码由工业专业统计布置。并相应修改B402表中的有关指标。

同年5月7日，省统计局转发国统计局《关于严格执行工业总产值统计新规定的通知》。自1992年起，国务院决定以国内生产总值作为衡量国民经济发展的总量指标，以工业增加值作为衡量工业经济的总量指标，淡化工业总产值指标的作用。但工业增加值指标的计算仍然要以工业总产值为基础。为使工业总产值的计算口径与其中间投入的计算相配套，减少计算难度，保证工业增加值计算的准确性，在第三次全国工业方案中，针对工业总产值计算规定的缺陷，对其作了下列四个方面的修订：1. 凡用自备原材料生产的产品，不论其加工的繁简程度如何，一律按全价，即工业总产值包括自备原材料的价值。2. 凡承接来料加工生产的产品，加工企业一律按财务上结算的加工费计算工业总产值，即不包括订货者来料的价值。3. 自制半成品、在制品期末期初差额价值，原则上应计入工业总产值，不限按生产周期是六个月以上还是六个月以下来区分是否计入工业总产值。4. 现价工业总产值律采用不含销项税额的价格计算。工业总产值计算新规定与原规定的区别主要包括以下两点：1. 计算口径不同：（1）全价与加工费的计算原则不同：新规定凡用自备原材料生产的产品，不论其加工的繁简程度如何，一律按全价计算工业总产值；凡承按来料加工生产的产品。一律按加工费计算工业总产值。原规定则根据加工的繁简程度，有一些特殊规定，即对某些来料加工，允许按全价计算工业总产值，对某些自备原材料生活的产品，只允许按加工费计算总产值。（2）自制半成品、在制品期末、期初差额价值计算规定不同：新规定要求原则上将自制半成品和在制品期末期初差额价值计入工业总产值，并明确，如果会计的产品成本核算计算了这部分价值，工业总产值中也相应包括，否则可不包括：原规定，凡生产周期在六个月以上的产品，在计算工业总产值时应包括这部分差额价值，否则，可不包括这部分价值。2.计算价格不同：按新规定计算的工业总产值按不含销项税额的价格计算；原规定则按含销项税额的价格计算。按1990年不变价格计算的工业总产值则不涉及计算价格扣队增值税的问题。同年3月8日，国家统计局下发《关于上报各地区新口径工业总产值的通知》，进一步明确新规定与原规定工业总产值的主要区别：1.凡自备原材料，一律按全价计算全价总产值，而原规定的工业总产值对某些用自备原材料生产的产品作了特殊规定，即按加工费计算产值。2.凡来料加工，一律按财务上结算的加工费计算工业总产值，而原规定工业总产值对一部分用订货者来料加工生产的产品按全价计算产值。3.自半成品、在制品期末期初差额价值以会计成本核算中是否包括作为计入总产值的标准，即成本核算中计算自制半成品、在制品成本的则计入工业总产值，而原规定是以生产周期是否在六个月以上为界限，即生产周期在六个月以上的计入工业总产值。4.计算现价总产值中间投入中的物质消耗价值时使用不含增值税的价格乘以相应的产量。本期应交增值税，由各级综合统计部门一笑加到工业增加值中，而原规定是按含增值税铁价格计算的。不变价总产值除对外承做的工业品加工、修理价值按不含增值税的价格计算以外，其余部分仍按含增值税的1990年不变价格计算。而原规定的不变价总产值全部是按含增值税的价格计算的。

1996年基层工业统计年报和1997年基层定期统计报表制度修订的主要内容：1.“附营工业单位生产情况”表（B108表）改为“工业产业活动单位生产情况”表，表式不变。2.“工业企业主要经济指标”（B202-2表）在表头增加“隶属关系代码”，统计范围扩大为全部国有独立核算工业企业和年产值100万元以上的乡及乡以上独立核算非国有工业企业填报。

1996年综合统计报表制度和1997年综合定期统计报表制度作如下修订：1.试编工业生产指数，按年报和月报分别制订使用的产品目录。2.根据基层表变动情况相应修改综合报表。主要修改“工业企业主要经济指标”（B402表）的统计范围，原来的年产值100万元以独立核算工业企业填报扩大为全部国有独立核算工业企业和年产值100万元以上的乡及乡以上独立核算非国有工业企业填报，并在宾栏“国有经济”和“国有亏损企业”项下增加“按隶属关系分组”和“按主管部门分组”，列为综合目录的“（三）B402表宾栏分组目录”。3.取消“分行业工业总产值和工业销售产值”半年报（B403表）。

附：1996年工业统计年报报省一览表

601-1表：法人单位调查表

601-2表：产业活动单位调查表

B102-1表：工业产业生产、销售、库存

B102-2表：主要工业产品产、销、存实物量

B103-1表：财务状况（甲）

B103-2表：财务状况（乙）

B108表：工业活动单位生产情况

B308表：村办工业企业主要指标

B309表：城乡合作经营工业和城乡个体工业主要指标

1998年工业统计年报除原来规定报送部分企业资料外，工业主要经济指标月报要求从1999年起上报分企业的基层资料。工业企业主要经济指标年报的统计范围扩大为包括500万元以下的非国有工业企业。（一）基层表：1.取消“主要工业产品的产、销、存实物量（原B102-2表）”表“工业活动单位生产情况（原B108表）”2张年报表。2.将“工业企业能源购进、消费及库存”年报和“重点耗能工业企业能源购进、消费及库存”半年报纳入工业基层统计报表制度。（二）综合表：1.取消“乡及乡以上工业企业和生产单位数及工业总产值（原B301表）”“独立核算乡属工业企业主要经济指标（原B306表）”“村办工业企业主要指标（原B308表）”“城乡合作经营工业和城乡个体工业订指标（原B309表）”“主要专业生产设备（原B312表）”和“主要工业产品生产、销售、库存实物量（原B307-1表）”6张年报表。2.增加“大中型工业企业主要经济指标（B305表）”和“年销售收入500万元以下非国家工业企业主要经济指标（B305表）”2张年报表。3.用“工业产销总值及订产品产量（原B401表）”12月份月报和“主要工业产品（实物量）销售与库存实物量（原B307-1表）”年报。4.将“工业企业能源购进、消费及库存”年报纳入工业综合统计报表制度。5.将“工业企业主要经济指标（B402表）”月报的报送时间由原来的月后23日前上报提前到月后14日前上报。

同年10月14日，地区统计局制定了年销售收入500万元以下非国有工业企业统计的抽样调查方案，并以毕节统发〔1998〕26年文下发《关于开展规模以下工业企业统计调查的通知》，根据国家统计改革要求，从1998年起，工业进度统计范围为要

有企业和年销售收入5000万元以上的非国有工业企业。按照行署毕署发[1998]097号文件精神，为准确全面反映全区工业经济运行情况，决定在全区开展规模以下工业统计调查。调查范围：此次调查范围为年收入5010万元以下的非国有工业企业（生产单位）。根据调查方案要求：全区下述三种情况实行全面调查1.县及县上500万元以下非国有工业企业；2.乡及乡以下年销售收入100万-500万元右面国有企业；3.100万元以下工业产值最大的9个乡镇。其余工业企业（生产单位）以乡镇为样本全区抽取41个乡镇进行抽样调查。县及县以上500万元以上企业和乡及乡以下100-500万元企业填B202-1表，乡及乡以下100万元以下企业填B202-2表。调查方法：全部调查单位逐月填报，按季上报要求统计人员必须亲自上门登记。数据处理：由各县负责录入、审核于3月、6月、9月、12月15日前报地区统计局，地区统计局按照方案要求进行推算，并季后5日闪提供使用。

第三节　建筑业统计调查

中华人民共和国成立初期，国家颁发了建筑业统计制度，并将建筑业统计包括在基本建设统计中，以后逐步发展为独立的建筑业统计。

毕节地区的建筑业统计始于1958年。为了解小型建筑企业生产活动情况，专署计划统计科根据省统计局布置，开始填报《小型建筑生产单位基本建设情况综合表》(半年报)。建筑业统计还增加了《小型建筑企业基本情况》《建筑施工企业技术革新、技术革命情况》《快速施工情况》《建筑企业自办工厂情况》和《主要技术经济指标》等调查表。

1959年，全国基本建设管理体制发生了变化，甲乙双方(建设单位、施工单位)合并，成立统一指挥部，实行投资大包干，取消承包关系。建筑业基本成了单纯提供劳务的部门，建筑业统计又合并到基本建设统计报表内。

20世纪60年代前期，国家处于经济调整时期，较大幅度地压缩基本建设规模，建筑业统计围绕增加财务管理、劳动管理，建立了财务成本统计。其指标体系有财务成本、劳动生产率、劳动时间利用等，同时增加了《实物工程量完成情况表》。1960年，建筑业统计综合年报共5种表30个主要指标。

1962年年报和1963年定期统计报表内容如下：

施工年报（基层表）

表　号	表　名
国年基51表	工作量和竣工价值
国年基52表	主要施工部门自行完成工作量，按发包部门分列
国年基53表	主要实物工程量
国年基54表	工程质量情况
国年基55表	年末实有机械台数和能力
国年基56表	财务成本情况

施工统计年报综合表

表　号	表　名
国年44表第1表	工作量和竣工价值
国年45表第2表	施工单位一览表
国年46表第3表	主要实物工程量
国年47表第4表	年末实有机械台数和能力
国年48表第5表	主要施工部门为本系统、外系统完成工作量情况
国年49表第6表	县级施工单位工作量完成情况

施工定期报表（参考表式）

表　号	表　名
国定基14表	工作量、面积和竣工价值（月报）
国定基15表	工程质量情况（月报）
国定基16表	主要实物工程机械化水平（季报）
国定基17表	主要施工机械完成、利用情况（月、季报）
会报第5表或会报第8表	工程成本情况（月、季报）

1964年，专统计局填报已将施工单位的财务成本和劳动生产率、劳动时间等表列入的1964年施工劳动定期综合表；免报施工单位劳动生产率和财务成本月、季报；省统计局对1964年施工统计年报作了较大精简，取消了《主要实物工程量》《主要实物工程机械化水平》《主要施工部门为本系统外系统完成的工作量》等表，并简化了《年末实有机械台数和能力》表。

中共十一届三中全会以后国民经济迅速发展，国家肯定了建筑业是发展生产、增加收入的重要产业部门，建筑业统计工作随着统计机构的恢复和建设的需要而加强。1980年为解决用预算价格计算的建筑业产值在各年之间具有可比性，国家统计局会同国家经委、中国人民建设银行共同发出《关于试编建筑安装工程价格指数的联合通知》。通知指出：根据建筑产品区别于工业产品的特点，要清除产值价格变动的影响，不宜编制不变价格，只能编制反映不同时期价格变动的指数。地区统计局在全区进行了认真，的贯彻执行。

1981年，省建委、省统计局联合发出《关于布置1981年施工单位统计年报和1982年定期统计报表制度的通知》，规定在1980年施工普查登记中，凡经各地、州、市建委和省建委批准颁发施工营业执照的全民和城镇集体所有制施工单位以及批准的自营施工单位，均要报送年报。

1983年，省统计局发出《关于按时报送施工统计季报的通知》明确从1983年起，报送施工统计报表。

自1984年，省统计局根据国家统计局制订的建筑业统计报表制度，经过修订布置到基层填报。报表制度包括两大部分：（一）全民所有制施工企业和自营施工单位统计报表制度共有9种综合表，2种附表，87个指标；（二）城镇集体所有制报表制度，有3种综合表，30个指标。本报表制度规定的综合范围：各地(州、市)、县的全民所有制施工企业年报在报送主管部门的同时，报送省统计局一份。

1985年，为满足计算全国社会总产值和国民收入的需要，对农村建筑业进行了统计。同时，国家统计局与国家计委联合发出《关于公布国营建筑安装企业主要经济效益指标试行办法的通知》。决定每年公布一次各地区、各部门所属国营建筑安装企业的工程质量优良品率、工程成本降低率、产值资金率、资金利润率、全员劳动生产率、工期完成率等6项指标。在全民所有制建筑安装企业和城镇集体所有制建筑安装企业分别实施与上年相同的年报和定期报表。

1987年，执行省统计局转发国家统计局《关于国营建筑安装企业交纳的营业税可计算建筑业产值的通知》。省统计局布置的全民所有制建筑业1987年统计年报和1989年定期报表制度，比上年增加财务成本半年报，并结合全省情况作了适当修改。按照统计信息处理逐步实现现代化的要求，对全民所有制建筑业1987年年报和1988年定期报表实行超级汇总。各主管部门按基层报表制度的规定，将本系统的全部全民所有制建安企业和自，营施工单位的超级汇总基层表收齐审核无误后装订成册加盖公章直报省统计局一份。

城镇集体所有制建筑业统计综合表

表号	表名	主要指标
建综1表	主要经济效益指标完成情况（年报、半年报）	工程质量优良品率、全员劳动生产率、竣工率、工程成本降低率、产值资金率等10个指标。
建综2表	建筑安装企业、自营施工单位生产完成情况一览表（年报、季报）	建筑业总产值、施工产值、建安附属生产产值、建安运输产值、其他产值、竣工产值、房屋建筑施工面积、竣工面积、职工人数、全员劳动生产率等18
建综3表	建筑业净产值（年报）	总产值、净产值（利润、税金、工资、职工福利基金、利息、其他）共8项。
建综4表		验收鉴定的单位工程个数、房屋建筑竣工面积、优良的单位工程个数、优良品率、质量事故主的次数、其中重大事故、质量事故、损失的金额、因质量事故造成的人员伤亡数等11个指标。
建综5表	建安企业和自营施工单位主要机械设备实有、完好情况（年报）	年末实有机械台数、其中完好的机械台数，封存的机械台数、年末总能力4项指标。
建综6表	建筑安装企业技术装备（年报）	年末自有机械设备总台数、年末自有机械设备价值（原值、净值）、年末自有机械设备总功率、技术装备率、动力装备率等5项指标。
建综7表	建筑业财务成本完成情况（年报、半年报）	施工单位个数、总产值、期末拥有固定资产原值、净值、定额流动资金平均占用额、工程成本、利润或亏损总额等13项指标。
附表	工程成本构成	工程预算成本（包括各项直接费和施工管理费）、工程实际成本（包括各项直接费和施工管理费）2项项指标
建综8表	建筑安装工作价格指数（年报）	施工产值价格指数、直接费价格指数、其中人工费价格指数、材料费价格指数4项指标。
附表	建筑安装工程主要材料费用价格指数	钢材价格指数、木材价格指数、水泥价格指数等5项指标
建综11表	建筑业承包责任制推行情况（年报、半年报）	实行投标承包、实行按平方米造价包干、实行小区综合造价包干等7项指标。

续表

表号	表名	主要指标
建综9表	城镇集体所有制建安企业生产完成情况（年报、半年报）	施工产值、全员劳动生产率、房屋建筑施工面积、竣工面积、优良单位工程个数等14项指标。
建综10表	城镇集体所有制建安企业财务成本完成情况（年报、半年报）	期末自有固定资产原值、净值、工作预算成本、工程实际成本、利润总额等9个指标。
建综12表	建筑业承包责任制推行情况（年报、半年报）	按承包方式分的实行投标承包、实行概算或施工图预算加系数包干、实行万元产值工资含量包干的企业个数等7项指标。

1989年，全民、城镇集体所有制建筑企业1989年统计年报和1990年定期报表，与上年相比作以下变动：扯)基建1—1表、基建2—1表中的《建筑安装企业承包责任制推行情况》表扩大统计范围，全民所有制企业由原来只统计建筑安装企业，扩大到既包括建筑安装企业，也包括自营施工单位；(2)增加城镇集体所有制建筑企业统计指标，改为按全民所有制统计指标执行：(3)根据国务院《关于清理固定资产投资项目，严格实行指标控制和考核的通知》精神，为具体了解施工企业的生产情况和全面反映各地区、各部门投资规模情况，进一步提高统计数字质量，决定增报《建筑企业施工工程一览表》(基建3表)；(4)结合当前建筑业面临的经济形势，补充“全年平均窝工人数”和“全年累计被拖欠工程款”两指标。上报时间及范围与原规定不变。

1990年，建筑业统计《产值表》中，增加企业总产值、固定资产折旧等指标：《职工人数表》中增加工资总额指标；《验收鉴定的投标工程表》中增加验收鉴定的工程个数、实际造价、中标合同价、合同工期、实际工期等指标；《总收入》中增加产品销售收入和劳务收入（其中有工程价款收入、产品销售收入、作业销售收入、材料销售收入与成本差额、其他劳务收入）指标；《财务成本表》中增加年末流动资金占用额、定额流动资金年平均占用额、应用资金提取额（其中有生产发展基金、大修理基金、劳保基金）、工程结算利润等指标。补充全年平均窝工人数、被外单位拖欠工程款等指标。省统计局在当年的《建筑业（施工部分）统计报表制度实施办法》中规定：(1)建筑业统计报表的统计范围为全民所有制建筑安装企业、自营施工单位和城镇集体所有制建筑安装企业、自营施工单位（既包括独立的施工企业，也包括附属于企、事业单位的非独立核算的施工单位）。中央在省及省级主管部门负责本系统内全部全民所有制建安企业和自营施工单位：各州、市、地区负责本地区所属辖区内全部城镇（经省批准的城镇）及镇以上集体所有制建安企业和自营施工单位。(2)统计报表内容，即包括建筑业年报基层标准表式，也包括定期报表的基层表式和综合表式。指标设置既有反映企业生产情况的指标，也有反映企业的工程质量、机械设备、财务成本及经济效益情况的指标。(3)填报、汇总要求：①年报表。有建筑业（施工部分）统计年报基层表标准表式及其附表（净产值计算表和建筑企业施工工程情况一览表），基层表标准表式设有企业标志指标9个：经济类型、经营方式、专业类型、企业规模、企业资质等级、隶属关系、主管系统、工资含量包干、承包经营责任制。同时还有10种分表：产值表、人数表、年末自有机械设备表、施工工程和施工面积表、工程质量表、验收鉴定的投标工程表、总收入表、财务成本表、主要机械设备实有完好情况表、省补充资料表。以上基层表的上报时间，全民所有制建安企业和自营施工单位于2月28日前由中央在省及省级主管部门收集审核后上报省统计局；城镇集体所有制建安企业和自营施工单位由各州、市、地区统计局收集、审核后，按省局下发的计算机程序录入软盘，于第二年的3月6日，将“净化”好的单位字典库和全部基层数据库软盘边同基层表一起报省统计局。②定期报表。基层定期报表分季报、半年报两种。季度报表包括《生产完成情况表》和《承包责任制推行情况表》；半年报在季报的基础上增加《工程质量及工期情况表》和《财务成本完成情况表》。全民所有制建安企业、自营施工单位填报季报、半年报；城镇集体所有制建安企业和自营施工单位填报半年报。

1993年11月9日，省统计局下发《关于认真贯彻执行新的统计报表制度的通知》，为适应社会主义市场经济发展和全面实施新的国民经济核算体系的需要。国家统计局经过多次研究讨论，制定了新的统计报表制度，决定自1993年统计年报和1994年定期统计报表开始实施。新的建筑业统计基层报表包括：C401表（国有建筑业企业生产情况季报）、C402表（国有建筑业企业财务状况季报）。根据省统计局通知，自1993年4月份起，全民、城镇集体所有制建筑业季报采用计算机远程传输方式报省局。

1995年年报，1．在“建筑业企业生产情况”(C102表)的“投标承包个数”和“投标承包面积”项下增加一个“其户：本年新开工”。在综合表式(C301表)甲栏中相应增加。2．在建筑业财务状况(C103表)中的“无形及递延资产合计”下增加“其中：无形资产”：在“长期负债合计”后增加“负债合计”：并去掉“无形及递延资产合计”。并在“建筑业企业财务状况”综合表式中作了相应修订。并在“劳动、待业保险金”项下增加“营业利润”。3．增加大中型建筑业企业科技统计报表制度，填报范围为辖区内全，部独立核算的大中型建筑企业。

1996年基层建筑业年报的统计范围由1995年的县及县以上（含建制镇）建筑业企业改为资质等级四级以上的建筑业企业，以及其他待业企业单位附属的建筑业产业活动单位；1997年建筑业基层定期统计报表的统计范围仍保持1995年的统计范围。将“附营建筑业生产情况”表(C109表)改为“建筑业产业活动单位生产情况”表，表式不变。

1996年基层统计年报和1997年定期统计报表制度作下列修改：1.建筑业年报统计范围由目前的县及县以上（含建制镇）建筑业企业改为资质等级四级以上的建筑业企业：1997年定期统计报表的统计范围仍按县及县以上(含建制镇)的范围执行。2．根据基层财务状况表的变动情况相应修改综合“建筑业企业财务状况”(C304表)的有关指标。3．将“建筑业企业生产情况”(C301表)、“建筑业产业活动单位生产情况”(C303表)、“建筑业企业财务状况”(C304表)的宾栏和甲栏指标对调，并在“建筑业企业生产情况”(C301表)中增加“一、二级企业”分组。

附：1996年建筑业统计年报报省一览表

表号	表　名
601-1表	法人单位调查表
601-2表	产业活动单位调查表
C102表	建筑业企业生产情况
C103表	财务状况
C104表	建筑业活动单位生产情况

1998年，建筑业统计有下列变动：（一）基层表：1.取消“建筑业活动单位生产情况（原C109表）”年报表。2.增加“建筑业主要建筑材料消耗情况（C105表）”年报表。（二）综合表：1.取消“建筑业活动单位生产情况（原C303表）”年报表。2.增加“建筑业生产情况补充资料（C301-1表）”，把“建筑业建筑材料消耗情况（C304表）”纳入建筑业统计报表制度。

第四节　交通、运输、邮电统计调查

中华人民共和国成立初期，为适应恢复和发展运输邮电生产、建设的需要，从1951年起，开始逐步建立交通运输和邮电统计报表制度。

1951年公路年度总结报表有7种表，即：

《客货运量年报表》，主要设有国营的汽车、兽力车、参加公路运输组织者的公有车、私营车等指标，但是贵州省只执行国营汽车的客运量和货运量。

《国营公司客运汽车运量及运用情况表》，主要设全年汽车平均数、全车平均载重量、总车日、行驶里程、汽车载运人公里、客运总人数等指标的实际数、计划数和完成百分比。

《公路机构劳动工资表》，主要设运输及修理等部门的职工人数、工资总额、平均工资等指标。

《国营运输公司货运成本表》，主要设各项支出、旅客人公里、每人公里成本、货物吨公里、每吨公里成本等指标。

《国营运输公司车辆增减表》，主要设本年新置、整修、报废、年末所有数等指标的实际数和计划数。

《公路运输车辆表》，主要设各种货车、客车的辆数和吨位或座位。分列国营车、公有车和私有车，贵州只填报国营车。

《盈亏及资金情况表》，主要设汽车运输的收入、支出、盈亏数以及大区的资金数等指标。

从1951年起建立了邮电业务统计，邮电管理部门定期向统计部门提供邮电局(所)数、邮路长度、邮政业务量、电信业务量、报刊发行业务量等主要统计资料。

1952年《汽车运输统一统计表》修订为《公路运输统计报表》，主要反映运输工具、交通线路里程、货物运输量、旅客运输量、货物运输周转量等内容。根据需要，还建立了《群众运输定期统计报表》(交通厅系统)和《联运统计报表》（省联运公司）。

1952年12月，中财委颁发了们《1952年公路与内河运输年度总结报表》，由于毕节没有国营及公私合营内河运输企业，因而只执行了公路运输部分，共有7种表，同上年比较，增加《联运业务量情况表》和《公路通车里程》两种表；减少《国营运输公司车辆增减情况》和《盈亏及资金情况》两种表；继续保留5种表，但表名内容有所变动，将客货运量年报表改名为《公路运输客货运量》年报表，将国营公司客运汽车运量及运用情况年报表改名为《国营汽车运用情况》年报表；将公路机构劳动工资年报表改名为《公路运输劳动工资》年报表，将国营运输公司货运成本年报表改名为《国营汽车运输成本》年报表，将公路运输车辆年报表改名为《公路车辆数》年报表，并采取分工办法（国营汽车运输部分由国营运输公司贵阳分公司毕节站负责编报，联运部分由省联运公司毕节分公司负责）。私营汽车运输及兽力车运输部分由交通科负责。

1953年，国家统计局会同交通部统一制定并施行了《公路、内河运输定期统计报表制度》，建立了运输工具半年报、汽车运输货物流向月报、汽车运输进出口货物统计月报、群众运输统计报表、内河运输定期统计报表等。

1956年1月，为了及时掌握私营运输业的社会主义改造情况，按照省统计局要求，建立汽车、货运人力车、驮力及木帆船等改造情况旬报快报。

1957年运输统计年报，分公路运输和内河运输两部分，共有25种报表，同1952年比较，减少1种，继续保留6种，增加19种。毕节专区只执行公路运输部分。

1957年毕节专区执行的运输统计年报新增表种

表名	主要指标
1. 畜力车、货运人力车及驮力数	设畜力车、货运人力车的辆数和驮力的头数，按经济类型分组。
2. 营业汽车及挂车增减表	设货车、客车、挂车上年末实有数、本年增加数或减少数。
3. 畜力车、货运人力车及驮力运输量	设畜力车、货运人力车及驮力的运输量，按经济类型分组。
4. （ ）营汽车运输技术经济指标	设全年平均营运车数、全年平均总吨位、车辆利用率、完好率、每日平均出车时间、车日行程、行程利用率、载重量利用率、车吨年产量、旅行速度、技术速度等指标。
5. 公路运输货物分类	设公路运输货物分类的运输量和周转量。
6. 搬运企业劳动工资	设搬运企业的单位数和人数，按经济类型分组。地方国营企业还增报工资总额指标。
7. 运输合作社及私营运输从业人员	设运输合作社、私营专业运输队的个数和人数。

同1952年比较，减少了《联运业务量》年报表1种。继续保留的6种表，除《公路通车里程》年报外，其余表名和内容都有变动，将公路车辆数年报改名为《汽车辆数》年报，将公路运输客货运量年报改名为《汽车运输量》年报，将国营汽车运用情况年报改名为《（）营汽车运用情况》年报，将公路运输劳动工资年报改名为《运输企业劳动工资》年报，将国营汽车运输成本年报改名为《（）营汽车运输成本》年报。

1957年邮电统计的主要内容，有邮电局数、邮路长度、电话和电报电路数、邮电通信工具数、函件、报刊、电报、长途电话、市内电话、农村电话等邮电业务量指标。

根据国家统计局的统一规定，1958年10月在统计部门建立了交通运输统计电讯月报。1959年，随着机关、企业和人民公社自有运输工具的增加，建立了机关、企业、厂矿和人民公社的汽车运输统计以及民间运输统计，共有7个月、季报表，即：《机关、企业、厂矿自有载重汽车及运量月报》《机关、企业、厂矿自有汽车运输货物分类月报》《人民公社运输工具及运量统计季报》《人民公社运输货物分类统计季报》《人民公社交通建设统计季报》《人、畜力车及木帆船统计月报》和《人、畜力车及内河货物运输量及货物分类月报》。由交通工具较多的机关、企业、厂矿单位以及已经建立专业运输组织的人民公社填报。改变了交通运输统计只限于统计交通系统内的情况。月报部分由统计部门和交通部门共同惧整理上报，季报部分由统计部门收集整理上报。

1960年运输统计年报，共有22种表，同1957年比较，增加9种，减少12种，继续保留13种。增加的主要是：

《公路运输公报资料电讯年报》，主要反映货运量、货物周转量、年末到达的公路里程等内容。

《水上运输公报资料电讯年报》，主要反映货运量、货物周转量、内河通航里程年末到达数内容。

《公路运输部门汽车保修情况年报》，主要反映汽车大修辆（台)数、修理总工时、二级保养车（台）次数等内容，按载货汽车、载客汽车、挂车分列。

《公路运输挂车年末实有数年报》。

《公路运输部门汽、挂车轮胎里程年报》。

《机关、企业、厂矿运输工具实有数年报》，主要反映载货汽车、载客汽车、小客车、特种车、挂车、拖轮等运输工具的年末实有数。按主要工业部门、建筑部门、商业部门分组。

《机关、企业、厂矿载货汽车及挂车实有数年报》，主要反映载货汽车、其中直属中央单位、载货挂车、其中直属中央单位等年末实有数。按部门分组。

《机关、企业、厂矿载货汽车运用情况年报》，主要设载货汽车及吨位、总车日、其中完好车日、工作车日、总车吨日、货物运输量及吨公里、车吨月产量等指标，按工业部门、建筑部门、商业部门分组。

减少12种表，即：《运输企业劳动工资》《搬运企业劳动工资》《运输合作社及私营运输从业人员》《（）营汽车运输成本》《营业汽车及挂车增减数》，将《汽车运输量》和《畜力车、货运人力及驮力运输量》两种表合并为《公路运输客货运输量》1种表。

继续保留13种表，但列名和内容要求有变动。例如：将汽车辆数年报改为《公路运输汽车年末实有数年报》，将畜力车、货运人力车及驮力数年报改名为《公路运输民间运输工具年末实有数年报》表，将（）营汽车运用情况年报改名为《公路运输部门汽、挂车运用效率指标年报》表，将（）营汽车运输技术经济指标年报改名为《公路运输部门汽车燃料消耗年报》表。《公路运输里程》《公路运输货物分类》没有变动。

1962年将机关、企业、厂矿及人民公社交通运输统计，改为交通运输部门系统外交通运输统计，设统计年报6种表，即：《机关、企业及人民公社现代化运输工具数》《机关、企业及人民公社非现代化运输工具数》《人民公社专业运输队货物运输量》《重点企业、事业单位货物运输量》《重点企业、事业单位载货汽车技术状况及运用情况》等6种。还建立了装卸搬运生产情况月报和农村渡口船损事故季报。1963年增报人民公社专业运输队货物运输量半年报。1964年6月，根据国家经委、国家统计局的联合布置，在重点交通企业建立交通企业赶超国内先进水平情况季报。从1964年起运输邮电统计报表有所简化。

1965年，运输邮电统计的综合年报表共有16种，比1960年增加6种，继续保留10种，减少12种。增加的6种是：

《机关、企业及人民公社专业运输队现代化运输工具》，陆运，有载重汽车、载货挂车、大客车等年末实有数，水运有运输船舶、非运输用特种船舶等年末实有数。企业事业及机关团体按产业系统分列，人民公社专业运输队按城市、农村分列。

《机关、企业及人民公社专业运输队货物运输量》，设运输量、货运量、货物周转量等指标，在农村人民公社项下分列陆运和水运。

《重点企业、事业单位货物运输情况》，反映载货汽车、挂车货物周转量等内容。

《长途报话局所及电路》，按各种性质分列长途电报、电话局所年末实有数及按市郊话路或市县报路分列电话电路总数、长途电话电路总数等指标。

《长途电话电路通达情况》，反映与省会的通话情况、所辖县(市)数、与所辖县(市)的通话情况等，按地区分组。

《邮电交换量》，设邮电业务总量、函件、机要文件、包件、汇票、报纸、杂志、电报、长途电话等指标，按出口、进口、转口分列。

继续保留的有10种表，其中变动较大的有：将公路运输客货运输量表改为《按地区分列的载货汽车运输量》表，内容只保留汽车货运量，取消民间运输工具货运量、客运量和旅客周转量。将公路运输部门汽车、挂车运用效率表改为《重点企业、事业单位载货汽车技术状况及运输情况》表，设末载货汽车技术状况、载货汽车运用情况等指标，按8个产业系统分组，统计范围由公路运输部门汽车、挂车改为重点企、事业单位载货汽车，取消汽车营运路线里程、安全运输情况、行程、全行程载重量等指标。将邮电业务量表改名为《邮电业务总量计算表》。将邮电通信工具数表改名为《邮政主要设备》表，按邮政主要设备名称分列年末实有数。

减少12种表，一是取消了公路运输和水上运输公报资料电讯年报，二是将公路和水运的有关部分进行了合并。

“文化大革命”时期，1967—1969年交通运输和邮电统计工作遭受严重破坏，陷入停顿状态，1970年以后才逐步恢复运输邮电统计。到1975年，根据交通运输邮电现代化建设的需要，统计范围有所扩大。1975年交通运输邮电综合统计年报共有8种表，同1965年比较，增加3种，继续保留5种，减少11种。增加3种表，即：《全国邮政电信主要指标》，设邮电局所总数、邮路总长度，火车邮箱、邮运汽车、电报电路总数、载波电话机总数、长途电话电路总数、农村电话交换点、农村电话机、函件、报刊、电报、长途电话、市内电话、农村电话等指标。

《运输邮电企业主要财务指标》，设全部企业单位数、年末固定资产原值、年末固定资产净值、运输(营业)收入、盈利企业的利润总额、亏损企业的亏损总额、税金总额、积累总额等指标，按交通运输（分铁路、公路、水运、民航）、邮电部门分组。

《集体所有制运输企业基本情况》，设企业单位数、全年运量、全年运输收入、年末固定资产原值、年末固定资产净值、盈利企业的利润总额、亏损企业的亏损总额、税金总额、积累总额等指标。

继续保留的5种表，均有所变动。将铁路、公路、民航线路表改名为《交通线路年底到达数》表；将铁路、公路、水运、民航运输工具表改名为《交通运输工具年末实有数》表；将铁路、公路、水运、民航客货运量表改名为《客、货运输量》表：将重点企业、事业单位载货汽车技术状况及运用情况表改名《交通运输重点企业主要技术经济指标》表。

比1965年减少11种表，即减少长途电话电路通达情况、邮电交换量、邮电业务总量计算表和邮政主要设备等4种，合并运输工具数、客货运量、邮电局所、长途报话局所及电路等7种表。

中共十一届三中全会以后，为反映运输邮电部门贯彻执行调整、改革、整顿、提高的方针，以促进运输邮电事业的发展，运输邮电统计增加了反映价值量和经济效益的报表和指标。1980年，运输邮电统计综合年报，只恢复了运输线路长度、交通运输工具、客货运输量、非交通系统重点单位自有载货汽车运输量等4种表。1983年，在非交通系统独立核算汽车运输重点单位中建立统一的基层表式。

1984年的运输邮电统计综合年报，增加非交通系统民用载货汽车运输抽样调查，试行全社会货物运输量估算表，审批非交通系统独立核算汽车运输单位基层表，将交通运输工具表改名为《民用车辆船舶拥有量》表，取消了运输线路长度和客货运输量两种表。

1985年运输邮电统计综合年报有13种，比1980年减少保留3种，增加10种。其中，根据国家统计局要求增加2种，即：

《独立核算运输邮电单位产值》，设总产值、增加值(其中折旧)、净产值、(分列其中工资、职工福利基金、利息、上缴利税、企业留利)、年末职工人数等指标，按交通邮电系统分列铁路、公路、水运、民航、邮电；按非交通邮电系统分列公路、水运、其他运输单位。

《非交通系统独立核算汽车运输单位基层表》，由各级统计部门统一布置，统一核转国家统计局，包括公路运输生产情况、水上运输生产情况、财务指标及产值等内容。

根据省时需要增加8种，即：

《城乡个体(包括联户)汽车运输情况》，设年末实有车数(分列旅客汽车、载货汽车的数量)、运输量(分列旅客、货物的运量和周转量)等指标。

《邮电业务量》，反映邮电业务总量、函件、机要文件、包件、汇票、订销报纸、杂志的期发数和累计数、报刊流转额等的合计数及其计费数。

《邮电局所》，反映自办局所和代办所的年末实有数。自办局所分列邮局、电信局、邮电局、邮电支局及邮电所；代办所分列邮电代办所、邮政代办所、电信代办所。《电话机实有数》，设市内电话、农村电话年末实有数及私人安装数。

《运输邮电企业产值和主要财务指标》，设营业(业务)总收入、营业(业务)总成本、营业外收入、营业外支出、营业税、以利润归还贷款、企业间利润转移支付净额、实缴所得税、实缴利润、企业留利、总产值、增加值、净产值等指标。继续保留3种，其中两种有所变动。将交通运输工具年末数表改名为《民用车辆、船舶数量》表，将客货运输量表改名为《全社会客货运输(吞吐)量》表；《交通系统重点单位自有载货汽车运输量》表没有变动。比1980年减少运输线路长度。

1990年，运输邮电定期统计报表有2种，比1985年增加1种，即根据省里的需要，增加《非交通系统独立核算运输单位基层表季报》，由地区统计局审核转报省统计局。

1990年运输邮电统计综合年报有7种表，比1985年增加2种，即《交通系统非独立核算运输单位基层表》，将民用车辆船舶拥有量表分设为《民用车辆拥有量》和《民用运输船舶拥有量》两张表，并增加了民用汽车的细分组。继续保留5种表：《全社会客货运输(吞吐)量》表，增加换算周转量等指标，并在非交通系统的公路分组中，增列载货汽车抽样资料、独立核算运输单位、个体及联户。《独立核算运输、邮电单位产值》表，在总产值内增列货运装卸收入，在增加值内增列折旧基金、大修理基金，在净产值内增列营业税、各种税费支出、其他非物耗支出、货物运输净产值等指标。还有《交通系统重点单位自有载货汽车运输量》《非交通系统独立核算汽车运输单位基层表》等。比1985年减少的有城乡个体(包括联户)汽车运输情况、邮电业务量、邮电局所、电话机实有数、运输邮电企业产值和主要财务指标等8种表。

1993年11月9日，省统计局下发《关于认真贯彻执行新的统计报表制度的通知》，为适应社会主义市场经济发展和全面实施新的国民经济核算体系的需要。国家统计局经过多次研究讨论，制定了新的统计报表制度，决定自1993年统计年报和1994

年定期统计报表开始实施。新的运输邮电业统计基层报表仅D401表(独立核算交通运输企业主要财务指标季报)一张表。

1995年，1.增加一张“独立核算交通运输企业生产情况和．主要财务指标”季报，(基层表式为D202表，综合表式为D408表)，填报范围为辖区内县及县以上独立核算公路运输、水上运输、内河运输企业。2.取消“民用运输船舶拥有量”(D302表)中的“拖船功率”指标。3.“独立核算运输企业财务状况”(D305表)主栏。(1)在“其中：本年折旧”项后增加“无形及递延资产合计”和“其中：无形资产”：(2)在“长期负债合计”项后增加“负债合计”；(3)在“劳动、待业保险金”项后增加“营业利润”。

1996年运输邮电业统计年报报省一览表

601-1表：法人单位调查表

601-2表：产业活动单位调查表

D102-1表：公路运输企业运营情况

D102-2表：水上运输企业运营情况

D102-3表：内河(沿海)港口企业主要设备及吞吐量

103-2表：财务状况(乙)

D301(手工)表：民用车辆拥有量

D302(手工)表：民用运输船舶拥有量

D303表：全社会客货运输(吞吐)量(手工部分)

1998年运输邮电业统计有如下变化：㈠基层表：1.取消“独立核算交通运输业生产情况和主要财务指标(原D202表)”季报；2.免报“公路运输企业运营情况(原D102-2表)”“内河(沿海)港口企业主要设备及吞吐量(原D102-3表)”和“财务状况（原D103-2表)”4张年报表。㈡综合表：1.取消“独立核算运输企业主要运输工具及设备(原D304表)”等12张年报表和“独立核算交通企业生产情况和主要财务指标（原D408表）”等3张定期报表：2.免报“全社会客货运输(吞吐)量(原D303表)”和“独立核算运输企业财务状况（原D305表）”2张年报表。运输邮电统计除保留“民用车辆拥有量(D301表)”外，其余报表均交主要部门负责统计，请各县、市主动与有关部门联系，搜集和积累有关资料。

第五节 商业统计调查

中华人民共和国建立初期，根据粮食部的要求，贵州省粮食局建立了《1950年粮食机构粮食统计年报》，包括粮食收购来源、粮食销售对象、粮食调入、粮食调出等内容。为反映国内市场商品流通领域的发展变化情况，省财委于1951年5月转发财委1950年颁发的《国营贸易企业定期统计报表制度》，全区国营贸易各专业公司系统从1951年7月开始执行，包括商品流转、商业网点、商品流通费、运输、劳动工资等内容。商品流转报表有日报、月报、季报、半年报，上半年的资料以半年总结材料编报，年终填报们《1951年国营贸易企业年度总结统计年报表》。1951年10月，全区供销社系统开始执行由省财委转发、经中财委批准，由合作社联合总社颁发的《全国供销、消费合作社统计报表制度》，包括商品流转和组织资金两部分，有供应商品购销存和农副产品购销存月（季）报表、组织资金季报表。与此同时，为了解各种经济成分在社会商品流转过程中的地位、作用和变化情况，专财委执行了省财委布置的们《1951年商品流转公私比重统计年报》，包括社会商品流转总额公私比重、社会主要商品经营公私比重、营业额公私、烤烟和植物油成交量公私比重等。

1952年，为了适应国民经济第一个五年计划的需要，商业统计的范围扩大，报表增加较多。1月，国营贸易公司系统执行中财委修订的《国营贸易企业定期统计报表制度》，共有7种表，即《商品购销存日报表》《商品购销存旬报表》《商品购销存月报表》《商品调拨月报表》《加工月报表》《贸易网季报表》《运输情况月报表》，省统计局补充了《少数民族地区商品购销存统计月报表》。在相同时间，省统计局实施《私营工商业动态月报制度》的范围由两市扩大到11个县、市，毕节县被列入。

1952年商业统计年报，共包括三个部分25种表。

1. 国营商业、粮食、盐务、供销合作社统计年报20种：有《国营贸易及合作社购销总值综合年报表》《国营商业企业国内购进年报表》《国营商业企业销售、库存年报表》《国营贸易专业公司主要商品购进来源年报表》《国营贸易专业公司主要商品销售对象年报表》《国营贸易专业公司商品调拨年报表》《国营零售公司商品购、销、存年报表》《国营商业机构、人员年报表》《国营商业企业商品流转费年报表》《国营商业企业商品运输年报表》《粮食国内购进来源年报表》《粮食国内销售对象及库存年报表》《粮食调拨年报表》《粮食加工年报表》《粮食机构年报表》《盐务运销存年报表》《供销合作社组织发展年报表》《供销合作社干部统计年报表》《供销合作社农副产品收购计划完成情况年报表》《供销合作社零售商品销售计划完成情况年报表》。

2. 商品流转公私比重年报3种：有《公私商业比重表》，设国营经济、合作经济、私人经济的经营额及所占比重；《零售额公私比重变化表》，设3种经济类型的零售额、增长速度及所占比重等指标；《购进情况公私比重表》，设国营、私营购进总金额和锑、锡、水银的购进金额及所占比重。

3. 私营商业统计年报2种：有《私营商业基本情况报告表》，设坐商、行商、摊贩的户数、从业人员、资本额和营业额等指标；《私营坐商分部门概况报告表》，设粮食、其他食品、燃料、纺织、文教艺术用品、日用百货、建筑材料、交通器材、医药用品、进出口贸易、代理商等部门的户数、从业人员、资本额、营业额等指标。

为了观察各县在社会商品零售总额中各种经济成分的比重，1952年12月，各县财委均按照省财委布置，计算1949—1952年各种经济零售额所占比重的资料。

1953年2月，根据中央工商行政管理局、商业部、国家统计局的电示，省财委会同省商业厅、省供销合作联社联合通知，从1953年1月起，执行《对私营社会主义改造情况电讯月报制度》，包括商业、饮食业和服务业，分别设原私营时的户数、从业人员、资本额，合营后新增资本额、已完成清产核资后的私股资金总额、已实行定息者的私股资金总额等主要指标。

随着大规模有计划的经济建设开始，国家统计局于1953年会同中央商业部制定了《1953年国营商业统计制度》，会同中央粮食部制定了《1953年国营粮食机构统计报表制度》，会同全国合作社联合总社制定了《全国供销、消费合作社统计制度》，专粮食局、专商业科、专供销合作联社分别于1953年4月、7月、10月开始执行。为确保上述统计制度的顺利进行，1953年下半年商业、粮食、供销三个系统均建立和整顿了统计的原始记录等基础工作。根据国家统计局的要求，按照省统计局布置，于1953年7月开始建立国营商业商品流转综合月报表。

1953年，根据省的需要，毕节县按1952年的计算办法继续计算1953年第一季度（分月）商品零售总额公私比重资料。从1953年第三季度开始，毕节县按月编报社商1表（《社会商品市场销售额比重表》），按季编报社商2表（《主要商品市场销售量比重表》）：黔西县按季编报社商1表：其余各县根据力量进行试编。

为了适应对私营商业社会主义改造的需要，从1953年下半年起，逐步建立了私营商业定期报表制度。有2种表，即《私营商业营业情况综合月报表》和《私营商业主要商品经营情况综合季报表》，设有私营商业户数、营业额、主要商品销售量、资本额、利润、从业人员数、开业歇业和经济类型变更等主要指标。毕节县从1953年7月开始执行，其余各县于1953年8月份起执行。1953年9月，私营商业定期统计报表缩小了填报范围，仅毕节县继续实施，其余各县暂不执行。

1953年，建立了公私合营商业统计，有2种年报表：《公私合营商业综合年报》，设分部门的户数、人数、资金(其中：公股)等指标：《公私合营商业一览表》，设商业户名称、所在地、所属部门、人数、资金(其中：公股)等指标。

1954年，先后建立由国家统计局会同非贸易系统有关部门分别颁发的木材、盐务、水产、出版及邮政等系统的贸易统计基本报表。

1954年，将私营商业统计年报改为《私营商业、饮食业与服务业基本情况综合统计年报》，户数、从业人员、营业额等指标。

1955年2月，为专县统计部门逐步建立贸易综合统计，毕节县试编国家统计局颁发的《贸易综合统计报表制度》。同年，国家统计局将《全社会商品流转公私比重》统计改为《社会商品销售公私比重计算方案》，有4种表，即社商1表《纯商业机构的商品批发总额公私比重月(季)报表》、社商2表《纯商业机构主要商品类别的批发额及零售额公私比重月报表》、社商3表《纯商业机构主要商品零售数量公私比重月(季)报表》和社商4表《社会商品零售额总额公私比重月(季)报表》。自1951年1月起，毕节县按月编报社商1～4表，威宁县按月编报社商1表和社商4表，黔西、织金两县按季编报社商1表和社商4表，其余各县按季试编不上报。根据农村市场的特点，黔西县大关区财经小组于1955年1月起被省统计局试行《农村商品零售额公私比重计算方案》，以反映农村初级市场情况。

1955年，建立了《公私合营商业、饮食业及服务业定期统计月报》和《私营商业变动和改造情况定期统计报表》。同年6月，省统计局会同商业厅对私营商业定期统计报表又重新作了修改，改为《私营零售商变动情况月报表》《私营饮食、服务、运输、建筑、金融及农业变动情况月报表》《私营零售商改造情况月报表》和《已改造行业营业情况月报表》，毕节、威宁、织金三县被省统计局指定填报。同年，省统计局又将公私合营商业年报改为《公私合营商业及饮食业分户一览表》，设合营日期、分支机构、从业人员(其中：在职资方)资本额(其中：公股)、销售额(分合营前后的批发额和零售额)，按所属部门及重点类型分组；将私营商业、饮食业与服务业统计年报改为《私营商业及饮食业转为公私合营及合作小组统计年报》，有2个表，设户数、人数、资本额和销售额等指标。

1956年，随着私营工商业社会主义改造的基本完成，对《社会商品销售额公私比重计算方案》作了部分修改，更名为《社会商品销售分经济类型经营比重计算方案》；取消了《纯商业机构商品批发总额公私比重月(季)报表》，在他表中将“公私比重”字样一律改为“分经济类型比重”。当年1月建立了《国营、地方国营、合作社饮食业企业定期统计报表实施办法》，国家规定有2个表，即饮食01表《国营、地方国营、合作社饮食业企业基本情况月(季)报表》(由企业填报)和饮食02表《国营、地方国营、合作社饮食业企业基本情况综合季报表》(由综合单位填报)。为了满足编制社会商品零售额的需要，对饮食01、饮食02两个表均按省的要求一律按月填报，8月由月报改为季报。同年1月，还建立了《公私合营商业、饮食业、服务业及合作商店定期统计报表暂行制度》，9月又停止执行。为了减轻国营商业与供销合作社统计年报负担，从1956年的年报起，只编报全年总表，不再编报分月、季的报表。同年第一季度建立了《贵州省国营、地方国营工业部门销售季报表》，执行了三个季度，于10月停止执行。

1957年，在建立各种经济成分商业统计的基础上，统计部门进一步建立了全社会商品流转统计、社会商品购买力统计和主要商品产、消平衡统计：将社会商品销售分经济类型比重统计改为社会商品零售额统计。

1957年贸易统计综合定期报表有4种表，即《社会商品零售总额季报表》《主要商品零售量季报表》《国营及合作社营商业农副产品采购情况季报表》和《国营商业、饮食业劳动工资半年报表》。原执行的《国营、地方国营、合作社饮食业定期报表》，从1957年1月起停止执行。

1957年商业统计综合年报，包括四个部分共19种表，其中由专区执行的两个部分10种表：

1.社会商品流转部分，有6种表，即《社会商品零售总额年报表》(包括按部门及按经济类型划分和按对象及按市县划分2个表)、《主要商品社会零售量年报表》

《全社会农副产品采购情况年报表》《国营、合作社营及公私合营商业商品购、销、存年报表》《国营、合作社营商业与饮食业劳动工资年报表》和《少数民族地区零售、采购情况年报表》。

2.公私合营、合作化及私营商业、饮食业与服务业部分，有4种表，即《公私合营、合作化及私营商业、饮食业与服务业基本情况年报表》《公私合营商业（定息户）商品库存年报表》《公私合营（定息户）商业、饮食业与服务业费用、税金、利润情况年报表》和《私营商业、饮食业与服务业社会主义改造情况年报表》。

1958年，国家统计局会同商业部门统一制定《国营及合作社商业、饮食业与服务业定期统计报表制度暂行办法》，有5种表，即《国营及合作社商业商品购、销、存快速月报》《国营及合作社商业商品购、销、存月报表》《国营及合作社商业商品购进季报表》《国营及合作社商业商品销售、库存季报表》《国营及合作社商业、饮食业与服务业劳动工资季报表》。月报从1958年7月起执行，季报从1958年第一季度起执行。经简化后，统计部门执行的1958年商业统计综合定期报表有7种，即《社会商品零售总额季报表》《主要商品社会零售量季报表》《国营、合作社商业农副产品采购情况季报表》《国营商业购销存快速月报》《国营商业商品购进季报表》《国营商业商品销售、库存季报表》《国营商业、饮食业、服务业劳动工资半年报表》。1958年公私合营、合作化及私营商业、饮食业与服务业定期统计报表有2种，即《公私合营、合作化及私营商业、饮食业与服务业基本情况综合季报表》和《公私合营商业（定息户）主要商品库存综合季报表》。

1959年，随着人民公社的建立，商业部门管理体制及组织机构有较大变化，原有的商业统计报表制度已不适应新的情况。按照“统一规定、分级管理、因地制宜、区别对待、条块结合、加强协作”的原则，国家统计局将上年统一制定的国营及合作社商业、饮食业与服务业定期统计报表制度暂行办法改为《1959年商业、饮食业及服务业定期统计报表制度》，报表内容及表名作了较大变动。

1959年统计部门执行的贸易综合定期统计报表，共有10种，同1958年比较，增加4种表，即《商业部门商品流转月（季）报表》《人民公社商业及合作化私营商业饮食业服务业从业人数季报表》《国营商业财务费且基本情况季报表》和《主要商品产销存季报表》。减去4种表，即《国营商业商品购进季报表》《国营商业销售、库存季报表》《主要商品社会零售量季报表》《国营、合作社商业农副产品采购情况季报表》。继续保留6种表，变动的有：将国营商业购销存快速月报改为《商业部门商品购光彩存电讯月报》；将国营商业饮食业服务业劳动工资半年报改为《县级以上国营及公私合营商业饮食业与服务业劳动工资季报》。

1958年，专区开始按年进行社会商品购买力统计。

1959年5月4日，国家统计局颁发了《1959年农村人民公社产品分配、商品流转、货币收支统计报表试行制度》，结合贵州的实际情况，省统计局于7月拟定了《农村人民公社财贸统计试行制度》，包括农村人民公社产品分配、商品流转、货币收支等内容，毕节县统计部门试填1959年上半年数。1959年第三季度按试行制度（取消商品流转季报表）填报，并按国家统计局正式颁发的《1959年农村人民公社产品分配、货币收支统计年报编制办法》编报1959年的年报。

为保证工业生产和铁路建设的顺利进行，1959年赫章、威宁、水城三县填报由省统计局制发的工矿区和铁路沿线商品供应电快月报，1—3月份为季报，4月以后为月报。

1960年上半年，国家统计局将上年统计部门和商业部门共同贯彻执行的《1959年商业、饮食业及服务业定期统计报表制度》改为《1960年商业定期统计报表制度》，其中统计部门执行的有6种表。根据中央反“五多”的精神，国家统计局于1960年7月对以上报表进行了精简。精简后的报表有5种，同1957年比较变动很大，增加《社会商品零售额分类及主要商品零售量季报表》《商业部门商品购销存电讯月报》《商业部门商品流转季报表》3种表，取消《主要商品社会零售量季报表》（纳入社会商品零售额分类及主要商品零售量季报表内）、《国营、合作社商业农副产品采购情况季报表》（纳入商业部门商品流转季报表内）、《国营、合作社商业、饮食业劳动工资半年报表》（纳入劳动工资专业统计内）。又将社会商品零售额季报改为电讯月报和表式月报，电讯月报只报总额及按对象、按市县分组的零售额。

1960年社会商品购买力和主要商品产、消平衡统计，由1957年按年计算改为按季计算。上半年，按季计算社会商品购买力，按季编制主要商品产、消平衡表。7月进行精简，对社会商品购买力季度着重搞预计，只抓几个主要指标；停止编报主要商品产销平衡季报。

1960年公私合营、合作化及私营商业、饮食业、服务业定期统计报表共有2种表，上半年为月（季）报表，7月延长了报告期，将《公私合营、合作化及私营商业、饮食业及服务业基本情况月（季）报表》乞讨为半年报；将《公私合营商业（定息户）主要商品库存月（季）报表》改为季报。

1960年1月起，按照省统计局要救坂个商店建立典型商业企业经营管理情况电讯月报，该月报设有平均职工人数、其中营业员人数、商品零售额、平均流动资金、商品库存额、流通费用等指标。后根据精简的精神，在当年7月停止执行。

1960年农村人民公社财贸统计，仍继续执行《农村人民公社产品分配季报表》和《农村人民公社货币收支季报表》。在1959年的基础上，对所设指标有所修改，毕节县不再填报，改由黔西县填报。

同年，执行省统计局按季节建立的主要农产品收购月报、王报和粮食入仓五日报、旬报。

1960年商业统计综合年报，同1957年比较精简变化较大，表种由1957年的19种减到14种，增加6种，取消11种，继续保留8种。增加的6种表有《社会商品零售分类年报表》《农村人民公社货币收支平衡年报表》《消费品消费构成年报表》《商业部门商品调拨情况年报表》《农副产品及队办工业品采购年报表》和《公私合营（定息户）商业、饮食业与服务业定息发放情况年报表》；取消的11种表有：《主要商品社会零售量年报表》《全社会农副产品采购情况年报表》《分阶层居民货币收入表》《农副产品出售收入表》《合作社组织成员及其他非农业劳动者货币收入表》《公私合营商业（定息户）商品库存年报表》《公私合营（定息户）商业、饮食与服务业费用、税金、利润情况年报表》和《私营商业、饮食业服务业社会主义改造情况年报表》；继续保留的有8种表。其中表名、指标变动的有：将国营、合作社营商业与饮食业劳动工资年报表改为《商业、饮食业、服务业机构情况年报表》；将国营、合作社营及公私合营商业商品购销存年报表改为《商业部门商品流转年报表》；将少数民族地区零售、采购情况年报表改为《少数民族地区商业基本情况年报表》。

1961年，商业定期统计报表，在总结1960年商业定期统计报表执行情况的基础上，按照中央提出的“以深入实际，深入群众进行调查研究为主，以必要的统计报表国辅”约方针，加强统计报表的统一管理，扩大商业定期统计报表的范围。将粮食部门、新华书店、木材经营部门、报刊发行部门等的报表也统一纳入商业定期报表内，采取全面统计、重点统计、典型调查相结合，进一步改革指标体系和分组方法，减掉一些过时的指标和商品，增加一些反映城乡市场新情况和商业支援农业的指标和商品。在商业综合定期统计报表中建立了重点统计，威宁县作为省的重点县，填报了《重点农村人民公社货币收支季报表》。根据国家统计局、国家物资局和农业机械部的联合布置，建立《1961年农业机械销售统计定期报表制度》，有3种表，即《产品收拨与结存月报表》《产品供货计划执行情况月报表》和《维修配件生产完成与供货计划执行情况月报表》。

1961年12月底，毕节、威宁两县组织有关部门进行了6项调查：即城乡居民现金收支及主要商品消费量调查；社团集团消费品购买力调查；工业和手工业企业主要产品的产、购、销、存调查；国营农牧场及机关企业自办农场零售情况调查；机关企业购买消费品调查；粮食、油料的生产消费定额调查。

1962年，国家统计局和商业联合通知：供销合作社和国营商业分开经营后，仍执行国营商业统计报表制度。

随着集市贸易迅速发展，为及时了解市场交易情况，加强对农村市场的领导和管理，1962年1月，毕节县海子街、黔西县大关、威宁县牛棚子作为省的直接联系点，按照省统计局、省商业厅、省供销合作社联全布置，执行国家统计局、商业部和国家工商局于1961年制发了《农村集市贸易定期定点报告制度》，主要反映集市商品成交金额、人要商品成交数量、主要商品的集市价格和国营牌价等。有3种表，即《集市贸易基本情况月报》《主要商品交易情况月报》和《所在地国营商业商品销售、库存月报》。由区供销社协助当地市场管理委员会按规定上报省供销社、省商业厅、省工商局和省统计局。

根据国家统计局和省统计局1962年的布置。在区内建立《商业部门收购清仓处理物资月报表》，以有关商业部门为主，统计部门协助，逐级贯彻执行。不建立了《未定股定息公私合营、合作商店（小组）商品流转月报表》。

1963年，为满足国民经济综合平衡和支农的需要，体现国营、合作社商业对合作商店（小组）及个体小商贩的领导和改造作用，恢复了《主要商品社会零售量年报表》，主要商品有79种，设有零售数量、平均单价、零售金额3项指标；恢复了《农副产品采购年报表》，只报总额和28种主要农副产品的收购以数量和金额，不再分类。在有关报表中，增加国内纯购进、国内纯销售、售给社会集团的消费品零售额、按销售价格形式（平价、高价、议价、市价）分组、农副产品购进、从农村人民公社购进、对农村供应农业生产资料及消费品等指标。

为及时了解城市集市贸易发展变化情况，毕节、威宁、赫章三县城关市场管理委员会，于1963年1月开始执行由省统计局建立的《城市集市贸易定期定点调查报告制度》，有2种表，即《城市集市贸易基本情况月报表》和《城市集市贸易主要商品价格表》。还建立了《工业、手工业直接收购和产品直接零售月报》制度。将《未定股定息公私合营、合作商店（小组）商品流转月报表》改为季报。

为保证1963年商业统计年报按时、准确的完成，在年报会议之后，专、县统计局均派人深入基层单位进行调查研究和协助年报工作。

1964年，商业统计定期综合报表增加《商业、饮食业商品零售量季报表》，取消社会商品零售电讯报，取消计算社会商品购买力季报，改为在下半年对上半年的，购买力情况进行一次性调查。

同年，对1958—1962年的社会商品购买力、商业年报资料进行了整理与核实，并对各县的商业统计以准确性和及时性为中心内容进行评比。

1965年，商业统计定期综合报表共有6种，同1960年精简的比较，增加《社会商品零售季报表》及省里补充的《工业、手工业直接收购和产品直接零售月报表》和《未定股定息公私合营、合作商店（小组）商品流转季报表》。减少《社会商品零售额月报表》《社会商品零售额分类及主要商品零售量季报表》《公私合营、合作化及私营商业、饮食业及服务业基本情况半年报表》《公私合营商业（定息户）主要商品库存季报表》《社会商品购买力季报表》《主要商品产、消平衡季报表》《农村人民公社产品分配季报表》《农村人民公社货币 收支季报表》8种表。继续保留《社会商品零售额电讯月报》《商品流转电讯月报》，将商业部门商品流转季报改为月报。

1965年商业统计综合年报共有10种表，同1960年比较，取消6种表，即《社会商品零售额分类年报表》《消费品消费构成表》《商品部门商品调拨情况年报表》《农副产品及队办工业品采购年报表》《公私合营合作化及私营商业饮食业服务业基本情况年报表》《公私合营（定息户）商业饮食业服务业定息发放情况年报表》。增加2种表，即《工业部门直接收购农产品年报表》和《主要商品零售混合平均单价年报表》。继续保留8种表，变动较大的有：在《社会商品零售额年报》中，增加按平价、高价、议价、市价商品零售额的分类，恢复了按经济类型分组；将农村人民公社货币收支平衡表改为《农村人民公社生产（大）队货币收支及社员生产性货币收支表》，有关指标也相应改变，增加了农村人民公社社员的净货币收入指标。在《商业、饮食业、服务业机构网点年报表》中，增列按经济类型分组。在《商品流转年报表》总值部分中，增列“其中：高价商品销售总值”，商品部分中增加农产品按统购、派购、议价收购和议销售数量等指标。另有3种年报表《社会商品购买力总表》《居民货币收支平衡表》《主要消费品产、消平衡表》基本没有变动。

根据国家统计局关于统计工作必须彻底革命化的要求，1965年4月，省统计局派人来专署和到威宁县对财贸统计报表改革进行了蹲点调查。

1966年“文化大革命”开始后，商业统计工作受到很大冲击，商业统计报表制度不能贯彻执行。1966年商业统计综合定期报表，由1965年的7种减到3种，只保留了《社会商品零售额电讯月报》（取消按价格分组）、《商品流转电讯月报》（取消高价商品总值）和《社会商品零售季报》。1966年的商业统计综合年报，只保留了商品流转（包括总值和商品数量2个部分）、社会商品零售额、居民货币收支平衡、农村人民公社生产（大）队货币收支及社员生产性货币收支等4种表。1967年上半年只保留了《社会商品零售额电讯月报》，只填报按市、县分的“社会商品零售额”“对居民和社会集团的消费品零售额”“对农业人民公祚社员的农业生产资料零售额”3项指标。1967年下半年至1969年商业统计各项报表全部中断。1970年5月，省计委根据国家计委发出的《关于建立统计报表制度的通知》，恢复了《社会商品零售额电讯月报》，也只报分市、县的“社会商品零售额”“对居民和社会集团的消费品零售额”“对农村人民公社和社员的农业生产资料零售额”3项指标，并按《社会商品零售额电讯月报》的青工指标编报1970年的年报。

1971年，正式恢复全国统一制定的国民经济基本统计报表制度。由于商业机构设置和商品主管单位上下不一致，商品流转报表上报办法采取“谁经营、谁填报，谁管主、谁汇总”的原则。商业部门恢复了3种报表，即《商品流转总值月报表》《主要商品月报表》和《订商品基层单位库存季报表》，填报的主要商品达259种。1971年统计部门执行的商业统计综合定期报表，只恢复《社会商品零售额电讯月报》，商业统计综合年报以只恢复2种表：1.《社会商品零售额年报以》，同上年比较，增加按行业（商业、饮食业、工业和其他）分组；2.《商业部门主要商品购销存数量年报》，设国内纯购进、省外高歌入、国内纯销售、调出省外、年末库存等指标和58种主要商品。

1972年，商业统计综合定期报表，将上年的《社会商品零售额电讯月报》改为电讯季报，还增加《商业部门商品购销存电讯季报》。1972年商业统计综合年报，增加

《商业部门商品购销存总值年报》，设国内纯进购、其中农副产品购进、省外调入、国内纯销售、其中对居民和社会集团的消费品零售、对农村人民公社和社员的农业生产资料零售、对合作商店（饭店）小组个体商贩零售、期末库存等指标。

1973年，商业统计综合定期报表，将《社会商品零售额电讯季报》和《商业部门商品购销存电讯报报》改为电讯月报。

1975年，商业统计综合定期报表，同1965年比较，由6种减到3种。取消的有《社会商品零售额月报》《社会商品零售额季报》《工业、手工业直接收购和产品直接零售月报》和《未定股定息公私合营、合作商店（小组）商品流转季报》4种表；继续保留了《社会商品零售额电讯月报》和《商业部门商品购销存数量电讯月报》2种表。

1975年商业统计综合年报表，同1965年比较，由10种减到6种。取消《工业部门直接收购农产品年报》《主要商品零售混合平均单价年报》《少数民族地区商业基本情况年报》《主要消费品产、消平衡年报》和《商业、饮食业、服务业机构人员情况年报》5种年报表；继续保留《社会商品零售总额年报》；恢复《社会商品购买力总表》《居民货币收支平衡表》和《农村生产（大）队货币收支及社员生产性货币收支平衡表》3种年报表；将《商业部门商品流转年报》分设为《商业部门商品购销存总值》和《商业部门商品购销存数量》2个年报表。

1977年，商业统计综合年报，根据国家计委统计局的修改，恢复了《社会商品零售量》《社会农副产品收购量》《主要消费品生产、消费平衡》3种年报表。

中共十一届三中全会以后，随着流通体制的改革，商业所有制结构发生很大变化，城乡市场出现了多种经济成分、多条流通渠道、多种经营方式并存的流通新格局。为及时掌握国内商业现状，商业统计综合年报从1979年恢复了商业、饮食业、服务业机构人员统计，有3种表，即《商业机构、人员统计年报》《商业零售机构、人员统计年报》和《饮食业、服务业机构、人员统计年报》。

1980年，商业统计综合定期报表有7种，同1975年比较，增加4种，继续保留3种。随着工业企业直接零售的产品日益扩大，为全面准确地掌握社会商品零售统计数字，如实反映居民生活和社会商品购买力的变化情况，1980年1月建立《工业部门商品零售额和主要商品零售量月报表》，设工业部门零售额、售给居民的消费品零售额、售给社会集团的消费品零售额、售给农村生产队和社员的农业生产资料零售额以及28种商品的零售量，由各种经济类型的工业企业及其所属零售门市部填报，主管部门汇总报当地统计局。为了解粮、油、猪、蛋、水产品议价收购及销售情况，从1980年1月起建立了《商业部门主要议价商品收购、销售月报表》，设议价收购、议价销售的数量和金额等指标。

1980年商业统计综合年报共有18种表，同1975年比较，增加12种，继续保留6种。增加的12种表是：1.《全民所有制商业农副产品议价收购、销售年报》，设粮食、食用植物油、猪和猪肉、鲜蛋、水产品等农产品议价收购、销售的数量和金额等指标。2.《社会消费品零售量年报》，设粮食、食用植物油、猪和猪肉、鲜蛋、食盐、食糖、卷烟、酒、布等38种主要消费品零售量，其中分列工业部门零售、混合平均单价、金额等指标。3.《商业机构、人员年报》，设全民所有制商业（分企业管理机构、企业经营机构、仓储运输机构等）、集体所有制商业（分企业管理机构、企业经营机构）、合营商业、代购代销店、个体商业的机构和人员数，按市、县、县以下分组。4.《商业零售机构、人员年报》，设粮食、副食品、其他食品、百货、纺织品、五交化、医药、书店、煤炭、日用杂品、农业生产资料等14个行业零售商店的机构和人员数，按市、县、县以下分组。5.《饮食业、服务业机构、人员年报》，分饮食业和服务业，按市、县、县以下分组；饮食业按经济类型分组；服务业按经济类型和行业分组。6.《主要消费品产、消平衡年报》，设社会资源、社会分配、平均每人生活消费量等27项指标，计算粮食、食用植物油、肥猪、鲜蛋、食糖、盐、棉花、棉布、肥皂、自行车、手表、煤炭等12种主要消费品的产、消平衡。7.《社会农副产品收购总额和收购量年报》，设社会农副产品收购总额和40种农副产品的收购数量、混合平均单价、金额等指标，按商业部门、工业和其他部门、非农业居民向农民购买分组。8.《工业部门商品零售额和主要商品零售量年报》，所设指标同定期报表月报。9.《工业、饮食业、基建、集体和个体商业等部门农副产品收购总额和收购量年报》，设农副产品收购总额和粮食、食用植物油、猪和猪肉、鲜蛋、蜂蜜、桐油等24种农副产品的收购量，按工业、饮食业、基建、集体和个体商业5项分组。10.《集体商业、代购代销店、个体商业机构年报》。11.《集体商业、代购代销店、个体商业人员年报》设粮油、副食品、其他食品、日用百货、纺织品、五交化、医药、书店、煤炭、日用杂品、农业生产资料、其他专业、综合性等13个行业商店的机构和人员，分集体、代购代销店（其中：代销店）和个体，并按市、县、县以下分组。12.《集体、个体饮食业、服务业机构、人员年报》，按市、县、县以下分组，服务业增按旅店、理发、浴室、照相、洗染、其他等行业分组。

为掌握集体所有制商业商品流转的发展情况，省统计局和省工商管理局、省商业厅、省乡镇企业局、省粮食局、省医药管理局、省新毕书店于1980年10月联合布置了《城镇集体所有制商业商品购销存月报》，分甲乙表。毕节地区及各县仅填报、汇总上报乙表，该表高商品购、销、存主要指标的金额，从1981年1月起实行。

1982年，省统计局补充制发了《社会商品零售总额季报》，在《社会商品零售额电讯月报》的基础上，增加农民零售额、农村集市贸易成交额、城镇副产品市场成交额等指标。

1983年1月，建立了《全民所有制商业企业经济效益主要指标月报》。同时在工商部门建立了《城乡个体工商户基本情况季报》，由个体工商户自报或个体协会行业小组评议填报。还恢复了《城市集市贸易主要商品成交量季报》。

1984年，供销合作社恢复集体经济性质后，从当年7月1日起按集体所有制经济统计，在“集体所有制”项下增列“其中供销合作社”。

同年，将《全民所有制商业企业经济效益主要指标月报》改为月报；将《社会商品零售总额年报》中按商品类别分的8个类消费品零售额分出和《社会消费品零售量》合并为《社会消费品分类零售额及主要消费品零售量年报》。主要消费品由上年的43种减为41种。在有关报表中，将“将对农村生产队和社员的农业生产资料零售额”指标改为“对农民的农业生产资料零售额”。在《商业机构、人员年报》和《饮食业、服务业机构、人员年报》中国营商业零售机构、国营饮食业和国营服务业项下各增列其中“国家所有制集体经营”和“租赁给经营者个人经营”2个指标。在其他集体所有制商业零售机构、其他集体所有制饮食业、其他集体所有制服务业项下各增列“其中由国营转为集体所有制”指标。

1985年，商业统计定期报表共有14种，同1980年比较，增加9种，取消2种，继续保留5种。增加的9种是：《社会商品零售额季报》《社会商品购买力半年报》《集体所有制商业商品购销存总额月报》《城镇集体所有制商业商品购销数量月报》《全民所有制商业和供销合作社经济效益主要指标季报》《重点城市全民所有制商业和供销合作社经济效益主要指标季报》《商业零售额月报》《重点城市零售商店主要经济指标季报》《重点城市国营商业和供销合作社商品流通费季报》。取消的2种表是《重点城市售给社会集团的各类消费总额电讯季报》和《商业部门议价农副产品收购销售月报表》。继续保留的5种表是：《国营商业和供销合作社商品购销存总额》《国营商业和供销合作社商品购销存款量》《社会商品零售总额》（3个电讯月报）、《工业部门商品零售额和主要商品零售量》和《重点零售商店主要经济指标月报》。

同年，商业统计综合年报表增到23种，同1980年比较，增加11种，取消1种，继续保留12种。增加的11种表中，国家统计局增加的有6种，地区统计局填报4种表是：《集体所有制商业商品购、销、存总额》，设购进总额、其中从生产者购进、销售总额、其中售给全民所有制商业和供销合作社、售给居民的消费品、售给社会集团的消费品=售给农民的农业生产资料、年末库存等指标，分城镇和农村。《工业部门对集体、个体商业商品销售和零售》，设销售、零售总额和47种主要商品集给集体商业、售给个体商业、零售的数量。在表下补充按零售对象分的零售额和军工企业、乡办工业的零售额。《商业、饮食业、居民服务业经营情况》，分甲、乙2个表：甲表设销售总额或营业收入、毛利额、流通费用（分工资、福利费、折旧费、利息、其他）、税金、经营利润等指标，按国内商业、对外贸易业、饮食业、服务业和旅游业等5个行业分组，并分别列主要部门；乙表设销售总额或营业收入、折旧、利息、税金、净收入等指标，按国内商业、饮食业、服务业、旅游业等4个行业分组，并各列“其中：个体”。以满足计算机商业净产值的需要。此外，省里补充5种年报表：《地方产品产量、流向及厂存年报》，设食糖、棉布、肥皂、电视机、手表等12种产品的生产量、销售量合计，其中销往省外、售给生产单位、售给商业部门、零售、年末厂存量等指标。《工业、饮食业、基建、集体和个体商业等部门农副产品收购总额和收购量年报》，设农副产品收购总额及粮食、食用植物油、猪和猪肉、鲜蛋、茶叶、蜂蜜、苎麻、中药材、生漆、桐油等29种农副产品的收购量，按工业、饮食业、基建、集体和个体商业、其他部门、非农业居民向农民购买分组。《集体商业、代购代销店、个体有证商业机构年报》和《集体商业代购代销店、个体一有证商业人员年报》，各设粮食、副食品、其他食品、百货、纺织品、五交化、医药、书店、煤炭、石油、日用杂品、农业生产资料、综合、其他等14个指标，按市、县、县以下分组。取消1种表，即《全民所有制商业议价农副产品收购、销售》年报表。

1986年，按国家统计局要求，省统计局将《城镇集体所有制商业购、销、存数量月报》改为《集体所有制商业购、销、存数量月报》，并在毕节地区执行。建立了《商业、饮食业、服务业横向经济联合组织主要指标电讯年报》，设年末经济联合组织机构数、年末经济联合组织职工人数、年末参加联合组织企业数、年末资金总额、联合组织营业额、联合组织利润总额等指标，按商业、饮食业、服务业分组，并列“其中：1986年新成立数”。省统计还制发了《农村集体所有制商业商品购、销、存数量》和《集体、个体服务业机构、人员》2个年报表。将《城镇集体所有制商业商品购、销、存》年报改为《城镇集体所有制商业商品购、销、存数量》年报，并在全共城镇执行。随着集体商业统计的填报范围由城镇扩大到农村，统计项目由统计总值增加到统计主要商品及各行各业办集体商业的情况，省统计局于1986年12月，制发了《集体所有制商业统计报表制度》，从1987年起在全省贯彻执行。

1986年还将省里制发的《集体商业、代购代销店、个体商业机构》和《集体商业、代购代销店、个体商业人员》2种年报合并改为《集体零售商业、个体有证商业机构、人员》1种报表。

1987年，为全面地综合反映全社会各种经济类型商业企业的商品流转统计，在完善集体所有制商业商品流转统计和个体商业统计的基础上，建立了《社会商业商品购、销、存总额》和《社会商业商品购、销、存数量》电讯月报和表式年报，取消全民所有制商业和供销合作社商品购、销、存总额和数量2个年报表。

为反映企业实行承包经营责任制和租赁经营情况，根据国家统计局、国家体改委、商业部的要求，从1988年第2季度起，建立了《全民所有制商业企业实行承包经营责任制和租赁经营情况季报表》，设全民所有制商业企业单位总数、已实行承包经营责任制的企业、已实行国家所有制集体经营的企业、已实行租赁经营的企业等指标，并在合计中分列商业系统数。在表下补被拍卖的企业、由国营转为集体所有制的企业2个指标。该表由市、县各国营商业主管部门填报当地统计局逐级汇总上报。

1989年，商业统计方法制度改革进一步深化，这一年的综合统计报表制度，在上年年报和定期报表的基础上，根据实际需要，作如下调整：1.将《全民所有制商业企业实行承包经营责任制和租赁情况季报表》和《商业、饮食业、服务业横向经济联合组织主要指标年报表》2种正式表为参考表式。国家统计局通知停报集体所有制商业购销存月、年报表，省里根据需要仍继续执行。2.延长部分报表报告期，将《全民所有制商业和供销合作社经济效益主要指标》季报改为半年报。

1990年，商统计综合定期报表共有19种，同1985年比较，增加7种（其中省补充建立3种），减少2种，继续保留12种。增加的4种表中毕节地区执行2种是：

《社会商业商品购、销、存总额电讯月报》，设有商品购进总额（内列国内纯购进、其中农副产品、工业品、从国内商业购进、接收进口和进口）、商品销售总额（内列国内纯销售、其中零售额、对国内商业批发销售、供应出口和出口）和期末库存等指标，按全民、集体（列其中供销合作社）、合营、个体4种所有制分列；《社会商业商品购、销、存数量电讯月报》，设主要指标同上表，按39种商品填列。

省补充建立的3种表：《农村集体所有制商业商品购销存数量月报》，指标设置和《城镇集体所有制商业商品购销存数量月报》相同；《个体一商业户商品购销存总额及经营情况月报》，设商品购进总额、其中从省内生产者购进、从省内国营商业购进、从省外购进、商品销售总额（并按销售对象分）、月末库存总值、费用支出、交纳税金及工商管理费、净收入、农副产品购进等24项指标；《个体商业户主要商品购销存数量月报》，设购进、其中从省内生产者购进、从省外购进、销售、其中售给全民集体和个体商业、售给省外、月末库存等指标，填报35种主要商品。

取消的2种表，其中毕节地区执行10种，即《社会商品零售总额电讯月报》《社会商品零售总额季报》《全民所有制商业和供销合作社商品购销存总额电讯月报》《全民所有制商业和供销合作社商品购销存数量电讯月报》《工业部门对集体、个体商业商品销售和零售月报》《社会商品购买力半年报》《全民所有制商业和供销合作社经济效益主要指标》（由季报改为半年报）、《集体所有制商业商品购销存总值月报》和《城镇集体所有制商业商品购销存数量月报（全国通知取消，贵州省仍继续执行）》《商品零售额月报》。

1990年商业统计综合年报24种表，同1985年比较，省里补充2种，取消1种，继续保留22种。增加的2种表是：

《农村集体所有制商业商品购销存数量》，设购进、其中从生产者购进、销售、其中售给全民集体和个体商业、年末库存等指标，填报30种商品。《集体、个体服务业机构、人员》，设集体所有制服务业和个体有证服务业的机构和人员，按行业和按市、县、县以下分组。

取消《集体、个体饮食业服务业机构人员》1种表。

调整变动的5种表，将《全民所有制商业供销合作社商品购销存总额》改为《社会商业商品购销存总额》，增加按全民所有制商业和供销合作社、其他集体所有制商业、全营商业和个体商业分组，取消地方工业品购进和按销售对象、按地区分的销售额、省外调入、调入省外等指标；将《全民所有制商业和供销合作社商品购销存数量》改为《社会商业商品购销存数量》，取消省外调入、调出省外2个指标，主要商品由32个减到30个；将《居民货币收支平衡表》改为《非农业居民货币收支平衡表》；将《农民生产性货币收支平衡表》改为《农业居民货币收支平衡表》；将集体商业、代购代销店、个体商业机构和人员2个表，合并为《集体零售商业、个体有证商业机构人员》1表，还补充了工业部门、其他部门、农工商联合企业附设零售门市部中集体的机构和人员数。

继续保留的有17种表，即《社会商品零售总额》《社会消费品分类零售额及要主消费品零售量》《社会商品购买力总表》《主要消费品生产与消费平衡表》《社会农副产品收购总额和收购量》《工业部门对集体、个体商业商品销售和零售》《全民所有制商业和供销合作社经济效益主要指标》《商业机构人员》《商业零售机构人员》《饮食业服务业机构人员》《商业饮食业居民服务业经营情况》（分甲、乙表）、《部分地方产品产量流向及厂存》《工业、饮食业、基建、集体和个体商业等部门农副产品收购总额和收购量》《集体所有制商业商品购销存总额》《城镇集体所有制商业商品购销存数量》等。

1993年4月21日，省统计局通知：免报国年综557表（社会商品购买力总表）、国年综558表（非农业居民货币收支平衡表）、国年综559表（农业居民货币收支平衡表）、国定综277表（社会商品购买力半年报）、国定综278表（全民所有制商业和供销合作社经济效益主要指标）。

同年11月9日，省统计局下发《关于认真贯彻执行新的统计报表制度的通知》，为适应社会主义市场经济发展和全面实施新的国民经济核算体系的需要。国家统计局经过多次研究讨论，制定了新的统计报表制度，决定自1993年统计年报和1994年定期统计报表开始实施。新的统计基层报表包括：E401-1表（大中型批发零售贸易企业商品销售、库存总额（国内商业）月报）、E401-2表（大中型批发零售贸易企业商品销售、库存总额（对外贸易业）月报）、E401-3表（大中型批发零售贸易企业商品销售、库存总额（物资供销业）月报）、E402-1表（大中型批发零售贸易企业商品分类销售、库存（国内商业）月报）、E402-2表（大中型批发零售贸易企业商品分类销售、库存（对外贸易业）月报）、E402-3表（大中型批发零售贸易企业商品销售、库存数量（国内商业）月报）、E403-2表（大中型批发零售贸易企业商品销售、库存数量（对外贸易业）月报）、E404表（社会商品零售总额月报）。同时要求各地州市县统计局单独报送下列指标：1.县以下除城市街道的国有、集体、私营、个体批发零售贸易、餐饮业的零售额；2.农民对非农业居民的零售额；3.县以下乡办、村办的批发贸易、零售贸易、餐饮业机构、网点、人员数；4.个体批发商业、个体零售商业、个体餐饮业机构、网点、人员数；5.乡镇企业局管理的批发贸易、零售贸易、餐饮业机构、网点、人员数。

1995年批发零售贸易业月报，1.增加一张“重点批发零售贸易业商品销售情况”月报（E204表）填报单位与填报“重点批发零售贸易企业主要经济指标”（E203表）的重点企业相同。2.在大中型批发零售贸易业及餐饮业财务状况（E103表）中的“无甭及递延资产合计”下增加“其中：无形资产”；在“长期负债合计”后增加“负责合计”，并在该表的综合表式（E308表）中进行相应修订。3.在“社会消费品零售总额”月报（E404表）中的“社会消费品零售总额”项下增加“其中：居民购买住房”。4.将“批发、零售贸易统计商品目录”的代码前全部加“2”。

1.在服务业综合统计报表制度中“财务状况”各表（F301—303表）宾栏“单位数”后增加一栏“从业人员（万人）”。2.由差额、自收自支事业单位填报的“财务状况（二）”表（F302表）的综合范围有所扩大，在原来基础上，增加了“公共设施服务业”“旅馆业”“租赁服务业”“娱乐服务业”“信息咨询服务业”“计算机应用服务业”“国家机关”“党政机关”“社会团体”。3.由服务企业和企业管理的事业单位填报的“财务状况（三）”表（F303表）的综合范围也扩大了，在原范围的基础上，增加了“公共设施服务业”“信息咨询服务业”“计算机应用服务业”。4.“财务状况”表（F302、F303表）的调查对象将原做从业人员10人以上的居民服务业企业（单位）改为独立核算的法人服务业企业（单位）。5.“财务状况（三）”（F303表）宾栏；（1）在“其中：本年折旧”项后增加“无形及递延资产合计”和“其中：无形资产”。（2）在“长期负债合计”项后增加“负债合计”。（3）在“劳动、待业保险金”项后增加“营业利润”。

1996年基层统计年报和1997年基层定期统计报表制度作下列修改：1.将“批发零售贸易企业、附营单位商品购进、销售、库存”表（E102-1表、E202表）改为“批发零售贸易业商品购进、销售、库存”表（E102-1表、E202表），取消“期末库存的其中：出口”指标，并将E202表的类值由不得型19类改为29类。2.将“餐饮企业、附营单位商品销售情况”表（E102-2表）改为“餐饮业商品销售情况”表，表式不变。3.在“批发、零售贸易统计商品目录”中增加：摄像同、家用电脑、录音机、其中：组合音响：“黄金饰品”的计量单位由“万元”改为“千元”。

1996年基层统计年报和1997年定期统计报表制度作下列修改：1.取消“批发、零售贸易业商品购进、销售、库存类值”表（E302表）、“大中型批发零售贸易企业商品销售、库存数量”表（E303表）、“批发、零售贸易业商品购进、销售、库存总额和类值”表（E401表）和“大中型批发零售贸易企业商品销售、库存数量”表（E403表）中的期末库存额其中：“出口”指标。2.将“大中型批发零售贸易企业商品销售、库存数量”表（E303表、E403表）改为“大中型批发零售贸易企业、产业活动单位商品销售、库存数量”表，表号不变。3.在“社会消费品零售总额”表（E304表）中增加“居民购买住房”补充资料；按经济类型分组中：“股份制经济”项下增加“其中：国有控股”。4.在“社会消费品零售总额”表（E404表）经济类型分组中增加：个体经济、股份制经济，其中：国有控股、外商投资经济、港澳台投资经济；将“居民购买住房”指标由：“社会消费品零售总额”的其中项改为补充资料。5.将“批发零售贸易业商品购进、销售、库存总额”表（E301表）的按企业规模分组：“1.大型企业；2.中型企业”修改为“1.大型企业、产业活动单位；2.中型企业、产业活动单位”；将“批发零售贸易业商品销售、库存类值”表（E302表、E402表）宾栏的“大中型企业”修改为：“大中型企业、产业活动单位”。6.在“批发、零售贸易业、餐饮业机构、网点、人员”表（E305表、E306表、E307表）中取消“三、按企业规模分组”。7.取消“批发、零售贸易业商品购进、销售、库存总额”季报（E204表）。8.将“批发、零售贸易业商品购进、销售、库存总额和类值”表（E401表）改为“批发零售贸易业商品购进、销售、库存类值”表（E402表）两张表，并将E402表中的商品类值由19类改为29类。9.在“批发、零售贸易业商品购进、销售、库存类值”表（E302表）、“大中型批发零售贸易企业、产业活动单位商品销售、库存数量”表（E303表、E403表）、“批发、零售贸易业商品购进、销售、库存总额和类值”表（E402表）中增加“销售合计”宾栏指标。10.在“批发、零售贸易统计商品目录”中增加：摄像机、家用电及、录音机、其中：组合音响；“黄金饰品”的计量单位由“万元”改为“千元”。11.服务业综合统计报表按“财务状况（二）”表（F302表）调整“财务状况（一）”表（F301表）和“财务状况（三）”表（F303表）的行业分类。12.服务业综合统计报表取消“财务状况（三）”表（F303表）甲栏中的“其中：事业单位”。13.服务业综合报表做从业人员指标的计量单位由“万人”改为“人”。

附：1996年批零、餐饮业、服务业统计年报报省一览表

601-1表：法人单位调查表

601-2表：产业活动单位调查表（服务业不报）

E102-1表：批发零售贸易业商品购进、销售、库存

E102-2表：餐饮业商品销售情况

E103-1表：财务状况（甲）（服务业不报）

E103-2表：财务状况（乙）

E103-3表：事业单位财务状况（差额、自收自支单位填报）

E103-4表：事业、行政单位财务状况（全额单位填报）

E304表：社会消费品零售总额（手工部分）

E305表：批发贸易业机构、网点、人员（手工部分）

E306表：零售贸易业机构、网点、人员（手工部分）

E307表：餐饮业机构、网点、人员（手工部分）

1998年批发零售贸易、餐饮业统计有如下变动：（一）基层表：1.将“大中型批发零售贸易业商品购进、销售、库存（原E102-1表）”“小型批发零售贸易业商品购进、销售、库存（原E102-2表）”“个体批发零售贸易业商品销售总额（原E102-3表）”和“外饮业销售情况（原E102-4表）”4张年报表调整为“限额以上批发零售贸易业商品购进、销售、库存总额（E102-1表）”“限额以下批发零售贸易商品销售总额（E102-2a表）”“个体批发零售贸易、餐饮业商品销售情况（E102-2b表）”和“餐饮业销售情况（E102-3表）”4张年报表；2.将“大中型批发零售贸易业、餐饮业财务状况（原E103-1表）”年报改为“限额以上批发零售贸易企业主要经济指标（原E203表）”季报和“重点批发零售贸易企业主要经济指标（原E205表）”月报改为“批发零售贸易企业主要经济指标（E203表）”；3张月报改为“限额以上批发零售贸易业商品销售总额（E202-1a表）”“限额以下批发零售贸易业商品销售总额（E202-

1b表）”、“个体批发零售贸易业经营情况（E202-1c表）”3张月报和“限额以上批发零售贸易业商品销售（E202-2表）”季报。

（二）综合表：1.根据基层表的修改作相应的修改。2.用“批发零售贸易业商品销售、库存类值（原E402表）”12月份月报代替“批发零售贸易业商品销售、库存数量（原E403表）”12月份月报代替“大中型批发零售贸易业商品销售、库存数量（原E303表）”年报。3.用“社会消费品零售总额（原E404表）”12月份年报代替“社会消费品零售总额（E304表）”年报。4.取消原E302～原E307表、“主要消费品生产、消费平衡表（原E310表）”7张年报和“餐饮业销售情况（E401-3表）”1张月报。5.增加“限额以上批发零售贸易业经营方式及业态（E301表）”年报。

服务业统计免报1998年统计年报，开展对服务企业统计调查方法的研究和论证。

第六节　物价统计调查

民国时期，省政府秘书处统计室奉行政院令，按月查编重要《县市公务员生活费指数》，规定应调查的物品有29种，毕节县每月1日、10日、21日将公务员生活必需品价格查报呈省政府。

中华人民共和国成立后，在国民经济恢复时期，全国统一的物价统计方法制度尚未建立，毕节专区开展物价统计比较晚。

1955年12月，毕节县商业科按照国家统计局和有关部门联合颁发《工农业商品比价问题研究方案》，调查收集了1930-1936年和1950-1955年主要工农业产品的价格资料，为全国计算历年主要农产品和工业品的交换比价和编制农副产品收购价格指数、农村工业品零售价格指数、工农业商品综合比价指数提供了资料。

1956年毕节县商业科采用“价格体系法”直接计算，编制了《零售物价指数》。计算物价指数的代表规格品，选择消费量较大、与人民生活密切相关的日常生活必需的、生产和供应较正常的、价格变化趋势有代表性的商品。

随着社会主义建设的发展，需要加强物价指数编制工作。1956年12月国家统计局和商业部、粮食部、全国供销合作总社、城市服务部、食品工作部、森林工业部联合颁发了《全国物价统计报告制度》，自1957年1月起执行。毕节县开始按季编制零售物价指数。

1958年，物价管理权限下发后，为及时了解物价的变动情况，以便指导物价工作，根据国家统计局和省人委关于加强物价统计工作的意见，威宁县也开始编制零售物价指数。从这一年起编制物价指数的工作改由统计部门负责。7月由季报改为月、年报，并按月计算零售物价总水平，按季匡算农产品采购价格总水平。

1960年的物价统计报告制度，比过去有较大修改，威宁县选择典型商店填报《主要商品零售混合平均价格报告表》季报，毕节、威宁两县开始按月、季、年编写各物价指数变动情况的分析报告。毕节县开始编制《批发物价指数》季、年报（分为消费品、生产资料和农产品三大类）和《职工生活费用价格指数》月、委、年报。

1961年，党政领导需要了解困难时期物价上涨对城乡人民生活的影响程度，物价统计制度变动较大。对《零售物价指数》年报，除继续编制国营商业牌价（平价）零售物价指数外，还增加编制《集市贸易市场价格指数》和《商价商品价格指数》，在此基础上汇编包括平价、高价、市价的零售物价总指数。继续保留有所变动的有：《主要商品零售混合平均价格报告表》由季报改为半年、年报；《批发物价指数》由季、年报改为年报；停止编报《工业品购进价格指数》《农产品地区差价》和《批零差价》。

1962年，增编《零售物价分类指数表》月、季、年报和《鲜菜零售（收购）价格及指数计算表》月、季、年报。毕节县停止编报《批发物价指数》和《职工工生活费用价格指数》。《零售物价指数》及附表（零售物价分类指数、平价指数、高价指数、市价指数等）毕节县仍按月、季、年编报，威宁县取消月报改为按季、年编报。

1963年，毕节县从第二季度在《零售物价指数》附表中增编《议价商品价格指数》。

1964年的物价统计年报和1965年的定期报表有较大变动。《市、县主要商品零售价格调整情况表》月报，设有本月调价商品的调价日期、批准单位、调价后及调价幅度等指数、高价指数、议价指数、市价指数和服务性支出价格指数等指标；以1957年价格、上年价格为基数计算。《市、县零售平价服务性支出价格指数计算表》月、年报，设物价总指数、消费品价格指数、农业生产资料价格指数及服务性支出价格指数等指标：年报以1957年价格、上年价格为基数计算；月报以上年12月25日、上年同月25日价格、上月25日价格为基数计算。

1965年，毕节、威宁两县按照省统计局要求建立健全调价统计台账。

“文化大革命”时期，物价统计工作受到干扰，1967—1972年物价统计报表制度完全中断。直到1973年12月，为了贯彻1973年全国商业、物价统计座谈会的精神，按照省计委布置毕节、威宁两县恢复了物价统计工作，编制1973年零售物价指数年报。1975年，国家计委正式颁发物价统计报表制度，1975年的物价统计年报和1976年物价统计定期报表同1965年的年报和1966年的定期报表比较，增加《主要商品零售混合平均价格表》年报，填报吃、穿、用、烧等56种商品的全年平均单价；《主要农产品收购混合平均价格表》年报，填报30种主要农副产品收购的全年平均单价；《重点市、县集市贸易价格指数》季报。减少《市、县零售平价、服务性支出价格指数计算表》月、年报。继续保留《主要商品零售价格调整情况表》月报、《主要农副产品收购价格调整情况表》季报、《零售物价指数综合表》年报和《工农业单项商品比价指数》年报；另将《市、县零售物价指数、服务性支出价格指数》由年报改为季、年报；将《农产品收购牌价指数》改为《农副产品收购牌价指数》，按粮食、经济作物等11类200多种农副产品计算。计算生活费用价格指数和零售物价指数的代表规格品有250种左右（消费品200种左右，农业生产资料30种左右，服务项目20种左右）。计算农副产品收购以价格指数的代表规格品有200种左右。

中共十一届三中全会以后，随着物价工作的调整和改革，物价统计报表制度得到不断的充实和完善。1979年9月，根据市场物价出现的新情况和物价统计报表制度中存在的问题，对物价统计报表制度作了较大修改。1979年的物价统计年报和1980年的定期报表共有16种，同1975年的年报和1976年的定期报表比较，增加：《全社会零售物价总指数及职工生活费用价格总指数》年报，设职工生活费用价格总指数、全社会零售物价总指数、国营商业牌价议价总指数（分牌价指数、议价与牌价的差额）、集市贸易消费品价格指数、服务性支出价格指数等指标，按城市、农村分列本年零售额，以1975年价格、上年价格为基期计算。《国营商业零售商品牌价总指数》季、年报，年报设零售商品牌价总指数及按牌价计算的职工生活费用价格总指数，按城市、农村分列，以1950年、1952年、1957年、1965年、1970年、1975年和上年的价格为基期计算；季报设有零售商品牌价总指数及消费品、农业生产资料、服务性支出价格等63个商品类别指数，按城市、农村分列，以上年同期价格为基期计算。《集市贸易价格指数》季、年报，设总指数及其中消费品价格指数、农业生产资料价格指数等17类指数和牌价差价指数，按城市、农村分列，年报以上年价格为基数计算，季报以上年同季价格为基期计算。《农副产品收购价格总指数计算表》年报，设农副产品收购价格总指数、农副产品收购牌价指数、议价与牌价的差额（其中：粮、油、肉、蛋、水产品）、超购加价的金额（其中：粮、棉、油）等指标，以1975年价格和上年价格为基期计算。《农产品与工业品交换的综合比价指数》年报，设农副产品收购牌价指数、农村工业品价格指数、农产品与工业品交换的综合比价指数等指标，以1950年、1952年、1957年、1965年、1970年、1975年和上年的价格为基期计算。继续保留：《工农业单项商品比价指数》年报、《主要商品零售混合平均价格》年报、《主要农副产品收购混合平均价格》年报、《主要农副产品收购价格调整情况》季报。另外，《农副产品收购价格总指数》年报，由按牌价计算改为按牌价、议价和超购加价计算；将《零售物价指数综合表》年报改为《国营商业零售商品牌价和服务性支出价格指数》年报：将《市、县零售物价指数、服务性支出价格指数》季、年报改为《市、县国营商业零售商品牌价指数和服务性支出价格指数》季、年报，凡编制零售物价指数的城市，一律增编服务项目价格指数，并用城市消费品价格指数和服务项目价格指数汇编职工生活费用价格指数：《市、县集市贸易价格指数》由季报改为季、年报；将《主要商品零售价格调整情况》月报改为《市、县国营商业主要商品零售牌价调整情况》季报。从1979年的物价统计年报和1980年的定期报表开始，年度物价指数改用年平均，价格计算，季度物价指数改用季平均价格计算。计算生活费用价格指数和零售物价指数的代表规格品增加到380种左右（消费品280种左右，农业生产资料70种左右，服务项目30种左右），计算集市贸易物价指数的代表规格品85种左右（消费品65种左右，农业生产资料20种左右）。

在市场出现多条流通渠道，多种价格交易的新情况下，按老办法收集资料来计算物价指数，已不能反映实际。1981年9月，国务院批转国家统计局关于加强和改革统计工作的报告，提出要逐步用直接调查的价格编制物价指数，省分配给毕节、威宁两县物价调查员编制人（其中：国家编制人，省编制人），深入到3—5个商店进行调查，并写出有数据有情况的文字分析报告。

1984年月，毕节县城市抽样调查队成立，随着价格体制改革的进一步深化，物价统计变动较大。职工生活费用价格指数和零售物价指数，由季报改为月报，所选代表规格品由380种略减到363种（消费品287种、农业生产资料50种、服务项目26种）；

集市贸易价格指数所选代表规格品由85种增到108种（消费品83种、农业生产资料25种）；农副产品收购价格指数所选代表规格品由200种增到280种。为了反映农村农民的生产变化情况，还增加编制农民生活费用价格指数。价格资料的收集，由以主管部门提供为主，直接调查为辅改为以调查员直接深入商店、市场调查为主，主管部门提供为辅。计算生活费用价格指数和零售物价指数采用固定权数，主要根据城乡居民生活消费、生产消费支出额和商业零售额确定，一年确定一次；计算全社会综合平均价格所需消费量采用变动权数，主要根据城镇居民家庭76种主要商品的消费量和粮食、工商等部门的零售量推算确定，每月确定一次。

1985年物价统计年报和1986年的定期报表共有20种，同1979年的年报和1986年的定期报表比较，定期报表一律由季报改为月报，取消5种表，即《全社会零售物价总指数及职工生活费用价格总指数》年报、《国营商业零售商品牌价分市、县指数》年报、《农副产品收购价格总指数计算》年报、《主要农副产品收购价格调整情况》季报和《国营商业零售商品调价对牌价总水平的影响程度》年报。增加《市、县全社会综合平均价格及国营商业综合平均价格计算表》月、年报，设全社会综合平均价格、国营商业零售价格（内分综合平均价、牌价、议价）、市价等指标，按76种主要商品的零售量、零售额和平均单价填列。《市、县职工生活费用价格总指数和全社会零售物价指数》月、年报，设职工生活费用价格总指数、消费品零售价格指数、服务项目价格指数、67种商品类别指数、363种商品项目指数（287种消费品、50种农业生产资料和26种服务项目）等指数，月报以上年同月、年报以上年的价格为基期计算。《市、县全社会鲜菜零售价格指数计算表》月、年报和《市、县国营商业鲜菜零售价格指数计算表》月、年报，设平均价格（月报分上年同月和本月，年报分上年和本年）、本期零售量、本期零售额等指数，按26个鲜菜品种填列，月报以上年同月、年报以上年价格为基期计算。《县农民生活费用价格指数和农村零售物价指数》月、年报，主栏设农民生活费用价格总指数、农村零售物价总指数及消费品、农业生产资料、服务项目类以及300多种类别及商品项目价格指数等指标：宾栏设平均价（月报分上年同月和本月，年报分上年和本年）、权数、指数等指标。月报以上年同月、年报以上年价格为基期计算。《市、县职工生活费用价格和零售物价分类指数》月报，按全社会价格、国营商业价格分别计算职工生活费用价格指数、城镇零售物价指数及消费品、服务项目的类指数，以上年同月价格为基期计算。《县农民生活费用价格和农村零售物价分类指数》月报，设农民生活费用价格指数、农村零售物价指数及消费品、农业生产资料、服务项目等类指数，以上年同月的价格为基期。修改变动的有：将《国营商业零售商品牌价和服务性支出价格指数》改为《按国营商业价格计算的生活费用价格指数和零售物价指数》，由季、年报改为月、年报；《市、县国营商业主要商品零售牌价调整情况表》，由季报改为月报。没有变动的有：《农副产品收购价格指数年报》《农产品与工业品交换的综合比价指数年报》《农产品与工业品单项比价年报》《主要商品零售混合平均价格年报》和《主要农副产品收购混合平均价格年报》。

1985年，按照方案规定，选择若干物价调查商店和市场，并改进了采价制度，规定价格变动频繁且与人民生活密切相关的商品至少每5天调查一次，一般性商品每10天调查一次，价格相对稳定的商品和服务收费每月调查一次。建立健全了各种价格台账和商品消费量、消费额台账，主要有："市(县)市场零售商品牌(议、市)价平均价格登记表""市(县)市场零售商品牌(议、市)价调查登记表""市（县）市场零售鲜菜平均价格登记表""市(县)国营商业主要零售牌价平均价格台账表""市(县)主要零售商品全社会综合平均价格和国营商业综合平均价格台账"等5种价格登记台账。1985年11月，毕节县城市抽样调查队在湄潭会议（全省城市抽样调查队工作会议）上被评为物价统计专业先进集体。

1987年，随着农副产品收购价格的逐步放开，价格资料由过去的省级有关部门收集改为直接到乡村收购点调查，毕节地区城市抽样调查队选择收购点，并建立"农副产品收购价格调查表台账"。1986年6月和1987年12月，省城调队为毕节地区城市抽样调查队配备微机，用于计算物价指数。

毕节地区城市抽样调查队，荣获1987年度物价统计调查（第一名——前三名），荣获城调队综合评比（第三名——前六名），荣获1989年城调队评比第一名；威宁县统计局荣获调查点评比第三名。

1990年的物价统计报表，同1985年的物价统计年报和1986年的定期报表比较，减去4种表，即《农副产品收购价格指数预计年报》《市、县国营商业主要商品零售牌价调整情况月报》《市、县职工生活费用价格和零售物价分类指数月报》和《县农民生活费用价格和农村零售物价分类指数月报》。保留16种表，其中《农副产品收购价格指数》由按编报改为按季、按半年、按年编报，其余15种报表没有变动。1990年计算生活费用价格指数和零售物价指数的代表规格品增加到434：种（消费品352种，农业生产资料52种，服务项目30种）。计算集市贸易物价指数的代表规格品增加到115种（消费品90种，农业生产资料25种）。

1994年国家统计局对原执行的物价统计制度进行改革。改革后，按规定毕节只搞农村的农民消费品价格指数、农村零售物价指数。为满足当地党政领导及部门间的需要，地区城调队决定继续进行城市物价统计调查，得到行署领导的大力支持，同意解决所需调查经费。

1995年，为加快和促进全区农村经济统计改革步伐，进一步完善农村统计制度及调查方法，确保农村统计数据质量，客观反映全区农村经济发展水平，地区统计局决定在全区八个县(市)范围内开展农产品现行价格调查。每个县(市)建立三个调查点，分别为好、中、差三种类型，每个点每月上报一次，调查时间为每月1至25日、26至27日由调查员整理签名后报县(市)统计局，再经县(市)统计局业务人员审核，负责人签名后，在月末前报地区统计局。

调查表包括《农业主副产品价格》《省统计局附记指标》《农业主要物耗价格》三个部分，每个部分都必须在调查点采价填报，其中前两部分的各指标价格应为农副产品大量上市时初级市场价格。该调查表从1995年8月起实施，8月份以前的资料，7月份采取回忆记账形式补齐，汇同8月份的调查表一并上报：属于1至6月份主产品采价的部分，年终(12月份)一次性填报。

第七节　物资、能源统计调查

一、物资统计

20世纪50年代初，为了掌握物资的使用情况，毕节地区建立了物资统计。1950—1953年，根据中财委颁布的统计制度，物资统计报表分设在工业、基本建设统计报表内。随着物资计划的加强，为了适应物资分配计划和业务管理的需要，国家统计局在1953年将分设在工业、基本建设统计中的物资部分，集中起来统一制定了《1954年物资供应定期统计报表制度》。毕节地区按照要求，结合本地实际完成各种月报、季报。由各级业务部门的销售与供应机关及基层单位自1954年1月1日起执行。

1954年物资统计年报有：《产品收拨与结存》，设主要产品年初库存量、本年收入量、本年拨出量(分计划拨出、企业自用)、盘盈或盘亏、年末结存量等指标；《供货计划执行情况》，设国家合同规定的主要产品本年计划供货量、本年实际供货量等指标，按：省或市出口、援外、国家储备分组：《生产用原材料、燃料收拨与结存》，设主要原材料、燃料年初库存量、本年收入量（分国家分配、上级供应机关拨入）、本年消费量（分生产消费、经营维修消费、大修理消费）、本年拨出量、年末库存量等指标；《主要原材料、燃料消耗定额执行情况》，设主要产品本年生产量、本年消耗量、单位产品消耗定额与实际消耗等指标；《基本建设用材料收拨与结存》，设主要材料年初库存量、本年收入量（分国家分配、上级供应机关拨入）、本年拨出量（分消费量、调出量）、年末库存量等指标。年报在定期报表的基础上，实施范围略有扩大，物资品种有所增加。1955年年报起，物资供应统计改为物资技术供应统计。

为及时了解国家物资分配计划执行情况，国家统计局于1956年6月，在全区建立公私合营及合作社营企业物资技术供应定期统计报表。1956年的物资技术供应定期统计综合报表中，主要建设用材料收拨与结存季报改为月、季报，并半年试编一次燃料、生铁、水泥、木材等主要物资的地区平衡。同年，为总结第一个五年计划期间产品的产销平衡和分配情况、原材料燃料的消费和使用情况，为编制第二个五年计划提供依据。根据国家统计局和省统计局的要求，对1952—1955年期间的物资供应统计资料进行一次较彻底地整理。根据国家统计局制发的整理方案，本区整理了主要物资收拨与结存、生产用原材料燃料消费与结存、基本建设用主要材料消费与结存、原材料燃料消费定额等内容：还根据省的需要，补充整理了1952—1955年主要物资地区平衡资料。

1957年，为检查第一个五年计划完成情况和编制第二个五年计划的需要，物资技术供应统计报表在1954年的基础上有所增加。定期综合报表有6种，增加《需用单位新机电设备收支与结存》1种季报。综合年报有7种，增加2种，即《需用单位新机电设备收支与结存》，设年初库存量、本年收入量（其中分国家分配、国产、进口）、本年使用量、本年调出量、年末库存量等指标：《旧机电设备库存情况》，设按机电设备名称分列12月31日库存量（其中分能用量、修理后可用量、待报废量等指标）。原有5种年报变动的有：将供货计划执行情况表改为《主要产品实际供货量》：《产品收拨与结存》表，增加调拨和自销等指标；《生产用原材料、燃料收支与结存》表，增加按国民经济部门分组，拨出量中增列其中委托其他企业加工、调出等指标：《基本建设用材料消费与结存》表，拨出量中增列拨出加工、拨出施工企业等指标。

1958年的物资供应定期统计综合报表，增加煤炭、生铁、钢材、木材、水泥五种主要物资消费量和库存量简速月报，设2种表，一是《生产用主要原材料燃料简速月报》，二是《基本建设用主要材料燃料简速月报》。为了适应变更后的物资计划供应体制的需要，从1958年物资统计年报起，国家统计局的综合报表任务转向以地区为主，各级统计部门的物资统计综合报表还要包括在专区的中央、省直单位。

1959年，根据中央和省委“争时间、抢速度、鼓干劲、掀高潮，确保四大指标实现全面跃进”的精神。按照省统计局、省计委、省经委要求，从3月1日起在物资统计方面建立日报、5日报、旬报制度。还建立《统配物资省外订货到货》和《统配物资拨交对象》2种月、年报。从第2季度开始建立《主要原材料燃料消费量分部门、分投资系统》季、年报。年报又分设《生产用主要物资分生产部门消费量》和《基本建设用主要物资分投资系统消费量、库存量》2种附表。从1959年的年报起建立主要物资电讯年报。为了反映工业支援农业的情况，建立了《农村人民公社主要物资消费与库存》年报。还增加农业机械、化学肥料和水利建设用的物资供应情况，供给农业用电动机和载重汽车单独统计观察。

1960年物资统计定期综合报表有11种，将《机电设备收支与结存》季报分设为

《生产用新机电设备收入、使用与库存》和《基本建设用新机电设备收入、使用与库存》2种季报；增加《生产用主要物资分生产部门消费量（附表）》《基本建设用主要物资分投资系统消费与库存(附表)》和《基本建设用新机电设备分投资系统使用情况(附表)》3种季报。取消《统配物资省外订货到货》和《统配物资拨交对象》2种月报。为满足各级领导的需要，根据省统计局和省计委、省经委要求，从5月10日起建立主要物资订货、到货、拨交、库存等6种统计表（1种日报、4种旬报、1种月报）。同年6月，根据中央反“五多”的指示精神，对物资定期综合报表从第2季度起进行简化，取消以上3种附表，于7月或8月、年终各进行2次调查，产品目录减少约35%，指标也有所减少。同年9月又取消《生产用新机电设备收入、使用与库存》和《基本建设用新机电设备收入、使用与库存》2种季报。但根据需要，同年第2季度又建立《主要物资节约量》和《主要物资调剂量》2种季报。1960年物资统计综合年报有11种，同1957年比较，增加4种，1种分设为2种，减少1种，继续保留5种。增加的是：《主要物资电讯年报》，设主要物资的消费量和库存量等指标；《农村人民公社主要物资消费与结存》，设主要物资分类的年初库存量、消费量（分生产用、基本建设用）、年末库存量等指标；《煤炭、钢材、水泥、木材地区平衡表》，包括资源和需用两部分，资源部分设年初库存量（分成品库存、材料库存、商品库存）、生产量、外省调入量等指标，需用部分设消费量（分生产消费、基本建设消费、市场消费）、调出省外、年末库存量（分成品库存、材料库存、商品库存）等指标；《主要物资节约量》，一次性调查1—11月主要物资节约量，纳入年报内上报。将需用单位新机电设备收支与结存年报分设为《生产用新机电设备收入、使用与库存》和《基本建设用新机电设备、使用与库存》2种年报。将产品实际供货量改为《产品供货计划执行情况》年报。将主要原材料、燃料消耗定额执行情况表改为《物资消耗定额执行情况》表。减少《旧机电设备库存情况》年报。

1961年，物资统计的任务增加，不仅增加统计资料的数量，还要提高统计数字质量；不仅提供数字，还要提供分析研究和综合平衡的资料；不仅提供全面统计数字，还要深入实际进行典型调查。根据统计工作以深入、深入群众进行调查研究为主、必要的全面统计为辅。1961年的物资定期统计，取消季报加强月报。除继续执行上年的电讯和表式月报外，还增加《煤炭消费库存》和《农业生产资料供应分配》2种月报。并深入实际进行了农业机械拥有量、农业排灌机械和化肥等的配套情况、主要物资节约情况、生产用主要材料消耗定额、已完工程项目主要材料与设备使用情况等六项调查。协助有关部门贯彻执行《轻工市场用主要物资到货旬报快报》。恢复和新增加《生产用主要物资分生产部门消费量》《主要金属材料使用方向》《基本建设用三大材料消耗定额》和《供应机构主要物资结存量》等4种年报。从1961年物资统计年报起，基本的、全面的报表，国家采取统一要求，统一下达，分头上报的办法。

1962年，毕节县建立《主要物资消费与库存》电快月报。增加2种年报，即《供应机构主要机电设备库存量》《集体所有制企业、事业单位主要物资消费与库存》。设主要物资期初库存量、本期消费量、期末库存量、对农村人民公社的供应量等指标。将供应机构主要物资结存量年报改为《供应机构主要材料、燃料结存量》年报。

1963年，增加《生产维修用机电设备使用与库存》《基本建设用机电设备使用与库存》和《供应机构主要机电设备库存量》3种半年报。为了提高数字质量，是年，专署贯彻省统计局转发国家统计局《1962年物资统计年报数字质量检查提纲》，深入2—3个重点单位，对1962年的物资统计年报数字质量进行检查。着重检查煤炭、钢材、木材等物资的生产成品库存、原材料消费和库存及机电设备收入使用与库存等数字的质量情况。对1963年上半年主要物资产销存、第3季度主要物资的消费量，专区深入1—3个企业、1—2个县进行检查，各县深入1—3个企业进行检查。

为进一步贯彻执行中央对国民经济实行“调整、巩固、充实、提高”的方针，对1964年的物资统计报表，除增加《申请系统主要物资收支平衡表》外，作了必要的简化。为了消除物资消耗定额统计与工业技术经济指标中物资消耗统计的重复，国家统计局将工业技术经济指标中的物资消耗部分并入物资统计《原料、材料、燃料消耗定额》表中，由省统计局直接布置有关企业填报：将《生产用主要原料、材料、燃料消费与结存》和《基本建设用主要原料、材料、燃料消费与结存》2种年报合并为《原料、材料、燃料消费与结存》1种年报；将《生产维修用机电设备使用与库存》和《基本建设用机电设备使用与库存》2种年报合并为《新机电设备使用与库存》1种年报；将《集体所有制企业、事业单位主要物资消费与结存》和《农村人民公社主要物资消费与库存》2种年报合并为《集体所有制企业、事业单位及农村人民公社物资消费与库存》1种年报。同年10月，为彻底摸清全省供应机构的钢材库存，以满足计划部门编制1965年物资分配计划与合理利用库存的需要，对9月末全区供应机构的钢材库存量进行一次质量检查。对1963年物资统计年报的数字质量，严把审核关，全省采取专州市初审，省汇总前三审，计算室一审，汇总后一审，打印上报前一审的做法，从多方面审查检验年报的数字质量。

1965年，物资统计有较大的精简。只保留3种表，并延长报告期。将《主要原料、材料、燃料消费与库存》电讯月、年报改为电讯季、年报，将《原料、材料、燃料消费与库存》和《集体所有制企业、事业单位及农村人民公社物资消费与库存》2种季、年报改为半年、年报。为满足编制计划的需要，于7月增报《原料、材料、燃料消费与库存》上半年电讯报。1965年物资统计综合报表同1960年比较，由11种减到3种，减少的8种表是：《产品收拨与结存》《产品供货计划执行情况》《物资消耗定额执行情况》《生产用新机电设备收入使用与库存》《基本建设用新机电设备收入使用与库存》《主要物资地区平衡表》《主要物资节约量》《生产与基本建设用原料材料燃料消费与库存》。

1966年，物资统计报表继续精简。定期综合报表由上年的3种减为1种，只保留《主要物资消费与库存电讯季报》。为适应有关领导部门的基本需要，1966年1月恢复的《煤炭、钢材、木材、水泥四种物资消费、库存量》电讯月报，到7月又停止执行。对保留的1种电讯季报，填报目录由原来的16种(99个细项)减为只保留煤炭、钢材、铜、铝、铅、锌、水泥、原木等8种（11个细项）。1967—1969年，受“文化大革命”影响，物资统计被迫中断。

1970年5月，开始恢复物资统计，但只恢复《全民所有制单位主要消费与库存》电讯季报和年报。1972年增报《全民所有制单们主要物资消费与库存》半年报。1973年恢复《集体所有制企业、事业单位及农村人民公社主要物资消费与库存》半年报。1974年，将《集体所有制企业、事业单位及农村人民公社主要物资消费与库存》半年报改为《集体所有制单位主要物资消费与库存》年报。

1975年，物资统计定期综合报表，也只保留《主要物资消费与库存电讯季报》1种。在报第2季度电讯季报时，增报《物资部门和供应机构的库存钢材明细表》。1975年物资统计综合年报由1970年的1种增加到3种。除保留上年执行的全民和集体所有制单位主要物资消费与库存2个年报外，还增加《全民所有制单位生产用主要物资使用方向》年报。从1977年起，在报《全民所有制单位主要物资消费与库存》年报时，增加附报《地方申请单位金属材料年末库存分析表》，反映钢材(按14个品种分列)、金属制品、铜材、铝材、铅材在各个部分的库存量情况。

为适应国民经济恢复与发展的需要，从1978年开始，物资统计综合报表有较大增加。1978年物资统计综合年报由上年的4种增加到9种，并在年报阶段还整理编报了历年主要物资消耗定额执行情况表。1979年物资统计定期综合报表由上年1种电讯季报增加到7种（1种月报、6种季报）。并在报第2季度电讯季报时，增报《分列各企业、建设单位的钢材、水泥、木材三大材料的消费与库存一览表》。

1980年物资统计综合年报增加到15种，同1975年比较，恢复5冲，新增7种，继续保留3种。恢复的5种是：《产品收拨存》《供货合同执行情况》《物资消耗定额执行情况》《生产用原材料燃料消费与库存》《基本建设用原材料燃料消费与库存》。

新增7种见下表：

1980年新产物资统计综合年报表

表　名	指　标
生产用主要物资按国民经济部门分组消费量	设煤炭、原油、重油、汽油、柴油等14种主要物资的消费量，按国民经济部门分组。
新机电设备（产品）库存情况	设年末库存量和年末待验收入库量指标，年末库存量又分设生产维修技措、单机配套、基本建设、供应机构、物资部门、企业产品等年末库存量，按全部机电设备（产品）总金额、统配机电（产品）金额、二类机电设备（产品）金额、其他机电设备（产品）金额等分列。
新机电设备（产品）使用情况	设使用量、生产维修技措、单机配套、基本建设、直接拨交农村人民公社等6项指标。按全部机电设备（产品）总金额、统配机电设备（产品）金额、二类机电设备（产品）金额、其他机电设备（产品）金额等分列。
物资部门、供应机构物资收、拨、存	设年初库存量、本年收入量、本年拨出量、年末库存量、年末待验收入库量等11项指标，按56种物资填列。
产品销售与库存总值	设本年现价总产值、年初库存总值、本年销售总值、年末库存总值等6项指标，按工业部门分组。
原材料、燃料消费与库存总值	设年初库存总值、本年消费总值、年末库存总值、省外调入总值等7项指标，按经济类型、单位、部门分组。
废钢铁回收、调拨情况	设收入量、消费量、拨出量、年末库存量等指标，按废钢、废铁、渣钢、压块、废次材边角料、其他等分别填列。

继续保留3种年报，即《主要物资消费与库存》（由表式报改为电讯报）、《集体所有制单位主要物资消费与库存》和《主要物资使用方向》。

1981年，物资统计综合报表又有所减少。除将《产品收拨存》季报改为月报和增加《主要物资调拨情况》年报外，减少4种年报，即《生产用原材料燃料消费与库存》《基本建设用原材料燃料消费与库存》《物资部门、供应机构物资收拨存》和《废钢铁回收调拨情况》。从1982年年报起，将《原材料、燃料消费与库存总值》年报改名为《物资消费与库存总值》年报。为及时准确地掌握企业物资消耗动态，结合地区企业调整情况，填报《物资消耗定额执行情况》表的重点企业有所减少。

1983年，增加《主要物资消耗与库存》季报，增加《农村主要物资消费与库存》《重点建设项目三大材料消费库存情况》和《钢材、水泥、木材等主要物资平衡表》3种年报。又恢复了《生产用原材料、燃料消费与库存》《基本建设用原材料、燃料消费与库存》《物资部门、供应机构物资收拨存》3种年报。从1983年起，取消物资消耗定额执行情况统计(纳入工业统计有关报表内)。同年6月又进行修改，将《全民所有制单位物资消费与库存》电讯季报改为半年报，取消机电设备统计2种半年报和《主要物资消费与库存》电讯年报。由于物资流通渠道增多，农村消费的主要物资，从有关报表中取得数字缺口太大，自1983年起建立了《农村主要物资消费与库存》年报。1984年，增加《主要物资调拨情况》半年报，建立了《农村小煤窑煤、焦产品销售与库存》年报。对《重点建设项目三大材料消费库存情况》表取消年报改为季报，将《产品收拨存》报表改为《工业产品收拨存》。为适应以城市为中心的经济改革和开展地区综合平衡工作的需要，对物资统计体制进行了改进。确定；“以块为主，条块结合”的原则进行，双轨制收集资料，地区和各县统计局布置与汇总辖区内全部（包括中央部直属、直供单位和地、县属单位）物资统计资料。随着经济体制改革，物资流通领域中出现一些新情况，1984年11月，地区统计局选择2—3个企业和1—2个基建工程进行调查。

1985年物资统计综合年报有14种，同1980年比较，增加3种，2种合并1种，取消3种，继续保留11种。增加3种是；《主要物资地区调拨情况》，设煤炭、钢材、水泥、原木、锯材等5种物资省外调入、调给省外等指标；《农村主要物资消费与库存》，设煤炭、焦炭、汽油、煤油、柴油、生铁、钢材、水泥、木材等9种物资的消费量(其中分生产用、农田水利用、修建住房用)、年末库存量等指标；《农村小煤窑煤、焦产品销售与库存》，设年初库存量、本年生产量、本年销售量（分售给省外、售给地区外、售给地区内）、自产自用量、盘盈或盘亏、年末库存量等指标。将生产用和基本建设用原材料燃料消费与库存2种表合并为《全民所有制单位物资消费与库存》1种表。取消《物资消费定额执行情况》《物资部门、供应机构物资收拨存》《废钢铁回收调拨情况》等4种表。继续保留11种表，其中将《主要物资消费与库存》电讯年报改为《全民所有制单位物资消费与库存》电讯年报。

1986年，增报《集体所有制单位物资消费与库存》电讯半年报，将《农村小煤窑煤、焦产品销售与库存》季报改为半年报，将《农村主要物资消费与库存》年报改为《农村主要物资消费量》年报。从1986年年报起，将《产品收拨存》报表改为《工业产品销售与库存》。

1987年，将《工业品销售与库存》季报改为月报，并建立《供销机构购销存总值》季、年报，取消《农村小煤窑煤、焦产品销售与库存》半年报。为了测算生产资料总供需情况，1987年《物资消费与库存总值》年报的统计范围扩大。由原来只包括工业、交通、基本建设单位扩大到还包括其他企业、事业单位，以后每隔二、三年扩大统计一次。为了反映全地区机电设备(产品)库存、使用全貌，从1987年年报起，由原来只汇总地方单位改为还要包括中央直属、直供企业、事业单位在内。1987年规定，销售机构暂不填报《供销机构物资购销存总值》表，为了全面反映生产资料流通情况，从1988年第1季度起销售机构也列入统计范围。

1989年，将《集体所有制单位物资消费与库存》电讯半年报改为电讯季报，取消表式半年报。1989年物资统计综合年报，免报《生产用主要物资使用方向》《新机电设备(产品)库存情况》和《新机电设备（产品）使用情况》3种年报。为了进一步提高物资统计数字质量，认真执行省统计局于1989年11月25日印发的《关于物资统计数字质量控制及审核办法》，收到良好效果。

1990年物资统计定期报表有9种，同1985年比较，增加种，取消1种，继续保留7种。增加《产品销售与库存总值》月报和《供销机构物资购销存总值》季报。取消《农村小煤窑煤、焦产品销售与库存》季报。继续保留的7种表中变动的有：将《工业产品收拨存》季报改为《工业产品销售与库存月报》；将《集体所有制单位物资消费与库存》半年报改为电讯季报。

1990年物资统计综合年报有15种，同1985年比较，增加3种，取消2种，继续保留

12种。增加3种是：《全民所有制单位原材料消费与库存》《集体所有制单位原材料消费与库存》《供销机构物资购销存总值》。前2种年报，设年初库存量、本年消费量（分生产消费和基本建设消费）、年末库存量（分生产用材料库存、基本建设用材料库存、供应机构库存、物资部门库存）、年末待验收入库量等指标：后1种年报，设企业单位数、年初库存总值、本年购进总值（其中分购自国内生产企业、进口）、本年销售总值（其中分售予生产建设单位、出口）、年末库存总值等指标。包括物资部门、供应机构、销售机构，各按燃料、黑色金属、有色金属、化工材料、建筑材料、木材、机电、其他等8类分列。取消《主要物资地区调拨情况》年报和《全民所有制单位物资消费与库存》电讯年报。继续保留12种年报，即《工业产品销售与库存》(1985年为工业产品收拨存)《供货合同执行情况》《全民所有制单位物资消费与库存》《生产用主要物资使用方向》《集体所有制单位物，资消费与库存》《生产用主要物资按国民经济部门分组消费量》《产品销售与库存总值》《物资消费与库存总值》《新机电设备(产品)库存情况》《新机电设备(产品)使用情况》《农村主要物资消费量》《农村小煤窑煤、焦产品销售与库存》等。

二、能源统计

能源统计，自1950年以后，有关能源的生产、消费、库存、消耗定额等统计调查，分别设在工业统计和物资统计内反映。从1980年开始，才建立地区能源平衡统计、重点工业交通企业能源统计、工业企业能源加工转换情况统计等。

1980年，根据国家统计局的布置，省统计局试编能源平衡表。从1981年开始正式建立能源平衡统计，按年编制，编制范围为全社会的能源平衡，主要反映煤炭、电力等能源的生产、消费、库存、使用方向和分组情况。

1982年，为了解重点企业的能源消耗情况，促进节能工作。国家经委、国家统计局于1982年2月3日颁发了《关于重点工、交企业建立能源季报制度》，从当年第一季度起首先在年耗能源标准煤5万吨以上的工业企业、交通运输企业中填报能源进、销、存季报。针对贵州能源使用中存在浪费严重和管理基础工作薄弱等问题，省经委和省统计局于3月18日以(82)黔统办字27号文布置在年耗能源标准煤1万吨以上的45个重点工、交企业，建立能源统计报表制度。要求从1982年第一季度起按季填报13种主要能源的收入量（分其中生产量）、消费量（分其中用于化工化纤原料、用于转换其他能源）、拨出量和库存量等，于季后5日前分别报省统计局、省经委和主管厅（局）。年耗能源标准煤5万吨以上的16个重点工业企业，是国家指定企业，由省统计局审转国家统计局。

为计算重点工业、交通运输企业的综合能源消耗，反映企业的能耗水平，评价企业的能源经济效益。国家经委、国家统计局于1982年11月颁发了《1983年重点工业、交通运输企业能源统计报表制度》。增加综合表1种，即《重点工业、交通运输企业综合能耗季报》，设工业总产值、能源消耗总量、每万元产值总能耗等指标，按15个大工业部门、企业分别填报。根据省里重点企业对能源统计的执行情况，从1983年3月起，45个重点企业由季报改为按月执行《重点工业、交通运输企业能源平衡表》，于月后了日前分别报省统计局、省经委，抄报主管厅(局)。其中国家指定年耗标准煤5万吨以上的18个重点企业，按月、季填报省经委、省统计局，季报由省经委、省统计局分别审核转报国家经委和国家统计局。

1984年，为考核企业的能源经济效益，观察企业能源库存周转情况，能源统计将1种分设为《重点工业企业能源消耗综合表》和《重点交通运输企业能源消耗综合表》2种。前1种表由统计部门执行，后1种表由业务部门执行。同年3月26日，省统计局印发《加强能源工作，认真做好能源统计的通知》，规定年耗标准煤一万吨以上的重点工业企业由45个扩大到55个。要求重点工业企业配备专职统计人员，建立健全能源管理制度，包括测试、原始记录、台账等制度，做到报出的统计数字有根有据。

贵州省从1985年开始，在州、市、地区统计局建立《地区综合能源平衡统计制度》，有甲、乙2种表。甲表为《地区能源（实物量）平衡表》，乙表为《地区能源(标准量)平衡表》。主栏设可供本地区消费的能源总量（分年初库存、一次能源生产量、外省调入量、进口、其他收入调出省外、出口、年末库存）加工转换的投入和产出量（分火力发电、供热、洗选煤、炼焦、炼油、制气）、损失量（其中：运输和输配损失量）、最终消费量（分五大物质生产部门、非物质生产部门、城乡人民生活、用于加工非能源）、平衡差额等指标：宾栏按18项能源填列。并设《分行业能源最终消费量(实物量)》和《分行业能源最终消费量(标准煤)》2种附表，反映17项能源的最终消费量，按国民经济主要行业分组，后表还设有最终消费量合计、加工转换损失、输送损失、消费总计、1980年不变价工业总产值等指标。由各级统计部门按年编制。同年，为满足编制地区综合能源平衡表，计算能源加工转换效率的需要，建立了《工业企业能源加工转换情况统计年报表》，设各种能源加工转换投入量、加工转换产出量、能源加工转换损失量和能源加工转换效率等指标，按加工转换类别分组。由县以上独立核算生产二次能源产品的工业企业9包括其他企业中从事能源转换活动的车间或分厂填报。

1988年，为满足全国按季公布分地区万元产值能耗、电耗和编制本省工业部门节能量的需要，省统计局以黔统物字〔1988〕21号文布置省电力局按季报送《电力收支平衡表》。是年工业企业能源加工转换情况统计报表缩短报告期，由年报改为季、年报。

1989年，为进一步提高能源统计数字质量，省统计局印发了《关于认真做好能源统计工作，提高统计报表数字质量的通知》。并在整顿一年来有关能源统计原始记录的基础上，建立健全原始记录、统计台账、完善计量和监测手段。还结合当时能源供应情况和自身特点，运用大量统计数字写出了有关能源统计分析报告。1989年11月，省统计局和省经委、省计委以黔统工字〔1989〕151号文通报表彰了19名多年从事能源统计工作做出突出成绩。的基层统计人员，并于1990年1月9日召开了全省表彰大会。

1990年能源统计定期综合报表有3种，同1985年比较，增加2种，继续保留1种。增加《地区能源平衡表<实物量》和《地区能源平衡表(标准量)》，在“制气”项下增列“其中：焦炭再投入量”；在工业消费量中取消重工业和轻工业消费，改为“其中：用作原料、材料”：将“人民生活”改为“生活消费”，增加“消费量合计”指标。将《分行业能源最终消费量（实物量）》和《分行业能源最终消费量(标准煤)》2种附表改为《工业、交通运输和邮电通讯业分行业能源消费量(实物量)》和《工业、交通运输和邮电通讯业分行业能源消费量（标准量）》2种正表，增加燃料油，将洗中煤改为其他洗煤，将城市煤气改为其他煤气，将其他能源分为其他石油制品和其他焦化产品，取消重油；将按国民经济主要行业分组改为按工业、交通运输和邮电通讯业主要行业分组，后表还增加“按1990年不变价计算的工业总产值”“1980年不变价计算万元产值综合能源消费量”“1990年不变价计算万元产值综合能源消费量”等3个指标。《工业企业能源加工转换情况》年报，取消分能源品种的投入量和产出量，只保留投入量和产出量的合计数。

1992年3月19日，省统计局发出《关于物资统计制度变更的通知》，对物资统计制度作如下变更：一从1992年5月份开始，将“供销机构物资购、销、存总值”（国物定综11表）由季报改为月报，统计范围；指标目录及表式不变。二、为了协调物资统计和工业统计的关系，从1992年第二季度起免报“产品销售与库存”（国物定综01表），建立《主要工业产成品(物资)收、拨、存》基层表（国工定基05表、国物定基01表）按月填报，统计围包括：

1993年11月9日，省统计局下发《关于认真贯彻执行新的统计报表制度的通知》，为适应社会主义市场经济发展和全面实施新的国民经济核算体系的需要。国家统计局经过多次研究讨论，制定了新的统计报表制度，决定自1993年统计年报和1994年定期统计报表开始实施。新的工业统计基层报表包括：J401表（原材料消费与库存季报）、J402表（能源消费与库存季报）、J403表（工业企业产值综合能耗季报）、J404表（工业企业能源库存和消费季报）。同年2月25日，省统计局下发《关于实行物资定期报表远程传输的通知》，“经过试传，现正式采取微机远程传输通讯的方式上报物资统计报表数据”。

1995年建筑业、运输、邮电业原材料、能源消费与库存年报继续执行1994年的报表制度。工业企业的原材料、能源消费与库存年报数据，由工业普办提供。1996年定期统计报表仍按1994年原材料、能源统计报表制度的规定执行。取消《重点工业企业能源消费与库存》(甲表)季报(B205—2表)的第10栏以后的全部指标，以及说明中的2、3两部分。将“原材料、能源目录”的代码前全部加“2”。

1996年基层统计年报和1997年基层定期统计报表制度作下列修改：1. 将“工业企业原材料消费与库存”(B105-1表)、“工业企业能源消费与库存(乙表)”(B105-2表)、“建筑企业原材料、能源消费与库存”(C105表)和“运输邮电企业原材料、能源消费与库存”（D105表）四张表合并为“企业原材料、能源消费与库存”(105-1表)一张表。2.将“重点工业企业能源消费与库存(甲表)”(B205-2表)宾栏的部分指标进行调整，补充资料减少“工业总产值(现价)”，增加“5、回收能——吨标准煤”。3.增加“工业企业能源加工转换情况”年报表(B105-2表)，报送范围为县及县以上，从事能源加工转换活动的工业企业。4. 将“工业企业原材料、能源消费与库存”(B205-1表)、“建筑企业原材料、能源消费与库存”，(C205表)和“运输邮电企业原材料、能源消费与库存”(D205表)三张表合并为“主要原材料、能源消费与库存”　(205-1表)一张表，同J401表相同，综合、基层通用：取消甲栏中的总值及类值，仅按实物量填列，并调整宾栏消费量及库存的行业分组，增加“本年购进量”及分组。5. 在“原材料、能源目录(企业)”中增加：重复轧制用钢材、原木加工锯材消费、入洗原煤、洗选损耗、洗精煤、其他洗煤、煤制品、其他焦化产品、其他石油制品、其他能源："煤炭"改为"原煤"；"铜、铝、铅、锌、锡-、铜材、铝材"的计量单位由"吨"改为"公斤"。1996年综合统计年报和1997年定期统计报表制度作下列修改：1.将"主要原材料消费与库存"表(J301表)和"主要能源消费与库存"表 (J304表)两张表合并为"主要原材料。能源消费与库存"表(J301表)，调整消费量中的行业分组，增加"本年购进量"及分组，取消"工业产品库存"和"批发零售贸易企业经营用商品库存"两个指标。2.将"原材料消费与库存总值"(J303表)和"能源消费与库存总值"(J306表)两张表合并为"原材料、能源消费与库存总值"表(J304表)，在年末库存总值取消行业分组，在"消费总值"中增加"其他"项。3.增加"地区能源平衡表"(实物量：J306表；标准量：J307表)，增加"回收能"及"核电"两个宾栏指标，由地区统计编制。4.将"重点工业企业能源消费与库存"表（J403表）并入"主要原材料、能源消费与库存"表(J401表)，按"主要原材料、能源消费与库存"表(J301表)修改"主要原材料、能源消费与库存"表(J401表)，并取消甲栏"总值"指标。5.在"原材料、能源目录"中增加：重复轧制用钢材、原木加工锯材消费、入洗原煤、洗选损耗、洗精煤、其他洗煤、煤制品、其他焦化产品、其他石油制品、其他能源，"煤炭"改为"原煤"。

附：1996年原材料、能源统计年报报省一览表

601-1：法人单位调查表

105-1：企业原材料、能源消费与库存

105-2表：工业企业能源加工转换情况

1998年取消《原材料、能源综合统计报表制度》，将原材料、能源统计的有关报表分别纳入到有关专业报表制度中。

第八节　财政金融统计及企业财务统计调查

20世纪50年代初，随着国民经济的迅速恢复和发展，为满足编制财政信贷资金计划和生产安排的需要，1953年8月以后，专财委按月执行财政资金的收支情况和信贷执行情况统计。1955年按季度和半年建立地主预算收支、信贷放存款、现金收支、地方国营企业利润、工业厅所属工业企业的流动资金周转、税收任务等计划完成情况统计报表。系统、全面地检查和分析地方国营企业年度财务计划，特别是成本计划的执行情况，根据国家统计局、财政部的统一要求，省统计局从1955年起建立《地方国营企业汇总决算报告表》，有6种决算表，即《地方国营企业决算综合表》《地方国营工业企业决算表》《地方国营农（牧）业企业决算表》《地方国营建筑安装企业决算表》《地方国营交通运输企业决算表》及《地方国营城市公用企业决算表》。

1955年，还建立了4种财务成本方面的年报，即《1995年度地方国营重点企业财务成本统计年报》（由作为全省15个重点企业之一的赫章铅锌矿填报）、《1955年度非重点企业财务成本统计年报》《1955年度公私合营重点企业财务成本年报》（毕节专区公私合营企业示被省列为公私合营重点企业，没有执行）、《1955年县级地方国营财务戍本统计年报》。

1956年，为满足各级领导检查计划的需要，专统计部门收集汇总了全区财政收支、工商税收、农业税征收进度，以及主要部门上缴利润情况、存放款情况和农贷发放情况，并按年收集汇总企业财务统计年报，以反映国营、集体、合作联营和公私合营全年经济运行情况。随着财政体制的变革，各地、各单位财政预算外资金规模扩大，1957年11月，根据国家统计局和省统计局通知，正式把财政预算外资金收支纳入财政金融统计。

根据1958年初全国第一次综合平衡统计和财政金融统计会议的要求，省统计局对财政金融统计，在指标、方法和资料渠道等方面进行了改善和强化，专统计部门、财政和银行部门、有关财经机关以及重点企业，都严格报送有关财务统计资料。从1959年9月起，执行全国统一制发的《1959年财政金融统计制度》，共有4种表，即《金融统计主要指标电讯月报》《地方预算收支统计季、年报》《银行存放款统计季、年报》和《银行现金出纳统计季、年报》，同时按季、按年向党政领导提交分析报告。

这一时期，地方国营企业汇总决算报告表继续执行。

从1960年起，专、县建立综合财政统计。在综合财政定期统计基础上，建立1960年综合财政统计年报，共有9种表，即：《综合财政收支表》《财政预算内外资金收支表》《财政预算外资金收支表》《信贷收支表》《现金收支表》《国民经济各部门企业财务成本主要指标》（一）、（二）两个表、《工业企业主要商品产品单位成本》《工业固定资产及流动资金》等。

1961年起，综合财政统计，由按地方财政管理体制的范围改为按行政区域的范围统计，包括中央和地方管理的财政资金。1961年综合财政定期统计报表，共有14种表，其中5种表由专、州、市统计部门执行。1961年综合财政统计年报，共有9种表，新增《非工业主管部门所属工业企业财务成本主要指标》一种表，取消《现金收支表》一种表，将《财政预算内外资金收支表》改为《财政预算内资金收支表》。

1962年，随着“调整、巩固、充实、提高”方针的深入贯彻，财政、信贷、现金收支等成为调整过程的重要环节，综合财政统计也有所调整变化。1962年综合合财政定期统计报表和1961年相同。1962年综合财政统计年报，共有11种表，同上年比较，取消了《综合财政收支表》《信贷收支表》《工业固定资产及流动资金》等3种表，将《国民经济各部门企业财务成本主要指标》（一）、（二）两个表合并为《各经济部门财务成本主要指标》一个表；增加6种表，即《工业主管部门所属工业企业财务成本主要指标》，省里补充《中央金库收支统计表》和《中央企业预算外资金收支统计表》，国家计委和国家统计局补充《1962年工业企业产品单位成本》《1962年国营农牧场主要农产品单位成本》和《1962年国营运输单位成本》。

1963年综合财政定期统计报表，比上年增加《工业企业财务成本主要指标季报》和《重要城市工业企业主要商品产品单位成本月报》2种表，比上年减少《综合财政收支季报》一种表，将《国民经济各部门企业财务成本主要指标月报》（一）、（二）两表合并为《各经济部门企业财务成本主指标季报》。1963年综合财政统计年报，共有11种表，比上年增加5种表，即《国家财政信贷用于农业的资金》《农村人民公社农业资金来源和运用情况》《商业企业财务主要指标》，省里补充《中央预算收入》和《重点工业企业财务成本主要指标》。比上年减少5种表，即《中央金库收入统计表》《中央企业预算外资金收支统计表》《1962年工业企业产品单位成本》和《1962年国营运输单位成本》。

1964年综合财政定期统计报表，共有10种表，比上年增加5种表，即《商业企业财务主要指标季报》《商业企业商品流通费季报》《重点城市工业企业可比商品产品成本项目季报》，省里根据需要补充了《中央预算收入季报》和《行政、事业单位预算外资金收支情况季报》，将《财政预算外资金收支季报》改为《财政预算外资金收支半年报》。后根据精简报表、集中力量深入实际开展调查研究的精神，省里补充及修改的3种表于第二季度起停止执行。

1965年综合财政定期统计报表，和1964年比较没有变动。1964年和1965年综合财政统计年报同1963年比较，也基本没有变动。

由于“文化大革命”的干扰破坏，综合财政统计中断，直到1979年地区统计局才恢复了财政金融统计。自当年起，地区统计局按月向财政、银行、税务等部门惧财政收支、税收、现金收支、存款、贷款等主要指标的数字，经过加工整理提供地委、行署领导及有关部门。为满足统计部门的需要，根据国家统计局、国家计委、财政部联合通知要求，1980—1990年，各级财政部门和有关业务单位定期给当地统计部门抄报会计报表和主要指标计划执行情况的资料。

1996年基层财务统计年报和1997年基层财务定期统计报表制度修订的主要内容：“财务状况”表（103-1表、103-2表）增加“财务状况”表（103-1表、103-2表）增加“财产保险费”和“利息支出”两项指标，同时将“批发贸易贸易企业财务状况”（E103-1表）改为“批发零售贸易业、餐饮企业财务状况”，表号不变；在F103-2表、F103-3表增加“从业人员数”，并将F103-3表的“业务（事业）收支结余”（代码20）改为“本年业务（事业）收支结余”；在F103-4表增加“补充资料：单位数”。

第九节　固定资产投资统计调查

固定资产投资统计，国家自20世纪50年代初开始建立至20世纪70年代末一直称为基本建设统计。到20世纪80年代，随着企业更新改造的加强和城乡集体及个人投资建设的发展，基本建设统计逐步发展成为全社会固定资产投资统计。

一、基本建设统计

20世纪50年代初期，毕节地区的基本建设统计分散在工业、交通等部门、系统，统计部门何时开始汇总和上报基本建设统计综合表，因资料缺乏，无从考证。从现成资料来看，1957年当时的专署已经向各县布置，并于1958年初汇总、上报1957年基本建设年度总结报表。

1957年基本建设定期报表和年报定期统计报表

表　号	表　名
1.基本表	
基建第1号表	投资计划完成情况
基建第1号表	按构成分列的投资计划完成情况
基建第2号表	工程项目投资进度表
基建第Ⅱ号表	按用途分列的运用的固定资产计划完成情况
基建第Ⅲ号表	新增能力或效益计划完成情况
基建第Ⅳ号表	房屋建筑面积竣工
基建第Ⅴ号表	劳动计划完成情况
基建第1号表	职工人数及工资
基建第2号表	建筑安装工人劳动生产率计划完成情况
基建第3号表	劳动指标

续表

表号	表名
2. 简要表	
基建简第Ⅰ号表	投资及新增能力或效益计划完成情况
基建简第Ⅱ号表	房屋建筑面积竣工情况
基建简第Ⅲ号表	劳动指标
3. 购置表	
基建购Ⅰ号表	固定资产购置报告表
4. 综合表	
投资综第1号表	限额以上单位投资计划完成情况一览表（季报）
投资综第2号表	按构成分列的国家投资计划完成情况（季报）
投资综第3号表	重点工程项目投资进度表（季报）
投资综第4号表	动用的固定资产完成情况（季报）
投资综第5号表	新增能力和效益计划完成情况（季报）
投资综第6号表	房屋建筑面积竣工情况（半年报）
投资综第7号表	职工人数及工资（季报）
投资综第8号表	建筑安装工人劳动生产率计划完成情况（季报）

年度统计报表

表号	表名
1. 基本表	
第1表	按构成分的国有投资计划完成情况
附表	按四个季度分的投资完成额
第2表	按项目分的国家投资计划完成情况
第3表	按用途分的国家计划和开始用的固定资产计划完成情况
第4表	国家的新增能力（效益）计划完成情况
第5表	房屋建筑面积竣工情况
第6表	国家计划外投资情况
第7表	1957年12月31日实有房屋面积

续表

表　号	表　名
2.简要表	
第1表	基本建设计划完成情况一览表
第2表	计划外投资动用情况
第3表	忘记到建筑面积竣工情况
第4表	1957年12月31日实有房屋面积
3.购置表	
购置表	固定资产购置报告表

1958年开始国民经济的“大跃进”，统计工作为适应形势的需要，将原来的定期报表季报改作月报、旬报或5日报和日报。从4月份开始执行省统计局颁发的《基本建设电快月报制度》，同时停止执行原简讯月报制度。 9月15日，接省统计局通知，电讯月报采用25天实际加5天预计的办法，以保证在报告月30日前上报。之后，省统计局转发国家统计局《关于再次简化现行基本建设投资、建筑安装企业和勘察设计综合报表的通知》，为使基本建设统计更好地适应“大跃进”的形势和满足各级党政领导部门的需要，将上述定期报表简化，于第二季度起执行。

1959年2月，根据中央、省、专各级党委“争时间、抢速度、鼓干劲、掀高潮、确保四大指标实现全面跃进”的精神，从3月1日起，执行日报、5日报、旬报制度，于报告期后2、日上午10时加急电报省统计局。12月8日，为确切反映和研究党的“土洋并举”方针在基本建设中执行的情况，省统计局根据国家统计局文件精神，将《本年新建小土群企业实际产量表》中的“本年实际产量”指标改为“本年新增生产能力”。其计算方法可按报告期实际产量，并考虑设备能力和生产季节条件，估算报告期内新投入生产项目的全年生产能力。

1960年1月7日，根据省统计局《关于1960年基本建设定期统计报表的几项补充和修订的通知》，继续执行1959年简讯旬报，并增加了按经济部门分的“限额以下施工和投入生产的项目个数”指标。3月11日，鉴于年前布置的报表制度和随后布置的补充指标不够系统，省统计局发出《修正1960年基本建设统计报表制度》的通知，修正后的报表制度包括旬报10个表、月报8个表、季报1个表、半年报1个表。执行按规定专署只执行月报、季报和半年报。从5月份起，开始执行《基本建设技术革新和技术革命统计旬报、月报》。1960年报，贯彻精简和全面统计、重点统计、典型调查三结合的精神，全面统计力求减少；《资金来源表》《建筑安装工程构成情况》《建筑机械利用情况》《工程质量事故情况》《技术经济主要指标》等报表免报。为反映发展国民经济必须以农业为基础的方针在基本建设部门的贯彻执行情况，在新增能力和事业目录中，增加了支援农业的工业部门详细分组和基建占用耕地指标。

1961年基本建设统计贯彻执行中央“以深入实际、深入群众进行调查研究为主、必要的统计报表为辅”的指示，大力开展调查研究，对全面统计报表力求精简。省统计局提出了7个方面的调查内容下达各地统计部门和有关厅局进行调查；将定期报表分为甲、乙、丙三类：甲类为电讯快报(包括旬报和月报)：乙类为邮寄月报(专、州、市为月后7日前报出，省级厅局为月后2日前报出)；丙类为贵阳市统计局增加的报表，直接国家统计局。根据省统计局通知，从7月份起取消旬报和邮寄月报，每月只报送电讯快报。1961年年报在事业分组目录中增加一些轻工业的分组。年报按管理系统分组有57个，主要产品的新增生产能力或工程效益有84种。

1962年，基本建设统计主要是反映基本建设战线“八字”方针的贯彻执行情况。1962年定期统计报表除保留支援农业、轻工业和矿山建设的详细分组和能力目录外，为反映施工规模和建设效果，增加了施工和竣工的房屋面积和新增固定资产指标。同时省统计局要求对计划外项目，不得漏统或不统。地区从4月份开始执行，地区综合汇总范围为本辖区内县及县以上全部项目的完成情况。1962年基本建设投资年报共11种表。

1962年基本建设投资年报

表　号	表　名
第1表	按构成、用途分列的投资完成情况
第1表附表	按月分列的投资完成情况
第2表	按管理系统分列的投资和新增固定资产完成情况
第3表	按建设性质和事业种类分列的投资完额和新增固定资产
第4表	施工和投入生产的建设项目
第5表	大中型建设项目一览表
第6表	小型建设项目一览表
第7表	本年新增生产能力（或效益）
第8表	施工和竣工的房屋建筑面积和价值
第9表	停建项目工程维费使用情况
第10表	少数民族地区建设情况
第11表	集体所有制的基本建设情况

此外，在基本建设投资中还包括施工6个表，勘察设计3个表，城市公用事业10个表，地质勘探6个表。

1963年，基本建设统计在统计范围和统计制度方法方面进行了改革。7月30日，省统计局转发国家计委、经委、统计局《关于1963年基本建设投资统计范围的暂行规定》，对基本建设投资与四项费用、大修理基金、各项事业经费的划分和使用范围作了具体自规定。1963年四季度，国家统计局发出《关于修理1963年基本建设年报和1964年定期统计报表意见的通知》指出：经国务院批准的1962年年报和1963年定期报表，经过一年的实践证明是基本符合实际的。为了稳定报表，本着“基本不变，个别调整”的原则，提日了1963年年报和1964年定期报表的修改意见，要求能不变的尽量不变，能精简的尽量精简，如必须增加的个别指标或补充报表，须按统计条例规定审批。12月30日，省统计局转发国家有关部门颁发的《关于基本建设投资和各项费用划分的规定》，对基本建设投资与各项专项资金、四项费用、大修理费用、生产费用、事业和行政费、农业经费、储备费、交通费等10个方面的费用划分作了具体规定，要求从1964年开始执行。

1964年，基本建设定期统计仍执行上一年的报表制度，只作个别调整和精简。11月7日，省统计局转发国家统计局《1964年基本建设年报制度》，对1964年年报作了一些精简，与1963年比较，取消了《按12个月分列的本年实际完成投资额》《停建项目工程维护费使用情况》《按资金来源分列的本年实际投资完成额》等表。综合年报用的事业单位目录，由367种减为184种。事业单位目录和新增能力(或效益)目录，按国家统计局1963年10月制定的目录，结合实际情况摘录，并附有大中型(限额以上)项目名单。1964年11月，国家统计局在《布置1965年基本建设定期报表制度的通知》中指出：基本建设的管理工作正在以货币工作量为主，改变为以竣工投产和实物形象进度为主的管理方法，因此基本建设统计工作必须相适应而加以改革。省统计局在转发上述通知中，进一步强调要逐步加强实物量生产统计，应有利于集中力量打歼灭战，促进竣工收尾，迅速发挥投资效果。统计工作应花更多力量抓重点项目、重点工程，围绕重点工程开展调查研究，这是基本建设统计工作改革迈出的重要一步。

1965年是基本建设统计重点改革的一年。1月16日，国家统计局发出《关于改进基本建设统计方法的几点意见》指出，敢进的中心是反映计划完成方面，积极推行以竣工投产和实物形象进度为主，而不以投资额为准的计算方法。4月3日，省统计局根据国家统计局批复的意见，发出《1965年基本建设综合月报变更统计范围的通知》，增加《基本建设项目一览表》年报和定期统计报表中的补充指标，制定《集体所有制施工单位年末人数和工作量》表，并要求从第一季度起开始执行1965年基本建设统计年报和1966年定期报表都有较大的精简：（1）单独设置《基本建设新增能力（或效益）一览表》：(2)将现行的《基本建设完成情况一览表》《基本建设完成情况年报一览表》《按构成、用途和事业分列的投资和新增固定资产完成情况年报》三张表简化合并为《基本建设完成一览表》：（3）取消《主要单项工程实物形象进度月报表》，在《基本建设完成情况一览表》中增加一栏形象进度指标：(4)取消《工作量和竣工价值》和《建筑安装财务成本》两个表，有关的主要指标可通过《施工活动情况表》和财务报表取得。价值劳动生产率不再单独设置报表，也不要求基层单位计算，改由综合机关根据《施工活动情况表》中有关资料自行计算；(5)简化《施工和竣工的房屋建筑面积和价值年报》，取消《工程质量情况》表中“质量事故原因分析”指标。在《施工活动情况表》中补充了“重点工程竣工和形象进度完成情况”指标。在《重点建设项目或单项工程投入生产(或交付使用)》报表中取消了“报废投资”“调给其他单位的投资”“累计拨款额数”“探明的矿产储量”等指标；（6）恢复《全面的基本建设电讯月报》和《大中型建设项目一览表》月报：(7)将投资年报中的《按事业种类分列的投资和新增固定资产完成情况》及《施工和投入生产的建设项目个数》两张表简化合并为一张表，综合用的事业种类由187种减少为90种。

1966年5月，“文化大革命”开始后，统计资料难以搜集。8月接省统计局《关于精简基本建设定期统计报表的通知》，停止报送《基本建设完成情况主要指标》表中的自年初至本季止累计完成投资额中的生产性建设这一指标，其他指标仍按原规定不变。10月5日，国家统计局发出《关于报送1966年度统计资料和1967年定期统计报表的通知》指出：对1966年度统计资料不再另行布置，要求在12月份月报、第四季度季报和下半年半年报的基础上作适当调整。

1967年基本建设统计定期报表仍按上年的要求执行。1968年、1969年统计工作全部中断，直到1970年基本建设统计工作才开始恢复。

1970年，国家统计局制定的基本建设定期统计报表主要有三种：(1)投资额电讯月报；(2)大中型建设项目投资和新增生产能力季报：(3)地方重点建设项目投资完成情况月报。

1971年的基本建设统计年报执行三种表：(1)《基本建设项目个数和投资额》表，设有本年施工的项目个数、全部投入生产的项目个数、部分投入生产的项目个数、本年实际完成投资额、国家预算投资、自筹投资、建筑安装工程、设备工具器具价值等12个指标，按隶属关系汇总；(2)《本年施工的大中型建设项目一览表》，设有全部计划投资、本年计划投资、累计完成投资、本年完成投资、累计新增固定资产、本年新增固定资产、新增生产能力等13个指标，要求按项目填列；(3)《基本建设新增生产能力》表，设有新增生产能力名称、单位和项目名称、全部投入生产日期、部分投入生产日期等7个指标，要求按新增生产能力目录填报。

1972年，国家计委统计组根据国民经济发展的需要，对基本建设统计报表表式做了补充调整，由1971年的三张表增加到五张表，并对统计指标进行修改和补充。在《本年施工的建设项目情况表》中，增加本年新开工项目、本年竣工而不增加能力（或效益）的项目、本年尚未建成投产（或交付使用）的项目等指标，并把该表中的另两个指标修改为本年全部建成投产或交付使用项目和本年部分建成投产（或交付使用）项目。在《本年基本建设投资和新增固定资产表》的本年实际完成投资额合计项下，增加新建、改建、扩建的投资额，同时将表中的自筹投资改国家预算外投资。在新增加的《本年施工的房屋情况表》中，主栏指标为总计、厂房、仓库、办公室、住宅、学校、医疗机构等；宾栏指标为本年施工面积、本年竣工面积、本年竣工房屋价值、竣工房屋造价（元／平方米）。投资额报表，仍按管理部门和隶属关系分列填报。在《本年施工的大中型项目一览表》中，增加建设地址、建设性质两个指标。

1973年，随着全国定期统计报表制度的恢复建立，毕节专区的基本建设统计开始步入正常轨道，建立了电讯月报制度。从元月份开始执行基本建设电讯月报代号：从3月份使用新增生产能力月报代码，同时废止1972年使用的月报代码。对1973年的基本建设统计报表，国家又进行了修改：(1)将《本年施工的建设项目情况》表改为《本年施工和建成投产(或交付使用)的建设项目个数》表；(2)将《本年施工房屋情况》表改为《本年施工和竣工的房屋建筑面积及竣工房屋价值》表：(3)将《基本建设投资和新增固定资产》表中的国家预算内投资指标改为国家预算直接安排的投资。8月4日，贵州省计秀发出《关于基本建设定期报表加报建设银行的通知》，要求：(1)各建设单位、建筑安装企业与地质勘探单位，在上报定期统计报表时，抄送建设银行经办行一份（基建拨款由县财政部门办理的则抄送县财政部门一份）；(2)省级各局(委、办、行)、中央驻省各有关单位，各地、州、市、县统计部门的基本建设统计、建筑安装与地质勘探综合统计报表，在报送上级统计部门时抄送同级建设银行一份。

为了加强计划管理，统一统计数字口径，防止报表多乱，减轻基层负担，国家计划委员会会同国务院各部、委，制定了1973年基本建设统计年报和1974年基本建设定期报表制度。要求各地按照统一规定的计算方法、统计口径、综合范围认真审核，如实填报，按期报出。

1974年的基本建设统计报表与上年比较变动不大，只是在年报表中将《基本建设投资和新增固定资产》表中的国家预算外投资指标改为国家预算直接安排以外的投资指标。为了全面反映和观察大中型建设项目的基本建设完成情况，贵州省计划委员会于12月10日发出《关于报送大中型项目一览表的通知》，要求各大中型建设单位按照统计报表制度的规定认真填报。

1975年，国家制定的统计报表制度在1974年的基础上增加了两张表：(1)《按事业种类分的基本建设投资和新增固定资产表》，甲栏指标按国家统计制度规定的事业目录填报；(2)《基本建设投资和新增固定资产补充指标(资金来源)表》，设有本年实际完成投资额合计、国家预算直接安排的投资、国家预算直接安排以外的投资小计、各级自筹、外汇的投资款、“五小企业资金”等7个指标。

1976年3月，根据省计委通知，执行基本建设统计电讯月报新代号，原发代号作废。1976年的基本建设统计年报和1977年定期统计报表制度，省计委根据国家计委1976年制定的统计报表制度修订意见的要求，结合我省具体情况，在1975年报表制度的基础上作了必要的改进，增加了个别表和指标。(1)为了分别反映基本建设情况和企业挖潜、革新、改造情况，使统计制度同经济管理制度相适应，要求两者分别进行统计。从1976年年报开始，基本建设统计的范围包括国家预算直接安排投资的项目，各地区、各部门列入自筹投资计划的建设项目和计划外的基本建设项目三个方面。用更新改造资金等各种专项资金所搞的挖潜、革新、改造项目，已单列计划进行管理的，一律不再列入基本建设统计范围，拟单独进行统计。用基本建设投资和更新改造资金等各种专项资金合建的工程，其实际完成的工作量、新增固定资产和新增生产能力等指标，一般应分开统计。以基本建设投资为主的工程，按基本建设统计。以更新改造资金和各种专项资金为主的工程，按挖潜、革新、改造项目进行统计。(2)根据上述基本建设统计范围的变更，对按管理系统分的《基本建设投资和新增固定资产》和《基本建设投资完成情况一览表》年报表所规定的补充资料改为：国家预算直接安排以外的投资，其中：①省财政自筹投资完成的基本建设：②地、州、市、县财政自筹投资完成的基本建设：③各级专业管理部门自筹投资完成新增生产能力(或效益)年报，在新增生产能力目录中增加铜精矿含铜量(吨／年)、铝氧含铝量(吨／年)、铅精矿含铅量(吨／年)等指标。④为了较好地反映基本建设的经济效果，在基本建设电讯月报中，增加自年初起累计交付使用的固定资产(万元)，即新增固定资产指标。

1977年，基本建设统计报表在1976年的基础上又有一些变动。国家将《按事业种类分的基本建设投资和新增固定资产》表，更名为《按行业分的基本建设投资和新增固定资产》表。省计委通知，从2月份开始执行新的月报代码，原执行代号作废。电讯月报的上报时间，规定于月后5日前电报或电话报省计委统计组。按照国家计委和省计委要求，在月报中列入1977年国家计划的全部建成投产项目和建成投产的单项工程完成情况。

1978年，基本建设投资统计报表较上年有所增加。首先是基本建设投资年报增加了《基本建设投资使用情况分析表》，主栏指标按隶属关系和按实际需要的总投资分组；宾栏指标有施工的项目个数、本年全部建成投产的项目个数、按建设总规模全部建成实际需要的总投资、自开始建设至本年底止累计完成投资等9个。为满足制定和检查基本建设计划的需要和全面反映提高基本建设效果的情况，在1978年基本建设统计年报中，建立了大中型建设项目基本情况卡片、县及县以上集体所有制基本建设统计制度、大型项目直接月报制度，并对原有报表制度作了适当调整。卡片包括建设规模和新增能力、投资和新增固定资产、主要单项工程完成情况、主要实物工程量、房屋建筑面积和造价、主要设备到货和安装情况、三大材料到货、消耗和库存情况等10个部分。卡片填报范围包括：列入本年国家大中型项目计划的项目：建设规模达到大中型项目标准，但未列入本年国家大中型项目计划的项目；在本年内已停建的项目。县及县以上集体所有制建设统计年报制度，共两张表：《集体所有制基本建设项目投资和房屋建筑面积》表，设有施工项目个数合计，其中：本年全部建成投产、本年实际完，成投资合计、本年实际新增固定资产、本年施工的房屋建筑面积等8个指标，按投资分组和按行业分组填报；《集体所有制基本建设项目新增生产能力》表，设有本年新增生产能力指标，按新增生产能力目录填列。为反映基本建设投资使用情况，省在基本建设统计年报中增加《基本建设投资使用情况分析表》。

为制定和检查基本建设计划提供依据和全面反映提高基本建设效果情况，从1979年开始，执行《重点建设项目投资计划完成情况电讯月报(直报)》制度。电讯月报设有全年投资计划、自年初累计完成投资额、全年新增固定资产计划、自年初累计新增固定资产4个指标，按1979年国家下达的基本建设计划项目填报。根据省统计局转发国家统计局《关于各部门统建房屋统计问题的规定》，凡统一建设的房屋，其施工面积、完成投资额、新增固定资产及新增效益等指标，一律由房屋统一建设办公室上报，参加统建的部门或单位不再包括这部分资料。建设项目个数，可按建筑群或按片区酌情划分。地方统计部门填报基本建设统计综合表时，统建房屋的投资按管理系统分类列入“其他部门合计”中，并单列一项“城市统一建设的房屋”：按行业分类列入“城市建设部门合计”中，其中住宅列入“城市统一建设的住宅”中，但统一建设的独立学校、医院等，应列入有关行业内。9月，国家统计局制定的《基本建设统计综合报表制度》规定：(1)基本建设统计范围按照建设项目的管理权限统计，不按投资来源汇总；(2)对基本建设完成投资额、建筑安装工作量、新增固定资产和新增生产能力等指标，必须按国家统一规定的计算方法统计。11月5日，为反映老企业挖潜、革新、改造方针的贯彻执行情况，省统计局发出《关于布置挖潜、革新、改造措施项目统计报表制度的通知》，规定：(1)统计范围。1979年年报和1980年定期（半年报），只在工交、农林、财贸等系统全民所有制单位内独立的措施项目，计划总投资在100万元以上的挖潜、革新、改造措施单位填报，不再扩大范围。各主管局是否扩大，由主管局自定，但汇总上报须按规定的统计范围执行；(2)报送单位。各地、州、市统计局(计划统计科)，省级各有关局及中央驻省有关单位负责汇总本地区、本系统的资料报送省统计局一份；(3)报送时间。1979年年报于1980年2月底以前，1980年半年报于7月10日以前汇总上报。基层单位上报的时间，由各地州市统计局和各主管局自行决定。

1980年，毕节地区基本建设定期统计报表（月报），执行省统计局《关于制发1980年基本建设统计电讯月报代号及有关问题的通知》。该通知对1980年的月报统计提出了以下要求：(1)电讯月报代号，从1980年2月份月报开始执行。要求各地区、各部门于月后4日前先用电话或电报直接报省统计局，尔后再报出表式报表；(2)凡有大中型建设项目和国家重点建设项目的部门和地区，在报月报的同时，要报大中型建设项目和国家重点建设项目投资完成情况：(3)为使定期统计报表反映贵州少数民族地区基本建设情况，毕节地区在报月报的同时，报送少数民族聚居地区基本建设投资和辅助投资的完成情况(少数民族聚居地区系指威宁自治县)。报自治县的基本建设投资和辅助投资的完成情况：(4)各地区、各部门要按月报送10万元以上的建设项目增减变化和投产情况，重视新增生产能力(或效益)的统计，在按月检查本年新增生产能力(或效益)计划完成情况的同时，对未按计划形成能力(或效益)的建设项目(或单项工程)须说明原因：(5)在搞准数字的基础上，根据上述要求及进度中存在的问题作一些调查研究，写出一些有数字有情况的统计分析资料。

为及时反映和解决国民经济调整中出现的新情况、新问题，国家统计局对1980年基本建设统计年报和1981年定期月(快)报表式作了较大的改革。1980年基本建设统计年报比1979年的年报增加了两张表，即《基本建设、新增固定资产和年末未完工程平衡表》和《国内拨款、利用外资、自筹和其他投资资金分析表》。1981年定期月报减少了《总投资在10万元以上的建设项目增减变化和投产情况电讯月报》。基本建设统计范围也有变化，包括：(1)国家投资安排的建设项目：(2)利用国内贷款、外资、自筹和其他投资安排的，列入本地区、本部门基本建设计划的建设项目：(3)未列入国家、部门或地区基本建设计划，又未列入措施计划的新建、扩建项目。行政、事业单位用行政、事业费新建的单项工程价值在2万元以上的建设项目及未列入地区、部门基建计划的企业自筹基本建设等均属于本统计范围。还规定：基本建设定期报表，只统计全民所有制单位资料：基本建设年报除全民所有制单位外，还包括集体所有制单位用国家投资、各级自筹的各种资金和集体投资建造和购置的固定资产，按《县及县以上集体所有制单位建设项目一览表》进行统计。城镇集体所有制单位固定资产投资统计范围，包括除农村人民公社以外的全部集体所有制单位进行的固定资产建造和购置总投资在2万元以上的项目。为全面反映“先生产后基建，先挖潜后新建”方针的贯彻执行情况，1980年挖潜、革新、改造措施工程统计年报表的项目填报范围，由1979年的100万元以上项目扩大到5万元以上的项目。同时增加新的指标和新的分组，报送单位扩大到二机部、七机部和国防科委所属范围的项目。挖潜、革新、改造工程统计报表比1979年增加四张表：《按国民经济部门（行业）分的挖潜、革新、改造措施投资完成情况表》《按用途分的挖潜、革新、改造措施投资完成情况表》《挖潜、革新、改造措施的效果》及《挖潜、革新、改造措施的房屋建筑面积及竣工房屋价值表》。12月17日，贵州省经委、省统计局转发国家经委和国家统计局联合发的《关于加强挖潜、革新、改造措施项目统计的通知》，要求各地区、县经委、统计局、省级各有关厅、局，中央驻省有关单位认真贯彻落实。

二、固定资产投资统计

1981年，为全面反映全社会固定资产再生产及其经济效果情况，全国统一将“基本建设统计”改为“固定资产投资统计”。在上年统计报表的基础上又增加了《农村人民公社固定资产投资和社员建房投资》《城镇私人建房投资》《全民其他固定资产投资》三项统计制度，按当年的管理系统和经济类型分组。固定资产投资统计由以下7个部分组成：(1)全民所有制单位的基本建设：(2)全民所有制单位在基本建设之外用各种费用和贷款建造和购置的固定资产；(3)用国防费用开支的国防工程和人防工程；(4)城镇集体所有制单位的固定资产投资：(5)农村人民公社的固定资产投资；(6)农村社员建房；(7)城镇居民私人建房。根据国家统计局要求，1981年主要抓了全民所有制单位基本建设、全民所有制单位挖潜革新改造措施和其他投资、城镇集体所有制固定资产投资和城镇居民私人建房4方面的统计。统计内容与上年相比，增加三张表，即在挖潜、革新、改造措施和其他投资项目统计报表中，增加《按资金来源分列的投资完成情况表》《新增生产能力(或效益)表》《城镇居民私人建房统计年报表》。6月22日，省统计局发出《关于做好1981年挖潜、革新、改造措施统计半年报的通知》指出，(1)凡属于下列三类工程都应列入挖潜、革新、改造措施统计：①在基本建设计划之外，用银行贷款、外资(包括侨资)进行的建设，不管这些工程是否已列入挖潜、革新、改造措施计划；②设备更新和维持现有生产能力而进行的工程建设；③在基本建设之外，以翻建名义进行的房屋建设。(2)措年综1表(半年报)的分组，按统计制度附件三“国民经济部门(行业)分类目录”注有“△”符号的分列。独立措施工程总投资在百万元以上的要填报找年综4表，并按管理系统分列。(3)百万元以上措施工程的基层填报单位，半年报直接报省统计局一份。12月18日，省统计局以(81)黔统基便字27号文规定：挖潜、革新、改造措施和其他投资统计年报(半年报)，按隶属关系汇总。地县统计部门只汇总地县所属项目；省属以上项目（包括部直属、部直供、省属的资料），由省级有关部门汇总。为避免与基本建设项目混淆，凡属地县属挖潜、革新、改造措施和其他投资项目的统计年报（半年报）资料，地、县统计部门必须全部包括，不得漏统或不统。商业、粮食系统的地、县属挖潜、革新、改造措施和其他投资项目的资料，经与省商业厅、粮食厅联系，除省属项目由省厅收集汇总外，其余地、县属项目，一律按隶属关系包括在地、县统计部门汇总的资料内。为贯彻中央关于压缩建设规模、调整投资方向，提高投资效果的指示精神，对1981年的基本建设统计报表制度作了如下修订：凡建设项目总投资不足10万元的计算项目个数；但这些项目按照规定用基本建设投资单纯购置的设备、工具、器具等完成的投资、新增固定资产和新增生产能力（或效益），仍应进行统计。1981年基本建设统计报表增加一张《利用外资进行的建设项目一览表》，设有16个指标。减少一张表《大中型建设项目基本情况(卡片)》。

1982年，根据经济建设发展的需要，经征得各地区统计局和省级各工交厅局的同意，省统计局发出《关于增报措施项目定期统计报表的通知》。规定从1982年起，在原有年报(半年报)的基础上，增报两次措施项目定期报表。增报范围为工交系统全民所有制企业，计划总投资5万元以上的独立措施项目(不包括其他投资)。增报的表式仍采用措年综6表《措施和其他投资项目一览表》，按隶属关系填报，即：省及省以上厅、局，填报部直属、直供、省属企业的措施项目；地、县属企业的措施项目。由地、县统计部门填报；中央在省无归口的直属企业，直接报省统计局。各地区、各工交厅、局和中央在省有关单位，应根据省人民政府黔府(81)158号文件规定，建立挖潜、革新、改造措施项目执行情况的统计报表制度。

1982年省统计局根据国家统计局的要求，在全省建立了《基本建设投资》《更新改造措施投资》《城镇集体所有制单位固定资产投资》三种统计报表制度。农村人民公社固定资产投资和社员建房统计，直接布置到农村经济调查点所在公社进行调查统计。基本建设投资统计的范围亦有改动，将2万—5万元(不包括5万元)的基本建设项目，不再包括在基本建设统计范围内，另设《5万元以下基本建设项目投资完成情况一览表》进行单独统计。在更新改造措施统计《按构成和建设性质分列的投资完成情况表》外增加补充资料：计划总投资5万元以下(不包括5万元)的措施项目本年实际完成投资。按照省统计局通知，于2月份开始报送基本建设统计月报。按照国家和省的要求，增加1982年更新改造措施统计快速年报，用原布置的第四季度季报代替。

1983年，国家统计局为适应国家加强固定资产投资计划管理的需要，对现行固定资产投资统计制度进行了必要修改和补充。增加《基本建设投资效果统计》，建立《国家重点建设项目直接报告制度》和《全部建成投产的大中型建设项目报告制度》，并对完成投资的资金来源提出了较详细的分组要求。1983年年报将《5万元以下基本建设项目投资完成情况一览表》更名为《全民所有制单位零星固定资产建造和购置完成投资表》。统计范围由单纯的2万—3万元(不包括5万元)基本建设项目，扩展到既未列入基本建设计划也未列入更新改造措施计划的，总投资在5万元以下(不包括5万元)的全民所有制行政单位和无固定收入的事业单位的零星固定资产建造和购置的投资，不列入基本建设统计范围，放入其他固定资产统计报表制度中。从10月份基本建设电讯月报开始，基本建设完成投资资金来源按明细分组进行填列(关于资金来源的统计范围、口径按国家统计局、国家计委、国家经委〔83〕172号文件的规定执行)。

1984年，是固定资产投资统计进行较大改革的一年。为贯彻实施新颁布的《中华人民共和国统计法》和国务院《关于加强统计工作的决定》，国家统计局决定1984年在全国各省、自治区、直辖市实行基本建设统计年报电子计算机超级汇总，并制定了《电子计算机超级汇总实施方案》和基层标准表式。省统计局根据上述决定，结合贵州实际对1984年更新改造措施统计年报实行电子计算机超级汇总。参照国家统计局基本建设统计年报基层标准表式，制定了更新改造措施统计年报基层标准表式。并将其他固定资产投资统计的内容也作了调整：把《油田维护工程和矿山、森工开拓延伸工程完成投资》和《全民所有制单位零星固定资产建造和购置完成投资》两张表合并为《全民所有制单位其他固定资产投资》表：把《城镇集体所有制固定资产投资表》《城镇和工矿区私人建房情况表》《农村集体所有制固定资产投资表》和《农村私人建房投资情况表》从《其他固定资产投资统计》中分出单列。经过上述一系列调整后，1984年固定资产投资统计报表制度分为三大类、七个部分：(1)全民所有制固定资产投资统计包括基本建设统计，更新改造措施统计和其他固定资产投资统计：(2)集体所有制固定资产投资统计包括城镇集体所有制固定资产投资统计和农村集体所有制固定资产投资统计；(3)私人固定资产投资统计包括城镇和工矿区私人建房情况统计和农村私人投资情况统计。1984年定期报表增加了一些表式和指标：更新改造措施完成情况电讯季报增加《按措施用途分的投资电讯季报》和《千万元以上更新改造措施项目完成情况一览表》两张表，将《新增生产能力(或效益)表》更名为《新增生产能力和节约效益电讯季报》。《千万元以上更新改造措施项目完成情况一览表》更名为《本年施工的一千万元以上的措施项目一览表》。

1984年9月，省统计局转发国家统计局制定的《固定资产投资统计报表制度》(综合表)，进一步明确全民所有制固定资产投资统计范围除与1983年一致外，还增加了国家和省、市规定的不占用基本建设计划指标，但属于基建性质的项目，如商品房屋建设、用基本建设单位拨付给其他单位的基建款或拆征费安排的项目，用投资包干的节余留成资金安排的基本建设项目或工程等。11月20日，省统计局发出《关于布置1984年固定资产投资、建筑业统计年报和1985年定期统计报表的通知》，为全面反映固定资产投资规模、速度和效果，了解基本建设体制改革和引进国外技术改造现有企业的状况，统计报表按照国家统一布置未作变动，但结合贵州省实际在报表汇总方法上作了一些改革。即除基本建设统计年报投资部分实行电子计算机超级汇总外，同时对基本建设新增生产能力和效益、更新改造措施统计年报以及集体所有制建筑业统计年报也实行电子计算机超级汇总。按照省统计局的要求对当年基本建设项目和更新改造措施项目填报单位认真进行清理，按时将填报单位编号报省统计局：对上报的基层标准表进行集中交叉审核，差错率为※%，符合省规定的质量标准。按时将审核并装订成册的基本建设年报和更新改造措施年报基层表专人报省。

按照省统计局“六化”的目标要求，地、县均从1985年月、季报开始对县属总投资10万元以上，地属总投资总投资30万元以上，省属总投资50万元以上的项目建立了《建设项目卡片》，包括在建项目和新建项目。1985年，国家统计局对固定资产投资定期统计报表制度作了部分调整：将《按措施用途分的投资电讯季报》表并入《更新改造措施完成情况电讯季报》表。将《千万元以上更新改造措施项目完成情况一览表》改为《三千万元以上更新改造措施项目完成情况一览表》。省统计局结合贵州实际，除对《更新改造措施完成情况电讯季报》《城镇集体所有制单位固定资产投资》与《城镇工矿区私人建房情况》三张表作了一些修改外，其他表式基本上按国家统计局综合报表制度规定的表式，制订贵州省固定资产投资统计制度方案。国家统计局还规定：在1984年实现基本建设投资统计年报电子计算机超级汇总的基础上，1985年实行固定资产投资统计年报计算机超级。超级汇总范围包括：(1)全民所有制基本建设统计：(2)全民所有制更新改造措施统计：(3)全民所有制其他固定资产投资统计(不包括2万—5万元零星固定资产投资)三部分，国家统计局统一制定基层标准表式，由省、市、自治区统计局统一印刷和发送基层单位填报。年报资料汇总分两级进行：省、市、自治区统计局负责本辖区内除跨省、区项目以外的固定资产投资统计年报的超级汇总和资料反馈工作；国家统计局负责全国年报超级汇总工作。数据录入和运算、资料反馈由省、市、自治区计算站和统计局共同负责。1985年固定资产投资统计范围和内容与1984年相同。汇总工作仍在国家和省两级进行，作法也与上年相同。全省基本建设投资和更新改造措施年报的施工规模和新增生产能力年报，继续实行电子计算机超级汇总。零星固定资产投资（2万—5万元）由地区汇总报省。

1986年，固定资产投资统计报表制度除继续保留全民所有制基本建设统计、全民所有制更新改造措施统计、全民所有制其他固定资产投资统计、城镇集体所有制固定资产投资统计及城镇和工矿区私人建房统计五个部分外，将农村集体所有制固定资产投资和农村私人投资情况统计，交由农业和农村抽样调查队布置收集，省统计局投资处利用农业统计和农调队有关年报资料分别进行推算。同年，根据国家统计局的要求，对全省的全民所有制基本建设、全民所有制更新改造、城镇集体所有制固定资产投资三套统计年报，实行微机超级汇总。根据省统计局要求，按照全国统一制定的基层标准表式，录制全区全部全民所有制的地、县属基本建设项目，全民所有制地、县属企业、事业单位更新改造措施，全部城镇集体所有制固定资产投资统计年报磁带，连同项目(单位)编号名单按时专人报省。5万元以下零星固定资产的建造和购置统计报表，省统计局不要求报送资料，毕节地区参照以前年报表式自行收集整理汇总。

1987年，根据国家计委、经委、统计局、财政部〔86〕统固字324号文联合下达的《关于加强固定资产投资统计工作的通知》精神，从本年起，将上年执行的全民所有制单位更新改造统计季报改为月报：全民所有制单位其他固定资产投资统计，先建立季报，试行一段后再改为月报：建立集体和个体固定资产投资半年报。城镇集体所有制固定资产投资统计报表由各地区统计局报送；农村集体所有制固定资产投资统计由各地区农调队报送。贵州省计委、经委、财政厅、统计局联合转发上述文件的同时，提出了四条贯彻意见：(1)改进固定资产投资统计报表制度。从1987年起，将更新改造统计季报改为月报：建立全民所有制其他固定资产投资统计季报：建立城镇集体和个体投资统计半年报：在全民所有制单位基本建设和更新改造统计中，建立财务拨款及贷款月报：按季报送全民所有制单位基本建设和更新改造一览表粤(2)地、县统计部门要加强领导，进一步充实固定资产投资统计力量，保证工作任务的顺利完成。(3)加快固定资产投资统计信息处理现代化建设。(4)各级计委、经委、统计、财政、银行等部门要密切配合，相互支持，共同完成全省固定资产投资统计任务。

1987年固定资产投资统计的一项重大改革，就是从本年度在全民所有制基本建设单位和更新改造企业、事业单位建立《固定资产投资财务拨款和贷款（以下简财务拨款）》统计，在报送固定资产投资报表的同时，报送财务拨款统计报表，实行投资额一财务拨款双重指标，取消投资额按资金来源分组，另行建立“财务拨款及其资金来源分组”统计。《固定资产投资财务拨款统计报表》设有上年结转资金、本年财务拨款、贷款合计(①国家预算内拨款、②国家预算内拨改贷、③国内贷款、④利用外资、⑤煤代油投资、⑥目筹资金合计、⑦其他资金)等指标。同年11月30日，省建设厅、省统计局转发国家建委、国家统计局《关于布置商品房屋建设统计报表制度的通知》，要求各地建委、统计局遵照执行。根据国家统计局制定的《关于商品房屋统计的补充规定》，商品房屋的统计范围包括：建设全民(1)凡用列入各级全民所有制基本建设和更新改造计划的投资购置商品房，不管购房投资多少，均应分别列入基本建设或更新改造投资统计：(2)凡未列入投资计划的全民所有制购房单位以及集体所有制购房单位，其总投资(如果除了商品购置投资外，还有其他工程施工或设备购置的，应合计计算总投资)在5万元以上的，应按其经济类型和建设性质分别列入基本建设、更新改造投资统计报表或集体所有制固定资产投资统计报表内，总投资不足5万元的暂不统计为使商品房建设统计报表形成制度，省统计局、省建设厅又作了补充规定：(1)该报表由各、县从事商品房建设的全民和集体所有制的房屋建设开发公司，按规定填报，报送所在地建设局、统计局，由地、州、市建委、统计局汇总分别报省建设厅、统计局；(2)上报时间，上半年半年报为了月10日前，年报为年后2月10日前上报。为做好1987年固定资产投资统计年报工作，省统计局提出如下要求：(1)各地、各部门要按照报表制度规定的口径和范围填报《基本建设》《更新改造》《全民所有制其他投资》《5万元以上零星建造》《城镇集体》《城镇私人建房》统计年报，如实反映情况；(2)从地、州、市级起，用微机进行超级汇兑，各地、州、市统计局的投资统计人员要负责年报的收集和审核；(3)地区和部门统计人员对各县(市、区)和基层单位上报的基层标准表，要采取分批送审或集中交叉审核的办法，把差错消灭在基层：(4)年报资料经省统计局审核无误后，要及时向各地区反馈，以满足当地党政领导的需要；(5)省统计局对各地、州、市统计局和省级各部门1987年固定资产投资统计工作进行评比：(6)1987年定期报表制度规定财务拨款额统计表上报时间为错月上报，从1987年年报和1988年定期报表起改为投资额统计报表同期上报。

根据国家统计局的规定，对1987年《基本建设》《更新改造》《全民所有制其他投资》《城镇集体所有制固定资产投资》四套年报仍采用计算机分级汇总。即地、州、市、(市、区)属项目，由地、州、市统计局按统一程序实行微机汇总，向省统计局报送基层数据库、综合数据库软盘和有关资料，同时报送《建设项目基本情况表》；省属以上项目，凡有微机的厅、局和中央驻省有关单位，应尽可能采用微机汇总，向省统计局报送数据库 软盘，不具备微机处理数据的单位，将所属建设项目基层标准表审核无误后装订成册，送省统计局统一处理。微机汇总用的基层标准表式，按《基本建设》《更新改造》《城镇集体》分绿、黑、红三种颜色分别印刷，分别填报。《全民所有制其他投资表》采用《更新改造》标准表式进行填报、录制。对《基本建设》《更新改造》《城镇集体固定资产投资》三项年报，省统计局根据1986年的综合表式，设计了《基本建设投资表》《更新改造投资表》《城镇集体所有制固定资产投资表》一套综合报表，供各地参考执行。1987年固定资产投资统计年报，国家统计局取消了《本年施工的3000万元以上更新改造项目一览表》，增加《限额以上更新改造项目一览表》(限额的标准为："计划总投资5000万元以上的能源、交通、原材料工业项目""计划总投资3000万元以上的其他项目")。

1988年，国家统计局对1988年固定资产投资统计年报和1989年定期报表制度进行了部分修改。年报中基层标准表式的财务拨款和支出部分增加"本年财务支出"和"本年末结余资金"两个指标，资料来源取自会计报表。在《基本建设》和《更新改造》统计月报中增加"单纯建造生活设施"一个指标：为适应固定资产投资计划管理体制改革的需要，满足地方党政领导从国民生产总值、国民收入及整个国民经济综合平衡角度观察地区经济发展变化情况，1988年全省固定资产投资统计年报，除国防和铁路系统外，所有省级和中央驻省的建设单位，对改变投资报表报送渠道进行过渡。不论是《基本建设》《更新改造》，还是《全民所有制其他固定资产投资》季报表，要求报省统计局的同时，报送当地的地、州、市、县统计局。从1989年定期统计报表开始，改变报送渠道(即条块结合改为以块为主)，均由地、州、市统计局，按项目所在地区汇总报省统计局。在当前新旧管理体制交替的过程中，为兼顾新的管理部门分组，国家统计局对管理系统进行了修订，拟订了1988年年报管理系统目录。

1988年1月8日，省统计局拟发了《关于报送购买商品房统计报表的通知》，要求各地、州、市、县统计局，省级各厅、局，中央驻省有关单位，严格按国务院〔1986〕74号文件执行。不论是全民所有制单位还是集体所有制单位，凡购买的商品房或其他商品建筑，都必须纳入各自的投资计划规模的规定，以及国家计委、建设部、国家统计局"将购买的商品房，分别列入基本建设、更新改造或5万元以下零星购置统计报表"的规定。2月10日，贵州省统计局根据国家统计局的规定，制发了《1988

年固定资产投资统计电讯快报代码的通知》。要求各地区、各部门在报全民所有制单位基本建设、更新改造、城镇集体所有制快报时，要按《固定资产投资统计报表制度（综合表）》规定的时间上报。在报送基本建设月报时，必须报送本月新开工项目名单及有关指标。为观察投资的效益情况，各地区、各部门本年施工的项目中，凡在月报目录中所列新增生产能力（或效益）的，必须按规定报送。月报没有新增生产能力(或效益)的，也要报施工规模。

1989年，固定资产投资统计主要是进一步完善和实施一系列改革的新制度和新规定。省统计局〔1988〕黔统固字174号文规定：1989年固定资产定期报表和年报，按“块块”渠道报送：大中型基本建设项目和限额以上更新改造项目季报，加报省统计局一份。3月14日，省统计局转发国家统计局《关于按月报送基本建设和更新改造当月新开工项目一览表的通知》，规定从报送3月份月报资料起，将现行制度中规定按月报送《基本建设本月新开工100万元以上项目一览表》，填报范围扩大到全部基本建设和更新改造项目。8月11日，省统计局、省计委联合转发国家统计局、国家计委《关于贯彻(国务院关于清理固定资产投资项目严格实行指标控制和考核的通知)有关统计指标、口径的若干规定》，要求各地区、各部门必须认真执行，加强统计监督、严肃统计纪律。国家统计局又补充规定：(1)在报送月报时，增加“自年初累计完成投资中考核规模的投资”。(2)合建项目应将各种资金完成的投资、新增固定资产、新增生产能力(或效益)等统计指标，填报一套基层表。1989年9月，全国召开固定资产投资统计会议，根据治理整顿、深化改革的方针和加强固定资产投资计划管理的要求，针对现行固定资产投资统计报表制度中存在的问题，进行了修订。在年报中取消了国务院归口部(管理系统)分组指标，将建设阶段分组中“以前年度全部停缓建指标”改为“全部停缓建指标”。删掉本年完成投资中不纳入基本建设计划考核的中小学投资、交通部门机车车辆船舶、飞机购置、其他未纳入基建计划的投资指标。将上年未结余资金调整为上年未结余现金、存款：将国家预算内拨款和国家预算内拨改贷两项指标合并为国家预算内资金，作为检查计划的指标。增加9项计划考核指标：(1)国外捐款及合建的外商投资；(2)合建项目中的其他所有制单位投资；(3)合建项目中列入其他计划的投资：(4)地方与中央合建项目中的中央投资；(5)中央与地方合建项目中的地方投资：(6)外省投资：(7)用征地拆迁费完成的投资：(8)用临时设施包干费完成的投资；(9)拆除重建原面积投资。在定期报表中，除增加上述9项计划考核指标外，在施工项目个数统计中增加“本月新开工项目个数”指标：在全民其他投资统计季报的宾栏增设“其中：地方”指标；将按管理系统分组改为按国民经济主要行业列示；将全民基本建设和更新改造投资完成额按资金来源分的两张表月报表，改为“财务拨款情况月报”表。从1989年年报起，企业、事业单位的2万—5万元零星固定资产投资不再纳入固定资产投资计划，年报也不再列入固定资产投资统计报表的范围，仍以不同方法收集资料，抄报国家统计局。从1990年定期报表开始，《基本建设》《更新改造》当月新开工项目一览表均填报总投资在50万元以上的项目。调整资金来源分组指标，将自筹资金中的省自筹、地市自筹和县自筹三项指标合并为“地方自筹”一项指标。省统计局根据上述现行统计报表制度的修订意见，结合贵州实际，又作了适当修改：《本年新开工项目统计一览表》的填报范围仍扩大到总投资额5万元以上新开工项目：为满足计算国民收入的需要，投资统计年报的范围仍保留《全民所有制单位零星固定资产投资统计表》；为正确反映资金来源，在投资统计报表中仍保留自筹资金中的省自筹、地市自筹、县自筹三个指标。11月20日，省统计局确定赫章县为全省五个固定资产投资统计工作联系县之一。联系县的工作任务是：除按要求经常反映当地基本建设中的一些新情况、新问题外(另有调查提纲)，还要调查3—5户农民私人建房情况，调查要尽可能分散，代表性要强。

1990年，国家统计局为适应形势发展的需要和逐步改革统计制度方法的要求，对现行固定资产投资统计报表制度作了较大的修订。修订的原则：(1)治本与治标相结合，围绕统计制度方法改革的长远目标循序渐进：(2)适应治理整顿、改革开放的需要，认真抓好当前急需解决的统计制度方法问题；(3)根据提高统计数字质量的要求，改进调查方法和计算方法：(4)逐步理顺统计局内部各专业之间的关系，尽力消除重复统计的矛盾；(5)精简过时的、烦琐的统计报表和指标，尽力减轻基层负担。表式、指标和填表说明，基本维持1989年印发的报表制度，只是增减个别指标和报表。1.调整商品房屋建设统计方法。建立商品房屋建设统计制度，一律按全民所有制固定资产投资计划管理的规定，其统计方法由买房单位按购买房屋的实际支出计算完成投资额，改为由商品房并发公司按建设进度统计投资完成额，同时报送商品房屋的投资额、施工、竣工、销售建筑面积及销售额指标。具体要求：(1)综合范围为有资格(即经有关部门批准、下同)的商品房屋开发公司，为了出售而建造的全部商品房屋；(2)商品房屋建设投资，一律按全民所有制固定资产投资统计，与基建、更改和全民所有制其他固定资产投资并列：(3)统计年报综合表、基层表用1990年基本建设基层标准表式代替：(4)各地、州、市统计局按统一的微机程序汇总辖区内全部有资格的商品房屋开发公司的资料，报省统计局；(5)商品房屋建设投资统计年报填报与基本建设相同，暂列入其他行业，填报商品房屋、商品住宅、其他商品房三套表，其投资额只包括建造商品房屋及其他配套设施完成的工作量和实际发生的有关费用，不包括销售商品房屋加收的若干费用。商品房屋定期报表从1990年12月份开始执行，按国固定综10表和省统计局统一制定的代码填写于月后5日前报省统计局。2.修订固定资产投资统计年报基层标准表式。(1)在报表种类分组中增加“5、商品房屋”；(2)在本年完成投资按构成分组中，取消“4、商品房购置”指标，原“其他费用”序号改为“4”；(3)在表末补充资料中，取消“2、本年商品房购置面积”和“其中：住宅面积”，增加“5、商品房屋销售额”和“6、商品忘怀销售建筑面积”两个指标；(4)将补充资料中的“3、本年更新改造项目个数”改为“1、本年施工项目个数”，其中栏增加“本年新开工项目个数”；(5)补充资料中的“4、表列投资额外”项目下，增列“本年购置商品房屋实际支出额”和“其中：国家预算内资金”；(6)表末补充资料中，“1、本年竣工家属宿舍套数”改为“7、本年竣工家属宿舍套数”3．定期报表《基本建设投资统计月报》《更新改造投资统计月报》《全民所有制其他固定资产投资统计季报》《城镇集体所有制固定资产投资统计年报》四张表的补充资料中，取消“购买商品房投资”指标。4．在全民所有制单位零星固定资产年报报表中取消“商品房屋购置”、“本年商品房屋购置面积”和“其中：住宅面积”三个指标。5．修订《新增生产能力（或效益）目录和代码》，品种304种，比原目录的品种增加50种，从1990年开始执行。6.取消管理系统目录和代码，增加计划管理分类目录和代码。7.《更新改造投资月报》报送时间提前一天，地、州、市统计局由月后7日改为月后6日日，国防、铁路及、中央驻省单位由月后6日改为月后5日上报。8．将1990年12月份的月快报由1991年1月20日，提前到1月17日。各地、州、市统计局和省级各有关厅局，中央驻省各有关单位，向省统计局报送的时间，均提前到1991年1月15日前报送。9．为及时观察全省大中型项目的完成情况，从1991年起将《基本建设大中型建设项目》的报告期由季报改为月报，按现行报送渠道与基本建设月报同时报送。10．1990年《城镇和工矿区私人建房情况》年报(国固年综09表)，要求提前于1991年3月20日前上报，各地、州、市统计局于2月底前报省。11.列检查计划的9个指标中的“拆除重建原面积投资”指标，完善为“扩大规模拆除重建房屋原有面积投资额”指标。12．对“合建的外商投资及国外捐赠款”“合建项目中列入其他计划的投资”和“改造”五个业统计人员均在贵阳参加投资统计培训，学习投资统计基础知识、统计报表制度中的有关内容和投资统计分析等。

根据省统计局通知，自1993年4月份起，全民所有制单位固定资产投资月报(基本建设、更新改造)采用计算机远程传输方式报省局。

1995年固定资产投资定期统计报表制度，(1)将“固定资产投资统计基层标准表”(H101表)改为两张表，从H101表的报表种类中删除“房地产开发”内容，原表表名不变，表号改为H101—1表，增加利用外资情况的国别(地区)和投资数量内容。另设计一张“房地产开发统计基层标准表”(H101--2表)：相应修改“房地产开发投资完成情况”(H203表)，表名改为“房地产开发情况”，表号不变。根据上述变化，分别制定《固定资产投资统计报表制度》和《房地产开发统计报表制度》。(2)将“全部建成投产大中型项目报告制度”(H103表)项目直接报国家统计局改为由省统计局审核后转报国家统计局，指标内容精简。(3)将“固定资产投资完成情况”月、半年报(H201表)的填报范围扩大为：基本建设项目，更新改造企业事业单位、国有其他投资单位、城镇集体经济、联营经济、股份制经济、外商投资经济、港澳台投资经济和其他经济类型的固定资产投资单位。取消补充资料中的“商品房购置”指标。(4)在“固定资产投资资金来源情况”表(H202表)“利用外资”下增加两个其中项“外商直接投资”和“对外借款”，“其中：统借统还”为“对外借款”指标的其中项。(5)取消“国家重点项目直接报告制度项目建设进度标准表”季报(H204—2表)。

固定资产综合报表制度：(1)在“基本建设投资完成情况”月报(H401表)和“更新改造投资完成情况”月报(14402表)的“自年初累计完成投资”指标下增加“其中：国有单位”：在按国民经济行业分组的“电力、煤气及水的生产和供应业”下增加“其中：电力”，在“采掘业”的其中下增加：黑色金属矿采选业、有色金属矿采选业、木材及竹采运业。这两张表从1995年12月月报起执行。(2)取消“国有单位其他固定资产投资完成情况”月报(H403表)和“城镇集体固定资产投资完成情况”半年报（H405表），改设“其他投资完成情况”月、半年报(H403表)。综合范围为国有单位其他固定资产投资，不列入基建、更改计划的其他各种经济类型的投资和城镇集体固定资产投资。本表从1995年12月月报起执行。(3)根据其基层表H203表变动，相应地调整“房地产开发投资完成情况”月报(H404表)。本表从1995年12月月报起执行。(4)增加一张“国家重点建设项目一览表”月报(H405表)。本表从1995年12月月报起执行。(5)将“基本建设大中型项目和更新改造限额以上项目一览表”(H406表)中，基本建设大中型项目月报改为季报，更新改造限额以上的项目保持原来的季报不变。建设项目除按时向当地统计局报送外还应同时直接向省统计局报送。(6)将“新增生产能力(或工程效益)目录”进行个别调整：有总计项的能力代码留空码：部分复合能力在审核时脱钩。(7)为满足我省新国民经济核算的需要，1995年投资年报增加“国有单位2—5万元的零星固定资产投资统计表”。

1996年基层统计年报和1997年定期统计报表制度作下列修改：1．“固定资产投资统计基层标准表”(H101-1表)补充资料增加“1、本年500万元以上施工项目和其中：本年新开工”；“2、本年500万元以上投产项目个数”2．将“房地产开发统计基层标准”表(H101-2表)中“土地开发”指标的计量单位由“公顷”改为“平方米”：并对财务指标进行调整。3．“农村集体固定资产投资”表(黔H111表)在宾栏增加“本年完成投资按用途分：生产性建设、非生产性建设、住宅”三栏。

1996年综合统计年报和1997年定期统计报表制度作下列修改：1，在“基本建设投资完成情况月报”(H401表)和“其他固定资产投资完成情况”表(H403表)中增加“补充资料：(1)自年初累计完成投资中，计划总投资为500万元以上(含500万元，下同)的项目完成投资(万元)：(2)自年初累计施工项目个数中，计划总投资为500万元以上的项目个数；(3)自年初累计全投项目个数中，计划总投资为500万元以上的全投项目个数”。2．对“更新改造投资完成情况月报”(H402表)的补充资料指标进行调整。3．为使各项目一览表基本保持一致，便于相互检查和利用，对“基本建设大中型项目和限额以上更新改造项目一览表”(H406表)的指标进行了调整：将“本月新开工500万元以上项目一览表”(H407表)，并将月报改为半年报。

附：1996年固定资产投资统计年报报省一览表

H101-1表：固定资产投资统计基层标准表

H101-2表：房地产开发统计基层标准表

H黔111表：农村集体固定资产投资

省统计局、省计委、省经贸委、省建设厅、省财政厅联合转发国家统计局、国家计委、国家经贸委、建设部《关于修订固定资产投资新开工和竣工项目统计制度的通知》。从1997年1月1日起，凡是计划总投资在200万元以上的基本建设项目、更新改造项目(包括跨省区项目)，房地产建设项目及其他投资建设项目，均实行开工统计登记和竣工统计报告制度。200万元以下的建设项目可不进行登记，但仍应进行正常的投资统计。要求各建设单位在向当地计委办理投资许可证之前(更新改造项目建设单位，在接到各级经贸委经委下达的计划后)，必须到同级统计部门办理统计登记，填写新开工项目统计登记表相应建立投资统计制度，布置投资统计报表。各级建委(建设厅)在办理建设工程施工许可证手续之前，应验，证该工程否办理了统计登记（以加盖公章为准）。凡未办理统计登记手续的建设工程暂缓施工。还要求建设项目在全部建成投产或竣工后，必须按照国家计委制发的《关于印发建设项目(工程)竣工验收办法的通知》规定办理，统计部门参加验收会，并负责协助有关部门对各项固定资产投资统计资料予以核查，提出意见。建设单位要在建设项目全部建成投产并完成竣工验收后一个月内将主要验收资料报送统计部门登记备案，全部竣工项目在报送验收资料的同时填报竣工统计登记表。固定资产投资项目新开工登记表指标有：项目名称、建设地点、项目类别、隶属关系、建设性质、计划总投资、筹建阶段完成投资、建设规模(新增生产能力或效益)、设计工期、主要资金来源、可行性研究报告审批单位、批准文号、项目资本金等。固定资产投资项目竣工统计登记表指标有：项目名称、建设地点、项目种类、隶属关系、建设性质、计划总投资、累计完成投资、建成投产时间、主要资金来源、全部竣工时间、建设规模(新增生产能力或效益)等。

1998年省统计局在总结试点经验的基础上拟定了《贵州省固定资产投资进度统计抽样调查方案》。一是基层表：取消“固定资产投资完成一览表(原H102表)”年报。二是综合表：1.取消“基本建设规模及新增生产能力(原H301表)”“基本建设本年新增生产能力明细表(原H302表)”“更新改造建设规模及新增生产能力（原H303表）”“国有单位其他投资建设规模及新增生产能力(原H304表)”“国防、人防基本建设完成情况(原H308表)”5张年报表。2.用“国防、人防基本建设完成情况(原H409表)”12月份月报代替“国防、人防基本建设完成情况(原H308表)”年报。取消《外商及港澳台地区在华直接投资企业综合统计报表制度》，有关资料从有关部门取得。

第五章 科技、社会、环保统计

第一节 科技统计

科技统计起步较晚。1978年全区科技统计开始建立定期报表制度，统计内容和指标都比较简单，仅有全民所有制县以上自然科学独立科研机构数、专业技术人员数，自然科学非独立科研机构数、专业技术人员数4指标。

1979年—1984年．科技统计报表由国家科委制发，统计内容主要反映科技机构数和科技人员数等指标。

1986年，国家科委根据1985年全国科技普查资料，制定了一套科技统计年报制度，经国家统计局审批后实施：科技统计年报共有4套报表，即：县级政府部门所属的研究与开发机构年报表”“县级以上政府部门所属的研究与开发机构年报表”“集体、个体科技机构后改为民营科技企业年报表”“社会、人文科学研究与开发机构年报表”。省科技厅针对贵州具体情况，为加强科技宏观管理，还设计了一套“科技管理机构年报表”。以上报表从1986年开始执行，在实施过程中经过不断修改补充和完善，已形成一套适应社会主义市场经济与科技发展需要的统计指标体系。

科学研究与技术开发机构年报表的基本内容和主要指标有：1.机构概况(机构详细名称、所在地址、隶属关系、国民经济行业、所属学科领域、经济自主程度等)；2.人员（职工总数，其中行政管理人员、科技管理人员、课题活动人员、科技服务人员：按专业技术职务分的高、中、初级人数，按学位文化程度分的博士、硕士、研究生、大学，大专、中专、其他人数）；3.经常费收入。（政府拨款、投向技术性收入、非技术性收入、银行贷款、其他）；4经常费支出（劳务费、固定资产、购建支出、利研业务费、管理费、归还贷款支出、转入建行自筹基建资金、社会赞助与摊派、其他支出）；5．课题情况（课题类型、课题数、推广和应用课题数、投入课题经费、课题组人员数）；6．技术转让情况(技术转让受让方类型、技术转让成交金额)；7．科技著述(按自然科学、工程科学、医学科学、农业科学分的科学论文数、科技著作数、科技成果获奖数）；8．基本建设投资及完成情况（基本建设计划投资额、基建投资实际完成额）。

1989年，省科委适应改革需要，结合贵州省情，制定了四套科技统计年报表，经省统计局批准并在安顺、毕节两地区试填取得经验后布置全省实施。这套表的基本内容、表种及主要指标列表如下：

贵州省科学研究与技术开发机构年报表

表　种	主要指标
表1—1人员概况	职工总数、其中专业技术干部、从事课题活动人员数、其中从事研究与发展人员数
表1—2从事研究与发展人员按技术职称（务）、年龄分类	
表1—3从事研究与发展人员按学位和学历分类	学位：博士、硕士、学士、其他学历：研究生、大学、大专、中专、其他
表2经费收支表	经费收入总计，其中科研经费收入、科研经费来源、经费支出总计、其中科研经费支出、科研经费支出类别
表3课题情况按课题类型分类	课题类型、课题数、其中当年开题、其中当年完成、投入课题经费、课题组折合全时人数（人年）
表4科学著作	基础医学科学论文数、科技著作数、临床医学科学论文、科技著作数、中医学科学论文数、科技著作数、药学科学论文数、科技著作数
表5获奖成果情况	按基础医学、临床医学、公共卫生与预防医学、中医学、药学、军事医学与特种医学分组的获奖成果项数，其中国家级奖励、部级奖励、省级奖励、地（市）级奖励项数
表6非独立科研机构基本情况	机构名称、职工总数、其中科研人员数，年经费总收入，其中科研经费收入，年经费总支出，其中科研经费支出，科研课题数

贵州省农村科学技术统计年报表

表种	主要指标
表1贵州省农村科技服务推广机构人员情况	机构数、职工总数、其中专业技术人员数
表2贵州省农村科技服务推广机构经费情况	机构数、经济收入合计、政府拨款、技术性收入、非技术性收入、经费支出合计、劳务费、仪器设备购置费、科研业务费
表3贵州省农村科技服务推广机构工作条件概况	机构数、办公面积（平方米）、宿舍面积、实验用地面积、复印机、照相机、打字机、机动车辆
表4贵州省农村科技承包情况	承包项数、参加承包人员合计、其中科技人员、预计经济效益（万元）、承包收入（万元）
表5贵州省农村科技示范户情况	户数、人口、劳动力、全年总收入（万元）、带动户数
表6贵州星火技术人才培训情况	培训期数、培训总人次、其中种植业、养殖业、传统工艺产品、矿产开采与加工、机具制造与使用、综合开发技术等
表7贵州农民技术职称评定情况	技师、助理技师、技术员、助理技术员

贵州省企业技术开发统计年报表

表种	主要指标
表1机构概况	机构详细名称、上报主要单位类型、机构服务的国民经济行业、机构学科领域、机构科研方向和任务
表2—1人员概况	职工总数，按从事科技活动性质分科技管理人员数、课题活动人员数、科技服务人员数；按技术职务分：高、中、初、其他级人员数；按文化程度分研究生、大学生、大专、中专、其他人员数
表2—2人员流动情况	流出人员合计（其中：高级职务、中级职务）、流向省外人员数、流向本省人员数
表2—3人员专业技术培训情况	受训职工总数，其中专业技术干部、培训费
表2—4内部机构及人员情况	内部机构名称、职工总数、其中管理人员
表3—1经常费收入情况	政府拨款收入、横向技术性收入、非技术性收入、银行贷款

续表

表种	主要指标
表3—2经常费支出情况	劳务费、固定资产购建支出、科研业务费、管理费、税金、能源交通基金、上级提成、社会赞助与摊派等
表4—1 固定资产情况	固定资产原值总额，其中房屋和建筑物、专用设备、图书资料
表4—2科研仪器设备	科研仪器设备合计（台、套、千元）、其中电子计算机、其中自费购置
表4—3机动车辆	机动车（小汽车、大客车、货车）数量（台）、发动机功率（千瓦）、载重量（吨）
表5课题基本情况	
表5—1按课题来源分类	上级下达（国家、省部、其他）课题数、横向委托（全民大中型企业、科研机构、高等院校……）课题数、本机构自立课题数、投入经费数、投入人员
表5—2按课题类型分类	基础研究课题数、应用研究课题数、试验研究课题数、科技服务课题数、经费内部支出、课题组折合全时人数（人年）
表5—3课题综合情况	课题名称、课题属性、课题周期、课题组折合全时人数（人年）、当年实收经费、经费内部支出合计
表6科技成果综合情况	复写成果（项）合计、推广应用成果（项）、科学理论成果（项）、鉴定成果水平（项）合计、国际首例（项）、国际先进（项）、国内首例（项）、国内先进（项）、获奖成果情况（项）合计、国家级奖（项）、部级奖（项）、省级奖（项）、地区级奖（项）、厅局级奖（项）、其他奖（项）、推广应用成果效益（万元）、其中新增产值（万元）、其中新增利税（万元）
表7机构改革情况	
表7—1改革与管理情况	实行所长负责制、实行所长任期目标责任制、实行科研承包责任制、实行课题承包责任制等
表7—2科研生产联合体情况	联合体名称、职工人数、其中科技人员、经济效益（千元）（年产值、利税）
表7—3科技承包情况	按行业分承包项数、参加承包科技人员数、预计新增产值（千元）、预计新增利税（千元）、承包收入（千元）
表8科技著述	
表8—1科技论文	自然科学论文数、工程科学与技术论文数、医学科学论文数、农业科学论文数、社会、人文科学论文数、在国外及港澳台发表论文数
表8—2科技著作	按学科领域分的科技著作数（种）、其中译成外文（种）、其中用作大专院校教科书（种）、其中科普著作（种）

贵州省医疗卫生系统科学研究与技术开始统计年报表

表　种	主要指标
表1企业概况表	企业详细名称、企业所属行业、企业等级、企业经济类型、企业隶属关系
	全部职工年末人数、全年工业总产值、产品销售收入总计、生产设备原值、全年实现利税总额、技术开发项目数、专利申请数、获科技成果奖数
表3新产品情况	新产品产值、新产品销售收入、新产品实现利税、本年实现的机关报产品开发项目数、本年正式投产的新产品品种数
表4企业从事技术开发工作人员构成情况	总计、1.高级职务、2.中级职务、3.初级职务、4.未定职务、5.其他。总计中：1.工程技术人员、2.管理人员、3.工人、4.其他
表5企业技术开发经费总额	上年经费结转、本年筹集额、本年经费支出总额、总额中：开始新产品用款、横向联合技术开发经费南出额、本年节余
表6企业技术改造项目情况	项目名称、项目来源、技术经济目标、开始时间、投产时间、经费筹集、经费支出、改造后测定经济效益（增收总额、新增产值、新增利税、创汇、节汇）
表7企业技术开发项目情况	开发项目名称、项目实施单位、项目来源、项目技术类别、起始开发时间、鉴定时间、鉴定级别、成果水平、投入生产（使用）时间、经费支出、技术转让实际成交额

1990年以后，根据科技管理工作的需要，科技统计年报在原有基础上又增加了国家级计划项目的统计，主要有“攀登计划”“863计划”“攻关计划”“火炬计划”“星火计划”“成果推广—实施计划”等项目统计。

1995年大中型工业企业科技统计表制度执行工业普查方案。增加一张“大中型建筑企业科技活动情况”（C107表）。

第二节　人口统计

中华人民共和国成立后，在1953年第一次全国人口普查的基础上，根据中央人民政府内务部1954年10月发布的《户口登记暂行办法草案》和《户口变动统计表》，贵州省开始实行人口统计年报制度。这项工作由统计部门配合，民政部门主管，民政部门与公安部门共同进行。根据分工，民政部门负责农村人口统计，公安部门负责城镇人口统计。填报的表种有《变动情况统计表》和《城镇人口及乡村人口统计表》两种，指标分户数、人口数、城镇人口、乡村人口、性别及出生、死亡、迁入、迁出9项。调查统计方法，主要是从户口簿上直接过录统计，事先基本没有核实户口。工作程序为：年末，由城市公安派出所和乡镇人民政府人口登记统计员按上级布置的表式和要求，对全辖区人口数进行统计并上报县公安局，县公安局审查核实汇总上报省公安厅，同时报专公安处和专统计部门。

1956年1月，为了统一全国城乡户口管理和入口统计工作，国务院决定将各级民政部门管理农村户口登记和人口统计工作移交公安部门。毕节专署的移交工作于1956年?月?日办理完毕。至此，全区人口统计年报和户口管理，统一由专公安处负责，基本确立了以户口登记为基础的经常性人口统计制度。1957年，人口统计报表增加到7种，1958年为11种，其中，《人口变动情况统计表》《人口死亡原因统计表》《城市人口统计表》(未执行)、《县城镇人口统计表》《城市人口迁移状况统计表》（未执行）还增列为半年报和季报。1964年，经过精简报表，仅保留《人口变动情况统计表》《市人口统计表》(未执行)、《镇人口统计表》3种表。

“文化大革命”期间，人口统计工作一度停止。1971年毕节专区开始恢复人口定期统计，填报的仍为上述3种表。

在调查方法上，公安部门长期坚持“先核实后统计”的调查统计方法。1974年进行人口统计年报时，执行省公安厅的通知，要求“在统计前，有派出所的城镇民警下段依靠群众，组织居民委员会、治保委员，深入居民组、院落、居民户进行核对：农村公社以生产队为单位进行核对；厂矿和企、事业单位，由县公安局或派出所直接领导进行核对。既要核对总人口，又要核准四项变动数字，上述数字核实后再作统计。

不许把去年的总人口作为基数，加上四项变动数字作为今年的总人口上报，也不许把今年秋收分配或发布票的人数，作年终人口统计上报”。其后，把这种调查统计方法作为原则坚持下来。

1978年以后，人口统计工作逐步恢复正常。到1990年末，人口统计年报执行的有6个表种：《人口及其变动情况统计表》《市人口及其变动情况统计表》(未执行)《非农业人口增减变动情况统计表》《集镇自理口粮常住人员统计表》《未落常住户口人员统计表》《县辖镇人口及其变动情况统计表》，指标增加到55个。

第三节　劳动工资统计

1950年下半年，全区执行中央人民政府劳动部特劳护字202号通令颁布的《全国公私营厂矿伤亡报告办法》。1952年1月1日起，区内的工业、交通、建筑业及其他企业单位，一律执行由政务院统一颁发的《工厂矿厂及其他企业职工伤亡事故报告办法（草案）》，首次建立职工伤亡事故月报制度，同时废止《全国公私营厂矿职工伤亡报告办法》。职工伤亡事故月报两张表：一表为《工业交通及建筑企业职工重大伤亡事故调查报告书》：二表为《工业交通及建筑企业职工伤亡月报表》。两表报送时间为月后10日内，主送当地劳动行政机关、企业主管机关和工会。统计指标主要有业别、主要产品及业务、经营性质、直接领导机关、职工人数、平均出勤职工人数、重伤人数、轻伤人数、死亡人数、负伤职工歇工日数、伤亡事故财物损失、事故次数等。

1953年，仍未制定统一的劳动工资统计报表制度。而是由各业务主管部门根据本部门需要，制定本系统的劳动工资统计制度。这些报表在指标设置、人员分类、计算方法等方面均不统一，统计范围也不全面。1954年，省统计局发出《关于劳动计划中各类人员分类问题》的文件，对工程技术人员、职员作了明确定义，使人员分类中口径不一致的问题得到解决。

1956年，专、县统计部门和业务主管部门开始贯彻执行1955年经国务院批准国家统计局颁布的《关于工资总额组成的暂行规定》和国家统计局拟订韵国民经济各部门劳动工资分类目录，工程技术人员、行政管理人员职务分类目录，以及工人工种分类目录等，为执行统一的劳动工资统计方法制度打下了基础。1956年上半年，全区执行国家统计局统一制发的《职工人数、工资总额及平均工资报告表的标准格式》，同时各业务主管部门开始对未填报劳动工资报表的单位进行清查。

1957年，全区执行的劳动工资综合年报、半年报共2种正表、1种附表，计6个主要指标。《国民经济各部门职工人数与工资(半年报、年报)表》：设年末实有在册职工人数(分列其中固定职工、女性)、平均人数、工资总额、平均工资等指标。按国民经济9大部门(工业部门、农林水气部门、基本建设部门、交通运输及邮电部门、商业公共饮食业及物资技术供应部门、文教卫生及科研部门、银行及保险部门、公用事业、国家机关党派及社会团体，下同)和30个小部门分组。在各部门下根据不同情况，按经济类型（分国营、地方国营、公私合营及合作社营)分组。另附补充资料，即：未包括在本表中的工资总额，其中国家机关、党派及社会团体临时职工工资总额、文教卫生科研部门临时职工工资总额、稿费、讲课费及专门工作报酬、基本建设部门军工、民工的平均数、工资总额等。《个体、私营及合作化组织从业人员数（半年报、年报）表》：设期末从业人数、其中职工人数指标，按个体、私营工业、手工业合作社、建筑业合作社、运输业合作社、私营商业、合作商店(小组)、私营饮食业、合作饭店(小组)、私营服务业、服务业合作社、民办学校、民间职工剧团、联合医院诊所等分组。附表《下放人员情况综合年报表》：主要指标有：(1)下放至农业、手工业等生产合作组织的人员，其中下放前是工人者：(2)下放至下级及基层单位的人员，报告期实有人数、其中由本单位支付工资的人员：(3)本单位内部下放的人员，报告期实有人数、平均人数、工资总额，按中央企业、地方企业分组。

为便于研究解决下放人员的问题， 1957年12月，根据省统计局转发国家统计局颁发的《关于下放人员统计方法的暂行规定》，将《下放人员情况》附表，作为各行各业1957年劳动工资统计年报和1958年定期报表的组成部分，按1957年各专业劳动工资年报的布置程序，下达所属基层单位执行。1957年底，传达贯彻国家统计局召开的全国第一届劳动工资，统计会议精神，结合各级党政领导对劳动工资统计提出的新要求，讨论如何改进与加强劳动工资统计工作，并对1958年的劳动工资统计任务与开展劳保福利、新增人员工资、结合部门人员工资进行一次性调查。

1958年，进入“大跃进”时期，随着职工人数的增加，劳动工资统计报表比1957年增加了《工人培训情况》《企业劳保福利收支情况》《基层接收下放人员情况》等综合年报。省统计局除颁发贵州省1958年劳动工资综合半年报(《职工人数与工资综合统计表》《个体、私营及合作化组织从业人员数》)于上半年开始执行外，还结合本省实际，于1958年3月制定了《贵州省培训统计报表实施办法》及《新工人培训情况》和《提高工人熟练程度的培训情况》两个年报表。主要指标有工人技术学校培训人员数、中等专业学校培训人员数、业余高等学校及业余中等专业学校培训人员数等6个指标。同年12月，按照省统计局快速调查提纲要求，完成1958年公报所需劳动工资及文教卫生统计数据整理。其内容有：(1)1958年全部劳动者人数，其中全民所有制的职工现有人数。1958年劳动工资年报劳动者总数比上年增加数及增加来源中(由城市招收的人数和由农村招收的人数)；(2)农村人民公社现有劳动者总数，其中经常从事工业生产的人员数，经常从事农业劳动的人数；(3)有关文教、卫生调查资料。

1959年，省统计局根据国家统计局的指示，对现行劳动工资月、季报的统计范围作如下补充和修订，自7月份起实行：1.统劳月第1号表的统计范围扩大到国民经济九大部门的全民所有制企业、事业及机关，包括下放至农村人民公社的全民所有制企业、事业及公社中由国家支付工资的干部。在指标上除取消自营建设单位的劳动生产率外，其他均按原规定不变。补充修改后的统劳月1号表分两张表：一张为《职工人数月快报》，一张为《劳动工资生产率。月快报》。 2. 统劳月第2号表、统劳季第1号表及统劳季第2号表原包括的部门不变，但需扩大到下放到农村人民公社的全民所有制企业。季报甲栏分类中原列的“其中：县属企业”，修改为“其中：县及县以下”，其他分组和指标均按原规定不变。

1959年9月，为掌握当年在整顿劳动组织、精简职工的进展速度，以及被精简职工的去向安排情况，根据省计委、省劳，动局、省统计局的布置，填报《职工人数增减变动情况综合报表》。

1960年，劳动工资定期统计工作在1959年的基础上得到进一步加强和改进。省统计局根据国家统计局要求，对1960年劳动工资定期报表作如下精减，从6月份起执行：一、按劳动生产率增减程序分组的企业单位数月快报，改由贵阳、桐梓、镇远、普定4个重点市、县填报，各专、州不再汇总：二、统劳季1—7号7个综合季报全部改为半年报，各表指标统计范围不变。但对原统劳季1号表《职工人数与工资》、第2号表《新参加工作的职工人数与工资》、第3号表《工业与基本建设单位职工劳动生产率》、第6号表《劳保福利与奖励费用》、第7号表《职工人数增减情况》中的部分指标及报送单位作了修订：三、将个体、私营、合作化组织及城市街道办企业、事业劳动者人数综合半年报中的城市街道民办企业、事业劳动者期末人数、改为城市公社办街道办企业、事业劳动者期末人数：(4)新工人培训情况结合统计年报停止执行、，改由劳动部门负责搜集：(七)将原规定直接报送国家统计局及省统计局报表的重点市（县），由15个缩减为4个，即贵阳、桐梓、普定、镇远。8月，根据省统计局通知，建立“支援农业劳动力统计”及“民工统计”月于制度。

1960年劳动工资统计年报，按照国家统计局要求，坚决贯彻中央关于大力精简报表，以深入实际、深入群众的调查研究为主，以必要的统计报表为辅的指示精神，凡是不需要进行年报统计或全面统计的表种、指标与分组一律加以简化或削减，以保证按时、按质、按量取得反映劳动工资基本情况最必需的系统的统计资料。根据上述要求，确定1960年劳动工资统计年报的具体做法是：“一保、二统、三结合”。“一保”是保证重点，年报要求以职工人数和劳动力统计为重点，并掌握必需的工资福利基本情况的资料。“二统”是统一制定基层报表，统一由各级统计部门综合报送分主管系统的统计资料。“三结合”是全面统计、重点统计与典型调查相结合。1960年劳动工资统计综合年报共13种表，有：工业与城市公用事业部门、基本建设部门、交通运输与邮电部门、农林水气部门、商业文教部门及国家机关的职工人数与工资等5种年报表：还有《按主管系统分列的职工年末人数》《职工人数增减情况》《国民经济各部门新老职工工资》《工业企业与施工单位劳动生产率》《主要产品实物劳动生产率》《各部门附属非独立核算工业企业的职工人数》《劳动力资源与分配》等7张年报表。原制发的《国民经济各部门职工人数与工资表》改名为《国民经济各部门职工人数、工资与集体福利表》，增加了集体福利费用总额指标和集体福利费用总额中用于购置设备和基建的费用及各部门全年实支一次性奖金（分列其中工业部门）。由于对手工业和资本主义工商业的社会主义改造及下放干部任务的完成，取消了《个体、私营及合作化组织从业人员数》及附表《下放人员情况综合年报表》。为了适应全省技术革命竞赛评比的需要，省统计局和省教联联合制发了《职工业余教育定期综合统计表》，分季报和年报两种。1960年12月，省统计局就当年劳动工资的人员如何进行统计的问题，对统劳年第10号表第二部分《农村人民公社劳动的分配情况表》所包括的范围，以及对统劳年第2号表附表《工业企业多种经营和综合利用占用劳动力情况》的修改均作了详细的补充规定。

1961年，开始贯彻执行国民经济“调整、巩固、充实、提高”的八字方针，减少城镇人口、精简职工及调整职工工资，统计部门精简了一些脱离实际或不需要全面定期观察的劳动工资统计指标；同时为适应劳动工资管理的要求，省统计局又补充了某些报表和缺口指标。

6月，省统计局根据国家统计局《关于修改劳动工资定期报表的通知》精神，对1961年劳动工资定期统计报表作了如下精简和补充，精简部分：统劳综1号表《劳动综合统计月快报》，取消运输与邮电部门项下的“其中：邮电”，取消第四项“本月各部门抽调支援新建工业企业的人数”及第(三)项下的“其中：水利建设施工的民工数”：统劳综2号表《劳动力资源与分配表》，取消表一中的社办林、牧、副、渔业4个指标。补充部分：在劳动月快报“工业部门”项下增列“黑色金属工业”等8个部门；在劳动月快报“基建月末人数”项下增列“建筑机构及生产准备人员”：在“建筑施工单位月末人数”项下增列“其中：地方企业”，并在地方企业中列出“冶金部系统”“煤炭部系统”“建筑工程部系统”3个分组；在劳动月快报中增加第四项“现有职工中带工资精简下放的人数”：为反映手工业的恢复与发展情况，新增加“统劳综7号表”按季报送；恢复劳动生产率综合月报，各部门、地区除报送月快报外，还应报送半年报和全年分主要工业部门的年度资料：为满足业务管理的需要，在统劳综3号表“按主管部门分的职工人数”中，冶金部系统的“黑色金属工业”项下增列“其中：黑色金属矿开采”和黑色金属工业中“小洋群”“小土群”两个分组。

为掌握1961年各地减少城镇人口的情况和问题，提供给领导研究与参考，国家统计局制发了《减少城镇人口简要报表》，于9月、12月两个月用电报报出。9月，国家统计局根据形势发展和领导的需要，为反映国民经济以农业为基础，按农、轻、重的次序安排生产、缩短重工业战线，精简职工和减少城镇人口等各项方针政策的贯彻执行情况，并考虑整理资料的便利，对《1961年劳动工资定期报表》内容又作了适当调整。精简部分：取消《按主管系统分的职工人数》和《职工人数增减情况》年报：简化固定职工平均人数与工资指标和《农村公社与城市公社劳动力分配综合报表》；对“带工资下放农村公社的人员”仅列总数。调整部分：增加“1958年以来来自农村的职工人数”和“计件工人年末人数”指标：增加《个体饮食业年末人数》和《工业、建筑施工单位劳动生产率》报表：缩小重点县的统计范围。

1961年12月，省统计局转发国家统计局《关于加强县级统计部门劳动工资统计的意见》，着重指出：(1)积极完成全国统一规定的和地方党政交办的各项劳动工资调查统计任务，系统搜集整理劳动工资方面的历史资料；(2)坚决贯彻执行全国统一规定的和上级部门补充的劳动工资统计的计算范围、分类和计算方法，严格做到如实反映情况，不随风倒，不依任何人的主观意志编造数字，揭发弄虚作假和浮夸隐瞒的不良现象，坚持统计纪律，正确发挥统计的监督作用；(3)积极开展调查工作，深入实际、深入群众，了解劳动工资中的重大问题，经常向党政领导和上级统计部门反映劳动工资统计中的情况和存在的问题，尽可能地提出改进措施；(4)加强劳动工资统计报表有管理工作，继续同滥发报表，不遵守报表管理制度等不良倾向作斗争；(5)加强对各主管部门、各基层企业、各人民公社的劳动工资统计的组织领导和业务指导；(6)培训基层劳动工资统计干部，努力提高劳动工资领导干部的政策水平和业务水平。该文件的贯彻对全区劳动工资统计的网络建设和业务建设起到促进作用。

1962年1月，省统计局根据国家统计局《关于1962年劳动工资定期报表的通知》，结合党政领导及有关部门的需要，制定了全省1962年劳动工资定期报表制度。有月快报2个；季报1个；半年报4个。如表：

1962年劳动工资定期报表

表　号	表　名
统劳综1号表	职工人数与工资综合月快报
统劳综2号表	工业企业与施工单位劳动生产率综合月快报
统劳综3号表	国民经济各部门职工人数与工资综合季报
统劳综4号表	城乡劳动力资源与分配综合半年报
统劳综5号表	农村人民公社劳动力资源与分配综合半年报
统劳综6号表	工业企业与施工单位劳动生产率综合半年报
统劳综7号表	主要产品实物劳动生产率综合半年报

1962年，劳动工资统计年报共有9个表种（统劳年第1—9号表），其内容和指标与定期报表基本相同，与1961年劳动工资统计年报相比，表种数量相等，表种名称除统劳年第8号表《城乡集体所有制劳动者及个体劳动者按部门分的年末人数》与1961年的劳年第4号表《手工业劳动者年末人数》有所不同外，其余各表名称完全一致。

1962年由？等县填报的劳动工资综合统计年报有：

1962年劳动工资综合统计年报表

表号	表 名
重统劳年第1号表	工业与施工单位按人员类别分的年末人数
重统劳年第2号表	职工工资总额构成
重统劳年第3号表	各部门的劳保福利费用与精减职工的安置费用
重统劳年第4号表	工业企业职工住宅及附属文教福利设施情况

1963年，省统计局根据国家统计局〔62〕统常劳字第99号文件，拟订了贵州省1963年劳动工资定期统计报表制度。制度包括月快报2个，半年报4个，报表内容和指标与1962年的定期报表相同，只是将统劳动第3号表《国民经济各部门的职工人数与工资综合季报》改为综合报，工作量有所减少。

为掌握部分重点统计资料，全省确定17个重点县（市），毕节专区有？县，填报的劳动工资定期综合报表有：

1963年劳动工资定期综合报表

表号	表名
重统劳第1号表	职工人数与工资（综合月报）
重统劳第2号表	工业企业与施工单位劳动生产率（综合月报）
重统劳第3号表	工人工时利用情况（综合月报）
重统劳第4号表	职工工资总额构成（综合半年报）
重统劳第5号表	各部门劳保福利费用（综合半年报）
重统劳第6号表	城乡集体所有制及个体劳动者按部门分的人数（综合半年报）

同时还规定凡中央及省找业企业和基建单位，应按月、季、半年将1963年的定期统计报表直接报省统计局一份。

1963年劳动工资统计年报，基本按上年国务院批准的1962年劳动工资统计年报内容执行，并在原有基础上根据当时经济形势和计划工作的需要，做了必要的调整，精简了过时的表种和指标，增加了所必需的一些表种和指标。综合年报的调整内容：取消的表种有《按领导关系与工业部门分的工业企业单位数和年末人数》《国民经济各部门1957年底以前参加工作的职工工资》《部分高产县农村人民公社劳动力资源与分配一览表》；增加的表种有《各部门的工程技术人员情况》《各部门的农(林)业技术人员情况》《职工工资总额构成》《职工人数与工资一览表》。关于工业部门分类由45个分组增加到90个分组。基层年报的调整内容：增加《工程技术人员与农(林)技术人员统计年报》，扩大《职工工资总额构成》填报范围。重点市、县的年报资料直接报省统计局一份。

1963年9月，根据贵州省委精简办公室的布置，由统计部门对全区精减职工、减少城镇人口、吃商品粮人口和处理老弱病残职工进行统计。同年，国家统计局下达的《关于列为编外的老弱病残职工和另列编制的干部的统计方法》在毕节施行。

1964年，全省劳动工资定期统计报表制度根据“基本不动、个别调整”的原则，在1963年表式的基础上从当时经济形势和计划工作的需要出发，作了一些必要的调整后制定的。劳动工资综合月(快)报的调整内容：(1)在国定69表中，增加全部职工月末人数、临时(合同)职工月末人数、平均人数、工资总额指标，在“施工单位”分组和“职工增减情况”指标下，增列“其中地方”的分组，并对“减少职工的去向”等指标作了简化：(2)将国定70表《工业企业与施工单位劳动生产率综合月快报》指标及重点市填报的《施工单位工时利用情况月报》指标，纳入基本建设施工统计综合报表中，基层表式内容与计算方法均按原规定执行。劳动工资综合半年报的调查内容：(1)增加《职工工资总额构成》表和《中央、省、市、专、州、市、县级职工人数与工资一览表》，由省级各厅局和各专、州、市、县统计局填报；(2)取消国定75表《施工单位劳动生产率》综合半年报，由基本建设施工统计另行布置：(3)为了与工业生产统计资料配套，对国定72表。《工业部门职工人数与工资》与国定74表《工业企业劳动生产率》两表的主管工作部门分类，由原来的43类增加为60类。为减轻综合工作量，将国定72表的指标加以简化，即按工业细部门各项分组，只要求填列企业单位数；全部职工期末人数、其中工人数、全部职工平均人数、工资总额5项指·标。劳动工资基层报表的调整内容：根据综合表和一些主管部门的要求，对基层表指标与分类作个别调整。在《职工人数增减情况统计月报》补充资料中，增加本期新增职工人数中安置到农、林、牧场的职工数：已恢复政治权利的刑满就业人员数。“职工工资总额构成统计季报”由重点市、县的全民所有制单位填报，扩大到全省全部全民所有制单位填报。

1964年劳动工资统计年报，根据国家统计局关于修订报表的说明及掌握原则，作了较大的精简，综合工作量比上年减少39%。专统计局填报的年报，主要有以下精简和调整：1．精简1963年年报中的统管年85表《各部门的工程技术人员情况》、统管年86表《各部门的农(林)业技术人员情况》及国年125表《各部门附属农副业生产人员年末人数》三张表。2．简化以下报表的分组与指标：(1)取消国年111表中“精简安置费用”指标，将国年120表《职工人数增减情况》表由统计全部职工改为只统计固定职工，对临时工仅观察年末人数中从农村招收的人数：(2)取消国年112表中“非独立核算工业生产单位的人数”按90个工业部门的分组，只统计一个总数，同时取消表中的关闭与停产企业单位数及关停企业留守人员指标：(3)对国年116表农业部门下的各种事业站的分组进行简化，仅列出农牧场、水产养殖场等3项分组，同时简化农牧场按领导关系的细分组；(4)为取消除表与表之间相同指标的重复，取消国年126表《城乡劳动力资源与分配》表中的“社会劳动者”下按职工、集体所有制劳动者、个体劳动者的各项分组，简化该表宾栏“其中：城市和乡村”的分组；(5)简化统管年87表《职工工资总额构成》中的超额奖、质量奖、夜班津贴等7个分组项目。

表 名	主要指标	分 组	附补充资料
1.劳动工资基层单位一览表	全部职工年末人数（按固定职工、合同制职工、其他职工分列）、平均人数、工资总额（其中各种奖金）、全部职工平均工资等		
2全民所有制单位全部职工工资总额构成情况	年平均人数（其中衽计件工资人数）、工资总额（其中计时工资、基础工资、职务工资、计件工资、各种奖金、津贴）其他等	按隶属关系和十二大国民经济行业分组	全年工资总额中，因调整工资职工补发的上年工资；未包括在工资总额中发给个人的猪肉等价格补贴、其他劳动报酬等

续表

表 名	主要指标	分 组	附补充资料
3.全民所有制单位全部职工劳保福利费用构成情况	年全劳保福利费用总额、退职退休离休费、职工死亡丧葬费、抚恤费、医疗卫生费、职工生活困难补助、集体福利事业补贴费、其他等	按十二大国民经济行业分组	由企业、事业、机关自筹经费开动的职工福利设施基建费用
4.各种合营、华侨或港澳工商业者经营和外资经营单位职工人数、工资和劳保福利服务费	全民与集体合营单位中，乡（社）劳动者参加劳动的单位数、全部职工年末人数（其中固定职工、合同职工）平均人数、工资总额（其中奖金和计件超额工资）、劳保福利费用等	按经济类型和国民经济行业分组	年末人数、平均人数、工资总额；未包括在全年工资总额中发给个人的猪肉等价格补贴；各种合营、华侨或港澳工商业者经营和外资经营单位截至年末退休离休退职人数、退休离休退职费等
5.各种合营、华侨或港澳工商业者经营和外资经营工业企业职工人数	单位数、全部职工年末人数等	按经济类型和工业部门分组	
6.城镇集体所有制单位全部职工增加来源和减少去向变动情况	本年新增职工人九、由外省、自治区、直辖市调入人数；本年减少职工人数、调到外省、自治区、直辖市人数	按增加来源分列；按减少去向分列	
7.城镇县（区）级及其以上集体所有制工业企业全部职工人数	单位数、全部职工年末人数（其中工人、学徒、工程技术人员）等	按轻重工业和采掘业、制造业分的工业行业分组	
8.全民所有制单位按职工工资水平分组的职工人数	1985年10月由单位发工资的全部职工人数、其中干部数	按月工资60元以下：60-80元、80-100元、101-120元、121-150元、151-200元、201元以上的职工人数	
9城乡劳动力资源与分配平衡表	年末劳动力资源总数社会劳动力总数待业人员、其他人员	按城镇、乡村分组按经济类型和国民经济十二大行业分组分列其中16岁能上能下在校学生、家务劳动者	劳动年龄内全部人口（其中参加劳动的人口）、不足和超过劳动年龄实际参加劳动的人口数

3．为消除重复并调整各专业统计的分工，将国年123表《主要产品实物劳动生产率》年报取消，纳入工业统计年报制度中；将国年121一122表《工业企业与施工单位劳动生产率》年报分别纳入工业统计与基本建设统计报表中；取消商业年报统管年103表《商业、饮食业、服务业机构人员》，在国年117表《商业、饮食业、服务业与物资供销部门的职工人数与工资》下增列商业、饮食业与服务业机构与人员数附表。

4．根据形势发展需要，对年报指标内容进行个别的补充，在国年111--119各表按领导关系的细分组中，增列地方合计的分组。

1964年12月，为加强劳动工资统计资料的审核，确保数字质量，根据省统计局《认真核实1—12月份劳动工资月快报资料的通知》要求，核实12月末分9大部门的职工人数和1--12月全部职工工资总额累计及其地方工资总额累计两个指标，核实的重点包括：由非工资基金支付的工资：雇用的计划外人员；各基层单位支付给个人的各种奖金：支付给职工的加班工资：雇用的临时工等。

1965年，省统计局根据国家统计局对劳动工资定期报表的修订意见，大力精简半年报，调整月快报部分指标内容。具体为：

1．将国定71表、72表、73表三个综合半年报合并，简化为1张表《国民经济各部门的职工人数与工资综合半年报》，仅保留编制计划需要的指标和分组，取消原按60个主要工业部门与人员类别交叉分组的职工人数与工资，以及基本建设部门按人员类别分的职工人数指标。

2．将国定69表《职工人数与工资综合月快报》中的全部职工月末人数指标取消，只统计全部职工平均人数和固定职工期末人数。同时取消全部职工及其中临时职工按9大部门分的工资总额指标和职工增减情况指标，简化项目改为为按季观察固定职工的增减变化情况。

3．简化国定76表《城乡社会劳动者分配情况综合半年报》中职工与个体劳动者的人数指标及按城市与乡村的全部分组。

4．简化国定77表《农村人民公社劳动者分配情况综合半年报》中按运输邮电、基本建设、商业、文教卫生、社务行政管理等分组。

5．对国定88表《职TT资总额构成综合半年报》中，仅保留计时工资及其中超额工资和各种奖励项目。

6．为了消除重复并调整各专业统计的分工，将国定70表与国定74表《工业企业与施工单位劳动生产率》综合月快报与综合半年报纳入工业统计报表中。将施工统计中统管223表“按主要部门分列的施工力量”指标纳入劳动工资报表的国定69表中，指标有所简化并由季报改为半年报。各重点市、县填报的定期报表，除参照省、市、区的定期报表精简与调整情况作相应的修订外，还精简了国定89表《各部门劳保福利费用综合半年报》，并将国定85表《职工人数与工资综合月快报》的全部职工月末人数改为固定职工月末人数，另增列平均人数指标。

1965年的基层定期报表，本着既适应各部门综合的需要，又有利于减轻基层负担和有利于基层积累资料等原则进行修改。原要求月按人员类别分的职工人数与工资报送资料，改为季(半年)报。为了适应综合分工的改变，将《主要产品实物劳动生产率》《工业企业与施工单位劳动生产率》及《施工单位工时利用情况》从劳动工资基层报表取消，分别纳入工业生产与施工单位基层报表中。

根据国家统计局《关于布置1965年、1966年劳动工资统计报表制度的通知》要求，1965年劳动工资统计年报与1966年的报表对一些不必要的、烦锁的全面统计指标作了较大精简，仅半年报和年报比较全面、详细地反映了职工人数的分布与人员构成情况。

1965年、1966年劳动工资综合统计报表

表号	表名
统劳综1表	职工人数综合月快报
统劳综2表	职工人数与工资综合季快报
统劳综3表总表	国民经济各部门的职工人数与工资综合半年报
统劳综3表分表	工业部门与施工单位各类人员期末人数半年报
统劳综3表附表	中央和省直属企业、事业、机关单位一览表
统劳综4表总表	国民经济各部门的职工人数与工资综合年报表
统劳综4表之一	工业部门职工人数与工资
统劳综4表之二	基本建设与城市公用事业部门职工人数与工资

为满足编制和下达1966年劳动工资计划的需要，省计委、省劳动局、省编委、省统计局请示国家统计局同意，在1965年劳动工资综合统计年报中，增加按企业、事业、机关分组的综合统计报表一张(表名为企业、事业、机关职工人数与工资综合统计

报表)，由各县(市、区)统计局1966年1月30日前报专、州、市统计局，各专、州、市统计局于1966年2月10日前报省统计局。

“文化大革命”中，劳动工资统计年报工作受到干扰，1967—1968年全区仅保留职工人数报表。1969年开始恢复职工人数与工资总额报表。1970年以后，逐步恢复和健全劳动工资统计报表制度。

1975年，劳动工资综合年报发展为5种表(7个表式)、11个主要指标，比1965年增加4种表式，即：《工业部门职工人数与工资分》《工业企业、施工单位职工分类情况》《工业企业劳动生产率》和《施工单位劳动生产率》年报表。继续保留的3种表，其表名和指标亦有较大变动。将《国民经济各部门的职工人数与工资部表》及6个分表合并改名为《职工人数、工资与劳保福利费用表》，恢复增加职工劳保福利费用总额指标，按中央、地方及国民经济九大部门分组。将《职工人数增减变动情况表》改为《固定职工增减变动情况表》，取消临时（合同）职工增减情况和本年隶属关系变动情况部分表式。将《城乡集体所有制劳动者（不包括农村人民公，社劳动者）及个体劳动者按部门分的年末人数》表，改名为《集体所有制职工（不包括农村人民公社办企、事业劳动者）人数、工资和个体劳动者年末人数》表，增加集体所有制职工工资总额指标，按国民经济九大部门分组。

1979年11月，省委组织部、省科委与省统计局联合行文建立《贵州省科技干部年报》统计制度。统计对象为全省全民所有制单位中(包括中央单位，但不包括二机部、七机部、民航总局、国家海洋局、基建工程兵和解放军系统所属单位)实际从事理、工、农、医等自然科学方面的生产(事业)、科研、教学科学技术人员，即工程技术人员、农业技术人员、卫生技术人员、科学研究人员和教学人员。科技统计报表由科委组织实施。

中共十一届三中全会以后，根据城市经济体制改革，对外开放和改革劳动工资制度的需要，1982年建立了《全民所有制单位全部职工工资总额构成情况》(增加了基础工资、职务工资、工龄津贴及肉类价格补贴等指标)和《全部职工劳保福利费用构成情况表》。

1983年，为反映国营小型企业实行亦工亦农轮换工和普遍推行劳动合同制度，增加了《全民所有制单位合同制职工增减变动情况》《城镇集体所有制单位职工增减变动情况》和《城镇县(区)级及其以上集体所有制工业企业职工人数》报表。为反映建筑业用工制度的改革情况，增加了建筑业使用农民合同制工人指标。

1984年，全省首次建立《劳动力资源与分配平衡表》，毕节地区进行了试编工作。

1985年，为掌握工资制度改革的执行情况和效果，由人事局牵头，劳动、财政、统计部门参加，在国家机关和事业单位进行工资改革执行情况一次性调查，主要统计参加工资改革的人员分类与增加工资情况。

1985年，劳动工资综合年报共有13种表(其中新增9种表保留4种表)、39个主要指标。除省统计局补充制定的《劳动工资统计基层单位一览表》外，比1975年增加8种表。新增的9种表如下：

1985年劳动工资综合统计年报表

继续保留的4种表式，其表名和指标也有较大变动。将职工人数、工资与劳保福利费用表，改名为《全民所有制单位全部职工人数与工资》表，设年末人数、平均人数、工资总额指标，按领导关系和国民经济十二大行业分组，另附补充资料。将工业企业、施工单位职工分类情况表，改名为《全民所有制工业企业、建筑业全部职工分类情况》表，除按工人、学徒、技术人员、管理人员、服务人员及其他人员分列年末人数外，还在年末人数中增列合计、其中女性、固定职工、合同制职工、其他职工，按工业(内列中央与地方企业、轻重工业、采掘业和制造业行业)、建筑业分组，另附补充资料。将固定职工增减变动情况表，改名为《全民所有制单位固定职工和合同制职工增加来源和减少去向变动情况》表，按固定工和合同制职工分列增加来源、由外省市调入人数、减少去向和调出到外省市人数等指标，按隶属关系分组。将集体所有制职工人职数、工资和个体劳动者年末人数表，改名为《城镇集体所有制单位全部职工人数、工资和个体劳动者人数》表，城镇集体所有制单位，除设年末人数、工资总额指标外，增列平均人数指标，在年末人数中分列女性，在工资总额中增加各种资金、计件超额工资、各种津贴，按县区级及其以上主管部门直属单位和国民经济行业业企业单位的资料来自工业普查，二是工业企业以外的单位的资料，而工业普查的劳动情况LL94年度多了兰个分组，共20多个指标，而且口径范围比劳动工资年报大。因此，必须将工业普查劳动情况表中，与劳动统计年报方案相应的指标数据，转换成与劳动统计年报方案相同的格式，以全部劳动统计年报数据的要求。

1. 调整了“从业人员”的统计口径，以反映企事业单位实际用工的情况。2. 取消“工业建筑业企业职工人数和工资(原1302表)”“城乡劳动力资源配置情况(原1304表)”和“职工个人收入情况(原1305表)”3张年报。3. 企业、事业、机关的划分按“法人单位基本情况(101—1表)”中“法人批准机关或登记注册机关”和“执行会计制度类别”进行确定，不执行1990年颁发的《关于在劳动计划和统计中划分企业、事业、机关单位的暂行规定》。

1986年基层劳动统计年报和1997年基层劳动定期统计报表制度修订，“劳动情况”表(104表)在“职工人数”下增加“合计中：下岗职工”：在“职工工资总额”下增加“供不应求：下岗职工生活费”。综合报表也根据基层表变动情况作了相应修改。

分组，另附补充资料。减少的三种表式：取消工业部门职工人数表，将工业企业劳动生产率表和施工单位劳动生产率表分别移到工业和建筑业统计报表和指标体系中，使各专业统计指标体系配套，由生产型过渡为生产经营型。

1986—1989年，劳动工资统计报表基本沿袭1985年表式，仅根据编制计划的需要，在定期统计报表中增加一张《全民所有制固定职工和合同制职工增加来源与减少去向变动情况半年报》。

1988年，根据黔劳社字第03号省劳动局、统计局联合通知，地区劳动局建立城镇待业人员就业统计报告制度。表种有：黔劳社1表《城镇待业人员变动情况表》，黔劳社2表《城镇待业员按经济类型就业变动情况统计表》，黔劳社3表《城镇待业员按产业划分变动情况统计表》，黔劳社4表《培训待业青年情况统计表》，黔劳社5表《劳动服务公司情况统计表》。

1990年秋，开始进行统计报表改革。本着“减少报表重复指标，减轻基层负担”的原则，省统计局征得国家统计局社会司的同意，将国家统计局布置的劳动工资统计报表制度中的部分表种进行了合并改制，使之既满足国家要求，又便于基层单位填报和综合汇总。合并改制后的报表变动情况如下；1. 将国家制定的7种基层统计年报合并为《劳动工资年报基层卡片》一张表，精简了重复指标，适用于各种所有制单位填报。《基层卡片》统一了基层表式，并在表中编有机器汇总代码，既便于基层填报，又为实行超级汇总打下基础。2. 将全部职工人数和工资月报基层表由1989年的3种(全民、集体、其他)，合并为《劳动工资定期报表基层卡片》，三种所有制通用。此外，根据新颁布的《关于工资总额构成的规定》的构成项目，对《全民所有制单位全部职工工资总额构成情况》综合表进行适当调整。并将此表改为《全部职工工资总额构成情况表》，取消表中的基础工资和职务工资、年平均人数和其中实行计件工资人员三项指标。为了全面反映“七五”计划期末情况，满足编制“八五”计划的需要，1990年年报恢复了《全民所有制、城镇集体所有制工业、建筑业全部职工分类情况》及补充资料两张表。为了满足各地、市、县编制《劳动力资源与分配平衡表》。及手工汇总需要，增设黔劳年综01表《劳动统计基层单位一览表》、黔劳年基02表《按年份划分的全民所有制职工人数与工资总额》(设职工人数与工资总额在1975年、1978年、1980年、1985年、1987年、1988年、1989年各年份的分行业、分市县指标)。

1990年10月，根据省统计局与人事、劳动、计划部门联合通知要求，由统计部门牵头，人事、劳动、计划部门参加，会同各有关主管部门按照中央单位由国家负责，省属单位由省负责，地、州市属单位由地、州、市负责，县(区)市级单位由县(区)市负责的原则，共同对本级所属全民所有制企业、事业、机关的性质划分给予认定。各级主管部门将本级认定后的全部基层单位名单报同级劳、人事部门审批，然后送统计部门建档并以此为依据编制1990年年报资料。列出事业管理的企业单位和企业化管理的事业单位800多个。

1990年12月，劳动工资统计进行了一项重大改革。为贯彻《全国劳动工资统计年报联合审核暂行办法》，由地区统计局牵头，地区劳动人事局、地区计委、地区财政局等部门参加组成联系会议，颁发了《关于对1990年劳动工资统计年报进行联合审核的通知》，对全区所有企业、事业、机关单位的劳动工资统计年报进行了联审。此后，由统计、劳动人事、计划、财政、银行等部门联合执行由省统计局、省劳动局、省人事局、省计委、省财政局、人民银行省分行联合制定的《贵州省劳动工资统计年报联合审核实施办法》，形成每年进行一次联审的正式制度。

1991年1月5日，根据省统计局通知，劳动工资年报按规定程序报送软盘。

同年5月7日，省统计局下发《关于提高粮油统销价格后对发给职工提价补偿的统计方法的通知》，提价补偿部分应全部纳入职工基本工资。

同年10月15日，省统计局、省劳动局联合下发《关于认真执行(劳动工资主要指标解释)的通知》，要求当年年报正式使用国家统计局、劳动部1991年9月共同制定的新《劳动统计主要指标解释》，同时废止1985年国家统计局制定的《劳动工资统计指标解释》。

同年10月25日，省统计局、省计划委员会、省劳动厅、省人事厅、省财政厅中国人民银行省分行根据国统社字(1991)262号文，联合印发《贵州省劳动统计年报联合审核实施办法》，自1991年劳动统计年报起执行。联合审核工作由统计部门牵头，会同有关部门成立临时联合审核办公机构，刻制“联合审核专用章”。

1992年3月23日，省统计局下发《关于“粮价补贴和房改补贴”统计方法的通知》，“粮价补贴”从1992年4月1日起，统计入工资总额并同时计入“津贴和补贴”与“物价补贴”项内：从半年报起，在城镇住房制度改革中发给职工个人的房改补贴，不论其经费来源与发放方法如何，均应计入工资总额。各级统计部门应按季在工资总额中单列“房改补贴”指标并分行业汇总。

1993年11月9日，省统计局下发《关于认真贯彻执行新的统计报表制度的通知》，为适应社会主义市场经济发展和全面实施新的国民经济核算体系的需要。国家统计局经过多次研究讨论，制定了新的统计报表制度，决定自1993年统计年报和1994年定期统计报表开始实施。新的工业统计基层报表包括：1401表(全部职工人数和工资季报)、1402表(职工人数变动情况(第三季度报)。

1995年年报和1996年劳动统计报表制度仍执行1994年印发的有关统计报表制度。

第四节　文教、卫生、体育、民政统计

一、文化统计

毕节地区的文化统计从1953年开始建立，由专、县文化主管部门负责该项统计工作。由于文化部门未单设统计机构，长期以来，日常统计业务一直由兼职统计人员承担。

1953—1965年，执行文化部布置的定期统计报表和年报。主要报表有文化事业机构人数、剧团业务活动、文化馆业务活动、图书馆业务活动和博物馆业务5张报表。主要指标有文化馆、群众艺术馆、公共图书馆、博物馆、剧团、剧场、电影院、电影放映队等。

1966—1976年“文化大革命”期间，文化统计工作中断。

中共十一届三中全会以后，随着党的工作重点转移，文化统计工作逐渐得到恢复和发展。

1978—1980年，全区实施文化部统一布置的文化统计综合半年（年）报，具体表种主要指标列表如下：

表　号	表　名	主要指标
国文1表—1	文化事业机构数人数综合年报（总表）	按机构类别（电影事业、艺术事业、图书馆事业、群众文化事业、艺术教育事业、其他文化事业）分文化部门机构数、人数；工矿及其他部门的文化机构数、人数；民办肪办公助机构数、人数
国文1表—2	文化事业机构数人数综合半年（年）报（电影事业）	按电影事业机构（电影制片厂、洗印厂、电影发行放映管理机构、电影院、影剧院、放映队等）分文化部门机构数、人数；工矿及其他部门机构数、人数；民办及民办公助机构数、人数
国文1表—3	文化事业机构数人数综合半年（年）报（艺术事业）	按机构类别（艺术创作机构、艺术表演团体、艺术表演场所、艺术研究机构、艺术展览机构）分文化部门机构数、人数；工矿及其他部门机构数、人数；民办及民办公助机构数、人数
国文1表—4	文化事业机构数人数综合半年（年）报（群众文化事业）	按机构类别（文化馆、文化站、群众艺术馆、幻灯制片厂、其他）分文化部门机构数、人数；工矿及其他部门机构数、人数；民办及民办公助机构数、人数
国文1表—5	文化事业机构数人数综合年报（艺术教育、其他文化事业）	按机构类别（艺术教育事业—高等艺术院校、中等艺术院校、其他艺术教育机构；其他文化事业—文化物资供应机构、科学研究机构、其他）分省级机构数、人数；地市级机构数、人数；县及县以下机构数、人数
国文7表	艺术表演及收支情况综合半年（年报）	剧团数、演出场数、观众人数、总收入、总支出、补贴团数、国家经费补贴
国文8表	文化馆（站）群众艺术馆综合年报	单位数，举办展览个数，举办报告会、讲座、故事会次数，组织文艺演出次数，组织幻灯放映次数，举办业余文艺训练班班数、结业人数，供应演唱宣传材料种数、份数，经费支出
国文17表	公共图书馆综合年报	机构数、职工人数，藏书册数，建筑面积、图书流动情况（人次、册次）、经费支出
国文17表附表	公共图书馆名录年报	职工人数、藏书册数、建筑面积、图书流动情况（人次、册次）、经费支出

1981年，地区文化局综合填报的各项文化统计年报与上年基本相同，除有表号和表名有所变动外，对个别指标进行了调整并增加了部分表种。调整的指标有：在《群众文化带来机构数人数综合年报》表中，增加图书馆事业的机构数人数指标；将《艺术教育、其他文化事业机构数人数综合年报》表中列入其他事业的科学研究事业独立出来，与艺术教育事业、其他文化事业并列。增加的表种有：

表号	表名	主要指标
文综2表	综合年报	公务费、设备购置费、修缮费、业务费、差额补助费的实际支出数
文综3表	文化事业基本建设项目投资完成情况综合年报	本年施工的建设项目个数、本年全部建成交付使用的项目个数、全部投资额计划数、到年底累计完成数、本年投资计划数、本年实际完成数
文综8表附表	文化部门艺术表演团体演出及收支情况年报	固定职工人数、演出场数、其中至农村演出场数、观众人数、其中农村观众人数、总收入、其中演出收入、总支出、其中工资支出、国家经费补贴
文综9表	文化部门剧场、影剧院演出及收支情况综合年报	机构数、座席数、演出场数、总收入、其中观剧演出收入、电影映出收入、总支出、其中固定职工工资支出、盈（+）或（-）
文综11表附表	群众艺术馆、文化馆年报	固定职工人数，举办展览个数，举办计座，报告会次数，组织文艺演出、故事会次数，组织幻灯放映次数，举办训练班班数、结业人数，供应演唱宣传资料种数，经费支出

1985年，文化部门除继续执行以前年度的统计报表制度外，根据文化事业发展的需要，文化部又新增加：文综10表《文物保护单位基本情况综合年报》；文综12表《博物馆基本情况综合年报》；文综13表《文物商店基本情况综合年报》；文综14表《文化局机关文物事业经费支出基本情况综合年报》；文综15表《全国重点和省级文物保护单位维修情况综合年报》共5种年报表。

1986—1990年，全区执行文化部制发的统计报表包括综合表（文综1表—文综18表）和基层表两部分，从报表内容到具体指标均有较大的修改和补充，统计任务成倍增加。现列表如下：

综合表

表号	表名	主要指标
文综1表	文化机构数人数综合年报（总表）	按机构类别（文化事业、文物事业）分列文化部门机构数、人数；其他部门机构数、人数
综1表附表1	艺术事业机构数人数综合年报	按艺术表演团体、艺术表演场所、艺术创作机构、艺术研究机构、演出公司分列文化部门机构数、人数；其他部门机构数、人数
文综1表附表3	文物事业机构数人数综合年报	按文物机构、博物馆、文物商店分省级机构数、职工人数；地区级机构数、职工人数；县级机构数、职工人数；市级机构数、职工人数；市辖区级机构数、职工人数
文综1表附表4	公共图书馆、群众文化事业机构数人数综合年报	按图书馆事业、群众文化事业（群众艺术馆、文化馆、文化站）分列文化部门（分省级、地市级、县及县以下）机构数、人数；其他部门机构数
文综1表附表	科学研究、教育事业其他文化事业机构数人数综合年报	按科学研究事业、教育事业、其他文化事业分省级机构数、人数；地市级机构数、人数；县级机构数、人数
文综1表附表6	民族自治地方主要文化事业机构数人数综合年报	按艺术事业、文物事业、图书馆事业、群众文化事业分列文化部门机构数、人数；其他部门机构数、人数
文综2表	文化部门固定及合同制职工构成情况综合年报	按文化事业、文化事业分列业务人员（高级、中级、初级、其他）职工数；行政及其他职工数
文综3表	文化、文物事业经费支出、固定资产及第三产业增加值综合年报	按文化事业、文物事业分列总支出、其中预算内支出、固定资产原值、第三产业增加值
文综4表	文化基本建设情况综合年报	按文化事业和文物事业分列本年计划投资额、其中国家投资、本年实际完成投资额、其中国家投资、本年全部建成交付使用的项目个数及竣工面积
文综5表	文化事业基本建设情况综合年报	按影剧院、剧团业务用房、公共图书馆、群众艺术馆、文化馆、职工住宅分列本年计划投资额，本年实际完成投资额，本年全部建成交付使用的项目个数及竣工面积

续表

表号	表名	主要指标
文综4表附表3	文物事业基本建设情况综合年报	按文物保护管理机构、博物馆分列本年计划投资额、本年实际完成投资额、本年全部建成交付使用的项目个数及竣工面积
文综5表	文化部门艺术表演团体演出及收支情况综合年报	剧团数、补贴团数、演出剧目台次、本年新创作并演出剧目个数、演出场次、观众人次、国家经费补贴、业务及其他收入、总支出、固定资产原值、第三产业增加值、公用房屋建筑面积
文综6表	文化部门部门剧场、影 院演出收支情况综合年报	机构数、座席数、演出场次、观众人次、国家经费补贴、业务及其他收入、总支出、收支结余、固定资产原值、第三产业增加值、公用房屋到建筑面积
文综7表	公共图书馆基本情况综合年报	机构数、藏书册数、书架单层总长度、发放借书证数、图书流通情况（人次、册次）、为读者服务举办各种活动次数、参加人次、业务及其他收、总支出、本年新购图书册数、固定资产原值、其中藏书价值、第三产业增加值、公用房屋建筑面积、阅览室座席数
文综7表附表	公共图书馆藏书分类及图书流通基本情况年报	藏书册数（1、古籍册数；2、新籍册数）、图书流通册次（1、哲学流通册次；2、社会科学流通册次；3、自然科学流通册次；4、综合性图书流通册次）
文综8表	群众艺术馆、文化馆（站）基本情况综合年报	机构数、举办展览个数、举办讲座报告会次数、组织文艺活动次数、举办训练班班次、结业人数、供应演唱宣传材料种、藏书册次、收藏文物件数、业务及其他收入、总支出、固定资产原值、第三产业增加值、公用房建筑面积、演出场所可容观众数
文综10表	文化部门教育机构基本情况综合年报	机构数、毕业生数、招生数、在校生数、培训干部数、业务及其他收、总支出、固定资产原值、第三产业增加值、公用房屋建筑面积
文综11表	其他文化事业机构基本情况综合年报	机构数、国家经费补贴、业务及其他收入、总支出、固定资产原值、第三产业增加值、公用房屋建筑面积
文综12表	文化厅（局）机关文化事业编制及经费支出情况	机关数、事业编制人数、本机关经费支出、补贴下级经费支出
文综12表	文化厅（局）机关文化事业编制及经费支出情况	机关数、事业编制人数、本机关经费支出、补贴下级经费支出
文综13表	文物保护管理机构基本情况综合年报	机构数、全部职工人数、文物藏品件数、参观人次、业务及其他收、总支出、固定资产原值、第三产业增加值、公用房屋建筑面积

续表

表号	表名	主要指标
文综15表	博物馆基本情况综合年报	机构数、全部职工人数、文物藏品件数、陈列个数、展览个数和、参观人次、业务及其他收入、总支出、固定资产原值、第三产业增加值、公用房屋建筑面积
文综16表	文物商店基本情况综合年报	机构数、全部职工人数、周转金总额、年终库存件数、年终库存金额、当年收购件数、当年收购金额、当年调出件数、当年调出金额、固定资产原值、第三产业增加值、公用房屋建筑面积
文综17表	文化（文物）厅（局）机关文物事业编制及经费支出情况综合年报	机关数、事业编制人数、经费支出、其中文物保护单位维修费、拨给未设文博机构地方的文物经费
文综18表	全国重点和省级文物保护单位维修情况年报	保护级别、文物保护单位名称及所在市、县，本年主要维修项目、本年维修实际支出

基层表

表 号	表 名	主要指标
文基2表	艺术表演团体上演剧目年报	剧目名称、剧目类型（中、大、小）、剧目来源、是否新排剧目、是否保留剧目、演出来源、是否新报排剧目、是否保留剧目、演出场数，其中到农村演出场数
文基4表—1	文化事业基本建设情况年报	本年计划投资额、其中国家投资、本年实际完成投资额、其中国家投资、本年全部建成交付使用的项目个数、竣工面积
文基4表—3	文物事业基本建设情况年报	本年计划投资额、其中国家投资，本年实完成投资额、其中国家投资、本年全部建成交付使用的项目个数、竣工面积

为了适应统计计算技术现代化的需要，从1990年起文化统计年报由原来的手工操作转为使用微机处理数据。

二、广播电视统计

1975年5月毕节地区广播事业局成立，1983年改建为广播电视台，1984年4月改为广播电视局。长期以来一直未设置专门统计机构，1985年地、县广播电视局开始配备兼职统计人员。

1984年以前只有广播电视统计年报，共有16张表，189个栏目。主要指标有：职工人数、事业经费拨款数、广播电台、中波发射台转播台、中波广播覆盖人口、覆盖人口率、农村有线广播收音站、县站、区站、村广播守、服务站、喇叭数、喇叭入户率、线路等。

1984年广播电视部对年报统计制度用了修改和变动，由原来的16张表增加到24张表，419个栏目。报表有：广播系统人员经费情况统计表（主要指标有职工人数、事业经费拨款）；广播电台及广播覆盖情况统计表（指标有广播电台、中波发射台转播台、中波广播覆盖，其中中央台、省台覆盖人口、覆盖率、调频广播）；电视台及电视台覆盖情况统计表（指标有电视台、发射转播台、节目混合覆盖人口、覆盖率、中央台节目覆盖人口、覆盖率、省台节目覆盖人口、覆盖率）；农村有线广播机构、普及、传输情况统计表（指标有收音站、县站、区站、乡站、村广播室、服务部、喇叭数、喇叭入农户率、专线和其他线路）。除年报外，还增设年快报表。

1987年，国家广播电视部为全面反映广播电视事业发展情况，再一次修改广播电视统计报表制度，修改后的报表制度一起延续到1994年。统计报表（含快报、半年报）达40张，共744个栏目。统计年报分基层报表和综合报表。定期报表分快报和半年报。基层报表4张，由各级广播电台、电视台、有线广播台（站）及其他广播电视系统的独立核算单位填报。综合报表26张，由各级广播电视局有关单位填报。

1. 综合报表

表 号	表 名	主要指标
广综6表	无线广播基本情况	广播使用语言、名称、台数、节目套数等
广综7表	广播节目制作及采用情况	本年制作广播节目、本年采用广播节目
广综8表	电视广播宣传基本情况	台数、节目套数、平均每周播出时间、自办节目、全年观众来信等
广综9表	电视节目制作及采用情况	本年制作电视节目、本年采用电视节目
广综10表	有线广播宣传基本情况	电台数、平均每日播音时间、听众来信等
广综11表	音像制品制作发行情况	制作数量、发行数量
广综12表	中短波广播发射情况	台名、台数、发射机功率、对国内广播

续表

表号	表名	主要指标
广综13表	系统内调频发射机情况	台数、发射机功率、转播中央台节目、转播地方台节目
广综14表	系统外调频发射机情况	台数、发射机功率、转播中央台节目、转播地方台节目
广综15表	微波传送线路情况	线路名称、站数、长度、频段、传送广播（套）、传送电视（套）
广综16表	实验发射机情况	台名、台数、发射机功率、中波、短波、对象台湾、越南、其他，中央第一套节目、第二套节目等
广综17表	系统内电视发射机情况	发射机台数、发射机功率、转播中央台节目、转播地方节目、专转教育节目
广综18表	系统外电视发射机情况	同上
广综19表	卫星电视地面站情况	收转台、单收台、系统内、系统外
广综20表	广播电视覆盖情况	广播、调频、电视（中央台、省台、市台、第一套目、第二套节目及各台覆盖人口、覆盖率等）
广综18表	系统外电视发射机情况	同上
广综19表	卫星电视地面站情况	收转台、单收台、系统内、系统外
广综20表	广播电视覆盖情况	广播、调频、电视（中央台、省台、市台、第一套目、第二套节目及各台覆盖人口、覆盖率等）
广综21表	有线广播基本情况	省、地（州）、市各级电台行政单位数、建台城市、广播机构、农村有线广播普及情况、广播喇叭、小片广播网、扩音机等
广综22表	有线广播传输情况	地、州、市、县至乡实现专线传输的县、县至乡实现调频传输的县、县至乡实现微波传输的县、县乡专线、调频微波混合传输的县等
广综23表	职工人数与工资情况	年末总人数、全部职工工资总额、固定职工、合同制职工、其他职工等
广综24表	固定职工和合同制职工年末构成情况	省级、地市级广播电台、电视台、县级、乡镇级单位的年末人数、行政管理人员、编采人员、播音员、技术员、科研人员、教育人员、其他人员等
广综25表	各类专业职务情况	高等学校教师、社会科学、卫生技术、工程技术、新闻专业、档案专业、出版专业、图书资料专业、翻译专业、播音专业及其他各类专业职务年末人数

续表

表号	表名	主要指标
广综26表	广播电视经费情况	省、地、市级广播电台、电视台、县级、乡镇级广播电视事业经费来源、广播电视事业费支出、固定资产、基本建设、预算外支出、预算外收入
广综27表	固定资产投资完成情况一览表	建设项目名称、本年实际完成投资额、本年新增固定资产、建设规模和新增生产能力、房屋建筑面积
广综28表	广播电视第三产业增加值情况	机构数、增加值、增加值构成、固定资产折旧、固定资产原值等
广综29表	广播电视书籍报刊情况	名称、出版单位、发行时期、刊期、全年发行量等
广综30表	教育基本情况	毕业生数、招生数、在校学生数、教职工数、设置的专业数等

2. 基层报表：

表号	表名	主要指标
广基10表	广播剧一览表	广播剧名称、广播剧种类、本年制作数量、制作单位
广基17表	电视节目交换及采用情况	电视节目类别、交换数量（国内、国外）、采用数量（国内、国外）
广基18表	电视剧一览表	电视剧名称、种类、本年制作数量（自制、合拍、译制）、制作单位
广20表	获奖节目、稿件一览表	获奖节目、稿件名称、获奖日期、获何种奖、授奖单位

3. 快报和半年报

为及时收集反映广播电视事业的发展情况，国家广播电视部还建立了快报和半年报制度。快报有：广播电台数、对国内广播节目套数、广播电台平均每日播音时间、中短波发射台和转播台数、中短波发射功率、广播人口覆盖及覆盖率、广播电视事业费财务拨款、广播电视基本建设财务拨款、电视台数、电视节目套数、电视台平均每周播出时间、电视发射台和转播台数、其中一千瓦以上电视发射功率、电视人口覆盖率等16个指标。半年报指标与快报指标大体一致，还增列了调频台及功率、微波站及线路、卫星电视地面站、职工人数、事业费预算、计划投资额等指标。

三、教育统计

教育统计工作由教育主管部门承担，但一直未设专门统计机构，长期以来地、县均设兼职统计人员，并且主要是由财会人员兼任统计员。

教育统计报表制度，按照国家规定的统计报表审批办法，由教育部（国家教委）统一制定报表，经国家统计局批准后颁发实施。“一五”时期，实行学年初统计报表和学年末统计报表制度。学年初统计报表包括综合统计报表和基层统计报表。设有研究生、普通高等学校、成人高等学校、普通中等专业学校、成人中等专业学校、普通高初级中学、农业职业中学、小学、幼儿园、特殊教育、成人中、小学、成人技术培训学校及业余教育等13种表式。主要指标有学校数、学校师生数、在校学生数、毕业生数、结业生数、肄业生数、教职工数、专任教师数、教学辅导人员数、兼任教师数、校舍建筑总面积、危房面积、学校占地面积等。

“二五”时期，除继续执行学年初统计报表制度外，取消了学年末统计报表制度。

1963—1965年调整时期，由于认真贯彻执行“调整、巩固、充实、提高”的八字方针，全区教育得到了恢复和发展。教育部《高教60条》《中教50条》《小教40条》的颁布实施，建立起正常的教育秩序，调动了各方面办学业的积极性。而教育统计仍执行学年初统计报表制度，同时按规定在正式填报学年初统计报表前，先填报快速报表。快速报表的主要指标有学校数、班数、教职工数、在校学生数、毕业生数和招生数等。由于快速报表只反映学年初开学后至9月30日前的数字，填报时间短，报得急，往往以估计代替统计，不能全面准确反映实际情况。

1966—1976年，由于“文化大革命”的影响，统计力量被削弱，统计报表制度执行不力，特别是统计数字质量下降的情况较为突出。

1979—1988年，特别是中共十一届三中全会以后，随着党的工作重点的转移，教育统计工作得到重视和加强。为了适应新的发展形势，对原有的统计报表内容作了部分修改和调整。取消了学生家庭出身统计，简化教职工政治情况统计表，并从20世纪80年代开始，统计报表转到以反映专任教师的文化程度状况、年龄结构、职称评定等方面为主要内容，在指标设置上比较细，逐年均有所增加。

1990年，教育统计报表，以年报为主，分基层和综合两套报表制度。基层报表共42张，其中：研究生基本情况统计表5张，10个主要指标；普通高等学校统计统计表17张，14个主要指标；中等专业学校统计表11张，12个主要指标；成人高等学校统计报表9张，6个主要指标。综合报表共79张，其中：研究生统计表6张，普通高等学校统计表16张，中等专业学校统计表11张，技工学校统计表5张，中小学及其他教育（包括普通中学、农业职业中学、小学和其他学校）统计表29张，成人教育统计表12张。

四、卫生统计

卫生事业统计由卫生行政部门统一管理，全区各级卫生行政部门及医疗卫生单位均未单设统计机构，卫生统计业务长期由财会人员兼管。

卫生统计报表制度由卫生部统一制定，经国家统计局批准下达各地执行。20世纪50年代，卫生统计报表比较简单，只有一张《卫生事业机构、床位、人员统计表》；指标有机构数、床位数、卫生技术人员、其他技术人员、行政管理人员、勤杂人员及其他等。20世纪60年代初，仍继续执行上述统计报表，在原有指标的基础上，新增加了出生率、死亡率、自然增长率等指标。

1966年，因“文化大革命”，卫生统计工作被取消。

1970年，毕节地区革命委员会卫生局根据卫生部和省革委卫生局要求，向全区各级卫生部门及局直属各单位布置了两套卫生统计年报表；一是卫生部门执行的《卫生事业机构、床位、人员统计年报表》，指标按医院、卫生防疫站、区卫生院、妇幼保健所、中等专业学校、其他卫生事业机构分设机构数、床位数、卫生技术人员（分中医、西医师、医士、护士、其他卫生技术人员）、其他技术人员、行政管理人员、勤杂及其他；二是其他部门执行的《卫生事业机构、床位、人员统计年报表》，指标按工业及其他部门、人民公社、联合性质、个体开业卫生人员分设机构数、床位数、卫生技术人员、行政人员、勤杂人员及其他。除上述报表外，新增加《卫生基本情况统计年报综合表》，具体表种和主要指标列表如下：

表　名	主要指标
1.1968—1970年卫生人员下放情况	1968年内组织下农村的巡回医疗队队数、人数、其中卫生技术人员数，安家落户人数、其中卫生技术人员数；1969年内组织下农村的农村巡回医疗队队数、人数、其中卫生技术人员数，安家落户人数、其中卫生技术人员数；1970年内组织下农村的农村巡回医疗队队数、人数、其中卫生技术人员数，安家落户人数、其中卫生技术人员数
2.1970年卫生事业经费、卫生基建投资分配表	按县以上（包括县一级）和县以下分的卫生事业经费、卫生基建投资、欠费
3.1970年底农村人民公社生产大队实行合作医疗，赤脚医生及生产队卫生员人数表	生产大队数、已实行合作医疗的生产大队数、生产大队卫生技术人员数、其中赤脚医生数、接生员数、生产队数、生产队卫生技术人员数、其中卫生员数、接生员数

续表

表　名	主要指标
4.1970年各级办的药厂数（包括卫生部门办土药房）	按省级、专州市、县级、区级分的厂数、工业及其他部门办厂数、人民公社办厂数
5.1970年底高、中等医药院校数	高、中等医药院校数、职工人数、在校学生数及医院办校数办校的医院数、学生人数
6.卫生部系统职工人数与工资年报表	按各种卫生事业机构分的机构数、年末人数、平均人数、工资总额

1976年卫生统计年报与1977年卫生统计定期报表，在1975年卫生统计年报与1976年卫生统计定期报表的基础上，对《卫生基本情况年报表》作了简化和修改：一是取消了《分配至卫生机构的高、中等医药院校毕业生人数》《农村公社卫生院的设置情况》《联合诊所及个体开业医生人数》及《麻风村收容病人数》4个表；二是修改了《农村生产大队实行合作医疗情况》及《农村公社卫生院医疗设备数》2个表；三是将《农村公社卫生院国家、集体人员数》及《按人员数分组的农村公社卫生院数》合为1个表。其余报表的表式、统计范围、指标口径等按有关规定执行。1976年卫生基本情况年报的具体表种及主要指标列表如下：

表 名	主要指标
1.卫生机构、床位、人员数	机构分类名称、机构数、床位数、卫生技术人员数（其中；中医、中药人员、西医师、医士、护士、检验人员等）、其他技术人员数、工勤人员数
2.农村生产大队实行合作医疗情况	实行合作医疗的大队数、按实行合作医疗大队百分比分组的市、县数
3.农村赤脚医生、卫生员、接生员情况	生产大队数、有赤脚医生的生产大队数、赤脚医生人数、生产队数、生产队卫生员人数、农村接生员人数
4.卫生部门县及县以上卫生机构人员下放情况	1976年下放安家落户人数、其中下放农村落户人数、下放三线厂矿落户人数、1976年参加农村巡回医疗队人次数
5.农村公社卫生人员情况	按部门（卫生部门、集体所有有制）分的国家人员数、集体人员数、按人员数分组的卫生院数
6.农村公卫生院主要医疗设备情况	机构数、其中具有五种医疗设备的机构数、手术器械包（套）、计划生育四种手术器械（套）、X光机（台）、显微镜（台）、高压消毒器（台）、手术床（台）等
7.1976年底厂矿（车间）不脱产	人数
8.西医离职学习中医班毕业人数	毕业人数合计、6个月至不满一年人数、一年至不满一年人数、二年及以上人数

进入20世纪80年代，特别是1982年以后，卫生统计报表的内容不断增加，既有反映经济效益的指标，也有反映社会效益的指标。在统计方法上，从过去的手工汇总改为采用微机超级汇总，不仅节约了人力，所得信息量亦大大增加。到1988年卫生部制定的卫生统计年报表共9个表，由地区卫生局综合汇总填报，具体表种及主要指标列表如下：

表　名	主要指标
1.卫生机构、床位、人员数（分总表、卫生部门表、式业及其他部门表、集体所有制表、私人开业表）	机构分类名称、机构数、床位数、卫生技术人员数（其中：中医师、西医师、中西医结合高级工程师、中药师、西药师、检验师、其他技师、中医士、西医士、护士、检验士、护理员、检验员……）、其他技术人员、管理人员、工勤人员
2.卫生机构国家、集体、私人开业人员数	按市、县分和按部门（卫生部门、工业及其他、集体所有制、私人开业、其他）分的国家人员、集体人员、私人开业人员
3.农村村级卫生组织情况	村数、其中医药费实行减免的村数、无医疗点的村数、村设置的医疗点数（其中：村或群众集体办、乡村医生或卫生员联合办、乡卫生院设点、个体办、其他）、乡村医生数、卫生员数、农村接生员数
4.厂矿、企业、城镇街道不脱产卫生人员数	按市、县分的厂矿、企业工人卫生员数、按市、县分的城镇街道群防站机构数、群防人员数
5.民族自治地方卫生机构、床位数	机构分类名称、机构数、床位数、其中卫生部门机构数、床位数
6.民族自治地方专业卫生工作人员数	按市、县（其中：卫生部门）、少数民族分的专业卫生工作人员数、其中卫生技术人员数（内：中医、西医师、西医士、中西医结合高级医师）
7.民族自治地方农村村级卫生组织情况	村数、其中医药费实行减免的村数、无医疗点的村数、村设置的医疗点数、乡村医生数、卫生员数、农村接生人员数
8.卫生机构主治医师及以上人员	卫生技术人员中获技术职务的人员数，其中按主任、副主任、主治（主管）分的中医师、西医师、中西医结合高级医师、护师、中药师、西药师、技师，其他技术人员及管理人员中获技术职务的数人员数，其中主任医、药、护、技师，副主任医、药、护、技师，主治（主管）医药护技师，高级会计统计经济师及其他，会计师、统计师、经济师及其他

1989年，除继续执行1988年卫生编者报表制度外，新增加《卫生部门按隶属关系分县及县以上医院机构、床位、人员数》1个表，指标有按卫生部属，省、自治区、直

辖市属，直辖市区、省辖市、地区（自治州）属，省辖市区、地辖市属，县属分的综合医院、中医医院、其他各类医院的机构数、床位数、人员数。

1900—1992年，执行卫生统计年报表共11个表，其中，除新增加《按床位分组的医院数》和《分科医（技）师（士）和县及县以上医院分科床位数》两个表外，其余9个表种及其指标内容与1989年的卫生统计报表制度完全相同。《按床位分组的医院数》表，由两部分组成：1、按床位分组的县及县以上医院数，指标分列50张及以下床位、51—100张床位、101—150张床位、151—200张床位、201—300张床位、301—400张床位、401—500张床位、501张床位以上的医院数。按床位分组的乡卫生院和其他医院数指标分列1—5张、6—10张、11—30张、31—50张、51—100张、101张以上的医院数。《分科（技）师（士）和县及县以上医院分科床位数》表，由三部分组成：1. 分科西医师、中西医结合高级医师和县及县以上医院分科床位数，指标按公共卫生、内科、外科、妇产科、儿科、眼科、皮肤科、放射科、中医科等分的全部西医师总数、全部中西医结合高级医师总数、县及县以上医院床位总；2. 分科中医师和县及县以上中医医院分科床位数，指标按内科、外科、妇产科、儿科、针灸科、肛肠科、骨伤科等分的全部中医师总数、县及县以上中医医院床位数；3. 其他技师、其他技士和西医士人员分类，指标按口腔技师（士）、放射技师（士）、营养技师（士）、其他分其他技师（士）；按公卫医士、口腔医士、放射医士、妇幼医士、其他分的西医士。

五、体育统计

1956年4月，毕节专区体育运动委员会成立，体育统计报表制度随即建立。此时的体育统计是执行1955年统计报表制度，其统计报表和指标比较简单，主要报表有运动竞赛情况统计（指标有举办运动会次数、运动员人数）体育协会情况统计（指标有体育协会数、会员人数）。1962年，体育统计报表在1955年的基础下增加了专业运动员人数、训练班次数、人数等主要指标。

1966年，国家体委建立了比较完整的综合报表制度。为了使统计指标逐步完整，又增加运动员、教练员分项人数，等级运动员、等级裁判员分项人数。到1970年再增加业余体校学校数、分项学生数等指标。

1978年，体育统计工作得到进一步加强。除完成原有综合报表任务外，国家体委又制发了优秀运动队基层统计报表，主要指标有职工人数、运动员、文职教练员、专职文化教师、科研人员、医务人员、管理人员、其他人员、经费收支情况等。

1980年，按照国家体委的布置，统一实施优秀运动队、体育运动学校等三套综合报表制度。填报的表种有：《县级体委系统职工人数统计》：主要指标有运动员、专职教练员、专职文化教师、医务人员、行政管理干部等；《各类少年儿童业余体校基本情况统计》：主要指标有学校数、在校学生数、专职教练员、兼职教练员等；《各系统少年儿童业余体校在校学生和教练员分项人数情况统计》：主要指标有在校学生、其中体委系统、专职教练员，其中体委系统、兼职教练员；《传统项目布局学校情况统计》：主要指标有省、地、市、县布局校数、项目数、训练学生数；《各系统举办运动竞赛会情况统计》：主要指标有举办运动会次数、参加运动会人数；《等级运动员和等级裁判员当年发展人数情况统计》：主要指标有等级运动员二、三级、少年级，等级裁判员二、三级：《聘任教练员分项人数情况统计》：主要指标有高级教练、教练、助理教练；《国家体育锻炼标准发展人数情况统计》：主要指标有及格、良好、优秀；《县（市、区）体委所属事业单位收入情况统计》：主要指标有优秀队、少年儿童业余体校、公共体育场、馆、招待所等；《地辖市体育场、馆、池、房基本情况统计》：主要指标有体育场、体育馆、室内游泳法、室外旅游池、有固定看台灯光球场、运动场等；《体育场地情况统计》：主要指标有体育场、体育馆、室内游泳池、室外游泳池、有固定看台灯光球场、田径房、篮球房、排球房、手球房、体操房等。

1981—1989年，仍执行1980年制定的统计报表制度，表种和指标无增减变化。

进入20世纪90年代，国家体委建立了新的报表制度和数据库，由原来的手工汇总报表过渡到全部使用计算机汇总，使统计计算进入电算化。为全面、准确、及时地反映体育事业发展情况，从1990年起，体育统计增加了《优秀运动队》《体育运动学校》《少年儿童业余学校》《各级体委机关业务活动》《各级体委其他直属事业单位》5套基层报表。主要内容包括各级各类体育机构、人员、经费、竞技体育、群众体育、体育科研、体育宣传、体育对外交往、体育产业、体育场地建设等。表种和主要指标列表如下：

表 号	表名	主要指标
体基1表	优秀运动队情况统计	运动员、专职教练员、专职文化教师、科研人员、医务人员、管理人员、收入总额、支出总额、财政拨款等
体基2表	体育运动学校情况统计	专职教练员、专职文化教师、科研人员、医务人员、管理人员、附设班、运动班、师资班、收入总额、支出总额、年初在校学生数、本年增加学生数、本年减少学生数、国际级运动健将、运动健将（其中一、二、三、少年级等）
体基3表	少年儿童业余体育学校情况统计	专职教练员、专职文化教师、收入总额、支出总额、各类少年儿童业余体校学生人数、各类少年儿童业作体校输送到优秀运动队人数、输送到体育运动学校人数等
体基4表	各级体委机关体育事业情况统计	体育竞赛经费、优秀运动队经费、业余训练经费、体育场馆补助经费、举办运动会次数、参加运动会的运动员数、体育系统举办赞助性比赛次数、赞助经费、教练员、裁判员、学校体育教师、体育干部、实施锻炼标准学校数、实施锻炼标准的学生数、参加达标活动的学生数、传统项目布局学校数、输送到各类业余体校人数、国际级运动健将、运动健将、分项目等级裁判员发展人数、交往国家和地区起数、人数、来华起数、人数、出访起数、人数等
体基5表	各级体委其他直属企事业单位情况统计	科研人员、宣传出版人员、省以上科研成果、获省级以上成果奖、成果应用、报刊种类、发行总量、体委系统体育场地使用个数、体委系统体育场地使用场次、收入总额、支出总额等

六、民政统计

1949年12月，毕节专署民政科成立，民政统计随之建立。但长期以来民政一直未单设统计机构，地、县均配备兼职统计人员承担统计工作。

根据民政业务的需要，民政统计内容包括优抚统计、离退休离职人员和退伍军人安置统计、救灾救济和扶贫统计、社会福利事业和企业统计、社团统计、流浪乞讨收容遣送统计、殡葬统计、婚姻统计、行政区划统计9个方面。民政统计报表制度，由国家民政部制度，根据国家统计局备案后统一实施。

1950—1952年恢复时期，民政统计有定期统计报表和临时统计报表两种，主要包括人事、劳动、区划、灾情、优抚、安置、救济等10余张表，300多个指标。

“一五”时期，除定期报表任务外，还对军烈属、复员军人、报灾、核灾、救济情况等进行定期调查并填报重点调查统计表。

“二五”时期，民政统计任务有所增加，民政部新颁发的统计报表有优扶对象、行政区划变动情况、婚姻情况、收容遣送情况、安置农场情况、假肢生产经营情况、福利事业情况、收养人员变动情况、人民群众受灾情况等表种，共百余个指标。

1963—1965年“调整时期”，除继续执行“二五”时间的统计报表制度外，重点加强了人民群众受灾情况统计、夏季灾害统计、秋季灾害统计、全年核灾情况统计及五保户供养情况统计，共5张表，48个指标。

1966—1976年“文化大革命”期间，民政部门撤并，统计工作被削弱。民政统计报表由业务科室对口上报，除维持原有的一些基本指标外，还部分统计指标归并在财务报表中。

“五五”时期，特别是中共十一届三中全会以后，统计工作逐步加强，国家民政部颁布的民政事业统计年报表计有11种：1.《优扶、退休人员基本情况表》；2.《优抚事业单位基本情况表》；3.《农村社会救济基本情况表》；4.《城市社会福利事业单位基本情况表》；5.《自流人口收容处理情况表》；6.《安置农场基本情况表》；7.《全民、集体所有制福利生产基本情况表》；8.《殡葬改革基本情况表》；9.《婚姻登记基本情况表》；10.《行政区划基本情况表》；11.《民政收养性事业单位基本建设投资完成情况表》。主要统计指标有革命伤残军属户数，人数，年末伤残抚恤人数，享受定期抚恤金年末人数，享受定期补助年末人数，优待烈军属户数，优待总金额，年末困难户数，社会散居孤老残幼人员，殡葬事业单位职工人数，固定资产原值和净值，各种设备数，年末流动资金占用额，全年火化尸体数，全年总收入和总支出差额数，县辖区、镇、乡数，民族乡数，街道办事处个数；土地面积，固定资产，职工人数，本年处理安置，死亡以及年末在站（场）人数等。

“六五”时期，民政统计报表制度进一步完善，全省实行逐级汇总的统计年报表5种，共289个指标；实行超级汇总的基层年报5种，共134个指标。列表如下：

综合统计年报

表名	主要指标
1、县级民政部门分城乡业务概况统计年报表	扶持贫困户数、人数、经济联合体个数、烈军属户数、伤残人员数、复员退伍军人数、社会困难户户数、精减退职老职工人数、社会散居孤老残幼人数等
2、社会举办优抚福利事业概况统计年报表	集体办光荣院个数、集体办敬老院个数、社会办福利工厂个数、社会办福利商业服务业网战总数、街道分散安置“四残”数等
3、行政区划和婚姻登记年报表	县辖区数、乡镇数、街道办事处个数、居民委员会个数、村民委员会个数、准予登记结婚数、准予登记离婚数、涉外及华侨、港澳台同胞结婚数等
4、民政部门管理的离退休情况统计年报表	民政部门直接发放离退休、退职金人员数、本年新增人退职人员、本年转出人数、本年死亡人数、年末实有人数等
5、农村自然灾害情况统计年报表	受灾面积（分旱灾、水灾、雹灾、霜冻、病虫等），成灾面积、粮食、经济作物减产面积，因灾损失情况，死亡人口，减产粮食，减产油料，死亡大牲畜，倒塌损坏民房等

基层统计年报

表　名	主要指标
1、民政部门收养性事业单位概况统计年报表	职工人数、固定资产原值、净值、床位数、住院人员分类等
2、流浪乞讨收容遣送安置单位统计年报表	安置农场土地面积、固定资产原值、流动资金、职工人数、收容人员、场员、粮食茶叶水果等主要产品产量
3、民政部门管理的企业性单位概况统计年报表	职工人数、工资总额、税金、生产人员、“四残”人员、产值及主要产品产量等
4、殡葬事业单位基本情况统计年报表	职工人数、固定资产原值、火化炉、运户车辆、火化尸体数、总收入、年收支 差额等
5、烈士纪念建筑物管理单位情况统计年报表	职工人数、固定资产原值、折旧费用、烈士建筑物处数等

“七五”期间，民政部对“六五”时期执行的综合年报和基层统计年报进行了修改和补充，表种和指标均有一些增减变化。逐级汇总的综合统计年报表，由原来的5种

增加到7种，各表种的指标在原有基础上作了适当调整。新增加的表种有《优抚对象情况统计年报表》，反映烈军属、革命伤残人员、复员退伍军人及抚恤、补助、优待金额等共42个指标；《民政部门开展农村基层社会保障、扶贫扶优、城市社区服务统计年报表》，反映社会保障基金会、资金额、农村救灾保险、扶贫扶优、城市社区服务工作等共26个指标；超级汇总的基层统计年报表，由原来的5种增加到6种，各表种的指标比原来增加43个。新增加的表种有《退伍军人管理单位、社会团体管理统计年报表》，反映军队供应管理、军队离退休干部管理所、社会团体机构等共35个指标；同时，增加了民政事业半年报和年报快报4种表。

为适应民政统计不断发展的需要，省民政厅结合本部门实际，对加强统计工作抓了以下三方面工作：一是抓统计基础建设，建立健全统计台账。1986年建立起一套包括烈军属、优抚对象、贫困户、五保户、社会救济对象、离退休人员街道等14种卡片，做到账管卡、卡管人，人卡一致。二是狠抓数字质量，开展统计评比。1987—1988年，在全省性的统计台账和统计数字质量检查评比中获？奖励。三是抓培训，提高统计人员业务素质。地、县统计人员参加了民政厅组织的业务培训。地县先后派人到四川省民政干部学校培训，通过考试合格者发给结业证书。1991年还参加全国统计人员资格考试，领到人事部、国家统计局颁发的上岗资格证书。

第五节　环境保护统计

毕节地区环境保护工作起步较晚，1979年才成立毕节地区环境保护局，至今未单设统计机构，地、县环境保护统计工作均由兼职人员承担。

1980年，国务院环境保护领导小组与国家统计局联合发文，决定建立环境保护统计制度。该制度由国家环保局制定，国家统计局批准，布置专利号省、自治区，直辖市环境保护厅（局）、主要城市环境保护局（办）、国务院各有关部委环保部门、解放军环保办、各级环保部门、县及县以上工业企业、科研单位及县以下有严重污染的企业填报实施。

1980—1990年，全区实施国家环保局第一套环境统计报表制度，报告期为年报。主要统计报表有：（1）《各地区“三废”排放、处理及综合利用情况》（统环年1表），设废水排放总量、废气排放总量、工业粉尘排放量、工业固体废物产生量、锅炉、工业炉窑等65个指标；（2）《企事业污染治理情况》（统环年2表），设单位数、企事业污染治理资金合计、企事业污染治理资金使用合计、当年安排治理项目、当年竣工项目、当年汗马功劳项目累计完成投资额、当年竣工项目设计年处理利用“三废”量等37个指标；（3）《各地区排污费征收、使用和污染赔（罚）款情况》（统环年4表），设交纳排污费单位、本年征收排污费数、上年结转排污费数、结转下年排污费数、环境保护补助资金支出数、本年环境保护补助资金补助治理项目数、环境保护补助资金累计补助治理项目数、污染事故、污染赔款总额、污染罚款总额等41个指标；（4）《各地区当年建成投产的建设项目“三同时”（同时设计、同时施工、同时投产）（下同）执行情况》（统环年5表），设应执行“三同时”的建设项目数、应执行“三同时”的建设项目投资总额、新增处理利用“三废”能力、“三废”综合利用利润等17个指标；（5）《各地区企、事业单位废水处理设施运行情况》（统环年6表），设汇总企事业单位数、处理设施数量、总投资、处理量、运行费用、污染物去除量等24个指标；（6）《各地区自然资源保护基本情况》（环年资1表），设野生动物情况、野生植物情况、自然保护区情况等20个指标；（7）《环境保护系统机构人员基本情况》（环年综1表），设环保机构数、环保系统人员总数、排污费开支人员等20个指标；（8）《环境保护系统房屋建筑面积情况》（环年综2表），设省级、地市级、县级各级办公用房、科研用房、监测用房、监理用房、其他机构用房、辅助用房、住宅等指标；（9）《环境保护系统机动车（船）拥有情况》（环年综3表），设省级机构、地市、县级环保局、科研所、监测站、监理站等单位年末拥有卡车、轿车、吉普车、面包车、摩托车、监测车、监测船（艇）等指标；（10）《环境保护系统主要仪器、设备拥有情况》（环年综4表），设分析天平1/万、分析天平1/10万、气象色谱仪、离子色谱仪、质谱仪、等离子发射光说仪、色质联用仪、紫外分光光度计、红外分光光度计、原子吸收分光光度计、级谱仪、光谱仪、声级计等设备年末实有数；（11）《环境保护系统基本建设投资完成情况》（环年综5表），省、地（市）、县各级监测站、科研所、建设项目数、面积、基本建设总投资（其中国家投资、地方投资）、投资分类（其中土建工程、仪器设备）、投资效果（其中实际完成投资、新增固定资产、新增建筑面积）、自1981年起累计完成投资额（其中国家投资、地方投资）形成固定资产等20个指标；（12）《环境保护系统科研、教育工作情况》，设科研成果总数（分环境管理、环境工程技术、环境分析测试、环境生态、自然保护、环境医学、其他）、获奖科研成果总数（分获国家级、省部级、地市级奖）、举办各种短训班总数（分培训在职干部人次、派往国外学习人数）、本年颁布地方法规总数、群众来信数、群众来访人数等42个指标；（13）《企业环境保护基本情况》（环年基1表），设全年农业总产值、全年主要工业产品产量、年末固定资产原值、年末职工人数、主要有毒有害原辅材料消耗量、锅炉、工业炉窑、三废综合利用产品产值、三废综合利用利润、三废综合利用产品产量、交纳排污费总额、污染罚款总额、污染赔款总额等29个指标；（14）《企业环境污染状况》（环年基2表），设厂区用水总量、工业废水排放量、工业用水量、生活用水量、厂区废水排放量、工业废水排放量、全年炭消耗量、燃料油消耗量、其他燃料消耗量、废气排总量、工业粉尘排放量、工业废渣产生量等64个指标；（15）《企业、事业废水处理设施运行情况》（环年基3表），设处理设施数量、总投资、处理能力、处理量、直接运行费用21个指标；（16）《企事业环境污染治理情况》（环年基4表），设污染治理计划资金总额、自开始建设至本年底累计完成资金总额，本年污染治理资金总额、基本建设投资、更新改造资金、综合利用利润留成、环境保护补助资金、贷款、其他用资金、设计处理能力、本年新增处理量等25个指标。

1991—1994年，执行国家第二套环保统计报表制度，包括八个方面的内容：（1）《环保污染与治理统计表》；（2）《排污费征收、使用和污染赔（罚）款 情况统计表》；（3）《当年建成投产项目“三同时”执行情况统计表》；（4）《企事业单位污染治理设施情况统计表》；（5）《污染治理情况统计表》；（6）《自然资源保护基本情况统计表》（包括自然保护区和野生动植物情况）；（7）《环境保护基本情况统计表》；（8）《环境保护系统科研、教育工作情况统计表》。

在执行国家环保局第二套统计报表制度的同时，省环保局还根据贵州实际，增设了部分报表和指标。增设的报表有：（1）《各地区“三废”排放处理及利用情况比较表》；（2）《各地区全社会“三废”排放情况统计表》；（3）《各地区限期治理污染源项目情况一览表》；（4）《各地区当年建成投产的建设项目“三同时”执行情况明细表》；（5）《企事业单位污染治理情况统计表》。

第六章　综合与平衡统计

第一节　国民经济平衡统计与投入产出调查

一、国民经济平衡统计

毕节地区的国民收入统计起步较晚。1982年3月，地、县综合统计人员参加省统计局组织的计算国民收入专门培训之后 ，开始试算1980年、1981年的国民收入生产额。

1983年，国务院批准了国家计委、国家经委、财政部、国家统计局关于加强国民收入计划统计的报告，决定从1984年开始把国民收入指标作为衡量经济发展情况的综合指标之一，并要求各省、自治区、直辖市从1984年起编制本地区国民收入年度计划，每年统计检查一次。为了解各地区国民收入生产和使用情况，加强国民经济综合平衡研究，为编制和检查国民收入计划提供依据。国家统计局于1983年11月制发了《国民收入统计报表制度（试行草案）》，从1983年年度报表开始纳入国民经济统计报表制度。

为反映地区和各县的经济发展情况，从1983年起，地、县统计局都开展试算国民收入生产额的工作，地区试算国民收入使用额。为满足发表年度统计公报的需要，从1983年开始建立了国民收入生产额年度预计快报。

1985年的国民收入统计年报，共有6种表，同1983年比较有所变动。增加1个表，即《国民收入消费和积累表》，按1980年不变价计算，设消费总额和积累总额，消费总额分农民和非农业居民的国民收入统计报表制度（试行草案）。

表名	主要指标
1.社会总产值和国民收入生产、消费和积累平衡表	按当年价计算，设社会总产值、物质消耗、国民收入生产额、净流入或净流出、国民收入使用额、消费总额、积累总额、积累率等指标
2.社会总产值和国民收入综合表（按当年价计算）	设社会总产值、物质消耗、净产值、物质消耗占总产值的比重、净产值部门构成等指标，按五大物质生产部门（工业按轻重工业）分组，附设人均国民收入
3.社会总产值和国民收入综合表（1980年不变价格计算）	设社会总产值和净产值两个指标，按五大物质生产部门（工业按轻重工业）分组
4.国民收入消费综合表	按当年价计算，分居民消费和社会消费，居民消费又按农民消费和非农业居民消费分设自给性消费、商品性消费、文化生活服务消费、水电消费、住房消费、公费医疗等指标
5.居民消费水平	按当年价和1980年不变价分别计算农民和非农业居民的消费水平
6.国民收入积累综合表	按当年价计算，设各种经济类型（全民、城镇集体、农村集体、个体经济、城乡居民私人建房）的固定资产积累和流动资产积累，同时分生产性积累和非生产性积累

消费总额分，居民消费额和社会消费额；积累总额分固定资产积累和流动资产积累。将社会总产值和国民收入综合表按现价和不变价计算的两种表合并为1种表，并在工业项下增列城镇个体工业和村（队）及村以下工业两个指标（村及村以下工业，从1985年起列入农业统计改为列入工业统计）。在《国民收入积累综合表》主栏中，将城镇集体所有制积累改为城镇集体及其他所有制积累；将农村集体所有制积累改为农村集体及其他所有制积累，取消个体经济积累。国民收入生产额年度预计快报继续执行。

从1988年起，在试算1987年国民收入使用额的基础上，正式编报国民收入使用额，各县从1988年开始试算。为及时满足党政领导和计划部门的需要。从1989年起，建立国民收入生产额预计年半报，按五大物质生产部门分组，国民收入生产额预计半年报继续执行。

1990年国民收入统计年报，同1985年比较，继续保留6种表，但表名和指标有所变动。《社会总产值和国民收入综合表》，从1986年起改为《社会总产值和国民收入表》，在工业项下从1987年起，取消“城镇个体工业”和“村（队）及村以下工业”两个指标。在运输邮电业项下从1989年起增列“其中：邮电业”，在商业饮食业项下增列“其中：外贸”。《国民收入消费综合表》从1986年起改为《国民收入消费表》，从1989年起，将农民改为农业居民。《国民收入积累综合表》从1986年起改为《国民收入积累表》，指标没有变动。在《国民收入消费和积累表》中，从1989年起将“农民”改为“农业居民”。《社会总产值和国民收入生产、消费和积累平衡表》和《居民消费水平表》没有变动。国民收入生产额预计半年报和预计年度快报继续执行。

1993年4月21日，省统计局通知；免报国年综001表（社会总产值和国民收入生产、消费和积累平衡表）、国年综002表（社会总产值和国民收入表）、国年综003表（国民收入消费表），国年综004表（居民消费水平表）、国年综005表（国民收入积累表）、国年综006表（国民收入消费和积累表）。

随着社会生产的发展和经济体制改革的逐步深入，第三产业迅速增长，只反映物质生产部门创造的物质产品成果已不能全面反映社会经济发展的规模、速度、结构和效益。为有利于经济结构的合理调整，有利于经济和社会的协调发展，1985年，国家正式采用国民生产总值作为考核国民经济发展和制定经济发展战略目标的主要指标。1985年4月，国务院办公厅转发了国家统计局《关于加强第三产业统计的报告》，开始统计局制订了《国民生产总值计算方案（征求意见稿）》。1986年7月，国家统计局颁发了《国民生产总值计算方案（试行）》。

1987年11月，国家统计局正式下达《国民生产总值统计报表制度》。根据这个制度，地、县统计局从1987年起建立国民生产总值统计。

1987年的国民生产总值年报，共有三种表，即：《国民生产总值表》，按当年价计算，填报1987年、1986年、1980年的年度数，设国内生产总值和国（地区）外净要素收入两部分，国内生产总值项下设第一产业、第二产业、第三产业，第三产业项下又具体分四个层次。表下设以上三年的平均人口、按人口平均的国民生产总值、按人口平均的国内生产总值，以反映当年的人均水平。《国民生产总值表》，按1980年价计算，除指标内容同上表外，还增加1987年同1986年、1980年的比较及1981—1987年平均增长率。《国内生产总值构成项目表》，按当年价计算，宾栏设增加值、劳动者收入、福利基金（公益金）、利润（提留）、税金、其他、固定资产折旧等指标，主栏指标同上表。

1987年的《国民生产总值统计报表制度》，还对三次产业的分类标准作如下表述：第一产业：农业（包括种植业、林业、牧业、副业和渔业，不包括村及村以下工业，村及村以下工业应划入工业）。第二产业：工业（包括采掘业、制造业、以及自来水、电力、蒸气、热水、煤气等）和建筑业（包括建筑安装企业和自营建设单位，以及为建筑安装工程服务的地质勘探察设计等）。第三产业；除上述第一、二产业以外的其他各业。根据全国的情况，第三产业可分为两大部门，一是流通部门，二是服务部门，具体又可分为四个层次：第一层次：流通部门，包括交通运输业，邮电通讯业，商业，饮食业、物资供销和仓储业。第二层次：为生产和生活服务的部门，包括金融、保险，综合技术服务，农、林、牧、渔、水利服务业和水利业，咨询服务业，公路、内河（湖）航道养护业，地质普查业，居民服务业，公用事业以及房地产业等。第三层次：为提高科学文化水平和居民素质服务的部门，包括教育、文化、广播电视、科学研究、卫生、体育和社会福利事业等。第四层次：为社会公共需要服务的部门，包括国家与政党机关、社会团体以及军队和警察等。

1989年的国民生产总值年报，比1988年增加1种表，即按支出法试算《国民生产总值表》，分别按当年和1980年可比价计算，设总消费（分农业居民消费、非农业民民消费、社会消费）、总投资（分固定资产投资和流动资产增加额）、货物和劳务服务净出口（分出口和进口）等项支出。为及时向地方党政领导部门提供半年和年度国民生产值信息，自该年起，建立国民生产总值半年预计和年度预计快报数，供分析经济情况和发表年度公报使用。

1990年国民生产总值年报，表种没有变化，仅表名有所更改。将《国民生产总值》（按当年价计算）改为《按当年价格计算的国民生产总值表》；将《国民生产总值表》（按可比价格计算）改为《按可比价格计算的国民生产总值表》；将《国民生产总值》（按支出法计算）改为《按支出法计算的国民生产总值》；《国民生产总值构成项目表》没有变动。

为完善国家分配政策，调整分配格局，加强宏观经济管理，提供系统全面的国家、集体和个人三者分配的基础资料，也为编制全国国民经济循环总表积累必要的经验，促进国民经济核算体系的完善和发展，国家统计局于1990年制发《国内生产总值在国家、集体和个人三者之间分配测算办法（试行方案）》。方案包括四种表，即：《国家收入测算表》，分中央政府收入和地方政府收入。设各项税收、国营企业上缴利润收入、能交基金、调节基金、地方附加、其他收入、亏损补贴、价格补贴、抚恤金和救济金、其他转移支出等指标。《集体收入测算表》，分国营企业收入、行政事业单位收入、其他单位收入。设事业发展基金、新产品试制基金、生产发展基金、职工福利基金、职工奖励基金、折旧基金、大修理基金、其他基金、行政事业单位折旧（虚拟的）、奖励支出、能交基金、调节基金、奖金税、建筑税等指标。《个人收入测算表》，分城镇居民和农村居民测算。设全民所有制单位职工劳动收入、集体所有制单位职工劳动收入、合营单位职工劳动收入、城镇个体劳动者净货币收入、农民净货币收入、其他职业者收入、自给性收入、转移收入（抚恤金、救济金、价格补贴等）、其他货币收入、城镇居民向国家缴纳的各种税金等指标。《国家、集体、个人三者分配测算总表》，是前三种的汇总表，集中反映国家、集体、个人三者的收入和所占比重。

1993年2月1日，省统计局转发《1990年全国统计工作要点》。要点指出：国民生产总值核算制度要在完善分配法的基础上，逐步建立支出法的核算制度，以及与此相配套的价格指数统计。建立全国资金流量核算制度，改进国际收入核算制度，探索编制经济循环账户所需资料的有效途径。抓紧研究建立经常性的第三产业统计制度。组织有条件的省市研究按国际惯例同外国统计对比和接轨问题。

1998年取消“按经济类型划分的资产形成总额（原Q306表）”。

二、投入产出调查

为编制贵州长远战略发展规划提供有关的基础数据，根据省委领导要求，1984年6月，完成了省统计局布置的MPS口径的投入产出调查任务。仅为省统计局搜集、审核调查资料，没有编制地区的投入产出表。

1987年3月，为研究国民经济综合平衡，为宏观经济决策和编制“八五”计划提供系统的基础数据，也为了建立和完善国民经济核算体系的需要，国务院办公厅发出了《关于进行全国投入产出调查的通知》，决定在全国进行1987年投入产出调查。

1987年投入产出调查表，是以马克思主义理论为指导，吸收国际上两种核算体系的长处，按中国实际情况制定的，其范围既包括五大物质生产部门，也包括服务业、行政、事业等非物质生产部门。在此基础上，可以进行两种核算的转换工作，既可转换为东方的MPS体系的，《物质产品投入产出表》也可转换为接近西方的SNA体系的《物质产品和劳务投入产出表》，以满足国内考核和国际对比的需要。

编表规模，根据省的需要和可能，定为110个部门，其中物质生产部门93个，非物质生产部门17个。物质生产部门中，农业6个部门，工业80个部门，运输、邮电业4

个部门，商业、饮食业2个部门。建筑业1个部门。

编表方法，在保证编表基本需要和尽量减轻基层负担、减少编表工作量的前提下，采取“直接分解法”和“间接推导法”相结合的办法，即对大、中型工业企业的产品部门投入构成，采取直接分解法推算；小型工业企业的产品部门投入构成，采取间接推导法推算。基层调查采用普查、重点调查和抽样调查相结合的办法。对工业总产值、固定资产投资构成和物资省外调入、调出，采用普查；工业、建筑业、运输邮电业、商业（包括饮食业、服务业和物资供销业）、行政、事业单位的投入构成和库存增减情况，采用重点调查；城市和农村住户的消费构成，采用抽样调查。

调查范围：（1）重点调查单位，全国规定为468个，省扩大到764个（大型工业177个，小型工业254个，农业9个，建筑业38个，运输、邮电业42个，商业、饮食业60个，物资供销业11个，房地产业5个，公用事业9个，居民服务业28个，卫生事业15个，体育事业2个，社会福利事业3个，教育事业16个，文化艺术和广播电视事业20个，科学研究事业18个，综合技术服务事业20个，金融保险业10个，行政机关27个）；（2）抽样调查共选3650个城乡住户；（3）普查表涉及16000多个基层单位（县及县以上工业企业3803个，固定资产投资构成调查单位4260个，物资调进调出单位8000多个）。毕节地区按时完成了所涉及的单位和城乡住户的调查工作。

基层调查表，全国规定普查表2种，重点调查表6种，省补充普查表1种，重点调查表3种。普查表3种：《工业企业按产品计算的分行业工业总产值》，设企业名称、企业所属工业行业种类、企业经济类型、企业规模、企业工业总产值、按产品法计算的分行业工业总产值等指标，列入工业年报下达，由县及县以上全部工业企业填报，按工业年报上报程序上报。《1987年基本建设、更新改造投资构成调查表》，主栏设建筑安装工程、设备工具器具购置、其他费用等指标；宾栏设本年实际完成投资额，并分出生产性建设与非生产性建设，列入投资年报下达，由全民所有制的基本建设项目、更新改造项目单位填列，按投资年报报送渠道上报。《物资（产品）及新机电设备省外调入、调出省外情况》，为省补充表。设总金额和74类产品的省外调入、调出省外等指标。随物资年报下达，由县及县以上全民、集体和其他所有制企业、事业单位、基建单位、供应机构和物资部门填写，按物资年报上报渠道上报。

重点调查表9种：《大中型工业企业总产值调查表》，设工厂法总产值、周转法总产值、供本企业其他产品部门消耗的产值等指标，按产品部门分组。由全部大中型工业企业填报，军工企业报主管部门核转省统计局，民用企业报地、县统计局核转省统计局。《大中型工业企业总产值构成调查表》，周转法总产值、物质消耗、固定资产折旧、净产值、供本企业其他产品部门消耗的产值、工厂法总产值等指标，由全部大中型工业企业填报，军工企业和民用企业上报程序同上表。《大中型工业企业库存结构调查表》，设年初、年末的物资库存和成品库存两个指标，按产品部门分类。按购入物资和销售产品的实际价格计算。由全部大、中型工业企业填报，军工企业和民用企业上报程序同上表。《生产（经营）价值构成和库存调查表》，主栏设总产值、物质消耗、固定资产折旧、净产值等指标；宾栏设总产值构成、年初库存、年末库存等指标。由小型工业企业、建筑企业、运输企业、邮电企业的重点调查单位填报，报地、县统计局核转省统计局。《独立核算工业企业附属机构人员收支情况调查表》，设年末人数、全年收入额、全年支出额等指标。由全部大中型工业企业、小型工业重点调查单位填报。大中型军工企业报主管部门核转省统计局，大中型民用企业和小型工业重点调查单位报所在地统计局核转省统计局。《行政事业、金融保险业劳务总值构成调查表》，主栏设劳务总值、实物购买、固定资产折旧、工资、福利基金、利息支出、利润和税金、运输费、邮电费、差旅费、职工教育费、保险费等指标；宾栏设劳务总值构成、设备购置费支出两个指标。由行政事业、金融保险业重点调查本单位填报，报地、县统计局核转省统计局。《差旅费、会议费构成调查表》，省补充表。由部分大中型工业、小型工业、建筑业、运输业、邮电业、商业、物资供销企业、行政事业、金融保险业重点调查单位，选择1987年具有代表性（基本能代表全年水平）的两个月的资料整理填报。《流通费用调查表》，为省补充表。分甲、乙表，甲表设购进物资金额，并按各种运输费、邮电费分列，由部分大中型工业、小型工业、建筑业、运输业、邮电通讯业的部分重点调查单位填报；乙表设销售收入、销售原价、进销差（按各种运输费、邮电费和商业附加费分列）等指标，由商业、饮食业、居民服务业、物资供销企业的部分重点调查单位，选择1987年具有代表性的1—2个季度的资料整理填报。报地、县统计局核转省统计局。《农业总产值价值构成表》，为省补充表。设总产值、物质消耗、净产值（分劳动者收入、福利基金、利润和税金、利息支出、其他）等指标，按农业、林业、畜牧业、副业、渔业分别填列。毕节地区仅由威宁县根据农业总产值年报，有关农村经济调查和国营农杨、税务等有关部门资料计算，直报省统计局。

1992年的投入产出调查，抽中毕节、大方、黔西、威宁、赫章五县。

毕节县境内补充省抽中的投入产出调查单位有16个，其中地直单位9个。

12月21、22日，地县统计局联合召开投入产出调查培训会议，参加会议有地县统计局的领导、综合统计以及被调查单位的领导、会计、统计和其他有关人员共60人。

1993年2月1日，省统计局转发《1993年全国统计工作要点》。要点指出：认真搞好投入产同调查和数据处理工作，力争完成全国投入产出价值型初始表的编制任务。

1997年12月23日，地区统计局成立了投入产出协调小组，由王允铎局长任组长，黄景荣副局长、孙朝红副局长任副组长，成员由综合法规科宋毅、业务二科唐玉萍组成。毕节市作为全区投入产出调查单位的主要承担市，也成立了以路鸿副市长为组长的协调小组。全区投入产出抽中重点调查单32个，其中毕节市17个。毕节市采取由市政府牵头，分类培训方法，分别于12月26日对全市11个工业调查，12月27日对6个服务单位进行培训。次年5月底完成调查工作。

第二节 社会经济基本情况统计

一、统计调查单位统计（基本单位变动情况调查）

1993年2月1日，省统计局转发《1993年全国统计工作要点》。要点指出：加快统计标准化进程，制定统计调查单位标准，加快建立统一的全国统计调查单位名录库。完善国民经济行业分类、三次产业分类、城乡划分等标准的修订。

1995年统计调查单位统计继续执行1994年各专业年报制度中布置的101表（工业企业执行工业普查方案），增加95栏“企业、事业直接主管部门”指标。该指标指企业、事业单位行政直接隶属的上级主管部门。本栏要求企业、事业单位填写本企业、事业单位行政隶属的上级主管部门名称，代码由县及县以上的综合统计部门按国务院、省、州、市、地区主管部门名称及代码填写。

1996年由于开展第一次基本单位普查，因此，不再单独布置《统计调查单位统计报表制度》（即101表），以普查代年报。

1998年根据《关于统计上划分经济成分的规定》需要，国家统计局和国家工商行政管理局联合制定了《关于划分企业登记注册类型的规定》，并相应修改“法人单位基本情况（101表）”和“产业活动单位基本情况（102表）”的有关内容，增加“法人批准机关或登记机关”“登记注册类型”“港澳台商或外商国别代码”“零售业企业经营方式、业态和营业面积”4栏标识或代码。《关于划分企业登记注册类型的规定》将企业登记注册类型分为以下种：

1. 内资企业包括国有企业、集体企业、股份合作企业、联营企业（分国有联营企业、集体联营企业、国有与集体联营企业、其他联营企业）、有限责任公司（分国有独资公司、其他有限责任公司）、股份有限公司、私营企业（分私营独资企业、私营合伙企业、私营有限责任公司、私营股份有限公司）、其他企业。

2. 港、澳、台商投资企业分合资经营企业（港或澳、台资）、合作经营企业（港或澳、台资）、独资经营企业、港澳台商投资股份有限公司。

3. 外商投资企业包括中外合资经营企业、中外合作经营企业、外资企业、外商投资股份有限公司。

1998年9月2日，国家统计局以国统字〔1998〕204号通知印发《关于统计上划分经济成分的规定》，经济成分划分为公有经济（包括国有经济和集体经济）、非公有经济（包括私有经济、港澳台经济、外商经济），省统计局以黔统字〔1998〕169号文下发《关于基本单位变动情况调查的通知》，将《关于划分企业登记注册类型的规定》纳入1998年统计年报的《基本单位调查统计报表制度》进行统计：根据国家统计局要求，全省基本单位变动情况调查必须在1997年统计年报的（101表）资料和1996年基本单位普查的基础上，按照国家新的规定，依据有关部门的行政记录资料进行填报或修正有关内容，同时对新成立的单位和已经撤消的单位进行增减变动情况补充调查及核查确认。调查采取统一组织管理，分专业实施的办法：即统一行文布置，统一制定报表，统一规范标准，统一制定数据处理程序，分专业贯彻实施。调查表有法人单位、产业活动单位基本情况、法人单位基本情况(101-1表)、产业活动单位基本情况(101-2表)。

二、旅游观光业统计

旅游观光业统计起步很晚。1986年省统计局和省旅游局联合向各州、市、地旅游局（外事处）布置旅游统计制度和报表，要求凡发生符合制度规定的旅游业务都要进行统计填报。

1990年，按照省统计局布置直接向涉外饭店、宾馆或其他主管部门搜集资料汇总填报2种旅游统计报表：《接待外国过夜旅游者情况表》月报，设合计，其中：日本、菲律宾、新加坡、泰国、印度尼西亚、美国、加拿大、英国、法国、西德、意大利、苏联、澳大利亚、新西兰等14个国家旅游者过夜人数。《旅游外汇收入表》月报，设合计、商品性收入、商品销售收入、饮食销售收入、劳务性收入、旅行社旅游业务费收入、宿费收入、长途交通费收入（按民航、铁路、海运、内河、公路分列）、市内交通费收入、邮政电讯费收入、文化娱乐费收入、其他收入等指标。

1993年4月21日，省统计局通知：免报国定综04表（重点城市接待过夜旅游者人数表）、国定综05表（接待外国过夜旅游者情况表）、国定综06表（旅游外汇收入表）。

大事记

民国24年（1935年）

7月3日，全区及各县统计工作分别由民政、财政、建设、教育四科及各局兼办。

是年，毕节地区（当时称贵州省第四行政督察区）的近代统计事业开始。

民国26年（1937年）

3月25日，贵州省政府发布通令，令省会警察及各县县政府在不增加员额的原则下，由省会警察局长及各县县长在原有职员中选择统计知识较优者1—2人，专司统计工作。此后，全区县一级机构才开始有了专办统计人员有及统计业务的开展。

民国30年（1941年）

8月13日，全区各县政府统计室设置完毕。

民国32年（1943年）

1月8日，省政府第908次府会通过省市县机构调整办法，决定裁撤各县市政府统计室，专办统计人员，改属秘书室。各县政府统计室相继撤销，专人统计人员隶属秘书室，统计工作由秘书室兼管。

1月29日，省政府举行第914次府会通过的《贵州省县政府组织规程》，正式规定由秘书室掌管统计。

3月12日，省政府举行第925次府会，通过省政府统计室拟订的《贵州省各县政府设置统计人员办法》。明令在各县政府统计室裁撤后，各县政府至少得设统计主任一人，有条件的还可设科员和办事员各1人或2人。

民国34年（1945年）

3月30日，省政府委员会第1126次常会通过《贵州省各县政府加强统计工作效率办法》，规定各县政府统计主任不得兼任他职，各县政府佐理统计人员至少各设科员1人、办事员1人。

5月，国民政府行政院令发《中央党政军提高行政效能及行政三联制总检讨会议文书简化办法有关表册部分》及《简化统一统计表册办法》，规定县属政府统计机构应普遍设置以充实基层组织。

7月6日，省政府发出训令，依据《贵州省各县政府设置统计人员办法》的规定，各县政府要在不增加经费员额的原则下，将前因奉令紧缩机构而裁撤的各县政府统计室恢复，设置统计主任、科员、办事员各1人，以利工作。

民国35年（1946年）

是年，因提高县级人员待遇，省政府令颁县级机构调整方案，规定各县政府改为最低限度应设主办统计人员1人，业务特繁之县授权县长在该县政府总员额内调派科员或办事员1人协助办理，县级统计机构又一次被裁撤。

11月16日，由于感到统计业务繁重，第四区行政督察专员兼保安司令公署区行政会议讨论关于县政府组织人员编制，确定秘书室统计人员2人。

民国36年（1947年）

1月7日，国民政府行政令扩充各级政府统计机构。

民国37年（1948年）

年初，贵州省第四区行政督察专员兼保安司令公署成立统计室，设置统计人员，陈位均任统计员。

民国38年（1949年）

1月7日，国民政府行政院颁布《地方政府暨所属机关主计机关及人员设置条例》，决定调整地方主计机关组织系统，将原来分设的会计、统计两机构予以合并，改组并重新拟定地方主计人员管理制度，以适应政治、经济形势的需要。

6月16日，奉省政府主计处5月31日四人字第0163号训令，贵州省第四区行政督察专员兼保安司令公署将会计、统计机构合并改组为主计室，仅保留主计员1人，罗泉明代理主计员。

11月26日，国民党贵州省第四区行政督察专员兼保安司令廖兴序下令烧毁档案，统计资料荡然无存。

1949年

11月28日，毕节县城解放，在此前后，黔西、大定（1958年更名为大方）、金沙、织金、纳雍、威宁、赫章、水城（1970年划归六盘水地区，现为六盘水市）八个县城相继解放。

12月3日，贵州省人民政府毕节地区专员公署成立。当时的专署没有统计机构设置。

1950年

2月，专署财政经济委员会成立。

4月，为了统一清理从国民政府和官僚资本企业接管仓库物资，根据贵州省物资清理委员会布置，毕节专署和各县清理登记造册上报。但部分县由于土匪盘踞，清理尚不全面。

是年，根据省财委布置，完成了全国工矿企业普查。

1952年

2月3日，中共西南局组织部发出关于加强统计工作的通知（党内文件，发至地委），要求指出“领导重视具体指导是作好统计工作的关键，因此，党委组织部门应把统计工作当作指导和检查工作的重要根据。加强对统计工作业务的具体指导和对统计工作干部的培养教育。吸收他们参加一定的会议，及时予以检查、督促，定期总结与交流经验，推进工作”。同时要求“健全机构、建立工作制度：各级党委组织部门，企业厂矿党委，均应配备一定数量的政治品质较好、有一定 的文化水平的专职党员干部做统计工作，现有的统计工作干部不宜轻易调动，并建立会议、汇报、审查制度”。

是年，根据贵州省人民政府《各专区组织编制草案》规定，专署秘书处统计人员编制4人，同年4月整编之后，专署秘书处改称秘书室，统计人员编制3人，算作财委干部。

7月，根据省第一次计划统计工作会议精神，为推动全区计划统计工作的开展，适应社会主义经济建设发展的需要，专财委对机关干部进行工作分工，除秘书外，设综合、贸易、统计等组。

11月20日，根据省编124号通知，专、市、县增设计划统计人员1人，从专、市、县总编制内调剂；随后民政科、财粮科、工商科、农林建设科、卫生科、物资交流办、公安处、法院相继配备专兼职计划统计人员。

专署粮食局设计划股，编制4人；县粮食局设专职计划统计员1人。

专、县所属国营企业如花纱布公司、贸易公司、油脂公司、畜产公司、百货公司、盐业公司、专卖处、银行等陆续设立统计科或计划统计课股或配备计划统计人员。

1953年

1月，为适应国家经济建设及制定国民经济计划的需要，中央人民政府政务院颁发《关于充实统计机构加强统计工作的决定》，要求大行政区及省、市成立统计局，专署及县成立统计科，并成为同级人民政府的组成部分。

是月，为了解决仓库困难和提供编制第一个五年计划的需要，根据中央人民政府政务院1952年11月8日颁发的《仓库普查表》，西南军政委员会的要求和贵州省人民政府通知，专、县财委组织专门人员完成了仓库普查工作任务。

7月1日，在全区范围内开展人口普查。调查登记标准时间：1953年6月30日24时。

普查范围：毕节地区境内的中华人民共和国国民，以户为单位按常住人口进行登记人口调查登记表项目：姓名、与户主关系、性别、年龄、民族、本户住址等项。该项人口调查结合基层选举工作分期进行，历时一年。

是年，专署粮食局设计划统计股，各县粮食局设计划统计组。

是年，县卫生院设卫生统计员1人。

1954年

2月，为加强国民经济的计划性和国家对经济活动的领导与管理，使国家经济建设计划工作能够全面系统地进行，中共中央又发出《关于建立与充实各级计划机构的指示》，按照指示精神，

5月10日，专财委对内部工作进行调整，根据工作需要，设秘书、经济、财农、计统四组。计统组（即计划统计科）工作范围包括各财经部门计划的审查，督促和各种定期统计报表的执行，以及物价的掌握等工作。

6月20日，计划统计组由专财委分出，成立专署计划统计科，编制4人，实有7人，

8月，马洪革任副科长。

11月，为适应国家建立定期统计报表的需要，计划、统计分设两个科，张丕文任专署统计科副科长。

是年，各县计划统计组相继从县财委分出，成立县人民政府计划统计科。

是年，专粮食局设计划统计股，县粮食局设专职统计员。

是年，专卖管理处设计划统计股，黔西县专卖管理处设会计兼统计一人。

是年，专署税务局设计划课，大定、赫章、金沙三县设计划股、毕节、黔西、威

宁三县设会统股，织金、纳雍、水城三县设计划统计员。

是年，人民银行中心支行设计划股，毕节县支行设计划员。

是年，花纱布公司、专卖分公司、仪器公司、民贸公司、油脂支公司、盐业公司、贸易公司、百货公司设计划统计股，畜产公司设会计计划股，石油供应站设会计统计股；百货公司妈姑分店和黔西分店、民贸公司织金龙场和以那架两区商店设会计兼统计一人。上半年，花纱布公司、专卖分公司、贸易公司、盐业公司、民贸公司有专职统计员1人，百货公司、仪器公司、油脂支公司有专职统计员2人，畜产公司、石油供应站由计划员兼统计；下半年，百货公司一名统计员改任计划员。

1955年

8月9日，据《专区综合区级干部统计表》，全区有12个区公所配备统计助理。

是年，为了进一步有计划、有步骤地安排对私营商业的改造，确切掌握私营商业的基本情况，国务院发出《关于进行私营商业及饮食业普查工作的指标》。国家统计局、商业部、全国供销合作总社、国家工商行政管理局和财政部税务总局联合拟订了普查方案。根据省委、省人委的指标，毕节专署成立普查指导小组，县成立普查办公室，均以统计局为主，从各有关部门抽调有一定政策和业务水平的干部参加普查和调查表的综合汇总工作。

1956年

是年，各县计划统计科陆续分组计划、统计两科。

是年，专署森工局设计划统计科（负责人：刘显邦）；贵州省手工业联社毕节办事处设计划统计科（统计员何代清），毕节、黔西、金沙、织金四县手工业联社设计划统计股，水城、威宁、纳雍、大定、赫章五县手工业联社设财会计统股。

是年，专粮食局设计划统计科，各县粮食局设计划统计股。

是年，纳雍有75个乡634个公社、织金县有87个乡2个镇成立了义务统计小组。

是年，专署专卖处设计划计课（课长杨恩华、副课长吕光才）。

是年，仪器公司、专卖分公司设统计课。

1957年

3月20日，毕节公安处对劳改系统进行整编，大定硫磺厂原设统计股与计划股合并为计统股，金沙大水农场原设计统股不变，毕节农场原设专职统计员1人不变，黔西农场原设财务统计组改称财务计划统计组，毕节农具厂在原设统计员2人基础上建立计划统计组，毕节工程队设计划统计员1人不变。

5月，专油脂公司并入专粮食局，合并后在原专粮食局计统股、专油脂公司计统课基础上成立计统科。

9月，受全省性精简机构和缩减编制的影响，计划与统计两科合并，恢复计划统计科，张力心任科长，马洪革任副科长。

11月，专署森工局统计科被撤销。

是年，各县陆续将计划、统计两科合并。

是年，专财税局设计会股（后撤销），水城县税务局设计划会计股。

是年，专署林业局设计财科。

是年，专署公安局劳改科原设计统股因整编被撤销后在生产股下设计划统计员1人。

是年，人民银行水城县支行设计划信贷股。

是年，大定县商业局设统计股，水城县商业局设统计科。

1958年

9月，为适应国民经济“大跃进”的需要，专署从各部门抽调人员，成立专署统计工作跃进办公室，张为梓兼任办公室主任，张力心、马洪革任办公室副主任。

是年，大方、纳雍、威宁三县计划委员会先后成为实体型机构。纳雍县计委下设计划、统计、劳动三科，威宁县计委下设计划、统计、劳动、物资四科。

1959年

5月，为摸清商业部门的家底，为各级党政领导及有关部门安排市场、组织供应提供可靠依据，根据省统计局、省商业厅联合下达的《贵州省商业部门商品库存普查办法》，专、县进行一次彻底清查。

普查目的：主要是查清商业部门现有库存商品及其在城乡批零环节间的摆布情况。

1960年

2月，中共贵州省委批准省统计局《关于全省计划统计机构分设的报告》，以恢复在“大跃进”时期实际被削弱的统计机构，专署计划统计科再次分设为计划、统计两科，王如柏任专署统计科副科长。

5月，为摸清工矿林区对防护用品和保健仪器的需要、定量供应情况，按照中央商业部、国家统计局的要求，根据省商业厅和省统计局联合通知，对工矿林区进行了一次普查。

是年，专商业局设财务统计室，毕节县商业局设计统股，黔西县商业局设统计科（后与计划科合并为计统科）。

是年，专邮电局设计财股。

1961年

1月，专署统计科归专署计划委员会领导，改称专计委统计科。

1962年

3月，因机构合并、职工精简，毕节县统计科并入县计划委员会。

5月，专计委与专劳动局合并为计统局，张力心任局长，编制19人。

8月，国务院批复同意贵州省人委《关于贯彻执行国家统计系统的组织机构和编制问题的报告》，要求贵州各专区一级设统计局（科），

是年，地区林业局财务计统科有统计员2人。

1963年

2月，毕节专署统计局成立，王如柏任副局长。

1964年

4月16日，毕节专署下发专秘字第039号通知，建立专区人口普查指导小组，由公安、统计、计委、劳动、粮食、商业等部门负责人十人组成，张晓光与朱广巨分别担任正副组长；并在公安、统计、计委等部门抽调十人成立专区人口普查办公室，由罗公平（公安局副局长）兼办公室主任，谢刚（专署办科长）兼办公室副主任。之后，专门召开了各县电话会议，各县的人口普查领导和办事机构相继建立。全区共有19586人参加此次人口普查，其中脱产干部11804人，半脱产大队干部5814人，生产队干部和社会力量1968人，脱产干部中县机关干部1278人，四清工作队1141人，区机关干部5330人，公社干部3556人，民办教师499人。

9月，调李启升任局长。

1967年

3月，毕节专署统计局被撤销，在毕节专区革命委员会生产领导小组下设计划统计办公室。

12月，改称专区革委生产指挥部计划组。

1970年

是年，又改称地区革委生产指挥部计划组。

1973年

4月，设立地区计划委员会统计组。

1978年

4月，贵州省革委发出《贯彻执行国务院批转国家计委关于整顿和加强统计工作的报告的意见》，提出各地、州、市、县应成立统计局，由同级计委代管。

6月，为全面摸清基本建设项目和挖潜、革新、改造项目的情况，为各级领导机关制定计划和检查计划执行情况提供准确可靠的依据，便于更好地贯彻落实基本建设集中力量打歼灭战的方针，促进国民经济有计划按比例、高速度地发展，根据国家计委、建委、经委、财政部、中国人民银行、国家统计局联合通知，在6月份进行了基本建设项目和挖潜、革新、改造措施项目普查。8月，又在普查基础上按中共中央〔1978〕6号文件精神，对基本建设在建项目进行了一次彻底清理。

11月，毕节地区革命委员会统计局成立，李启升任局长。

是年，地区商业局、供销社物资局设计划统计科，专署服务局设财会计统股，县服务局设计划统计股；粮食分局在会计室内设统计1人。

是年，地区税务局设统计科，

是年，人行中心支行设计划科，地区建行设综合统计科，地区农行设计划会计科。

1979年

1月，毕节地区革命委员会统计局改称毕节地区行政公署统计局。

是年，为摸清优抚对象的情况，解决优抚工作中存在的问题，更好地贯彻执行党的优抚政策，根据中共中央〔1978〕66号文件精神和民政部的统一部署，在全区范围内开展优抚对象普查，普查时点为1979年9月30日。普查要求：凡中央和地方各级国家机关及其所属企业、事业单位中的优抚对象，由其所在民政部门负责普查登记。普查登记时间，各地区从1979年1月1日开始至1979年12月31日结束，并将普查登记表报民政部。

1982年

9月23日，毕节地区行署发出《关于加强统计工作的几点意见》（毕署发〔1982〕

169号），认为加强、充实统计力量，全面搞好统计工作，努力提高统计数字质量，已成为急待解决的问题。为此，要求各县（自治县）人民政府、区公所、公社管委会，行署各办委局、地区直属机构要切实加强统计工作的领导，加强组织建设，配备统计人员。要认真抓好全面统计工作，努力提高统计数字质量。要认真抓好农村经济调查和农产量调查工作。加强业务培训工作。特别强调：开展统计工作所需的业务经费，在省尚未统一管理之前，地、县财政局要本着节约的原则，予以保证。开展统计工作所必要的工作条件，各级领导要给予方便。

是年，根据国家和省有关进行第三次全国人口普查的通知，行署成立了毕节地区第三次人口普查领导小组和办公室。

各县也按行署要求，先后成立了人口普查领导小组和办公室。

1983年

6月，根据国家体委的统一布置和省体委的要求，在全区范围内首次开展体育场地普查工作。普查时点为1982年12月31日。普查范围是各系统、各行业、各单位建的体育场地和个体经营的场地，包括体育场、体育馆、游泳馆、游泳池、有固定看台灯光球场 、田径房、篮球房、排球房、手球房、体操房、羽毛球房、乒乓球房、武术房、摔跤房、举重房、击剑房、棋类房、健身房、运动场、足球场、篮球场、排球场、手球场、网球场 、棒垒球场 、射击场、摩托车赛场、自行车赛车场、赛马场、水上运动场、航空运动机场、跳伞塔、人工冰球场、人工速滑场、滑雪场、天然游泳场、高尔夫球场、保龄球房等各种体育活动场地。

10月，何家兴任毕节地区统计局局长，张正才、吴朝蘋任副局长。

1984年

4月，经贵州省人民政府第33次常务会议同意，省计委、省编委、省财政厅、省人事局、省劳动局、省统计局联合发出《关于我省农村和城市两支抽样调查队组建工作的通知》，规定正式设立贵州省农村抽样调查队和贵州省城市抽样调查队(全称“省城乡抽样调查队”）。省农村抽样调查队下设农产量调查处、农村住户调查处和农村社会经济调查处；省城市抽样调查队下设职工家计调查处和物价调查处。毕节地区被国家抽中的毕节、黔西、纳雍、大方、赫章、威宁6个县建立农村抽样调查队；国家抽中的毕节县建立城市抽样调查队，威宁县为省物价调查点。设专职调查员。根据三级建队，分级领导的原则，县调查队均受上级调查队和当地统计局的双重领导．以上级调查队领导为主。县城乡抽样调查队为事业编制，科级建制。

4月27日，根据贵州省人民政府以黔府〔1984〕29号文转发国务院《关于认真做好第二次全国工业普查准备工作的通知》精神，地区行署立即成立了由17人组成的地区工业普查领导小组。组长由分管工业的副专员杨智光担任，副组长由地区经委、计委副主任、地区财政局、统计局副局长、担任。并根据省政府的通知，相应成立本地区、本部门的工业普查领导小组及办公室。到1985年底，全区共建立工业普查小组111个，参加人员550人；设立工业普查办公室356个，工作人员1283人；全区参加工业普查工作人员共有1833人，形成了以领导挂帅、以专业人员为主的与普查任务相适应的普查机构网络。

6月13日，毕节地区行署下发关于认真贯彻执行《国务院关于加强统计工作的决定》的通知（毕署发〔1984〕121号）指出：《中华人民共和国统计法》和《国务院关于加强统计工作的决定》下达后，各县、各部门在贯彻执行这两个重要文件方面，做了不少工作，收到了初步效果。但是，仍有少数县和部门未认真贯彻执行，特别值得注意的是有的县和部门在机构改革中，统计力量不是加强而是有所削弱，影响了统计工作的正常开展。要求认真贯彻执行《国务院关于加强统计工作的决定》，广泛深入宣传和贯彻执行《统计法》和《决定》，开创统计工作新局面。健全统计机构，充实统计力量。加强统计人员培训，提高统计干部素质。加强统计基础工作，提高统计数字的质量。

10月，毕节地区工业普查试点开始。选择毕节地区印刷厂，毕节县制革厂，毕节郭家湾农场酒厂等3个不同经济类型、不同行业的工业企业进行毕节地区工业普查第一批试点。由地区工业普查办公室和有关主管部门共同组织力量，组组成三个工作组深入试点企业，帮助培训干部，整顿基础工作，试填普查表，以取得普查方案的实施经验。

11月3日，贵州省人民政府办公厅发出关于开展城镇房屋普查工作的通知，地、县均按省城乡建设环境保护部和省统计局要求，成立了城镇房屋普查办公室，于1985年第一季度开始准备，第二季度开展房屋普查登记，发（换）证工作也与之同步进行。

1985年

12月，国家科委根据国务院科技领导小组的要求制定了一套科技普查报表和指标体系，明确了普查范围、资料收集和数据处理方法，并召开全国科技普查工作会议，落实了各项具体措施。

是年，机构改革后，毕节地区统计局设综合秘书科、业务科、农业科。

根据全国统一部署和省科技普查领导小组的要求，毕节地区地、县均建立了科技普查领导小组及办公室，负责此项工作。

1986年

7月22日，毕节地区行政公署下发关于贯彻落实省人民政府《关于进一步加强统计工作的决定》的意见（毕署发〔198〕072号），认真贯彻执行《中华人民共和国统计法》，认真落实国务院《关于加强统计工作的决定》（国发〔1984〕7号）、省人民政府《关于进一步加强统计工作的决定》（黔府〔1986〕45）和六月下旬省政府召开的全省统计工作会议精神，要求，提高认识，加强领导；加强基层统计建设，尽快建立统计网络；建立健全统计台账，确保统计数字质量；改革统计调查方法，乡乡开展抽调查；积极配备使用微机，加速实现计算技术现代化；加强横向联系，保障信息准确灵通；认真执行统计法，如实反映情况。

11月，毕节地区行署召开办公会议听取地区统计局局长何家兴《关于贯彻执行统计法情况的汇报》后，作出《关于认真贯彻执行统计法的会议纪要》，要求各级、各部门、各单位对贯彻执行统计法中存在的问题切实加以解决。

1987年

是年，为开展统计法规工作，地区统计局配专职统计法规检查员1人。

1988年

6月28日，威宁彝族回族苗族自治县统计委员会成立，内设办公室、农村调查股、城市调查股、综合业务股、咨询服务股、法规监察股。威宁彝族回族苗族自治县统计委员会是我国民族自治地方建立的第一个县级统计委员会，也是西南第一家建立统计委员会，其经验对全国，特别是对民族自治地方产生了一定的影响。

10月，根据卫生部计划财务司、卫生部统计信息中心的统一部署和省卫生厅的要求，对全区卫生部门和集体所有制的卫生机构房屋建筑情况进行了一次性全面调查。从1988年10月开始，到1990年6月完成调查任务。

是年，为适应统计工作现代化的需要，结合应用计算处理数据的特点，地区统计局对内部机构设置进行改革，原设的三科予以撤销，重新设立综合、调查、法规三科和办公室、计算中心。

1989年

1月，根据国家统计局的统一要求，各县农村抽样调查队更名为农村社会经济调查队，城市抽样调查队更名为城市社会经济调查队。

3月4日，地区计划委员会、编制委员会、财政局统计局联合下发毕地编〔1999〕010号文件，通知大方、黔西、金沙、织金、纳雍、赫章六县成立城市经济调查队，归县统计局领导，编制4人；威宁自治县物价调查点增编2人，组建为城市社会经济调查队；地区统计局增编3人，负责为城市社会经济调查工作。经费各县列入县财政预算，地区列入地区财政预算。要求三月底前完成组建，四月上旬地区集中培训后开展工作。

4月20，执法检查领导小组召开地直单位的统计执法大检查动员大会。这次检查4月下旬日开始，5月底结束。

12月19日，毕节地区行署于下发毕署通字〔1989〕第30号文件，成立了毕节地区第四次人口普查领导小组和办公室。其组成如下：

继地区人口普查领导小组和办公室成立之后，县、区、乡、村也陆续建立了领导小组和办公室。全区先后建立人口普查领导小组109个，965人。其中：地区1个，15人；县8个，128人；区（镇）100个，822人。先后成立人口普查办公室961个，5635人。其中：地区1个，15人；县8个，219人；区乡镇、街道952个，5401人；村普查小组4492个，12319人。

是年，毕节地区建立乡镇统计组323个，占全区乡镇总数的40%。

是年，按照省人民政府办公厅黔府〔1989〕27号文《关于开展统计法规大检查的通知》布置统计法规大检查。毕节地区行署成立地区执法检查领导小组，毕节地区行署副秘书长任组长，地区统计局局长、地区监察局副局长任副组长。

1990年

3月，地县认真贯彻全省户口整顿会议精神，各级人口普查办公室均建立了户口整顿小组，从公安、派出所等有关部门共抽调8366人专抓此项工作。地区人口普查办公室还制定了户口整顿方案，印制了二百多万张户口整顿表格和九千五百多册户口整顿宣传提纲，首先在毕节县倒天河村进行全区户口整顿试点，继而各县经过深入宣传、入户核对登记、编制《户口姓名底册》、地县组织交叉检查验收和总结评比等一系列工作，于5月20日完成，查出常住户1386605户，5818117人，比整顿前多27264人，有户无人132745人，有人无户112737人，暂住人口31636人，户口项目变更165199人。

1991年

8月2日，毕节地区行政公署下发关于认真贯彻落实省人民政府《关于加强统计工作、充分发挥统计监督作用的决定》的意见（毕署发〔1991〕085号），要求深化对统计工作的认识，加强对统计工作的领导；加强统计法制建设，强化监督职能；加强统计基础建设工作，健全统计信息网络；加强统计部门的自身建设，加速统计信息自动化建设；统计部门和统计人员要增强事业心和责任感，为党政领导提供优质服务。

1992年

3月，地区计算中心改为事业机构。

1993年

2月，地区统计局召开全区统计法制工作会议，采取以会代训的方式，进行统计法规专业知识培训，及格率100%。

9月12日，地区成立了由副专员杨智光任组长，统计局局长王允铎、计委副主任陈婷敏任副组长、成员包括有关部门领导的第三产业普查协调小组，并从统计、财政、计委、经委、技术监督、工商、税务、武警、体改委等十一个部门抽调人员成立普查办公室。各县也先后成立了由副县长任组长的普查协调小组，县及县属各部门、各单位均设立普查办公室，各乡镇、各村也按要求成立了普查小组或指定了普查人员。

11月16日，毕节地区行政公署下发《关于加强统计工作的意见》（毕署发[1993]113号），要求各级各部门要深化对统计工作的认识，切实解决统计工作中存在的问题；统计部门要加强自身建设，增强事业心和责任感；加强统计法制建设，保证统计数据的准确性；开展统计优质服务，适应多层次决策需要，提供咨询建议，搞好预测预警。

是年，毕节县撤县设市后，毕节地区行署行文明确，原由地区统计局统计的地直属单位的各项统计报表，下放由毕节市统计局统计。至此，毕节地区“集中统一，分级负责，条块结合”的统计管理体制全部实现。

1994年

是年，毕节地区行署按照全国人大财经委员会、国家统计局、监察部、国务院法制局的共同布置，由上述对口部门参加组织统计执法检查，地区人大常委会副主任任检查领导小组组长。全地区各级、各部门、各企事业单位成立领导小组，开展统计法规执行情况检查。

是年，开展统计执法检查的大宣传、大动员。进行统计执法人员培训300多人次，广播电视宣传154次，覆盖达百万人次，张贴大小标语6458条，发宣传提纲2000余份，写新闻报道20多篇，出动宣传车56辆次。

1994年12月，统计局对科室进行调整，将综合科与法规科合并为综合法制科，调查科分为业务一科、业务二科、业务三科，将财务从办公室独立出来，设立财务科。

是年，针对在建并撤后基层统计机构不落实、人员配备不齐、原有农村统计信息网络不复存在的状况，行署发出《切实加强统计工作的紧急通知》，要求1.5万人以下的乡（镇）必须配专职统计人员一名，1.5万人以上的乡（镇）适当增加。到年底，全区244个乡（镇）建立了各种形式的统计机构，健全了农村统计网络，总共配备统计人员352人，其中专职统计人员292人，占83%，有241人具有高中以上文化程度，重新形成了一支素质较好的农村统计队伍。

5月，地区统计局组织县级以上统计局84人参加省统计局主办的统计法律知识和其他专业法知识考试，及格率100％。

1995年

11月20日，根据国务院国发〔1995〕2号和省政府黔府办发〔1995〕26号文件精神，地区行署以毕署发（1995）113号文发出《关于认真做好全区第三次工业普查的通知》。要求没有建立工业普查机构的乡镇和工业主管部门抓紧建立相应的普查机构，各有关单位要大力支持县、市政府普查办公室工作，按要求抽人到办公室办公；认真做好宣传工作；各级政府要加强对第三次工业普查的领导，高度重视普查工作；要切实落实普查经费。

是年，地区统计局与国税局、地税局、监察局、乡镇企业局、计生委、公安局等部门抽调人组成统计执法检查组，开展统计法规执行情况检查。

是年，根据毕署通〔1995〕027号通知精神，成立了毕节地区第三次工业普查领导小组：

1996年

7月1日，地区行署根据国务院国发〔1996〕5号和省政府黔府发〔1996〕26号文件，以毕署发（1996）073号文，发出《关于认真做好全区第一次基本单位普查的通知》，成立毕节地区第一次基本单位普查工作领导小组，下设办公室，同时要求各县、市也要成立相应机构。

是年，各县、市、乡镇街道和各有关部门随后相继成立了普查机构，配备了必要的工作人员，为毕节地区基本单位普查的顺利开展提供了可组织保证。

1997年6月25日，综合法制科更名为国民经济核算科。

附 录:

西南局组织部关于加强统计工作的通知
(党内文件发至地委)

三年以来,党员统计和干部统计工作在各级党委领导下,逐渐健全了机构和建立了工作制度,配备和培养了一定的专职统计工作干部,作出了一些成绩,为今后工作开展打下了初步基础。最近各省(市)委组织部大都召开了统计工作会议,总结了工作,有的还开办了短期训练班,对加强统计工作是很好的。但有些部门的领导上对统计工作的政治意义和作用认识不足,因而对统计工作干部的具体指导和教育不够,以致许多统计工作干部认为统计工作是"加加减减"的单纯"技术工作",是"画窗格子"的干部,没有前途,严重影响了业务的开展,同时对统计数字缺乏严肃认真的审查,依样画葫芦逐级照转,以致错误很多。如有的在新发展党员计划分配表中竟有七处错误,同一个月发展的新党员,前后数字竟相差一千人以上。有的地区实际上已训练了七千多干部,但只统计了十一人。有的在转发统计表时,竟将一个地委漏掉。由于有些部门机构不健全,工作制度未建立,而统计工作干部兼职过多且轻易调动,同时也无一定的会议、汇报、检查制度,以致随便制发表格,造成严重的重复混乱现象。根据以上情况,对进一步加强统计工作提出以下几点意见:

(一)领导重视具体指导是作好统计工作的关键,因此,党委组织部门应把统计工作当作指导和检查工作的重要根据。加强对统计工作业务的具体指导和对统计工作干部的培养教育。吸收他们参加一定的会议,及时予以检查、督促,定期总结与交流经验,推进工作。

(二)健全机构、建立工作制度:各级党委组织部门,企业厂矿党委,均应配备一定数量的政治品质较好、有一定 的文化水平的专职党员干部做统计工作,现有的统计工作干部不宜轻易调动,并建立会议、汇报、审查制度。各省(市)党委组织部每年召开一次统计工作会议,总结、检查与布置工作,交流经验。并向上极党委作一次统计工作的专题报告(附送一份给组织部)。同时,上报统计表册必须经过负责同志认真检查并签名盖章,未经一定党委的批准,不得滥发表格。各省(市)委新制的统计表，须送本部备查。在制发表格时，须将该表的要求，目的以及事先估计填表中可能产生的困难和问题，加以具体说明，在转发表格时，应加以研究，根据本地区、本部门具体情况予以补充说明。其次，必须建立经常业务，掌握基本材料，对本地区、本部门的党员、干部的基本情况，应经常的有计划的搜集材料，并随时了解 其质量变化情况和生长情况。以及结合中心工作随时调查统计有关方面的各种典型材料。

（三）统计工作人员应以严肃、认真、实事求是的工作态度来进行工作，力求统计数字精准、及时，并主动和有关部门联系，随时注意从各种报告、刊物及有关文件中搜集材料，加以分析、研究，提供领导参考。工作中应努力学习，改进业务，不断提高工作效率。

西南局组织部

1952年2月3日

毕节地区行署关于加强统计工作的几点意见（毕署发〔1982〕169号）

各县（自治县）人民政府、区公所、公社管委会，行署各办委局、地区直属机构：

党的十二大提出，从1981年到本世纪末的二十年，我国经济建设总奋斗目标是在不断提高经济效益的前提下，力争使全国工农业总产值翻两番，从而，使人民的物质文化生活达到小康水平。这对担负反映国情国力，对国民经济实行管理和监督的统计工作来说，任务是极其艰巨的。我区统计工作，近两年来取得了一些成绩，但是，统计力量，尤其农村区、社的统计力量，还很不适应工作的需要；有的统计数字，尤其农产量数字，还存在不实现象。今年的油菜籽产量，粮食部门截至八月底的收购数都已达到九千一百万斤，而各县预计上报数才六千八百八十四万斤，差距百分之二十五以上。今年全年粮食预产，各县报来的数字，与实际情况差距也比较突出。根据省委池必卿同志关于统计工作的一封信，联系我区实际，行署专员办公会议进行了认真学习和讨论，一致认为，加强、充实统计力量，全面搞好统计工作，努力提高统计数字质量，已成为急待解决的问题。为此，特提出如下几点意见，请认真贯彻执行：

一、切实加强统计工作的领导。各县、区、社，各业务主管部门，各基层企事业单位，都要明确一名负责同志分管统计工作，要把统计工作作为加强经济管理的一项重要措施，列入议事日程，定期讨论检查。领导同志，要善于做经济工作，注意了解基本的统计，主要的百分比，做到胸中有数。要经常过问统计工作，帮助解决实际问题，使统计工作能更好地为“四化”建设服务。

二、加强组织建设，配备统计人员。国务院（81）134号文件下达之后，地、县统计力量逐步得到加强。威宁县14个区已配备专职统计员50名，112个公社，已有47个公社配了专职统计员，64个公社配了兼职统计员。毕节县15个区（镇）均已配了专职统计员。金沙县10个区（镇），已有7个区配了专职统计员。随着国民经济的不断发展，国家对统计工作的要求将越来越高，任务已将越来越重。为此，年底前区必须配备专职统计员；有条件的公社，也必须配备专职统计员，确有困难的公社，应明确秘书或农经员兼任统计员；生产大队、生产队应明确会计兼任统计员。区、社统计员，经区委确定后，应按干部管理权限行文通知。地、县统计局的增编人数，也要尽快配齐。各业务主管部门，各基层企事业单位，要根据统计业务情况，设置相应的统计机构，配备专职或兼职统计员。今后，调配各级统计部门的领导干部，要征求上一级统计部门的意见。

三、要认真抓好全面统计工作，努力提高统计数字质量。统计数字准确与否，这对领导机关决定政策、编制计划、指导工作关系极大。搞准统计数字最根本一条，就要认真贯彻执行党的实事求是的思想路线。要教育干部和群众，在上报统计数字时，既不能多报，也不能少报。今年的统计年报要早作准备，公社对粮食、油菜籽、烤烟、造林面积、大牲畜、生猪等主要农业数字，应以生产队为单位建立年报登记卡片，分户进行核实，把差距缩小在百分之五以内。县、区、社三级领导人，谁如果搞不实今年的产量数字，差距过大（比如差百分之五）时，就将追究谁的责任。总之，县、区、社要层层把好数字质量关，保证及时、准确、全面地上报各项统计数字。

四、要认真抓好农村经济调查和农产量调查工作。到目前为止，我区已建农村经济调查点71个，毕节、织金、金沙已达一区一点，尚未达到一区一点的县，要在明年上半年前补建起来。县、区、社要选择一定数量的有代表性的农产量调查点，摸清今年的农产量数字，特别要摸清粮食产量数字。要加强调查点的领导，做好业务培训工作，切实把调查点的资料搞准、搞扎实，及时提供领导参考。地、县统计局，要按省的规定，尽快把城乡经济调查分队（组）建立起来，开展调查工作。

五、加强业务培训工作。统计工作时间性、统一性强，统计干部担负着繁重的统计任务。鉴于当前统计干部新手多，业务不熟，必须加强对统计干部的业务培训，使其更好地完成各项统计任务。其培训方法，可采取分级负责。地区负责培训区的统计员，拟在明年十份前轮训完；县负责培训公社以下的统计员。

六、开展统计工作所需的业务经费，在省尚未统一管理之前，地、县财政局要本着节约的原则，予以保证。开展统计工作所必要的工作条件，各级领导要给予方便。

我区统计部门的工作是有成绩的，从事统计工作的同志也是积极负责的。各级党委和政府要关心、支持他们，帮助他们解决工作中的实际问题，使其更好地完成各项统计任务，为全面开创建设社会主义的新局面作出贡献。

1982年9月23日

毕节地区行政公署关于认真贯彻执行《国务院关于加强统计工作的决定》的通知（毕署发〔1984〕121号）

各县（自治县）人民政府，行署各工作部门：

《中华人民共和国统计法》和《国务院关于加强统计工作的决定》下达后，各县、各部门在贯彻执行这两个重要文件方面，做了不少工作，收到了初步效果。但是，仍有少数县和部门未认真贯彻执行，特别值得注意的是有的县和部门在机构改革中，统计力量不是加强而是有所削弱，影响了统计工作的正常开展。为了认真贯彻执行《国务院关于加强统计工作的决定》（以下简称《决定》），特作如下通知。

一、广泛深入宣传和贯彻执行《统计法》和《决定》，开创统计工作新局面，《统计法》是我国统计活动的规范和准绳，国务院《决定》是贯彻执行《统计法》、加快统计工作现代化步伐、开创统计工作新局面的依据和指针。各县、各部门要联系实际，认真学习和提高对统计工作的认识，切实改变那种不认真抓统计工作，不善于运用统计数据来研究问题，指导工作的情况。统计信息是社会经济信息的主体，决定政策、编制和检查计划以及管理经济工作，都离不开信息。没有准确、及时、丰富、灵敏的统计信息，就难以对各项工作进行正确的指导。因此，各级领导要把统计工作列入议事日程，带头和组织统计部门、业务主管部门认真学习和贯彻执行《统计法》和《决定》。

二、健全统计机构，充实统计力量。国务院《决定》中明确规定："在地方机构改革中，要大力加强和完善统计监督部门，各级的统计机构和力量只能加强，不能削弱，特别要注意加强市、县统计局的力量。"这一指示，各县必须认真贯彻执行。在国家规定的县级统计机构编制人员未下达前，原有统计人员不能减少。力量弱的应适当增加。地、县业务主管部门和企事业单位，必须设置和配备与任务相适应的综合统计机构，或配备综合统计人员，并指定统计负责人。区、乡（镇）要按照省委、省政府（84）省通知3号文件要求，尽快配备区、乡（镇）统计人员。国家统计局抽中我区毕节、大方、黔西、纳雍、威宁、赫章六个县为农经调查和毕节县为城市经济调查重点县。要按照《决定》要求，组建好城市、农村两支抽样调查队，要保持统计专业干部的稳定，不得随意抽调他们从事其他无关工作。各县统计局长、副局长和统计师的调动，应征得上级统计部门的同意。

三、加强统计人员培训，提高统计干部素质。地、县统计局要采取分级包干办法。在二年内对现有统计人员分期分批进行业务培训，各级业务主管部门，也要采取各种形式培训在职统计人员。

四、加强统计基础工作，提高统计数字的质量。基层单位的统计工作，是整个统计工作的基础，是提高统计数字质量的关键。落实统计人员的工作责任制，逐步推行统计基础工作规范化，是提高统计数字质量的重要保证。在企业整顿中，要把企业计量、检测、原始记录、台账等基础工作，健全统计制度和数据质量检查作为一项重要内容并把是否实现这些要求列入验收标准之一。在农村要以乡（镇）或村为单位，逐步建立健全分户台账制度。各级干部、统计人员和其他有关人员，必须坚持实事求是，如实反映情况，严禁任何形式的弄虚作假行为，保证统计资料的准确性、及时性、完整性和科学性。对统计数据失实，不按时汇总上报的，要追究所在单位有关领导责任。

1984年6月13日

毕节地区行政公署关于贯彻落实省人民政府《关于进一步加强统计工作的决定》的意见（毕署发〔1986〕072号）

各县（自治县）人民政府，行署各工作部门：

为了认真贯彻执行《中华人民共和国统计法》，认真落实国务院《关于加强统计工作的决定》（国发〔1984〕7号）、省人民政府《关于进一步加强统计工作的决定》（黔府〔1986〕45）和六月下旬省政府召开的全省统计工作会议精神，特提出以下贯彻意见：

一、提高认识，加强领导

统计是认识社会的有力武器，是社会主义现代化建设的一项重要基础工作，统计信息所反映的是国民经济和社会发展的总体情况，是社会经济信息的主体，是指导国民经济和社会发展的重要手段。准确及时地掌握统计信息，对于正确分析形势，制定符合实际的政策和计划，加强宏观指导，促进社会主义现代化建设的顺利发展，具有十分重要的作用。统计工作任务重，时间紧，要求高，难度大。各级政府、各部门、各单位要进一步提高对统计工作的认识，把统计工作（包括思想建设、组织建设和业务建设等）列入议事日程，加强领导，加强统计建设。经常布置、检查、督促统计部门的工作，一些经济活动的会议要让统计部门参加。统计部门的办公用房太窄的，要尽快设法调整；统计部门的交通工具，职工宿舍等也要统筹安排，逐步解决。

二、加强基层统计建设，尽快建立统计网络

加强统计工作，必须着重加强基层统计建设，提高干部素质。目前，我区基层单位，特别是区乡统计人员，不仅没配齐（全地区差八个区廿二个乡），而且兼职多（区占78.3%，乡占40.8%），新手多，文化低（初中及初中以下文化的人，区占26.1%，乡占48.1%），变动大，与农村日益繁重的社会经济统计任务不相适应。为此，必须加强基层统计建设，建立强有力的统计网络。即：

（一）农村区、乡应快配备、调整统计人员，建立相应的统计机构。区，可分

别不同情况配专职或统计兼文书；乡，乡配专职。条件是：热爱统计工作，身体素质好，具备一定文化程度（区，高中毕业以上；乡，初中毕业以上）。

已经配了统计人员的区、乡，凡是不符合上述条件，不适宜担任统计工作的，要尽快调整。

配备、调整工作就绪以后，要快建立由区、乡长兼站（组）长，区、乡统计员任付站（组）长，吸收区、乡镇有关部门（包括农、牧、林、水、供销、粮食、社企等）统计负责人参加的区、乡统计站（组），负责组织协调所属区、乡的统计工作。从而，逐步形成我区农村基层统计网络，克服数出多门现象，以适应农村社会经济统计工作发展的需要。

区、乡统计人员的配备、调整以及建立机构等工作，要求八月中旬前完成。

（二）区、乡统计人员，在行政上受当地政府领导，在业务上受县统计局领导，一般不得随易调动或抽调他们长期从事与统计无关的工作。确需调动时，要征得县统计局同意，本着先配后调的原则进行，确保统计队伍的相对稳定。

（三）各县统计局要按编制上划数尽早配齐。各业务主管部门，各基层企事业单位，也应根据任务，设置、配备相应的统计机构的一定的统计人员。

（四）统计人员培训，采取分级负责的办法，地区负责县、区，县负责乡，地县各业务主管部门负责本系统，此项工作要求在十月前完成。

三、建立健全统计台账，确保统计数字质量

为了确保统计数字质量，各企事业单位，各区、乡要建立健全原始记录，统计台账。从今年起，地区决定建立以乡为起报点的农村乡镇统计年报卡片，并根据卡片内容的不同情况，规定分三批报送地、县，实行微机超级汇总后，向下逐级反馈。建立健全农村乡镇统计年报卡片后，各县、区的主要职责是：必须认真审核所辖乡镇的统计年报卡片，严格把好数字质量关。

四、改革统计调查方法，乡乡开展抽调查

农村实行联产承包责任制后，基层统计信息渠道发生了要本变化，乡镇“全面统计”实际上是“全面估计”。为了改变这种状况，决定从今年起，除各县农村抽样调查队抽中的乡镇统一按中央、省的规定进行调查外，其余乡镇一律按地区下达的农村抽样调查方案，进行抽样调查数作为乡镇的全面计数上报。除在补充意见，可另附说明外，任何人不得随意修改。对于抽中的调查网点。实行基本固定，连续观察，力求

最少投入获得最佳成果（《毕节地区乡乡开展村抽样调查试行方案》将另文下达）

五、积极配备使用微机，加速实现计算技术现代化

统计部门面临日益繁重而艰巨的数据处理任务，积极配备使用微机是计算技术的一项重大改革。各县要按国务院、省政府的要求，在今年内尽快配齐微机。所需购置经费，除省补助一半外，其余部分地、县财政各负担一半。与此同时，各县还要尽早配备微机操作人员，操作人员的业务培训由地区统计局负责。

六、加强横向联系，保障信息准确灵通

各级业务主管部门占有大量的社会经济信息。为了推进“开放式”统计，充分发挥统计的服务监督作用。各县统计部门，在向下联系接收纵向信息的同时，还要注意同各业务主管部门加强联系，接收横向信息。联系的单位，索取的信息越多越好。各业务主管部门，也要认真履行《统计法》规定，及时、准确地向统计部门提供信息，共同搞好协作配合。

七、认真执行《统计法》，如实反映情况

《中华人民共和国统计法》是统计工作实行法治的依据。各级政府、各部门、各单位和全体公民要树立法制观念，切实维护统计机构、统计人员依法行使有关职权。各级领导和统计人员，要以身作则，认真学习，贯彻执行《统计法》，坚持实事求是，如实反映情况。严禁任何形式的弄虚作假行为。做到有法必依，执法必严，违法必究，以确保统计数字的准确性、及时性和时效性。根据省政府《决定》要求，地、县统计局要尽快明确统计法规检查员，以便开展工作，行使职权。

1986年7月22日

毕节地区行政公署关于认真贯彻落实省人民政府《关于加强统计工作、充分发挥统计监督作用的决定》的意见（毕署发〔1991〕085号）

各县（自治县）人民政府，行署各工作部门：

统计工作是对政策的执行情况和国民经济运行情况科学决策和管理的重要依据。为了认真贯彻落实国办发（1989）39号、黔府（1990）66号、黔 统办字（1991）36号文件和李鹏总理的讲话精神，加强我区统计工作，充分发挥我区统计的信息，咨询和监督的整体功能，使统计在试验区建设中进一步发挥作用，结合我区实际，特提出如下意见，请认真贯彻执行。

一、深化对统计工作的认识，加强对统计工作的领导。

各级政府、各工作部门和各单位的领导要深化对统计工作的认识，重视本地区、本部门、本单位的统计工作，切实加强对统计工作的领导。

李鹏总理讲：“统计是国家实行科学决策和科学管理的一项重要基础工作，是党、政府和人民认识国情国力，决定国策，制定计划的重要依据，在国家宏观调控和监督体系中，具有非常重要的地位和作用”。“各级领导干部，都应充分认识统计工作的重要作用，在工作中学会并善于运用统计进行科学决策和管理”。因此，各级政府，各工作部门和各单位的领导都要认真学习领会李鹏总理的指示精神，全面深化在新时期、新形势下对统计工作所具有的地位和作用的认识，特别是抓经济工作的领导同志，要纠正凭经验办事的习惯做法，转变观念，充分运用统计信息来研究问题和指导工作，提高决策的科学性、可靠性，提高管理水平。

各级政府，各工作部门和各单位的领导要了解统计，定期听取统计部门的工作汇报，加强对统计工作的领导，关心和支持统计工作。中央领导指出：“地方各级党政部门、计委、财政、人事等部门，要树立这样一种观念，就是要使统计部门逐年有所加强，人员逐年增加一些，工作条件、生活条件逐年改善一些，基础逐年打得扎实一些”“要把加强统计部门当成我们国家的长期建设事业来看待”。加强对统计工作的领导，就是要切实抓好统计队伍的思想建设，组织建设、业务建设，政治上给予关心，经费上给予支持，行政上加强领导。要把统计部门的工作纳入考核监督系列，定期检查和研究统计工作，关心和帮助解决统计工作中的实际问题。

二、加强统计法制建设，强化监督职能。

统计监督是根据统计调查和统计分析从总体上反映经济社会和科技的运行状态，并对其实行全面、系统的定量检查、监测和预警，以促使经济、社会按客观规律的要求、持续、协调、稳定地发展。统计监督在国家宏观调控体系中，具有十分重要的地位和作用。各级政府、各工作部门和各单位都应依照《中华人民共和国统计法》及实施细则，依照《贵州省统计管理试行条例》，加强统计法制建设，把维护统计法制作为廉政建设的重要内容和重要手段，切实加强统计部门的监督职能。

统计必须是客观实际的真实反映，准确的统计数据才能真实、客观地反映地情、县情，才能使我们的决策建立在可靠的基础上。李鹏总理讲：“作计划留点余地是可以的”。“而统计不能留有余地，因为虚报与少报对经济决策和管理都是非常有害的”。因此，各级政府，各工作部门和各单位应采取有力措施，保障统计部门和统计人员依法独立行使统计调查、统计报告、统计监督的职权不受侵犯，以确保统计数据的准确性，不得划框框，设障碍，干预统计工作。对统计部门、统计人员依法上报的统计数据和统计报告，任何地区、部门、单位和个人都不得干预和修改，如有不同意见，可另行上报。

各地区、各部门制发统计报表和公布统计资料，必须由各级统计部门统一管理和审定。少数部门如需要制发的统计报表，必须送同级统计部门审批和备案；未经审批的统计报表，基层统计人员可以拒绝填报。各级政府对各部门、各单位考核的主要统计数据，必须经同级统计部门审定。区、乡上报的统计资料，需经区、乡统计站（组）审核盖章方为有效。

各级监察、司法等部门要积极支持并配合统计部门抓好每年十月统计执法情况检查月的活动，加强对现行统计法规执行情况的检查。对那些逃避和破坏统计监督、虚报、瞒报、拒报统计数据的单位和个人，要认真追究，严肃查处。

各级统计部门和广大统计人员，必须坚持实事求是的原则，模范地执行统计法规，认真按统计制度办事，努力提高原始统计资料的准确性，确保统计数据质量，如实地反映经济和社会中的情况及问题，研究、揭示其规律，监督检查国家政策，法规和计划的贯彻执行情况，使统计监督的作用得到充分发挥。

三、加强统计基础建设工作，健全统计信息网络。

统计部门是社会经济信息的主体部门和国民经济的核算中心，是国家重要的咨询和监督机构。因此，在体制改革中，统计机构只能加强不能削弱，统计人员只能增加，不能减少。城乡统计信息网络是统计信息的源头，是满足各级政府分层决策需要的信息机构。各级政府要充分重视城乡统计网络建设。各县未建统计站、组的区乡，必须于今年年底组建完毕；已建立统计站、组的区、乡，应按《基层统计基础工作规范化建设的试行方案》的要求加以完善。同时，要积极开展建立城市街道统计站、组的试点工作。

为了改变目前基层统计力量薄弱，人员变动频繁的状况，应首先抓好人员配备工作，地、县统计局和城市，农村社会经济调查队，所有人员编制必须配齐，人员编制与任务不相称的，应适当增加人员编制。有条件的县统计局 ，可分设科（股），区、乡（镇）以及城市街道统计站（组），应配备与任务相适应的专职统计人员。选配人员应充分考虑其政治素质，文化素质和能力必须与所担负的工作相适应。区、乡统计站（组）应明确相应的职级，区统计站站长由分管副区长兼任，并配一名专职副站长；乡统计组组长，由乡长或分管副乡长兼任，并配一名副乡级专职副组长、各区、乡（镇）及街道统计站（组）在行政上受当地政府的管理，业务上受县统计局领导。地、县统计局对统计干部将实行档案化管理，对县统计局局长、副局长的任免、调动，应事先征求县统计局的意见，区、乡（镇）统计人员的调配，也应征求县统计局的意见。并且，一律实行先配后调，先培训后上岗，以免影响统计工作的开展。特别是今年开展撤区并乡的试点县 要把乡（镇）统计机构、人员纳入新建乡、镇编制配足，为普遍实行撤区并乡作好示范。根据统计任务，每乡需配置专职统计人员一至二人。

各级业务主管部门，要根据行业管理的需要，建立综合统计机构和配备专职统计人员。县以上业务主管部门应按编制委员会的规定设立统计科（股），配备专职统计人员。县以下单位要配备专职或兼职统计人员，企事业单位，特别是大、中型企业，应尽快建立综合统计机构，要把建立健全统计制度和计量，检测，原始记录，数据质量检查制度等列为企业升级的基本标准之一。小型企业和集体所有制企业，以及租赁承包企业，要设立专职统计人员，按正常渠道如实报送统计资料；新成立的单位（企业、公司），从批准之日起一个月内必须到当地统计部门接受统计任务。以从整体上保障统计任务的完成和统计渠道的畅通。

四、加强统计部门的自身建设，加速统计信息自动化建设。

为了提高统计工作效率，充分发挥统计的整体功能，各县应加速统计信息自动化建设。加强对统计人员的业务培训，提高统计人员的业务素质，尽可能的改善统计部门的工作条件、职工生活条件和切实加强统计部门的自身建设。

统计工作计算机化和进行联网，是统计工作发展的必然趋势。按黔府（1990）66号文件的要求，地区统计局建立计算站（事业单位）需购置小型计算机（所需经费行署审核后由地区财政安排）。

各县应配备微机两台（所需经费请县财政安排解决）。要加强计算机专业技术人员的选配和培训，加强硬件维护和软件开发，逐步建立统计信息数据库，实现计算机终端联网和远程数据传输，逐步形成统计信息自动化体系，加快信息传递速度，加强监测和预测，提高统计工作效率。

统计人员业务素质的高低决定着统计工作质量的好坏。由于我区区、乡统计人员变动频率，新手较多，必须按“先培训，后上岗”的要求加强业务培训，各级统计部门应采取以会代训，办班集中培训，参加统计专业函授学习等多种形式，分级、分层地开展对在职统计人员的业务培训，不断提高其政治、业务素质，使之适应统计工作发展的需要。地区统计局应逐步建立统计干部培训中心，强化对全区统计人员的业务培训。地、县财政部门应将统计培训经费列入同级财政预算，确保培训工作的正常开展。

改善统计部门工作和生活条件。各县在十年规划和“八五”计划中要有基本的要求和打算。各县要及时安排必要的资金，尽快解决县统计局（委）的办公用房，交通用车问题（用车指标由地、县计委列入计划安排）。同时，要安排一定的资金，用于改善统计局（委）的职工住房条件，财政部门应将此列入同级财政预算，解除统计部门的后顾之忧。

五、统计部门和统计人员要增强事业心和责任感，为党政领导提供优质服务。

各级政府、各工作部门和各单位的领导重视、关心和支持统计工作，是搞好统计工作的客观条件和重要保证，但也离不开统计部门的自身努力。因此，统计部门和统计人员要认真贯彻执行党的路线和各项方针政策，发扬艰苦奋斗的优良作风，深入基层进行调查研究，积极地、有创造性地工作，随着经济、社会、科技的发展，不断扩大统计工作的内容，提高工作的效率和工作质量，为各级党政领导提供优质的服务。像李鹏总理要求的那样，做到准确、及时、全面、方便。有所作为，有所前进。各级统计部门除了完成国家的统计调查和报表任务外，还应给各级党政领导提供翔实的统计信息和咨询建议，搞好预测、预警工作，为发展地方经济献计献策，为试验区建设服好务。

1991年8月2日

毕节地区行政公署关于加强统计工作的意见（毕署发〔1993〕113号）

各县（自治县）人民政府、行署各工作部门：

统计是国家实行科学决策和科学管理的一项重要基础工作，是党、政府和人民认识国情国力，决定国策，制定计划的重要依据。今年，国家统计局为了使统计工作更加适应我国社会主义市场经济的发展，从今年的统计年报开始，实施新的统计制度。新的统计报表制度在指标体系设置、指标内容、数据处理手段和统计调查方法等方面都进行了根本性的变革，将统计范围规范为“七加一”套表进行实施，以便逐步实现统计工作的标准化和数据处理现代化。今年新统计报表制度的实施与第三产业普查同时进行，涉及的部门多、范围广、时间紧、任务重、难度大。为了确保新统计制度在我区的实施，切实加强我区的统计工作，特提出如下意见，请认真贯彻执行。

一、各级各部门要深化对统计工作的认识，切实解决统计工作中存在的问题。

深化对统计工作的认识，就是要充分认识在建立社会主义的市场经济体制的过程中，统计是宏观调控和监督体系的一个重要组成部分，各级领导干部应充分认识统计工作的重要作用，在工作中学会并善于运用统计进行科学决策和管理，运用统计信息来研究问题和指导工作，提高决策的科学性、可靠性，提高管理水平。各级政府要认真贯彻省政府（1990）66号文件的规定，进一步建立、健全统计信息网络，充实统计力量。要认真按照1992年毕节地区行政公署《关于搞好县、乡统计工作的紧急通知》的精神配备乡镇专职统计人员。各县统计局现有编制中还未到位的人员应尽快安排到位，对编制已满但工作仍不适应的单位，要采取内部调剂的办法增加一定的力量。在统计年报期间，一般不得抽调统计人员从事与统计无关的其他工作。要逐步改善统计工作条件，切实解决统计部门的办公用房，交通用车，计算机购置和更新等问题，应根据需要和可能适当增加统计事业经费。

二、统计部门要加强自身建设，增强事业心和责任感。

各级政府、各工作部门和各单位重视、关心和支持统计工作，是搞好统计工作的客观条件和重要保证，但统计工作的好坏，最终取决于统计部门的自身努力，各级统计部门和统计机构必须切实加强自身的业务建设、组织建设和思想建设，调动广大统计人员的积极性和创造性，提高工作效率和工作质量。除按时完成国家统计调查和报表任务外，要为地方党政领导指导经济工作，为部门领导加强行政管理，为企业领导指挥生产，提供统计信息和咨询建议，为县、乡的经济发展服务。

三、加强统计法制建设，保证统计数据的准确性。

准确的统计数据是统计工作的生命。统计是反映客观实际的，数据准确才能真实地，客观地反映区情、县情、乡情，使决策建立在科学可靠的基础上。随着社会主义市场经济的发展，搜集统计资料的渠道发生了新的变化，渠道多、范围广，这就要求各级党政领导、部门领导、企业领导认真贯彻《统计法》，真正树立起统计法制观念，充分保障统计机构、统计人员独立行使统计调查、统计报告、统计监督的职权，对统计部门和统计人员反映和揭露的问题，提出的对策和建议也应充分重视。各级政府、各部门和各单位要严肃统计法纪，积极支持并配合搞好统计执法工作，加强对现行统计法规执行情况的监督检查，对那些逃避和破坏统计监督，弄虚作假，干扰统计机构和统计人员独立行使职权的行为，要严肃查处。

为了确保统计数据的准确性，从今年起对统计年报的“七加一”套表实行联合审核制度，由统计局会同有关部门组成联审办公室，联合制定审核实施办法，保证数出一门。未通过联合审核的单位，编委不得审批工资基金，各专业银行或其他金融机构不得支付该单位的工资性提款。各有关部门要密切配合，搞好协调，保证联审工作的进行。

四、开展统计优质服务，适应多层次决策需要，提供咨询建议，搞好预测预警。

地、县统计局、部门统计机构和企业统计机构，广大的统计工作者，要利用掌握信息多、覆盖面广的优势，积极开展统计分析研究工作，发现和总结经济发展中带规律性的东西。特别是开展量的分析，给各级领导提供量的概念、量的界限、量的标准、量的分析、以提高领导决策的科学性和可行性。统计部门是信息部门，统计信息具有很强的时效性，时间过去了就是失去了信息的作用。因此，统计局和部门、企业统计机构应加强预测和预警工作，对一些重要的经济指标，要采用科学的方法作出预测，及时提供给各级领导参考。以利于及早发现问题，及时决策解决问题。

1993年11月16日

编后记

1999年5月，《毕节地区志·统计志》编纂工作启动。根据局领导安排，杨云同志立即着手搜集资料，查阅档案，走访统计系统在岗的、离退休的、已经调离的老领导和老司志，经过四年多努力，获得了大量的、系统的、全面的统计工作史料。2004年初，成立了由王允铎局长任主编，杨云同志负责主笔，其他同志协助甄别史实，参与修改的编写组。确定上限为民国时期，下限为1996年，重点记述年限为1978年至1996年。杨云同志历时一年左右完成了共三节计10余万字的《毕节地区志·统计志》初稿，分送省地方志办、省统计局、地区地方志办，并向各县统计局有关人员和离退休老领寻、老同志征求意见。王允铎局长亲自审阅，编写组同志仔细阅读，认真甄别历史事实，分别提出修改意见。王允铎局长还多次召集并主持了编务会议，解决编写工作中碰到的问题和困难，为编纂工作顺利进行提供了组织保障。2008年5月，贵州省地方志办公室对《毕节地区志·统计志》进行终审验收，并给予该志较高的评价和肯定。

在编纂过程中，始终得到地区地方志办主任陈治恪、金国藩的指导，得到地区档案馆领导和相关同志的积极配合，在此谨表谢意。统计系统许多老领导、老同志主动提供史料或史料搜集线索，认真回忆过去的经历及事件，使编纂工作得以顺利进行。谨向这些关心、支持和帮助过修志工作的老同志们表示衷心感谢！谨向张正才、张为爽、李启升、何家兴等几位老局长，陈仕宣、杨永福、李光启、李明荣等几位老同志特别致谢！

在编写过程中，还参考、借鉴甚至采用全省《统计志》初稿中关于统计指标、统计表格的部分内容。

《毕节地区志·统计志》编写组

2017年10月